权威·前沿·原创

皮书系列为
"十二五""十三五"国家重点图书出版规划项目

上海蓝皮书

BLUE BOOK OF SHANGHAI

总编／张道根　于信汇

上海法治发展报告（2019）

ANNUAL REPORT ON DEVELOPMENT OF THE RULE OF
LAW IN SHANGHAI (2019)

主　编／杜文俊
副主编／王海峰　孟祥沛

社会科学文献出版社
SOCIAL SCIENCES ACADEMIC PRESS（CHINA）

图书在版编目（CIP）数据

上海法治发展报告 . 2019 / 杜文俊主编 . –– 北京：
社会科学文献出版社，2019.5
（上海蓝皮书）
ISBN 978 – 7 – 5201 – 4610 – 4

Ⅰ . ①上… Ⅱ . ①杜… Ⅲ . ①社会主义法治 – 研究报
告 – 上海 – 2019 Ⅳ . ①D927. 51

中国版本图书馆 CIP 数据核字（2019）第 059247 号

上海蓝皮书

上海法治发展报告（2019）

主 编／杜文俊
副 主 编／王海峰 孟祥沛

出 版 人／谢寿光
责任编辑／张 媛

出 版／社会科学文献出版社·皮书出版分社 （010）59367127
地址：北京市北三环中路甲29号院华龙大厦 邮编：100029
网址：www. ssap. com. cn
发 行／市场营销中心（010）59367081 59367083
印 装／三河市东方印刷有限公司

规 格／开 本：787mm×1092mm 1/16
印 张：23.25 字 数：349 千字
版 次／2019 年 5 月第 1 版 2019 年 5 月第 1 次印刷
书 号／ISBN 978 – 7 – 5201 – 4610 – 4
定 价／128.00 元

本书如有印装质量问题，请与读者服务中心（010 – 59367028）联系

上海蓝皮书编委会

主编简介

杜文俊　法学博士，日本广岛大学访问学者，上海社会科学院法学研究所副所长，研究员，硕士研究生导师。兼任上海市人民检察院第三分院特约检察员；中国法学会立法学研究会理事、中国法学会行为法学研究会理事、上海市法学会司法研究会副秘书长。2011～2013年挂职任上海市闸北区人民检察院副检察长。

主要从事经济刑法、职务犯罪、财产犯罪、金融犯罪研究，以及刑法学理论的司法化研究。已发表论文60多篇，其中在法学类核心期刊发表论文20多篇，出版专著及编著5部；主持或参与国家和省部级项目8项。2016年获上海社会科学院优秀教学奖、上海社会科学院张仲礼学术奖（应用类）、上海市法学会第三届"上海市法学优秀成果奖"论文类二等奖。

摘　要

《上海法治发展报告（2019）》是对 2018 年上海地方法治建设的综合性考察，在依法治市、人大立法、依法行政、司法体制改革等方面，进行了回顾并梳理，反映了上海市本年度法治建设的真实情况，并对下一年度进行了前瞻。

全书共分六部分。

总报告全面回顾了 2018 年上海法治建设在人大工作、法治政府、依规治党和司法体制综合配套改革等四个方面的新进步。对 2019 年法治建设宏伟蓝图进行展望。

特稿为上海社会科学院法学研究所建所 60 周年法学研究回顾。上海社会科学院法学研究所作为全国最早的地方法学专业研究机构，于 1959 年 8 月成立。为国家的法治建设书写了华美的篇章。

评估篇有上海市民营企业营商司法环境调研报告，对上海市民营企业营商的司法环境有总体评价。该篇还包括 2018 年上海市行政诉讼监督工作情况报告，以上海三分院为例，对上海行政诉讼监督案件情况进行深入分析研究。

专题篇有多篇论文。上海法院在巩固前三年司法改革成果的基础上，按照中央、市委及市委政法委、最高人民法院的决策部署，抓住重点、以点带面，全力以赴推进司法体制综合配套改革，取得了阶段性成效。"民事行政检察一体化办案工作机制研究"则反映了上海检察机关民事行政检察工作的情况。聚焦法律监督主责主业，坚持以办案为中心，构建裁判监督、审判程序中审判人员违法行为监督、执行监督、公益诉讼组成的多元化一体化监督办案工作格局。"公共法律服务指标体系构建研究"由政府主导、社会参与、司法行政机关统筹提供，旨在保障公民基本权利、维护人民群众合法权益，实现社会公平正义和保障人民安居乐业的法律服务的课题，着重于公共法律服务的公共服务基本属性与法律服务的专业属性相结合的研究。"司法辅助人员配置问题研究"和"检察机关与监察委的协调衔接工作机制研究"都涉及机构内部的人员配备和工作衔接方面存在的难点和盲点，有针对性地提出对策和建议。"努力实现立法与改革发展相协调"则是对上海市人大40年立法实践的回顾，上海市人大进行过一系列探索和尝试，取得了不少成果，积累了较为丰富的经验，较好地实现了立法与改革发展之间动态平衡和螺旋式上升。

热点篇："长三角地区高质量一体化发展中的人大作用"，强调了习近平总书记对长三角一体化发展的重视，长三角主要领导座谈会后，三省一市人大常委会也都做出了支持和保障长三角高质量一体化发展的决定。另一篇文章——"推进'一网通办'建设智慧政府的难点及对策"，指出应抓紧制定有关推动本市"一网通办"建设智慧政府的地方性法规，完善地方政府规章及相关配套性文件，梳理并形成数据共享清单。

案例篇："共享住宿的发展及其规制模式探究"，以上海为对象考察在该区域内共享住宿行业的发展，提出构建政府、平台、房东、房客共同参与的共享住宿多方协同治理机制的建议。政府有关部门在日常管理中应强化包容审慎的监管原则，做好行业指导和事中事后监管，以为后续地方性立法提供条件和基础。"闵行区住宅小区城市管理执法闭环管理模式精细化研究"则以该区为例，研究闭环管理的理念和方法，对提升人民群众居住品质和满意度等具有较强的借鉴意义和价值。

关键词： 上海　法治建设　行政执法

目 录

Ⅰ 总报告

B. 1 2018年上海法治建设状况与2019年展望
………… 杜文俊　张　亮　孙　波　谢佳文　张咏莹　陈　超 / 001
　　一　人大工作与时俱进稳中向好 ………………………… / 002
　　二　法治政府建设踏入新征程 …………………………… / 015
　　三　从严治党依规治党齐头并进 ………………………… / 030
　　四　全面推进司法体制综合配套改革 …………………… / 036
　　五　2019 年展望 ………………………………………… / 052

Ⅱ 特稿

B. 2 薪火相传，砥砺奋进
　　　　——上海社会科学院法学研究所六十年发展之路 ………… 程维荣 / 062

Ⅲ 评估篇

B. 3 上海市民营企业营商司法环境调研报告 ……… 孟祥沛　刘高宁 / 108

B.4 2018年上海市行政诉讼监督工作情况报告
·············· 谈信友 张永胜 蒋 骅 / 129

Ⅳ 专题篇

B.5 上海法院司法体制综合配套改革研究
·············· 上海市高级人民法院课题组 / 145

B.6 民事行政检察一体化办案工作机制研究
·············· 上海市人民检察院第一分院等联合课题组 / 167

B.7 公共法律服务指标体系构建研究
·············· 上海社会科学院与杨浦区司法局联合课题组 / 188

B.8 司法辅助人员配置问题研究
·············· 上海市第二中级人民法院课题组 / 206

B.9 检察机关与监察委的协调衔接工作机制研究
·············· 上海市虹口区人民检察院课题组 / 236

B.10 努力实现立法与改革发展相协调
——上海市人大四十年实践 ·············· 邓少岭 姚 魏 / 257

Ⅴ 热点篇

B.11 长三角地区高质量一体化发展中的人大作用
·············· 肖 军 储君佩 / 274

B.12 推进"一网通办"建设智慧政府的难点及对策
·············· 郑 辉 彭 辉 闫圣洁 / 284

Ⅵ 案例篇

B.13 共享住宿的发展及其规制模式探究
——以上海为对象的考察 ·············· 孙大伟 崔书杰 / 299

B.14　闵行区住宅小区城市管理执法闭环管理模式精细化研究

……………………………………… 彭　辉　余　嬿　陈　颖 / 314

B.15　后记 …………………………………………………… / 336

Abstract ……………………………………………………… / 338

Contents ……………………………………………………… / 341

皮书数据库阅读**使用指南**

总 报 告

General Report

B.1

2018年上海法治建设状况与2019年展望

杜文俊　张亮　孙波　谢佳文　张咏莹　陈超*

摘　要：　2018年上海法治建设在人大工作、法治政府、依规治党和司法体制综合配套改革等四个方面均有新的进步。人大工作与时俱进稳中向好，贯彻立法价值引领，搭建发展制度架构；注重立法监督实效，实现"全链条式"监督；创新代表履职方式，加强代表履职保障；加强常委自身建设，牢固树立制度自信。在垃圾分类立法、社会治理模式创新、服务发展改革大局、推进长三角区域立法协作、保护历史建筑风貌、提升文化自信等诸多方面取得突破。法治政府建设踏入新征程，积极发挥经济发展推动、民生建设引领、重大战略决策保障等重要作用，攻坚完成了"一网通办"电子政务、智慧公安

---

*　总报告课题组组长：杜文俊，上海社会科学院法学研究所副所长，研究员；课题组成员：张亮、孙波、谢佳文、张咏莹、陈超。

等重大工程建设。从严治党依规治党齐头并进，构建高效监督体系，拓展监督广度深度，巩固巡视巡察工作，保持惩戒腐败高压态势，一体推进反腐监督教育，在推进国家监察体制改革试点工作和高质量推进党内法规制度建设方面均取得显著成绩。司法体制综合配套改革全面推进，法院着力于严格公正司法、保障审判职能、强化司法执行、深化从严治院；检察院服务发展大局，支持检察体制改革，加大法律监督力度，打造过硬检察队伍。2019年上海法治建设任重道远，将继续对接国际法治最高标准，将法治作为城市核心竞争力，进一步提升营商环境，保障上海推进"五个中心"建设、打响"四大品牌"。本文在回顾总结上海2018年法治建设工作重点亮点的基础上，对2019年法治建设宏伟蓝图进行展望。

关键词： 人大工作　法治政府建设　依规治党　司法体制综合配套改革

一　人大工作与时俱进稳中向好①

2018年是改革开放40周年，上海市人大常委会深入学习贯彻落实习近平新时代中国特色社会主义思想和党的十九大精神，贯彻学习习近平考察上海重要讲话精神，基本完成计划任务，工作开展整体稳中向好，进一步贴近民生。上海市人大常委会始终坚持党的领导、人民当家做主、依法治国三者的有机统一，发展社会主义民主政治，致力于落实党的十九大以来对人大提

---

① 本部分参考了《上海市人民代表大会常务委员会工作报告——2019年1月27日上海市第十五届人民代表大会第二次会议》《上海市人大常委会2018年度立法工作计划》《上海市2018年度监督工作计划》，以及上海人大网的官方数据。

出的"全面担负起宪法法律赋予各项职责的工作机关、同人民群众保持密切联系的代表机关"的新定位与新要求，成果显著。

2018年是上海市第十五届人大常委会依法履职的第一年，本年度上海市人大共召开9次常委会会议，审议14件法规和法律性问题，其中通过12件，听取和审议6项专项工作报告，开展7项执法检查，加强计划预算监督和规范性文件的备案审查；讨论决定5项重大事项，任免本市国家机关工作人员276人次，开展基层调研500多次，形成26份调研报告，为上海市发展及制度供给提供了有力的制度保障。

（一）2018年人大工作回顾

1. 贯彻立法价值引领，搭建发展制度架构

立法是人大工作的重要内容，上海市人大及其常委会坚持以问题和需求为导向，注重立法质量和立法效果，提升立法精细化水平，进一步健全立法"起草、论证、协调、审议"的机制，紧跟时代，充分发挥了立法对于社会发展的引导及促进作用。2018年中共中央印发《社会主义核心价值观融入法制建设立法修法规划》，强调要以习近平新时代中国特色社会主义思想为指导，要坚持全面依法治国，要坚持社会主义核心价值体系，把社会主义核心价值观精神内核融入法律法规立改废释的全过程。同时，该文件提出了将社会主义核心价值观融入地方立法需要关注的完善社会主义市场经济法律制度、社会主义民主政治法治化、文化法律制度、民生法律制度、生态文明法律制度、基本道德要求及时上升为法律涉及的国家和人民生活六个维度的任务。

上海市人大常委会认真贯彻落实文件精神，将社会主义核心价值观融入地方立法中，彰显城市文明与社会公平。上海市人大常委会遵循"坚持党的领导，坚持价值引领，坚持立法为民，坚持问题导向，坚持统筹推进"的原则，认真分析社会主义核心价值观立法需求，紧紧围绕新时代上海改革发展的宏伟蓝图，制订立法规划计划，已经在部分重点领域立法修法取得一定成果。

（1）适应时代发展需求，拟制五年立法规划

上海市人大常委会以习近平新时代中国特色社会主义思想为指引，为贯彻落实十九大及十九届二中、三中全会精神，结合上海市委对立法的总体部署，践行"依法立法、科学立法、民主立法、为民立法"的要求，编制《上海市人大常委会2018~2022年立法规划》，并于2018年6月公开征求意见。本次立法规划按照条件比较成熟、拟提请审议，需抓紧工作、条件成熟时提请审议，立法条件尚不完全具备、需要继续研究论证三种情况，立改废释并举，共审议132件，紧扣创新驱动发展、经济转型升级，围绕建成"四个中心"、建设社会主义现代化国际大都市的奋斗目标，确保上海在一定时期内科学规划立法进程及涉及范围，也为提升立法质量、夯实民意基础提供了条件。

该立法计划着眼于"让法治成为城市核心竞争力的重要标志"，着力于进一步对标国家立法，理顺上位法与下位法间法律逻辑，并在需要地方立法提供法制保障、需要结合上海市实际情况细化上位法原则性规定及先行先试为国家立法提供有效参考的领域提出有建设性的制度设计方案。规划重点领域包括：①为推进国际经济、金融、贸易、航运和科技创新"五个中心"建设等提升上海城市核心功能建设提供法制保障的项目；②为打响上海服务、制造、购物、文化"四大品牌"等推进上海建设卓越全球城市提供法制保障的项目；③为缓解人民日益增长的美好生活需要和发展不平衡不充分的矛盾，提升人民幸福感，实施乡村振兴战略，关切民生提供法制保障的项目；④深化创新改革政府服务管理方式，为上海打造具有国际竞争力的一流营商环境提供法制保障的项目；⑤为深化基层社会治理创新、提升超大型城市精细化管理水平，提升城市治理整体能力，确保城市生产和运行安全提供法制保障的项目；⑥为推动形成绿色发展方式、加快建设生态型宜居城市提供法制保障的项目；⑦着力服务国家战略和市委部署，为推动中国（上海）自由贸易试验区建设、长三角地区更高质量一体化发展提供法制保障的项目；⑧着力完善人大制度及人大自身建设的法制保障项目。从经济转型发展、城市治理能力提升、改善民生、生态文明建设、国际文化大都市建设等领域发力，初步搭建了新时代上海市发展的法律制度框架。

（2）推进科创领域修法，重大改革于法有据

科创是引领发展的第一动力，科创能力及发展情况是一个城市核心竞争力的重要表现。习近平总书记在考察上海时为上海提出了"增设上海自由贸易试验区新片区、在上海证券交易所设立科创板并试点注册制、实施长江三角洲区域一体化发展国家战略"三项重大任务，发挥龙头带动作用，构筑新时代上海发展的战略优势。2018年，上海市人大常委会与上海市政府、浦东区人民政府一起梳理自贸区五年改革试点经验，进行《中国（上海）自由贸易试验区条例》修法调研。对标国际先进自贸区，落实总书记建设自贸区新片区的国家战略，将制度创新作为主线，以企业需求为导向，为建设具有国际竞争力和影响力的特殊经济功能区提供法治保障与制度支持。

此外，上海市人大还积极推进科创中心建设立法调研，深入张江等高新技术园区和研究所、科技创新企业等听取意见，开展科技金融发展、知识产权保护、科技人才政策等与科创产业发展切实相关的问题研究，设计立法核心条款，为立法做好准备。经过2018年的充分调研，《上海市科技创新中心建设条例（草案）》已初步成形，着眼于科创中心建设目标法定化、政府管理创新以及社会资源配置与保障机制等方面，力求明确政府部门在科创中心建设过程中的职责和权限，明确社会各方权利义务，并列入2019年立法计划。

（3）完善生态民生立法，保障人民健康生活

生态建设立法和民生立法与百姓生活密切相关，最能体现一个城市的温度，也是百姓心中分量最重的部分。上海市人大常委会不断提升城市治理的法治化、精细化、智能化、专业化水平，努力"绣好城市治理这朵花"。

民生领域立法修法贴近人民生活。2018年上海市人大常委会制定《社会救助条例》，将救助对象增加低收入困难家庭、支出型贫困家庭，加上最低生活保障家庭、特困人员以及自然灾害受灾人员和临时救助对象，共六类人群。这个《条例》明确针对不同对象的救助内容、救助方式及救助比例，同时形成动态管理机制，对受救助家庭的人口及财产状况进行动态管理，设立"退出机制"，让社会救助更加精准和公正，此外还规定了"在被救助期

间参与赌博、吸毒"停止救助的情形,让救助更加公平。2018年上海市以"随申办市民云"APP为依托,打造"一网通办"的政务服务品牌,社会救助申请也可经由该平台进行信息流转,大大便利了百姓,在上海市社会救助领域具有重要里程碑意义。承接2017年执法检查,2018年上海市人大常委会修改《住宅物业管理规定》,明确构建以居民区党组织为领导核心各方共同参与的小区物业管理治理框架,并就物业收费、小区停车矛盾、公共收益账目不明、维修资金余额不足再次筹集难等问题规定了具体的程序和标准,破解物业管理难题,加强城市基层治理。此外,上海市人大常委会还制定《单用途预付消费卡管理规定》,要求企业经营者发卡对接监管服务平台,建立预收资金余额风险警示制度,以信息对接、风险警示和信用治理作为制度设计的三大核心,在全国率先形成"互联网+"预付卡监管模式,搭建上海单用途预付卡的管理框架。上海市人大常委会本年度还修订了《职业教育条例》,增加"校企合作"一章,对提高教师待遇、强化职工培训等做出新规定,完善政府为主导,企事业单位、社会团体和其他社会组织及公民个人参与的现代职业教育体系,更好满足人民对职业教育发展的需求。

生态建设领域,在充分调研和广泛听取市民和企业意见的基础上,审议并通过《上海市生活垃圾管理条例》,明确垃圾分类标准,实现从源头、运输到无害化处置的全流程管理,设定罚款等惩罚措施确保垃圾分类制度落实。上海是全国首个将生活垃圾分类立法的城市,为该领域立法提供了先行先试的先进立法经验。此外,修改《大气污染防治条例》,实现固体污染源制度全覆盖,清理环保法规,修改《水产养殖保护规定》等4件法规,搭建本市生态保护法治网络,充分发挥立法者的能动性,通过立法引导社会习惯的养成,也从侧面体现了上海市人大立法敏锐度、立法技术及立法能力的不断提升。

2. 注重立法监督实效,实现"全链条式"监督

对国家机关及其工作人员的权力予以制约和监督,是人民代表大会制度的基本要求,也是人大及其常委会的职责。2018年上海市人大常委会坚持"依法监督、正确监督、有效监督",较为圆满地完成了年初制定的《2018

年监督工作计划》。

（1）听取审议专项报告，掌握城市发展动态

上海市人大常委会听取并审议了上海市人民政府关于加强城市公共安全及风险防范情况的报告、2018年上半年工作情况报告、《上海市国民经济和社会发展第十三个五年规划纲要》中期评估报告、0～3岁婴幼儿托育情况报告，听取并审议了上海市人民检察院关于法律监督工作情况的报告，书面审议了上海市政府2018年城乡规划制定和实施情况报告，听取和讨论首届中国国际进口博览会筹备工作情况的报告，促进政府做好城市服务保障工作，从不同侧面和不同维度了解上海市发展的现状及新问题。

对第十三个五年规划纲要实施情况进行中期评估是2018年人大常委会监督工作的一项重要内容，具有承前启后的重要意义。上海市人大常委会聚焦"五个中心"和"四大品牌"建设，认真评估并分析规划实施情况，就教育、医疗、养老等民生问题进行问卷调查，形成调研主报告及8份分报告。整体而言，上海市实现主要目标指标进展顺利，经济发展稳中有进，转型升级及创新驱动发展成效显著，综合经济实力指标不断跃升，服务业增加值占GDP比重保持在70%，服务经济为主的产业结构更加稳固，反映经济结构效益的指标质量进一步提升，反映生态环境保护的指标成效显著，城市功能指标稳步提高，市民生活品质不断改善，幸福感和获得感不断提升。要求政府积极应对国内外新形势，加强旧区改造、推进乡村振兴以及通过政策利导支持实体经济尤其是中小企业等发展。

听取检察院关于加强法律监督，推进以审判为中心的诉讼制度改革实施情况的报告，听取上海市高院、公安局、司法局有关主动接受检察机关法律监督等情况的汇报。检察机关依法充分发挥庭审主体作用，履行刑事诉讼法律监督职责，同时加强民事行政法律监督工作，支持检察机关适应国家监察体制改革新要求，监督检察机关准确把握《检察组织法》关于加强法律监督的新要求，进一步完善检察建议、民行检察监督及公益诉讼等方面的法律监督，让监督更有实效。听取上海市司法体制综合配套改革情况通报，设立上海金融法院后及时任命相关人员，推动"两院"全面落实改革任务。

（2）切实开展执法检查，维护群众切身利益

2018 年，上海市人大常委会就事关群众切身利益的问题开展七次执法大检查，推动打造高品质的市民生活。针对《老年人权益保障条例》《农村集体资产监督管理条例》《市民体育健身条例》《大气污染防治条例》《水资源管理若干规定》《海洋环境保护法》《道路交通管理条例》等法规进行执法检查，充分发挥"法律巡视"作用。

开展《老年人权益保障条例》执法检查，深入养老院及社区服务中心推进政府发展社区和居家养老，不断深化"9073"养老服务格局，构建五位一体的社会养老服务体系，试验长期护理保险制度，扩大服务供给、提升服务质量，统筹各项资源，实现老有所依、老有所养。开展《农村集体资产监督管理条例》执法检查，对各区提出问题清单，要求有针对性地整改，落实责任，加强对集体经济发展的扶持力度，改善农民生活。开展《市民体育健身条例》执法检查，督促政府增加体育健身设备，提高公共体育场所开放率，落实条例要求。贯彻全国人大常委会第四次会议统筹推进大气、水、海洋环境等领域法规实施决议精神，开展《大气污染防治条例》执法检查，要求政府聚焦工业、交通等领域，加大防治力度，加强日常监管，确保治理措施落到实处；开展《水资源管理若干规定》执法检查，到 14 个区实地调研，督促政府加快水厂深度处理以及农业污染治理，进一步落实河长制，提升水环境质量。受全国人大常委会委托开展《海洋环境保护法》执法检查，要求政府加强排污口管理，加大海洋生态保护力度。此外，还在世界进口博览会开幕前组织《道路交通管理条例》执法检查，提升城市公共安全及风险防范，促进城市交通精细化管理，提升地铁大客流及网络安全保障水平。

（3）完善计划预算监督，实现运作网络监督

为贯彻中央《关于建立国务院向全国人大常委会报告国有资产管理情况制度》及《关于人大预算审查监督重点向支出预算和政策拓展的指导意见》，2018 年上海市人大常委会加强对国有资产和财政预算决算网络监督。首次听取和审议上海市政府关于国有资产管理情况的报告及金融企业国有资产的专项报告，摸清国有资产的分布及运作情况，构建政府的国有资产管理

年度报告运作框架。要求财政部门根据中央意见调整预算决算报告的构成和内容，充分反映重点支出和重大投资项目的使用和绩效，更好体现中央和市委的决策部署。同时，联通财政、税务和国资等部门的数据，实现网络监督，便利人大代表及常委会组成人员审查预算决算。《关于上海市2018年预算执行情况和2019年预算草案的报告》已经进行调整，2018年预算执行围绕支持重大国家战略促进高质量发展、营造一流营商环境、支持普惠性兜底性民生建设、推进国家治理体系和治理能力的现代化等重点内容展开，体现了中央和市委的重大决策部署。2019年预算草案则"加力""提效"，实施更大规模的减税降费，积极争取扩大政府债券发行规模，政府带头过"紧日子"，提升财政资金的配置效率和使用效益。聚焦全面促进和深化改革开放，加强上海自贸区建设及长三角区域一体化发展，营造一流国际营商环境；聚焦提升经济发展质量，提升城市核心竞争力，支持张江综合性国家科学中心等新型研发组织，提升经济密度；聚焦社会治理模式创新，促进城市管理精细化、智能化，提升民生服务和公共安全等实事项目；聚焦支持乡村振兴战略，促进城乡融合发展；聚焦支持民生改善，从养老、就业、教育多维度出发，完善社会救助体系，提升人民幸福感和获得感；聚焦生态宜居城市建设，推动绿色发展，优化生态布局空间，重点突出地将中央和上海市决策落实到预算项目中。

3. 创新代表履职方式，加强代表履职保障

人大代表代表人民的利益，是国家权力机关组成人员，也是人大机关与人民群众联系的桥梁和纽带。上海市人大代表以人民为中心，牢记使命、倾情投入、积极履职，充分发挥代表作用密切联系群众，进一步畅通社情民意反映渠道，为社会发展和民主法治建设做出了重要贡献，充分树立了我国的制度自信。

（1）扩展代表履职平台，拓宽民意了解渠道

2018年是上海市第十五届人大常委会履职的第一年，常委会拓宽了社情民意了解渠道，与679名代表建立固定联系，同时为获取更多专业意见，各专门委员会与690名各行业代表建立固定联系。170余个街道、乡镇设立

了"代表之家"，同时依托互联网和自媒体发展，组建"代表微信群""宣传直通车"，2018年该常委会还依托上海市人大网站及政府、法院、检察院承办部门的官方网站面向社会公开代表们的议案建议，在人大官网设置"代表联系群众窗口"，群众意见可以直接通过该页面进行反映，线上线下相结合，拉近了代表与人民群众之间的距离，丰富了代表们履职的平台和方式，民意反映的渠道更加畅通，取得了良好成效。代表们通过列席常委会会议、参加立法调研及人大信访等方式积极参与常委会工作，提出了很多高质量有建设性的意见建议，提升常委会履职水平。2018年，上海市各级人大代表进社区、召开座谈会，听取了22000余名市民意见，推动解决了老旧公房加装电梯、儿童医疗服务供给等诸多民生问题，为人民解决很多实事。人大官网就《上海市生活垃圾管理条例（草案）》《上海大气污染防治条例修正案（草案）》《上海市优秀历史建筑和历史风貌保护条例（草案）》等法律法规向广大民众征求意见，让制度与决策更加符合人民利益，体现人民意志，同时也进一步加强代表联系群众，拓宽人民有效有序参与的途径。

2018年，代表们共提出议案38件，意见建议869条：其中有19条议案经由常委会讨论已经完成或纳入立法规划，涉及生活垃圾分类、物业管理等；其中5件议案，上海市人大常委会已经开展相关监督工作，完成执法检查，涉及城市安全及老年人权益保护等问题；其余14件议案也已经纳入人大常委会的讨论范围。

（2）加强代表履职保障，落实代表履职实效

本届上海市人大常委会注重加强代表履职保障，促进代表履职落到实处，创新了代表建议的督办方式，代表们反映的问题和提出的建议，首次由人大常委会和政府分管领导联合牵头督办，2018年举办了6场督办会，加快了建议的落实进程。目前，869条建议意见中，"解决采纳"的达到70.8%，为615件，达到了历年最高，其余51条"正在解决"、51条"计划解决"、152条"留作参考"。网络订餐平台监管及旧城区风貌保护、家电维修行业乱象整治等都在处理过程中，取得了不错的社会效果。

闭会期间，人大常委会举办5期代表履职学习班，落实人大代表初任

履职学习制度，实现了新任代表培训全覆盖，协助举办了 39 期区和乡镇代表培训，4000 余位代表接受培训。此外，上海市人大常委会创办周末"市人大代表论坛"，促进代表间交流。2018 年，各区 500 余名市人大代表还与 36 位全国人大代表围绕文化产业发展、崇明岛生态建设及高端制造业等课题形成了 22 篇高质量调研报告，为有关部门做出决策提供了有益的参考。

4. 加强常委会自身建设，牢固树立制度自信

在履职开局之年，上海市第十五届人大常委会把握新形势，挑战新任务，不断加强思想政治建设、业务能力建设，提高履职水平，实现常委会工作的良好开端。

（1）加强思想政治建设，坚定工作政治方向

以习近平新时代中国特色社会主义思想为引领，上海市人大常委会坚持"党的领导、人民当家做主、依法治国"有机统一，用党的理论武装头脑，围绕宪法和监察法、掌握国际国内发展形势、完善国家治理体系，进行中心组学习。两次召开习近平总书记关于坚持和完善人大制度重要思想专题学习会，坚定制度自信，增强做好新时代人大工作的思想政治觉悟。增强大局意识，以习近平总书记考察上海重要讲话对上海提出的"三项新的重大任务"为发展战略机遇，找准工作切入点和着力点，充分发挥人大职能作用。及时传达学习中央和市委的重要会议及文件精神，发挥党组在人大工作中把方向、管大局、抓落实的领导核心作用，确保中央和市委决策部署得到有效实施。不断提升思想政治素养，加强思想政治建设，永葆初心，坚定政治立场，是良好履职的必备条件。

（2）加强业务能力建设，密切联系人民群众

党的十九大提出，人大是肩负宪法赋予的各项职责的机关，也是密切联系人民群众的机关。上海市第十五届人大常委会不断提升自身业务能力和履职能力，组织开展"不忘初心、牢记使命，勇当新时代排头兵、先行者"大调研，结合上海发展实际，紧密结合人大履职要求开展基层调研，在人大常委会、人大代表与人民之间形成了良性的互动，充分倾听群众和企业诉

求，形成 26 份调研报告，为履职奠定基础。上海市人大常委会还组织成员学习《常委会组成人员守则》，召开常委会会前法制讲座，严格会议请假制度，提升会议质量，始终贯彻落实中央八项规定精神，开通了上海市人大"一网通"政务微信，致力于组建政治立场坚定、业务能力过硬、勤政廉洁的机关干部队伍。

2018 年，在努力完成本市工作之外，上海市人大常委会及各委员会还配合全国人大及其常委会开展未成年人保护、长江保护、农村土地承包经营流转等立法调研，监督调研"执行难"、华侨权益保护等问题，取得了丰硕的成果。服务"一带一路"建设，邀请 27 个国家驻上海领事进行交流，接待 18 批国外代表团访问，为国家外交大局贡献了自己的力量。

（二）2018年人大工作亮点

上海市人大践行中国共产党"为中国人民谋幸福，为中华民族谋复兴"的初心和使命，把人民利益、人民福祉作为一切工作的出发点和落脚点，把人民对美好生活的向往作为出发点和落脚点，顺应民心、关注民情、致力民生，努力建设生态文明城市，推进和加强生态和环境领域立法、文物保护立法，不断创新城市社会治理模式。

1. 落实生活垃圾分类立法，深化社会治理模式创新

上海生活垃圾分类自 1996 年起步先后历经三轮试点，对生活垃圾分类及减量化工作专项监督已有近 20 年的历史。十九大召开以来，习近平总书记强调"绿水青山就是金山银山"的生态文明建设理念，上海市人大常委会以此为契机，推进生活垃圾分类管理的立法进程。2017～2018 年，历时两年调研，常委会组织代表到社区听取群众意见，面向全市人民发放15000 余份问卷，开展 20 余次听证会、论证会，走访 6 个试点区、40 多个小区及 20 多家不同类型的企业，接收 488 位人大代表意见和建议 646 条，尽可能倾听人民意见，实现立法的科学性和民主性。在上海市十五届人大二次会议表决通过的《上海市生活垃圾管理条例》，将于 2019 年 7 月 1 日正式实施，标志着垃圾分类在上海市纳入法治框架，是我国首次将生活垃

圾分类管理纳入法治框架的地方立法，成为地方立法先行的又一先进案例，更是上海国际化、城市精细化管理、城市治理能力进一步提升的体现。

《上海市生活垃圾管理条例》公布后，"个人混合投放垃圾，今后最高可罚200元；单位混装混运最高可罚5万元""外卖不得主动提供一次性餐具、旅店不得主动提供一次性日用品"等与百姓生活息息相关的立法规定立刻引发了网络热议，也得到了大多数市民的理解与支持，顺应了民意和时代发展的要求。本次立法采用"四分法"明确将生活垃圾分为可回收物、有害垃圾、湿垃圾和干垃圾四类，不仅仅是对市民和单位生活垃圾分类投放的行为规范，更是对生活垃圾的全链条管理，从源头减量到投放、运输以及最终无害化处置都做出了明确的规定。在要求市民和单位源头分类的前提下，要求物业公司分类驳运，收运企业分类收集和运输，处置企业分类处置，同时辅之以"不分类、不收运，不分类、不处置"的监督机制和罚款等惩戒措施，逐步推行定时定点分类投放制度和计量收费、分类计价的生活垃圾处理收费制度，基本上形成了生活垃圾分类管理的一个完善的立法链条。

但是，生活垃圾分类管理制度能否落实最大的难题在于实践，目前的法律规定必然不能事无巨细地将所有情形进行规制，需要在实践中不断完善。如何通过制度和宣传让人民自觉践行垃圾分类，如何能够创造性地建构制度、引导市民，使得法律既能落地又能在市民生活中形成良性互动，是下一步立法在完善的过程中应当解决的问题。

2. 服务全国改革发展大局，推进长三角区域立法协作

习近平总书记在首届中国国际进口博览会开幕式演讲中提出，将支持长江三角洲区域一体化上升为国家战略，构建现代化经济体系，推进更高层次和更加深入的改革开放，进一步完善改革开放空间布局。上海市人大常委会贯彻习近平总书记重要指示精神，积极加强三省一市人大间沟通协调，同苏浙皖共同通过《关于支持和保障长三角地区更高质量一体化发展的决定》，签署《深化长三角地区人大工作协作的协议》和《深化长三角地区立法工

作协同的协议》，共同明确"上海发挥龙头带动作用，苏浙皖各扬其所长"，实现战略协同、法制共建、生态共治、民生共享。建立年度推进工作机制，用法治力量保障一体化发展，团结一致推进规划对接。目前，长三角的产业一体化纲要正在编制中，江浙沪皖四省市已经签署《长三角地区教育更高质量一体化发展战略协作框架协议》和《长三角地区教育一体化发展三年行动计划》，目标是在2023年实现整体的教育现代化。

3. 注重建筑历史风貌保护，稳步提升我国文化自信

由于现行《上海市历史文化风貌区和优秀历史建筑保护条例》（以下简称《条例》）自2003年就已经开始实施，目前保护管理工作又面临一些新问题，如历史风貌保护与活化利用有待协调等，因此该《条例》已不能适应保护的新形势和新需求。

2018年，上海市第十五届人大常委会第七次会议审议《优秀历史建筑和历史风貌保护条例（草案)》（以下简称《草案》），加大了对擅自拆除、损坏优秀历史建筑行为的处罚力度，在加强保护规划对历史风貌的管控、完善保护管理机制等方面做出具体规定。同时以第三产业发展为着力点，在保护基础上重视文化展示及参观旅游等功能开发，重视保护区人民居住条件，让历史文化绽放时代之光。

《草案》对条例名称进行了修改，对擅自拆除、损坏优秀历史建筑等违法行为从处罚事项、处罚对象、处罚幅度等方面均进行了调整。比如将擅自迁移优秀历史建筑的罚款由建筑重置价"一到三倍"调整为"三到五倍"，将擅自拆除优秀历史建筑的罚款由建筑重置价"三到五倍"调整为"五到十倍"，同时增强处罚可实施性，进一步优化罚款设置方式。《草案》还在完善保护管理机制、加强保护规划对历史风貌的管控等方面做出具体规定，明确在市、区政府层面设立保护委员会，负责协调对接解决保护工作中的现实重大问题，此外还规定了保护对象定期普查、征收房屋前保护对象核对、依法适用征收、监督考核等制度和措施。历史文物保护立法形势紧迫，本次《草案》具有非常重要的创新意义，对其他地方立法具有先行先试的示范意义。

二 法治政府建设踏入新征程①

为达成2035年基本建成法治国家、法治政府、法治社会的奋斗目标，上海市政府坚持以习近平总书记新时代中国特色社会主义思想为指导，把握法治政府建设与法治国家、法治社会建设的辩证统一关系，积极发挥法治政府建设的引领、推动与保障作用，推进改革开放再出发，结合信息化时代特点，坚持服务于人民、创新于基层的理念，继续落实《法治政府建设实施纲要（2015～2020年)》和《上海市法治政府建设"十三五"规划》，在上海市法治政府建设工作领导小组的领导下，奋力实现法治政府建设的新突破。

（一）2018年法治政府工作回顾

过去一年，上海市继续推进法治政府建设，立法与执法双管齐下，立法回应社会需求，执法力图有所依据，打造高效的服务型政府，以发挥法治对经济发展的推动作用、对民生建设的引领作用以及对重大战略决策的保障作用。深入推进"放管服"改革，继续优化营商环境，结合信息化管理城市，从制度建设层面提升依法行政水平。在2018年中国政法大学法治政府研究院发布的全国评估报告中，上海排名第6，比上年前进2位。

1.坚持发挥法治对经济发展的推动作用

（1）深入推进上海自由贸易实验区改革

上海市政府实施《中国（上海）自由贸易试验区跨境服务贸易负面清单管理模式实施办法》（沪府规〔2018〕19号），探索自贸区跨境服务贸易负面清单管理模式，继续缩减上海自由贸易区负面清单，率先试点跨境服务贸易的负面清单管理模式，负面清单长度从2013年版的190条缩减至2018

---

① 本部分参考了《上海市政府工作报告——2019年1月27日上海市第十五届人民代表大会第二次会议》和人民网"新时代上海开启'智慧公安'建设"等信息，以及上海市政府法制信息网、上海市人民政府网站的官方数据。

年版的 45 条；同步实施备案制，将外商投资办理时间由 8 个工作日缩减至 1 个工作日，申报材料由 10 份减少至 3 份。进一步放宽市场准入，外商投资准入特别管理措施减少至 45 条。"证照分离"改革试点第一批 116 项和第二批 82 项也已全面完成。另外，2018 年 5 月 18 日，上海市政府正式启动自贸区条例修订工作。《中国（上海）自由贸易试验区条例》于 2014 年 8 月 1 日实施，作为自贸区的基本法，其自实施以来充分保障了自贸区自主创新的发展，为了适应进一步发展，2017 年，浦东新区政府开展了修改需求调研，同时形成了调研报告，被市人大常委会列入 2018 年度立法计划。条例修订工作启动会议同时成立由市政府常务副市长周波、市人大常委会副主任肖贵玉任双组长的自贸区条例修订工作领导小组，领导小组办公室设在浦东新区政府（自贸区管委会）。2018 年 11 月 5 日，习近平总书记在上海进口博览会开幕式上宣布将增设中国上海自由贸易试验区的新片区，市政府对此进行调研，并制定相应方案，以期达到制度创新。

（2）继续优化营商环境

实施优化营商环境的专项行动。取消 100 项行政审批事项、40 项评估评审，电力、开办企业、办理施工许可、跨境贸易、纳税、登记财产等领域的办事和审批环节减少 30.5%、时间缩短 52.8%。上海市国资委、市工商局发布《关于对本市国有企业开展产权登记、工商登记联动监管的通知》（沪国资委产权〔2018〕171 号），依托跨部门协同和信息化手段简化企业工商登记流程。上海市工商行政管理局等部门发布《关于加快企业登记流程再造，推行开办企业"一窗通"服务平台的意见》（沪工商规〔2018〕1 号），提升开办企业效率、加快企业登记流程再造。上海市工商局、国家税务总局上海市税务局、上海市商务委员会、上海市人力资源和社会保障局联合印发实施《关于进一步改革市场主体退出机制的意见》（沪工商规〔2018〕6 号），建立规范畅通的退出机制，解决企业因股东缺失等原因导致难以注销的问题；推行简易注销登记，尊重企业自主权、减少登记所需材料、优化公告服务等；推进网上服务，建设注销企业网上服务平台，实现信息的同步推送。一系列措施提高了市场主体退出效率，进一步降低了制度性交易成本。上海市环境保护局制定《关于优化本市建设项目环境影响评价文件审批时限的通知》（沪环规〔2018〕1号），进一步压缩环评审批时限。上海市发展和改革委员会（物价局）制定《上海市进一步优化电力接入营商环境实施办法（试行）》（沪发改规范〔2018〕3号），进一步提高电力用户接入环节的效率，降低成本、优化服务。上海市政府制定并实施《上海市工程建设项目审批制度改革试点实施方案》（沪府规〔2018〕14号），优化项目前期策划评估与再造项目审批流程，精简项目审批环节，统一审批体系，强化监督管理，完善保障措施。开展工程建设项目审批制度改革试点工作，现工程建设项目审批全流程较之前时间减少一半以上。实施18项减税降费政策，企业新增减负超过5000亿元。上海市发展和改革委员会发布《上海市集成电路封装、测试企业以及集成电路关键专用材料生产企业、集成电路专用设备生产企业享受税收优惠的证明出具办法》（沪发改规范〔2018〕10号），以支持上海市集成电路企业发展。政府定价管理项目由53项减少至35项。实施行政审批告知承诺管理办法，推行"双随机、一公开"的市场监管方式，进一步加强依法行政。

构建全面开放的新格局。制定并实施"扩大开放100条"、外贸"稳预期、稳企业、稳订单"20条措施。要求以更大力度开放合作，提升上海国际金融中心能级，构筑更加开放的现代服务业和先进制造业产业体系，建设开放共享、内外联动的高标准知识产权保护高地，包括大幅度放宽银行业外资市场准入、放宽证券业外资股比及业务范围限制、进一步扩大保险业对外开放、扩展自由贸易账户功能和使用范围、进一步放宽服务业市场准入，加快实施汽车、飞机、船舶产业对外开放，创新发展高端绿色进口再制造和全球维修业务，加强司法保护为主导、行政保护协同的知识产权保护机制等。

推进重点领域改革制度。制定实施"民营经济健康发展27条"。推进商事制度改革。着力开展"五个中心"建设，全面启动"四大品牌"建设。上海市政府发布并实施《上海市深化服务贸易创新发展试点实施方案》（沪府规〔2018〕20号），积极推进服务贸易领域供给侧结构性改革。进一步扩大上海市服务进出口规模，培育新兴的服务贸易。上海市工商行政管理局制定并实施《〈上海市重点商标保护名录〉管理办法（试行）》（沪工商规〔2018〕5号），要求上海市工商局、市场监管局、司法机关等部门建立协同保护的工作机制，重点商标实行名录管理。

2018年10月31日，2019年世界银行营商环境报告正式出炉，以上海市为主要样本城市的中国评分为73.64分，较上一年度提高8.64分，总体排名上升32位，位列第46名，是世界银行营商环境报告发布以来的最好名次。时隔10年，我国再次进入世界银行营商环境年度十大改进经济体之列。这次显著进步，正是上海贯彻落实习近平总书记关于上海等特大城市要率先加大营商环境改革力度重要指示的集中体现，是系统深化推进政府"放管服"改革、当好服务企业的"店小二"的具体成果，是上海法治化、国际化、便利化营商环境的客观反映。

2. 坚持发挥法治对民生建设的引领作用

（1）进一步推进公共法律服务建设

近年来，上海市贯彻落实司法部下发的《关于推进公共法律服务平台建设的意见》，不断推进公共法律服务体系建设。至2018年6月司法部统计时，上海市县（市、区）、乡镇（街道）、村（居）三级公共法律服务平台覆盖率已经达到100%，热线平台也已建成。2018年8月27日，为规范12348上海法律服务网的服务行为，上海市司法局印发《12348上海法律服务网网上服务规范（试行）》（沪司规〔2018〕20号），适用范围包括上海法律服务网面向社会用户提供信息发布、信息查询、法律咨询、办事服务等公共法律服务活动，要求注册用户提供真实身份信息，上海法律服务网对相关信息进行保密。并规定公共法律服务的免费性，信息查询等法律咨询均为个人行为，上海法律服务网不承担法律责任。

2018年7月，上海市律协成立了社会责任促进委员会。工作目标主要有三个：一是加强和创新全民普法和守法，在各社区、小区进行全覆盖式的义务法律咨询，使地区性普法工作由原来的平面普及转变为针对性的深入化普及，提升社区群众的守法水平，使大量家庭矛盾与邻里纠纷在初始阶段即得到缓解或转入正常的调解程序。二是加强和创新政府依法行政，区政府及其各部门、各社区、各小区四级法律顾问制度转向常规化、长效化，基层政权依法行政的执政能力和行政执法的执法水平得到提升，得益于持久有效的专业辅助和专业督促。三是加强和创新化解群体矛盾，维护社会稳定。网格化义务法律服务平台保证了律师的专业服务第一时间到位，对区域内突发性社会事件、群体性矛盾能及时缓解冲突，进而跟踪疏导，最终正确解决，并由此形成律师在化解社会矛盾、维护社会稳定中的专业服务机制。

聚焦于地区的个体样本，杨浦区2018年积极从便捷、普惠、协同、共享四个维度建立和完善法律服务体系，打造线上线下公共法律服务平台，全区共设立12个街镇公共法律服务工作站和304个居委会工作室；同时打造社区法治专员制度，形成了可复制可推广的经验；探索"互联网+法律"全新服务模式，2018年以来网上办证平台共咨询公证2885件，受理公证535件、已办结521件，邮寄送达公证书19件。

根据2018年9月司法部下发的《关于深入推进公共法律服务平台建设的指导意见》要求，2019年底前，要求公共法律服务体系实体、热线、网络平台基本融合，实现一体化。上海市也将继续深入推进公共法律服务平台的建设。

（2）积极回应社会需求

为回应城市管理需求，上海市规划和国土资源管理局发布《关于落实"上海2035"，进一步加强战略预留区规划和土地管理的通知》（沪规土资规〔2018〕3号），进一步完善空间留白机制。施行《上海市土地违法案件查处现场勘测工作规定》（沪规土资规〔2018〕4号），完善综合执法与行业管理的衔接机制，共编制21部城市管理标准，推动"五违"转向"无违"，共拆除违法建筑4275万平方米、有安全隐患及违法违规广告招牌3.9万块。上海市房屋管理局通过并实施《上海市旧住房拆除重建项目实施管理办法》（沪房规范〔2018〕1号），以进一步推进留改拆并举。上海市住房和城乡建设管理委员会制定《上海市普通地下室使用备案管理实施细则》（沪住建规范〔2018〕4号），规范地下空间的使用行为。开展公共文化服务保障立法调研，赴静安区文化馆、瑞金二路街道社区文化活动中心等地，重点讨论社区文化活动中心的运作模式、公共文化服务配送，以及如何吸引年轻人、如何划分公益与商业边界、引入和利用社会资源等问题。上海市质量技术监督局施行《上海市标准化试点项目管理办法》（沪质技监规〔2018〕1号），要求上海市质量技术监督局在农业、工业、服务业、节能减排、社会管理和公共服务等领域组织开展以建立和实施标准体系为主要内容的活动。上海市政府办公厅施行《关于加强本市安全生产监管执法的实施意见》，促进上海市安全生产形势持续稳定好转。上海市政府制定《上海市实施〈生产安全事故报告和调查处理条例〉的若干规定》（沪府规〔2018〕7号），进一步规范上海市生产安全事故的报告和调查处理。上海市安全生产监督管理局制定《关于做好本市特种作业（电工）整合工作有关事项的通知》（沪安监行规〔2018〕1号），保证上海市特种作业（电工）整合工作平稳有序、考试工作顺利衔接；制定《上海市金属冶炼建设项目安全设施设计审查实施办法》（沪安监行规〔2018〕2号），加强金属冶炼安全生产工作。上海市文化广播影视管理局施行《上海市非物质文化遗产代表性项目管理办法》（沪文广影视规〔2018〕1号），明确由上海市文化广播影视管理局组织实施认定。市文化广播影视管理局制定《关于促进上海动漫游戏产业发展的实施办法》（沪文广影视〔2018〕147号）、《关于促进上海网络视听产业发展的实施办法》（沪文广影视〔2018〕146号）、《关于促进上海演艺产业发展的若干实施办法》（沪文广影视〔2018〕148号）、《关于促进上海艺术品产业发展的实施办法》（沪文广影视〔2018〕145号）、《关于促进上海影视产业发展的若干实施办法》（沪文广影视〔2018〕149号）、《关于进一步加强本市游艺娱乐场所管理的通知》（沪文广影视规〔2018〕5号）等，进一步加强相关产业的发展。上海市体育局发布《上海市体育产业集聚区建设与管理办法（试行）》（沪体规文〔2018〕4号），要求市体育局负责集聚区的管理工作，力图打造国际体育赛事之都，完善现代体育产业生态。制定并实施《关于本市体育赛事活动组织体系设置的若干规定（试行）》（沪体规文〔2018〕3号），明确上海市体育局的职责定位，规范上海市体育赛事活动的管理。上海市旅游局、农委《关于促进本市乡村民宿发展的指导意见》（沪府办规〔2018〕21号），着力将乡村民宿培育成为繁荣农村、富裕农民的新兴产业。上海市政府办公厅发布《关于推进上海市"四好农村路"建设的实施意见》（沪府办规〔2018〕23号），要求全面建好、管好、护好、运营好农村公路。上海市政府制定《上海市粮食收购资格规定》（沪府规〔2018〕4号），明确具备粮食收购资格的个人与企业。上海市发展和改革委员会制定并施行《上海市公共资源交易平台管理暂行办法》（沪发改规范〔2018〕1号），规范实施统一标准、具备开放共享条件的公共资源交易电子服务系统的运行机制。考虑对通信基础设施的建设与保护进行政府立法，开展无线电管理联合调研，参与"黑广播"检测定位行动，进行现场检测定位、取证，并通报政府相关部门。结合《上海市互联网租赁自行车管理办法》立法工作，赴摩拜单车运营企业开展调研，将企业所提的意见反馈至法规起草组。

回应市民经济与生活需求。上海市公安局（市消防局）制定《上海市常住户口管理规定》（沪公行规〔2018〕1号），规范上海市常住户口管理工作。制定并实施规范境外人士、企业购买商品住房政策，进一步放宽廉租住房准入条件。上海市规划和国土资源管理局制定《关于购买共有产权保障住房（经济适用住房）满五年后续相关不动产登记技术规定》（沪规土资规〔2018〕1号），上海市房屋管理局制定《上海市共有产权保障住房申请户排序工作规则》（沪房规范〔2018〕2号）与《上海市共有产权保障住房申请户选房工作规则》（沪房规范〔2018〕3号）。为做好《上海市社会救助条例（草案）》起草工作，赴基层立法联系点进行社会救助立法调研，上海市人力资源和社会保障局发布《关于切实贯彻落实社会保险扶贫工作意见的通知》（沪人社规〔2018〕1号），要求推进贫困人员应保尽保和法定人员全覆盖、增强基层社会保险经办服务能力、提高对贫困人员的医疗保险服务水平、加强对社会保险扶贫工作的组织领导。提升或确立医疗救助、失业人员的失业保险金、义务兵及其家属优待金、因公死亡人员供养亲属抚恤金、工伤人员伤残津贴和生活护理费、工伤人员住院伙食补助费、最低生活保障、低保家庭中16周岁以下未成年人救助、残疾人集中就业企业社会保险费补贴、工伤预防费、"三支一扶"人员和2018年以前选聘大学生村官生活待遇、户口在外地的农婚知青生活困难补助等标准。上海市人力资源和社会保障局制定《上海市社会保险失信信息管理办法》（沪人社规〔2018〕30号），确定由上海市人力资源和社会保障局负责失信信息统筹协调工作。上海市人力资源和社会保障局制定并实施《上海市老年照护统一需求评估办理流程和协议管理实施细则（试行）》（沪人社规〔2018〕3号），明确市人力资源和社会保障局为上海市老年照护评估工作的主管部门。上海市民政局、市发展改革委制定《上海市养老机构失信信息归集和使用管理办法（试行）》（沪民规〔2018〕20号），规范养老机构失信信息的管理，使养老机构诚信发展。上海市公安局制定并实施《残疾人专用车管理规定》（沪公行规〔2018〕3号），对符合标准的残疾人机动轮椅车实行产品目录管理制度。上海市人力资源和社会保障局等五部门提出《关于进一步完善本市市民社区医疗互助帮困计划的意见》（沪府办规〔2018〕3号），妥善解决上海市市民中支内（支疆）、知青退休回沪定居人员等人群医疗保障问题。上海市质量技术监督局制定《上海市食品相关产品生产监督管理办法》（沪质技监规〔2018〕2号），上海市食品药品监督管理局制定《监管信息公开管理办法》（沪食药监规〔2018〕1号）、《上海市食品药品生产经营者信用信息管理规定》（沪食药监规〔2018〕2号），进一步加强安全监督管理、落实主体责任。上海市政府办公厅发布《上海市支持餐厨废弃油脂制生物柴油推广应用暂行管理办法》（沪府办规〔2018〕13号），同时基本建成餐厨废弃油脂的闭环管理体系。为有效实施社会救助、社会福利等基础性工作，结合正在制定的《上海市社会救助条例》，市政府法制办开展居民经济状况调查工作。目前上海市居民经济状况核对中心的常态化核对事项已增至13项，包括最低生活保障、廉租住房、共有产权保障房以及其他各类专项救助等民生保障领域。工作过程中存在信息获取渠道有限、难度较大，部门间信息共享不充分、配合度不高，对互联网金融、移动支付等新领域的信息无法获取等难题。

回应环保需求，大力支持崇明生态岛建设，赴崇明岛进行调研，针对崇明基层执法工作中联合执法开展难、违法所得认定难、处罚手段少等问题进行讨论。上海市发展改革委等七部门制定《上海市鼓励购买和使用新能源汽车实施办法》（沪府办规〔2018〕7号），有效推进节能减排工作。上海市科委会同市发展改革委、市经信委、市财政局联合制定了《上海市燃料电池汽车推广应用财政补助方案》（沪科规〔2018〕2号），细化补助车辆范围与补助标准。上海市水务局制定《关于本市市管河道及其管理范围的规定》（沪府办规〔2018〕10号），建立健全河长制、湖长制，以防治水污染。上海市政府制定并实施《土地资源高质量利用的若干意见》（沪府规〔2018〕21号），低效建设用地共减少15.2平方公里。上海市水务局等四部门实施《关于本市滩涂有偿使用的若干意见》（沪府办规〔2018〕4号），要求在上海市行政区域内从事保护与利用滩涂的，应取得《滩涂开发利用许可证》，并缴纳滩涂使用费。上海市环境保护局制定《上海市畜禽养殖业排污许可证申请与核发技术规定（试行）》（沪环规〔2018〕3号），试行开展畜禽养殖行业排污许可证核发和管理工作。上海市人民政府办公厅制定并实施《关于建立完善本市生活垃圾全程分类体系的实施方案》（沪府办规〔2018〕8号），建立完善上海市垃圾全程分类体系，增强垃圾综合治理实效。上海市环境保护局通过并实施《上海市环境违法行为举报奖励办法》（沪环规〔2018〕5号），鼓励公众参与监督环境违法行为。上海市政府办公厅制定《关于推进本市绿色生态城区建设的指导意见》（沪府办规〔2018〕24号），推进上海市绿色生态城区建设。上海市机关事务管理局制定并实施《上海市公共机构节约能源资源考核评价办法》（沪府办规〔2018〕16号），提高公共机构能源资源利用效率，确定考核评价责任主体为上海市公共机构节能工作联席会议；制定并实施《上海市公共机构合同能源管理项目管理办法》（沪府办规〔2018〕17号），推进公共机构采用合同能源管理的方式进行节能技改。

3. 坚持发挥法治对重大战略决策的保障作用

（1）保障进博会顺利举办

为保障首届中国国际进口博览会顺利举行，上海市全面动员、大力合作，各部门积极配合。上海市政府发布《关于首届中国国际进口博览会期间进一步加强乘坐公共交通工具安全检查的通告》（沪府规〔2018〕18号），加强对乘坐公共交通工具乘客及其随身物品的安全检查；发布《上海市人民政府关于加强首届中国国际进口博览会期间无人机等"低慢小"航空器安全管理的通告》（沪府规〔2018〕17号），杜绝各类违法违规飞行活动发生；发布《上海市人民政府关于加强首届中国国际进口博览会期间枪支弹药爆炸、剧毒、放射性等危险物品安全管理的通告》（沪府规〔2018〕16号），加强危险物品安全管理；制定《上海市人民政府关于首届中国国际进口博览会期间实行临时价格干预措施的通告》（沪府规〔2018〕15号），对上海市网约出租汽车、部分公共停车场和酒店旅馆施行临时性价格干预措施。

（2）保障长三角一体化战略顺利推进

2018年11月，习近平总书记在进博会开幕式上宣布将支持长江三角洲区域一体化发展并将其上升为国家战略。上海市政府在此过程中，积极发挥法治的保障作用，迅速对成立长三角区域合作办公室、制定三年行动计划、召开主要领导座谈会等工作做出重要部署。长期来看，推动区域立法协同的重点仍落在立法上。2018年11月22日，上海市十五届人大常委会表决通过《关于支持和保障长三角地区更高质量一体化发展的决定》，要求上海市、区人民政府制定经济社会发展规划，主动与附近省份对接，强化功能布局互动，并加强立法协同、标准协同与监管协同。同时建立统一的市场标准体系，清除行政壁垒，及时修改有碍市场统一的规定；加快形成信息服务平台互联互通、大型科学设施协作共享、异地就医直接结算、公共交通异地扫码通行、民生档案异地查询等合作。

（3）保障具有全球影响力的科技创新中心顺利建设

为加强高新技术企业培育工作，上海市经济信息化委、市财政局制定并实施《上海市技术改造专项支持实施细则》（沪经信规范〔2018〕1号），进一步发挥财政对企业技术改造的支持作用。上海市科学技术委员会等制定《上海市研发与转化功能性平台管理办法（试行）》（沪科规〔2018〕1号），上海市政府办公厅制定《关于本市推进研发与转化功能型平台建设的实施意见》（沪府办规〔2018〕6号），推动功能性平台成为上海市创新体系建设的重要力量。上海市临港地区开发建设管理委员会制定《上海市临港地区科技小巨人工程实施办法》（沪临地管委规范〔2018〕1号），支持临港地区高新技术企业发展。上海市科学技术委员会制定并实施《上海市高新技术企业入库培育实施细则（试行）》（沪科规〔2018〕10号），财政扶持科技型企业纳入高新技术企业培育库。上海市科学技术委员会制定并发布《上海市科技专家库管理办法（试行）》（沪科规〔2018〕9号），由上海市科学技术委员会负责专家库的建设及运行等工作。上海市科学技术委员会制定《上海市科技计划科技报告管理办法》（沪科规〔2018〕7号），推动上海市科技报告规范管理。上海市临港地区开发建设管理委员会制定《临港地区产业园区平台公司认定管理实施意见（试行）》（沪临地管委规范〔2018〕6号），规定每个产业园区原则上认定1个平台公司负责园区的整体开发运营。上海市浦东新区政府制定《上海市张江科学城专项发展资金管理办法》（浦府规〔2018〕1号），为打造世界一流的科学城，规范专项资金的支持方式、支持领域等管理。上海市科学技术委员会制定《上海市大型科学仪器设施共享服务评估与奖励办法实施细则》（沪科规〔2018〕3号），细化共享大型科学仪器单位的评估标准与奖励金额。

4. 坚持完善法治政府建设

（1）完善行政首长出庭应诉制度

针对行政首长出庭应诉制度难以落实的情况，2017年，上海市法治政府建设工作领导小组办公室下发《关于开展2017年行政诉讼庭审旁听工作的意见》，首创性地尝试实施"三合一"项目，即庭审中由被诉行政机关负责人出庭，其他机关负责人旁听，庭审后由法院、复议机关进行讲评，旁听人员交流学习的"三合一"。最初"三合一"项目选取行政纠纷多、社会关注度高、公权力大的"重点部门"进行试验，其后逐步实现常态化。开展一年多来，上海市6个区政府和3个委办局专门下发相关实施意见，8个区政府和6个委办局分别组织开展"三合一"活动，以推动更多负责人走入法院、应诉答辩。仅 2017 年，上海市各级行政机关首长就出庭应诉 1349 人次，同比上升 22.97%。2018 年 10 月 28 日，"三合一"项目荣获第五届"中国法治政府奖"。2018 年全年，上海市法制办多次组织实施"三合一"项目，2018 年 5 月 29 日，上海市第三中级人民法院进行某行政案件二审庭审，部分区政府、市政府委办局、市级管委会 30 余位局级领导干部和法制、业务部门负责人近 150 人参与旁听。另外，上海市三中院还尝试举行远程视频开庭行政诉讼，2018 年 9 月 19 日开庭审理徐某诉市文化执法总队和市政府行政不作为及复议决定行政诉讼二审案，双方当事人以视频方式参加庭审，并通过网络系统完成电子笔录，方便双方当事人，避免行政首长以没时间为理由拒绝出庭。同时提高诉讼效率、节约司法成本，加强信息数据共享。

（2）完善政府立法执法的过程性管理

继续完善政府立法评估工作。第一，加强上海市规章立法后评估工作。为适应经济社会发展变化，规章实施 5 年左右即需进行评估调整。2017 年底，上海市政府发布了《上海市规章立法后评估办法》，并将其纳入 2018 年市政府重点工作，计划全年评估 18 家部门共计 24 件规章，要求立足于立法后评估的视角，秉持科学、客观、理性的态度，对规章的有效性和执行情况进行评估。2018 年 6 月 29 日，上海市政府法制办召开上海市规章立法后评估工作座谈会，提出三点建议：正确处理内部与外部的关系、正确处理评估与修法改革的关系、正确处理问题发现和对策梳理的关系。第二，实施重大行政决策公众参与规则与目录管理制度。2018 年 8 月 14 日，上海市政府法制办召开对《上海市重大行政决策公众参与规则（草案）》意见的座谈会，上海市发改委、规土局、环保局、人社局、交通委、民政局、住建委、农委等单位的有关负责人对草案内容提出了意见和建议。2018 年 8 月 31 日，召开重大行政决策目录管理制度推进工作座谈会，试点单位进行了情况汇报和经验交流，保证重大决策程序规定有效落实。

继续完善政府执法监督工作。2018 年 9 月 3 日，上海市政府法制办发布《本市行政处罚裁量基准工作情况通报》，总结上海市行政处罚裁量基准工作的基本情况和典型经验，并对上海市行政处罚材料基准工作提出进一步要求。2018年1月22日，上海市卫生和计划生育委员会发布《上海市传染病防治行政处罚裁量基准》与《上海市疫苗流通和预防接种管理行政处罚裁量基准》，增强行政处罚裁量合理性。

（3）完善法治政府信息化过程

首先，对行政规范性文件进行信息化管理。"规范性文件数据库"与"规范性文件管理平台"已成为上海市政府法制办信息化改造重点项目。该项目现已稳步推进。2018年3月7日，上海市政府法制办联合市政府办公厅举办行政规范性文件信息化管理实务培训。其次，对信息发布注册窗口进行信息化改造。2018年3月12日，上海市政府法制信息网正式上线运行。在内容上，将网站一级栏目调整为6个：新闻中心、政务公开、政务服务、法规规章、法制研究、智慧法制。同时推出行政复议网上申请系统，对信息检索、无障碍通道和政务公开系统进行全面升级，还同步开发移动端、同步提供PC端页面信息和服务功能，可通过识别二维码一键关注"上海微法制"微信公众号，拓宽政务新媒体关注渠道。最后，对法治政府信息化工作进行相关调研。2018年5月28日，上海市人大常委会主要领导至上海政府法制办开展大数据统筹开发与政务信息互联共享调研，强调要通过信息化建设加强政府管理和优化服务流程，同时要给信息化过程相应的法律支撑，各部门也应充分沟通与协调。6月19日，上海市委网络安全和信息化领导小组至上海市政府法制办调研，重点讨论网络安全执法主体、执法依据等问题，指出对上海市网信办网络安全方面的执法权仍需进一步立法予以明确。

（二）2018年法治政府工作亮点

1. 打响"一网通办"政务服务品牌

建立统一的公共数据平台与政务服务"一网通办"是上海优化营商环境、推进"放管服"改革以及提升城市竞争力的重要举措。2018年3月25日，上海市委常委会提出打响"一网通办"政务服务品牌，将面向企业和群众的所有线上线下服务事项，逐步做到一网受理、只跑一次、一次办成，以推动上海市实现政府治理能力现代化。"一网通办"的核心要素有三方面：一是规范政务服务事项，通过编制政务服务事项清单和办事指南，确保线上与线下标准统一；二是推进业务流程再造，通过优化服务事项办理程序，实行一窗综合受理、多方协同办理，减少审批环节、审批时间、申请材料和申请人跑动次数；三是打造在线政务服务平台，将政务服务事项全部纳入在线平台办理，推进线上线下集成融合。

上海市是较早开展电子政务实践的地区，目前面临发展瓶颈，各委办局的网络系统相互独立，重复建设，部门之间缺乏合作，在现阶段对"一网通办"的整体化建设造成阻碍。为整合各部门的数据共享和流通工作，上海市政府主要领导直接带队督办，深入调研，逐部门沟通，上海市政府迅速下发《上海市公共数据和一网通办管理办法》（沪府令9号）、《上海市"一网通办"电子档案管理暂行办法》（沪府办发〔2018〕36号）、《上海市电子证照管理暂行办法》（沪府办规〔2018〕28号）、《上海市电子印章管理暂行办法》（沪府办规〔2018〕29号）等配套制度，从根本上开展流程再造重建，打破部门壁垒。联通规土部门、不动产登记信息库、国家人口资源库，实现公安公章备案信息、银行开户信息与工商企业登记信息的共享，倒逼线上线下政务服务流程再造、数据共享、业务协同。

经过3个月试运行，2018年10月17日，上海政务"一网通办"总门户正式上线运行，标志着上海市已步入高效的政务服务阶段，可成为上海市政府的重要品牌。其以"中国上海"门户网站为总门户，以"市民云"为移动端载体，为公众提供便捷、全面、规范的一体化政务服务。截至正式上线运行，"一网通办"总门户已入驻镇社区38个市级部门，16个区、220个街道事务受理服务中心进行网上办事服务，1008项事项实现网上办理，97%以上的审批及服务事项实现只跑一次、一次办成，167项服务事项实现全市通办，注册个人用户已达742万、法人用户超过189万。"一网通办"开通后，相同信息只需采集一次即可实现跨部门共享；开通电子单证和APP办理，印制、打印和寄送成本显著降低；不动产交易登记缩减至5日即可领证；开办企业由经过5个政府部门、7个环节缩减至1个申办门户、3个环节，可减少十天左右的办理时间。

2018年10月30日，上海市政府举办《上海市公共数据和一网通办管理办法》新闻发布会，主要介绍规章的立法背景和主要内容。《上海市公共数据和一网通办管理办法》（沪府令9号）以立法的形式保障"一网通办"的顺利运行，主要对数据采集、整合、共享、开放、应用、安全等做出全面规范。一方面力图打破信息壁垒，最大限度实现数据的价值；另一方面让每一个管理环节都有法可依。该《办法》是上海公共数据和"一网通办"运行相关法律法规的总纲，其后还同步出台电子证照、电子印章、电子档案3个具体办法，形成了上海市提倡的"1＋X"的立法模式，同时关注实务工作中的难点问题，在不违反上位法的前提下，在立法层面予以突破。

2. 智慧公安建设取得阶段性成果

为实现最有序、最安全、最干净的治理目标，上海警方通过提升技术含量，全面加强智慧公安的建设。2018年，智慧公安建设取得阶段性成果，社会大局保持总体稳定。

2018年2月12日，上海市成立上海市智慧公安建设领导小组，组长由副市长龚道安担任。首先，上海市公安依托智慧公安出台多项便民利企举措。2018年1月，上海市公安推出户籍业务"云窗口"，市民可足不出户通过手机办理部分业务。另推出身份证自助领证机，居民30秒即可领到身份证；办理户籍业务和居住证业务，支持移动支付功能；开通上海互联网安全综合服务网，互联网企业在综合服务网上提交基础信息和互联网业务信息即可完成入网登记，将备案办理周期从30日缩减至24小时以内，通过对入网登记者提供网络安全体验服务，帮助互联网企业及时了解运营风险和安全漏洞，已向上海市1620家互联网单位推送2615份体检报告；推出网吧"电子身份认证"服务，只要扫网吧前台二维码，通过人像验证后即可开卡上网，进一步提升网吧管理安全性。

依托智慧公安实现城市精细化管理，计划首批建设22个重点项目。构建"高层建筑智能化火灾防控模式"，系统报警信号可直接推送至负责人的智能物联网手机APP上，物业消防管理员、微型消防站队员、消防设施维保人员也可同时收到推送消息。投放新型智能 X 光安检机，可实现危险违禁品自动识别报警，自动分辨易燃易爆液体和爆炸物，包括汽油、酒精、乙醇等，识别准确率可以达到85%~90%。投放客流检测与预警指挥系统，可对客流进行实时监测与预警，实现"远端控制、视情管控"。在街道网格中实现在辖区内安装无线门磁传感器、独立式烟感探头、智能防火装置等。另外在全市安装"十三合一"复合型电子警察，可同时监控逆向行驶、违法变道、不礼让行人等13种违法行为。

依托智慧公安建立反诈联动防阻体系。上海市反电诈中心通过科技手段，对电信诈骗团伙实施全链条式的打击。反电诈中心通过智能识别进行中的疑似诈骗行为，远程劝阻潜在被害人，之后可指令属地派出所民警出警见面并进行二次回访。

三 从严治党依规治党齐头并进①

（一）2018年从严治党工作回顾

2018年，在中央纪委和上海市委的坚强领导下，上海市纪委监察深入学习贯彻习近平新时代中国特色社会主义思想和党的十九大精神，全面落实十九届中央纪委二次全会和市委工作部署，增强"四个意识"，坚定"四个自信"，坚持"两个维护"，贯彻稳中求进工作方针，以昂扬的精神状态狠抓各项工作落实，把全面从严治党不断引向深入。

1. 健全完善责任落实机制，切实负担重大政治责任

把学习贯彻习近平新时代中国特色社会主义思想作为首要政治任务。上海市纪委常委先后20余次深入开展专题学习研讨，把贯彻落实党的十九大全面从严治党战略部署作为全年工作的主题主线，推动全市纪检监察干部把思想和行动统一到中央决策部署上来。坚决践行"两个维护"，进一步严明

---

① 本部分参考了中共上海市纪律检查委员会/上海市监察委员会网站的官方材料和数据。

政治纪律和政治规矩，深入贯彻党中央新修订的《中国共产党纪律处分条例》，把违反政治纪律作为执纪审查的重要内容，共查处违反政治纪律的党员干部59人，同比增长22.9%。加强对中央和市委重大决策部署贯彻落实情况的监督检查，会同相关部门做好中央环保督查问责工作，对12个问题、71人严肃问责并公开通报曝光。树立"四为"鲜明导向，全面落实市委关于进一步激励广大干部新时代新担当新作为的实施意见。

扎实推进全面从严治党"四责协同"机制建设。上海市纪委积极召开全市全面从严治党"四责协同"机制建设推进会，全面总结试点工作经验，将"四责协同"机制建设在全市范围推开。深化实践探索，上海市16个区和部分市直部门党委（党组）研究制定本地区、本部门开展全面从严治党"四责协同"机制的工作办法。以问责督促责任落实，共对189个违纪问题，236人、43个党组织实施责任追究，涉及15名局级干部、68名处级干部。

2. 构建高效监督体系，拓展监督广度深度

健全监督工作制度体系。对纪律监督、检查监督、派驻监督进行一体化设计，与巡视监督有机联动，形成"四个监督"全覆盖的制度机制。制定加强对各区监督指导的若干办法，推动形成市、区监督工作合力。制定关于监察职能向街道乡镇延伸的指导意见，推动监察职能向基层延伸。

强化日常监督。严格落实"纪检监察机关意见必听，线索具体的信访举报必查"的要求，把好党风廉政建设意见回复关，对政治上有问题的一票否决，对廉洁上有硬伤的坚决排除。共办理廉政审核回复1090人次，全面完成全市市管干部廉政档案建设工作，有序推进全市处级干部廉政档案建设。

深化运用监督执纪"四种形态"。全市运用监督执纪"四种形态"处理问题线索9018人次，第一种形态占69.8%、第二种形态占21%、第三种形态占4.5%、第四种形态占4.7%。全市共接收检举控告13220件次，同比增长3.2%，远低于全国平均水平，中央纪委受理的来自上海的越级信访量同比下降25.9%。

努力深化派驻监督。市纪委各派驻纪检组全面更名为市纪委监委派驻纪检监察组，赋予部分监察职能，切实发挥好"探头"和"前哨"作用。市纪委逐一约谈各派驻纪检监察组组长，开展派驻机构问题线索处置情况专项检查。市纪委机关各部门着力加强对派驻机构的业务培训和工作指导，帮助解决遇到的实际困难和问题。积极推进区级派驻机构建设。

3. 巩固发展巡视巡察工作，推动党风政风持续向好

坚持政治巡视定位。把"两个维护"作为巡视工作的纲和魂，根据"六围绕一加强"开展监督检查，深入了解学习贯彻习近平新时代中国特色社会主义思想和党的十九大精神，充分发挥整治监督和政治导向作用。分别对行政审批权较集中的 17 个单位党组织和 25 个市管高校党组织开展巡视，共发现问题 989 个、移送问题线索 227 件、提出建议 196 条。

强化巡视问题整改落实。制定加强巡视整改落实工作的办法和对巡视整改工作开展评估的相关制度。以被巡视单位上一轮整改情况为重点，深入开展巡视整改检查，确保巡视指出的问题"件件有着落、事事有回音"。被巡视单位共提出整改措施 1445 项，制定有针对性的制度 609 项。

推动巡视巡察有机联动。全市 16 个区全部完成巡察机构组建并开展了巡察工作，全市巡视巡察"一盘棋"的战略态势初步形成。

驰而不息纠正"四风"。建立健全问题线索快速移送机制，对不收手不收敛不知止、顶风违纪的，坚决快查、快办、快通报，典型案例一律通报曝光。紧盯"四风"新动向新表现，对隐形变异"四风"问题，坚决从严查处，强化警示震慑。共查处违反中央八项规定精神问题 405 个、处理相关责任人 789 人、给予党纪政务（政纪）处分 599 人，同比分别增长 18%、35%、34%。

着力整治形式主义、官僚主义问题。制定下发认真贯彻落实中央纪委集中整治形式主义、官僚主义的工作意见的通知，对人浮于事、疏于管理、懒政怠政，造成不良社会影响的，坚决追究相关单位负责人的领导责任，释放"乱作为不行、不作为也不行"的清晰信号。开展以整治形式主义、官僚主义为突破口的营商环境专项巡视，主推营商环境不断优化提升。

4. 保持惩治腐败高压态势，一体推进反腐监督教育

紧盯重点领域和关键少数。上海全市 2018 年度共立案 2956 件，同比增长 18.5%；结案 2808 件，同比增长 12%；处分 2654 人，同比增长 8.8%；移送检察机关 101 人。

加强追逃追赃和防逃工作。其一，坚持追逃与追赃并举、追逃与防逃并重，组织开展外逃、失踪党员和国家工作人员大起底行动，对重点追逃对象实行挂牌督办。其二，督促各区设立追逃追赃工作办公室，对落实追逃追赃案件推进情况进行专项检查。其三，加强协作配合，加强动态监管。全市共追回外逃人员 83 人，其中"红通"对象 8 人，共追回赃款 23.99 亿元。

扎密扎紧制度笼子。聚焦腐败易发多发的领域，深入查找漏洞和管理方面的薄弱环节，督促有关部门堵漏建制。针对国有企业改革发展中出现的新情况新问题，制定关于市管国有企业经营管理活动中防止领导人员利益冲突的办法，规范国有企业领导人员廉洁从业行为。针对农村集体"三资"监管中存在的问题，指导相关区加强自上而下的监督，特别是镇级层面的直接监管，对村级组织的决策、经营、资金、账务等探索实施统筹管理，着力管住村干部手中的权力。针对工程建设领域廉政风险突出问题，推动完善法规政策、健全招投标监管机制、运用大数据手段推动"智慧监管"等，遏制权力寻租。针对部分医疗机构医生收受"红包""回扣"的问题，推动责任部门出台制度文件，从强化药品集中统一管理、完善处方点评制度、实行商业贿赂不良记录等方面打出"组合拳"，推动医药购销领域政风行风持续好转。

强化党员干部思想自觉。制定关于加强警示教育工作的实施办法。下发关于在谈话函询过程中实行"两必谈"的通知。推进新修订的党章、党纪处分条例和宪法修正案、监察法等进入各级党校培训内容。开通"廉洁上海"微信公众号，推出一批群众喜闻乐见的廉政文化作品。在各类新闻媒体上刊发报道 170 余篇，为深入推进全面从严治党营造了良好舆论氛围。

加大对发生在群众身边不正之风和腐败问题的查处力度。全市各级纪检监察机关查处发生在群众身边的不正之风和腐败问题83个、党纪政务处分112人、移送司法机关47人。扎实开展扶贫帮困领域腐败和作风问题专项治理。挂牌督办扶贫领域和群众身边不正之风，发现问题线索28件，给予党纪政务立案22人，给予诫勉谈话、批评教育等处理12人，移送司法机关2人。积极做好扫黑除恶专项斗争监督执纪问责工作。对2017年以来本市涉黑涉恶问题线索，以及查处的涉黑涉恶腐败和"保护伞"案件进行全面起底和排摸，坚决惩治放纵、包庇黑恶势力甚至充当"保护伞"的党员干部。全市共重点督办信访案件17件，办结10件。

5. 忠诚担当，打造过硬纪检监察队伍

坚持把政治建设摆在首位。深入开展党性教育，适时组织形势任务教育，做好干部日常思想政治工作，教育引导纪检监察干部树牢"四个意识"，坚定"四个自信"，践行"两个维护"。大兴调查研究之风，扎实开展"不忘初心、牢记使命，勇当新时代排头兵、先行者"大调研，紧扣全面从严治党、党风廉政建设和反腐败工作面临的现实问题，组织纪检监察干部深入基层调查研究，形成制度化、常态化、长效化机制。

着力提高履职能力。加大教育培训力度，组织开展全市纪法衔接业务培训、转隶后全院培训等，选送68批次650余名纪检监察干部参加中央纪委培训班，利用主责主业系列讲座等平台深化日常教育。抽调人员参与中央纪委和市纪委的专案、巡视等工作，在反腐败斗争的第一线锻炼干部，不断提升监督执纪监察能力。

严格日常管理监督。制定《上海市纪检监察干部八条严禁行为》，组织开展纪检监察干部形象专题讨论，明确负面清单、强化刚性约束。实行"监督、案管、审理"相对分离，建立健全问题线索处置、案件调查等重要问题集体研究制度，强化监督执纪监察中的廉政风险防控。对反映纪检监察干部的问题线索认真核查，对执纪违纪、执法违法的严肃查处，严防"灯下黑"。共立案查处纪检监察干部11人，诫勉谈话8人，提醒谈话7人，批评教育8人。

（二）2018年依规治党工作亮点

1. 深度推进国家监察体制改革试点工作

2018年上海全面完成市、区两级监委挂牌组建工作。全市检察系统638名干部顺利转隶，市纪委机关监督执纪部门的机构数占80%，市纪委机关监督执纪部门的编制数占71.8%。对市、区两级纪委监委干部进行全面全员培训。做好过渡期工作衔接，确保改革期间工作不断不乱。

坚持和加强在改革全过程中落实党的领导。市委切实履行主体职责，对于重大问题和重要制度，坚持集体研究、加强过程指导。市委主要领导靠前指挥，当好"施工队长"。各成员单位根据职责分工，抓好编制划转、选举任命、工作衔接、综合保障等任务落实，形成推进改革试点的强大工作合力。各区成立由区委书记任组长的工作小组，形成党委统一领导、纪委履行专责，各部门各负其责、协同推进，全市上下一级抓一级、层层抓落实的良好工作局面。

积极推进纪法贯通。制定实施本市纪检监察机关监督执纪监察工作办法、调查措施使用规范、留置措施操作指南等基本制度规范。推动内部流程重塑，建立起统一决策、一体化运行的执纪执法权力运行机制。

着力加强协作配合。聚焦"法法"衔接，及时确立监察机关与司法执法机关之间18项协作配合事项。大力推进留置专区建设，1个市级、16个区级留置专区全部建成。

全要素适用调查措施。落实应试尽试要求，积极试用监察法赋予的各项调查措施，研究制定上海市纪检监察机关制度规范，严格调查措施使用审批程序，用制度机制固化试用成果。制定监委机关在办案工作点办理采取留置措施案件的管理办法，细化留置审批权限。共对65人批准采取留置措施，其中市监委留置20人，区监委留置45人。

积极打造"数字监察""智慧监察"。制定《上海市纪委监委信息化建设五年规划（2018～2022年）》。统筹推进信息化安全保密体系建设：监督执纪执法保障、综合信息和智能办公写作服务、留置场所科技保障、大数据辅助决策。建设监委数据查询中心，实现了对六大类 60 余项信息的综合查询，制定出台综合信息查询管理办法，着力规范查询流程，确保信息安全。

2. 高质量推进党内法规制度建设

2018 年 8 月 28 日，上海市委常委会审议通过《中共上海市委关于加强党内法规制度建设的实施意见》和《中共上海市委党内法规制定工作五年规划（2018～2022 年）》。这两个文件是贯彻落实党中央关于党内法规制度建设要求的重要配套制度，是部署当前和今后一个时期上海党内法规工作的指导性文件。以习近平总书记关于全面从严治党、依规治党的重要指示为指导，深刻认识加强党内法规制度建设的重要意义，坚持以党章为根本遵循，坚持思想建党和制度建党相结合，坚持从管党治党实际出发，高质量推进上海党内法规制度建设。牢牢把握党内法规制度建设的正确方向，强化"四个意识"，把坚决维护习近平总书记作为党中央的核心、全党的核心的地位，坚决维护党中央权威和集中统一领导作为党内法规制度建设的根本政治原则和首要政治要求。紧紧抓住党内法规制度建设的重点任务，结合上海实际，加强统筹协调，着力抓好制度完善、制度执行和责任落实，确保党内法规始终适应新形势新要求，为上海加快建设"五个中心"、卓越的全球城市和具有世界影响力的社会主义现代化国际大都市提供坚实的党内法规制度保障。

四　全面推进司法体制综合配套改革①

推进司法体制综合配套改革是党的十九大部署的重点改革任务，也是新时代深化依法治国的重要内容。上海作为司法体制改革的"先行者""排头

---

① 本部分参考了《上海市高级人民法院工作报告——2019年1月27日上海市第十五届人民代表大会第二次会议》,《上海市人民检察院工作报告——2019年1月27日上海市第十五届人民代表大会第二次会议》,茆荣华《上海市法院如何统筹推进深化司法体制综合配套改革思考和想法》,阮祝军《勇立潮头破冰探路——检察机关司法体制综合配套改革实践探索》,以及上海法院网、上海市人民检察院网的官方数据。

兵"，在2018年全力推进司法体制综合配套改革的各项任务并取得了阶段性成果，为全国的法治建设总结出可推广的经验做法。

（一）2018年司法体制综合配套改革的工作回顾

深化司法体制综合配套改革是中央赋予上海司法体制改革的新任务。回顾过去一年，上海法院与检察院在巩固前三年改革成果的基础上，积极推进司法体制综合配套改革，并取得了新的进展。

1. 法院工作回顾总结

2018年上海法院按照"办好案、服好务、改好革、建好队"的工作思路，深化司法体制综合配套改革。过去的一年中，上海法院立足于上海的司法实践，围绕严格公正司法、服务上海经济发展、满足多元司法需求、提高司法执行质效、加强法院队伍建设五方面，充分发挥审判职能，积极开展各项工作。

（1）推进综合配套改革，提升司法质效

根据中央的相关文件和市委的分工方案，上海高院将改革任务细分为8大类72条136项具体任务。2018年在上海法院的努力下，综合配套改革已取得阶段性成效。同时，上海法院也充分发挥好了"领头雁"的作用，为其他地区改革的顺利推进提供了可复制、可推广的"上海经验"和"上海司法智慧"。

一是完善审判监督管理机制。为强化对审判权的监督，上海法院明确院庭长办案的量化标准，充分发挥院庭长办案的示范带领作用。在监督管理方式转型方面，上海法院完善专业法官会议制度，组织资深法官对重大疑难案件的法律适用进行讨论，确保法律的正确适用，促使法官自由裁量权的规范运行。2018年，全市法院共召开了专业法官会议2586次，采纳意见率超过90%。此外，针对审判执行过程中的风险，研发"上海法院审判执行监督预警分析系统"，设定了21个重点风险节点。通过分析审理时长异常度、专业法官会议意见采纳情况等指标，实现对审判权运行中的实时监督。

二是健全审判机构职能体系。为优化司法职权配置，上海法院积极探索跨行政区划法院和知识产权、金融、海事等审判体制机制改革。依托上海铁路运输法院和三中院等法院，对行政、环资等案件实施跨行政区划管辖。目前，已初步形成行政案件、环资案件、食药案件、破产案件的跨行政区划审判格局。其中全市一审行政案件由4家基层法院集中审理，并按照交叉管辖原则，实现"异地"审理的全覆盖，打破诉讼"主客场"。依托已成立的知识产权法院和四家基层法院，形成知识产权民事、行政、刑事的"三合一"审判机制。创设性提出了技术调查官制度，同时也形成了与之配套的相关制度。针对金融、海事和自贸区案件，上海分别成立了金融法院和自贸区法庭。其中针对海事和自贸区案件，实施海事案件"长臂管辖"和自贸区案件集约化审理机制，服务上海国际航运中心建设。

三是强化改革系统内部集成。推进司法体制综合配套改革的同时，还需要把握好各项任务之间的内在联系。上海自2016年成为全国人大授权开展刑事案件认罪认罚从宽制度的试点地区以来，积极开展认罪认罚从宽制度探索研究。2018年共审结认罪认罚案件1.3万件，采纳检察机关指控罪名和量刑意见的占99.7%，当庭裁判率为95.9%。在推进案件繁简分流方面，做到了简案快审、繁案精审，2018年全市法院的简易程序适用率高达87.6%。

（2）严格公正司法，彰显法治力量

2018年全市法院共受理案件79.8万件，同期结案率高达99.5%，其中有92.9%的案件经一审便息诉。就审判质效来看，上海法院入选最高法院公报案例8件，占全国入选数的三成。为推动更高水平的平安上海、法治上海建设，上海法院坚持严格司法，围绕惩治犯罪、人权保障、依法行政三方面开展工作。

一是惩治犯罪方面，2018年上海法院审结一审刑事案件共2.8万件，其中依法严惩了具有重大社会影响的"杀妻藏尸案"等严重暴力犯罪。为保障人民安居乐业、社会安定有序，上海法院深入开展扫黑除恶专项斗争，依法审结涉恶势力案件46件。另外，在惩治腐败犯罪方面，共审结贪污贿赂等职务犯罪180件，其中被告人原为局级以上干部7人、处级干部31人，推动反腐败工作在法治轨道上行稳致远。

二是人权保障方面，扎实推进庭审实质化，坚持疑罪从无原则和证据裁判制度，加强庭审的规范化和办案的专业化。2018年全市法院启动证据收集合法性调查程序24次，排除非法证据8件，对6名被告人宣告无罪。同时，在全市开展刑事案件律师辩护全覆盖，保障被告人的辩护权。为解决刑事辩护、代理问题，上海法院健全充分听取、认真采纳律师辩护和代理意见的制度机制，切实保障律师和代理人的诉讼权利。

三是依法行政方面，法院充分发挥审判职能，监督、支持行政机关依法履职。2018年全市法院共审结一审行政案件5992件，其中判决行政机关败诉的有232件。为提高依法行政意识，上海检察院组织16个政府部门、管委会等负责人到市三中院旁听庭审。为促使行政争议得到实质性解决，上海检察院还成立了行政争议多元调处中心，促成双方和解后原告撤诉案件达1364件，占一审结案数的22.8%。

（3）立足审判职能，提供司法保障

审判职能作为法院立足之根本，是法院提供有力司法保障的前提。上海的金融服务业一直都在全国遥遥领先。2018年上海法院继续发挥司法职能，助力上海经济发展，营造良好的法治环境。

一是配合上海经济发展重大战略实施。为对接自贸区改革战略，2018年上海法院审理自贸区案件共4.4万件，并发布了五年来的审判白皮书与典型案例。上海法院为促进贸易和投资自由化，依法审结各类涉及商业贸易、投资纠纷等案件。另外，为配合国家长三角一体化发展战略，上海法院积极推进长三角地区人民法院司法协作工作会议举办，并与苏浙皖高院签署司法协助交流工作协议，服务长三角一体化发展。

二是保障进口博览会的顺利举办。2018年上海法院为服务保障进口博览会顺利举办，在青浦法院成立了西虹桥人民法庭，对涉进博会案件实行专业化的集中管辖。为及时解决涉进博会的纠纷，加强与涉外法律服务中心、仲裁机构与调解组织进行对接，上海法院对简易民商事案件实行速立、速审、速执。西虹桥人民法庭首起涉进博会案件历时16日顺利结案，并于当日履行。

三是促进上海金融环境的法治化。为加大对产权司法保护力度，支持民营经济和中小企业的发展，上海法院出台为企业家创新创业营造良好法治环境意见。2018 年上海法院审理企业破产和强制清算案件共 497 件，建立健全常态化府院破产协调机制和破产费用保障机制。在金融风险防控方面，建立了与市金融监管部门的情况通报机制，防范金融不良债权、企业破产等案件可能引发的风险。同时，注重对金融债券类案件的审理，审慎对待金融创新过程中的金融纠纷，处理好可能出现的群体性问题。

（4）坚持司法为民，满足多元需求

公正审判对于人民群众的司法获得感至关重要。2018 年审理涉劳动就业、教育医疗、社会保障等案件共 1.3 万件。继续加大对妇女儿童权益的保护力度，依法审理有重大社会影响的"携程亲子园虐童案"，该案例入选"2018 年度人民法院十大刑事案件"。在维护老年人合法权益方面，加强对审理结果的释法说理。

在司法公开方面，深化"阳光司法、透明法院"建设，构建开放、动态、透明、便民的阳光司法机制。另外，进一步拓宽服务渠道，通过网站、短信、微信等渠道推送案件进展状况信息，设立流程节点。据统计，流程信息公开率已达至 100%，诉讼进展从被告询问转为主动告知。在庭审公开上，运用互联网技术将社会影响重大、具有典型意义的案件的庭审进行实时直播。

在诉讼服务方面，上海法院在已有的诉讼服务体系基础上，继续推进诉讼服务一体化建设。一方面，进一步拓展大厅自助服务和网上诉讼服务功能，同时还全面升级了 12368 诉讼服务功能，使当事人完全实现自助诉讼。据统计，平台全年提供的各类诉讼服务共计 82.1 万次，日均 3363 次。为了帮助群众了解诉讼程序，还归纳了热线常见来电问题，出版《人民法院诉讼程序 2300 问》。另一方面，进一步拓宽律师服务平台服务范围，面向全国律师和全市基层法律工作者开放。此外还建立网上立案专人值班制度，据统计，2018 年全年网上立案数共计 9.5 万件。

（5）强化司法执行，提高执行效率

"基本解决执行难"是全国法院目前重点的攻坚任务，上海法院在 2018

年加大执行力度，市高院更是在2018年被评为全国"解决执行难样板法院"。相比于上年，2018年全市法院共执结案件12.6万件，同期结案率高达100.3%，执行到位金额236.3亿元，各关键指标均已位列全国法院第一。

从执行效果来看，上海法院联合发改委、公安、税务等45家单位采取43类惩戒措施，对失信被执行人进行限制。据统计，2018年共发布失信被执行人名单7.5万例，限制出境2455人次，限制高消费14.1万人次，最终有3.3万名失信被执行人履行了义务。此外，还利用网络对被执行人财产进行实时监控，现已覆盖房产、存款、车辆、证券等九大类财产信息。为最大限度变现财产价值，全市法院均已入驻淘宝网等司法拍卖平台，据统计，2018年网络拍卖2596次，成交2266件，成交额已达至145.7亿元。

从执行管理来看，明确认定无财产可供执行案件的执行措施和规定标准。将执行案件数据库向全社会公开，以确保公众和当事人的知情权和监督权。同时，完善执行的自动查询机制，定期对被执行人财产状况进行查询。为解决执行中的"消极执行"和"选择性执行"现象，积极开展规范执行行为的专项活动。

（6）深化从严治院，改进法院工作

法院能够充分发挥审判职能，离不开党风廉政建设和专业队伍的打造。2018年全市法院共有17名同志获得"全国优秀法官""全国优秀办案标兵"等荣誉称号。

在党风廉政建设方面，上海法院根据党中央颁布的八项规定精神，制定八项规定的实施细则。另外，通过听取汇报、查阅台账、座谈走访等形式，积极开展司法作风的专项督查工作，治理司法不文明问题。据统计，全年立案查处违纪违法案件共10件18人。

在打造专业队伍方面，上海法院继续深入推进队伍的正规化、专业化、职业化建设，积极开展第二批法官遴选工作。为提升法官的办案能力，充分发挥审判业务专家和业务骨干的示范引领作用，深入开展法官现场教学、优秀裁判文书评选等活动，提升法官的庭审应变能力、法律适用能力以及裁判说理能力。上海法院进一步完善高素质人才培养机制，举办各类培训班。同时，上海法院还与各大高校的法学院展开深度合作，提高人才队伍的综合素养和能力。

2.检察院工作回顾总结

上海检察机关在2018年继续坚持"使法治成为上海核心竞争力的重要标志"的目标，积极履行检察职能，持续推进司法体制综合配套改革。回顾2018年，上海检察机关立足于上海大局，在创新检察工作、服务经济发展、加强司法保障、支持监察体制改革、加大法律监督力度、提升司法公信力这六方面，稳步有序推进各项改革工作。

（1）深化综合配套改革，创新检察工作

在深化司法体制改革方面，上海检察机关更注重改革的综合配套和系统集成。上海检察机关结合检察工作的实际情况，承担了126项司法体制综合配套改革任务，截至2018年底已基本完成。

一是创新组织结构。为提升办案和管理质效，基层检察院按照"6＋4＋X"（6个业务部门＋4个司法行政部门）的架构充实一线办案部门，精简司法行政部门。根据各检察院实际办案情况，以专业化办案需求和业务量为基础，在部分检察院增设金融检察、未成年人检察等特色业务部门。总体而言，检察院的内设机构数量减少了40%。另外，结合内设机构改革，检察院探索建立新型专业化检察官办案组。全市各级检察院设立金融、知识产权、航运、公益诉讼等150个新型专业化办案组。

二是优化办案模式。在全面实行"捕诉一体化"改革的背景下，上海检察机关首创全流程、立体化刑事诉讼监督模式，实现了"在办案中监督、在监督中办案"的监督新模式。注重刑事程序前端的监督，加强调查核实，构建可追溯可核查的案件管理体系。另外全面实行认罪认罚从宽制度，对案件进行繁简分流。据统计，定罪适用率达至50%，量刑建议采纳率高达97%，极大地促进了社会关系的修复。

三是强化办案监管。办案监管主要是针对检察官权力和办案流程。上海检察机关先后两次更新检察官权力清单，界定检察官的办案权限，确定了

126 种检察办案的类型和四种主要办案方式。另外，全面部署试点"检察官办案全程监督考核系统"，对可能出现的风险，比如程序性风险、权力运行风险等实行全程监控。根据相关监管规则运行"流程监控智能预警系统"，实现监控的自动化、检察的精细化、预警的层级化和溯源的可视化。

四是深化跨行政区划改革。为配合国家"长三角一体化"战略，上海检察机关积极探索长三角检察机关公益诉讼一体化协作创新机制，实现省际"大跨度"拓展。最高人民检察院首次将跨江苏、安徽、河南三省的水域污染案件交给上海市检察院第三分院及下辖的铁路检察院办理。另外，为服务"一带一路"建设，上海检察机关与郑州、兰州等地的铁路检察院开展积极协作，保障国际列车的安全运行。

（2）聚焦国家战略实施，服务经济发展

上海检察机关始终坚持为上海国际大都市建设提供强有力的检察服务和保障。为提升上海的城市能级和核心竞争力，2018 年上海检察机关分别从预防化解金融风险、保障长三角一体化发展、护航国际进口博览会、强化知识产权保护这四个方面服务保障上海经济发展。

一是预防化解金融风险。2018 年上海检察机关对各类金融犯罪案件提起公诉共 1269 件。积极推动追赃挽损，在"善林案""旌逸案"等新法案件中，检察院第一时间介入案件，追缴回大量赃款。2018 年 2 月上海检察机关依法对具有重大社会影响的吴小晖集资诈骗案提起公诉。另外，上海检察机关依法办理的"朱炜明操纵证券市场案"已入选最高人民检察院的指导性案例。上海检察机关不断总结以往经验，大胆探索，推动金融监管机制的规范化。

二是保障长三角一体化发展。长三角区域一直都是中国经济发展的重要部分，2018 年 11 月 5 日，长三角一体化正式上升为国家战略。上海检察机关为保障长三角一体化发展，大力推进长江口生态环境保护专项行动。截至2018 年 12 月，上海检察机关对破坏生态环境案件督办 169 件，建议行政机关移送涉嫌犯罪案件共 17 件。为确保长三角一体化的发展，上海检察机关还与苏浙皖检察院建立长三角生态环境保护司法协作机制。同时，在上海设立长三角检察协作办公室，并承办关于服务保障长三角经济带发展的首届检察论坛。

三是护航国际进口博览会。举办首届中国国际进口博览会是上海2018年的一项重点任务。为配合护航进博会，上海检察机关开展专项活动。在国家会展中心设置专门办案组、派驻专办检察官，提高办理涉进博会案件的质效。除此之外，上海检察机关大力开展专项诉讼监督行动，排查进博会场馆周边的食品药品等领域的隐患，加强核心区域的管控。

四是强化知识产权保护。在已有的自贸区检察工作机制的基础上，加强发挥打击、监督等职能。2018年7月12日浦东新区检察院办理了上海自贸区首例侵犯商业秘密案件，检察院的主动提前介入，积极探索案前多方会商机制，为同类型案件的办理打下了良好的基础。另外，加大对妨害科技创新犯罪的惩处力度，其中"卿林侵犯著作权案"入选年度全国打击侵权盗版十大案件。上海市检察院更是荣获中国外商投资企业协会颁发的"权利义务告知先行者、检务公开透明探路人"荣誉称号。

（3）依法履行检察职能，加强司法保障

随着人民群众对安全、环境和法治等方面的要求提高，上海检察机关依法履行批捕、起诉、监督等职能。据统计，2018年全年共批捕犯罪嫌疑人27916人，提起公诉27543件。

一是打击严重暴力犯罪。严重暴力犯罪关乎城市居民的生命安全，上海检察机关始终将人民群众的生命安全放在首位，坚决惩治故意杀人、绑架等严重暴力犯罪。2018年全市共批准逮捕675人，提起公诉615件700人。2018年上海检察机关曾办理的一批社会影响较大的案件获得了群众的认可，如杀妻藏尸案、瞒报烟花爆竹出口案等。

二是推进扫黑除恶专项斗争。上海的涉黑涉恶犯罪具有明显的地域特点，犯罪手段是非暴力的、组织结构是隐蔽的，涉足领域主要是金融方面。2018年，上海检察机关严惩"套路贷"、非法"现金贷"背后的涉黑涉恶犯罪。截至2018年底共批捕364人，提起公诉47件，办理市"扫黑办"挂牌督办案件共4起；研判上海涉黑涉恶案件的情况和特点，大力推动专项治理工作的开展。

三是加强未成年人保护。由于未成年人身心发育不完善且社会性较弱，因而容易成为犯罪分子侵犯的对象。上海检察机关依法对具有重大社会影响的"6·28"持刀杀害小学生案、携程亲子园虐待儿童案提起公诉。在落实未成年人特殊保护方面，上海检察机关对126名高危未成年人进行保护处分，对406名涉罪未成年人实施关护考察。最后，为从源头预防性侵未成年人犯罪，上海检察机关在全国率先建立性侵害违法犯罪人员从业限制制度，保护未成年人的生长环境。

四是提升检察服务水平。人民群众亦是检察工作的出发点和落脚点。提升检察服务水平还需深入一线，了解群众所需所想，方能把握司法供给的精准度。为此，上海检察机关开展"改进司法作风、规范司法行为"的专项活动，推行民事、行政检察官走访一线，回应群众诉求。同时，在已有的基础上继续改进12309检察服务中心建设，为社会公众提供高质量的检察服务。

（4）支持监察体制改革，发挥职能作用

自2018年3月全国人民代表大会通过《监察法》，监察委员会正式成为与法院、检察院、政府并列的监察机构。上海检察机关主动适应打击职务犯罪的新形势，总结过去反腐败斗争的经验，积极为反腐败斗争贡献力量。

首先，上海检察机关已圆满完成转隶任务。至2018年12月底，全市各级检察院638名干警、1007个编制已转隶至市、区两级监察委员会。其次，完善双方工作的衔接机制，上海检察机关与市高级法院、市监察委员会共同制定"办理职务犯罪案件工作衔接办法""职务犯罪案件基本证据指引"等规范性文件，明确线索移送、案件通报等程序，统一证据标准和规范。双方就涉及重大敏感案件的工作开展达成一致，检察机关可以及时组成专案组提前介入调查，便于之后的监察调查程序和司法程序相衔接。再次，改进检察办案机制，在全市各级检察院共设立21个职务犯罪检察官办案组并指定50名资深检察官进行专业化办案。根据新刑事诉讼法的规定，对于检察机关仍可侦查的14类职务犯罪，上海检察机关积极优化现有侦查体系和工作机制，依法履行法律赋予其的职责。最后，严惩职务犯罪，上海检察机关全年共对职务犯罪提起公诉 158 件 199 人。其中，受理监察委员会移送案件 59 件 60 人，刑事拘留 5 人，决定逮捕 32 人，提起公诉 47 件 48 人。注重大要案办理，2018 年 2 月上海市人民检察院第二分院对原福建省省长苏树林提起公诉。

（5）加大法律监督力度，保证公正司法

检察机关作为我国法律监督机关，应当依法履行法律监督职能，监督法律的正确实施，保障司法公正。上海检察机关无论在刑事诉讼还是民事行政诉讼中，都积极发挥监督职能，维护社会公正。

在刑事诉讼方面，对刑事诉讼全流程强化监督，实现从立案阶段到执行阶段的全覆盖。立案监督上，2018 年全市检察机关对公安机关应当立案而不立案的，监督立案 67 件；对不应当立案而立案的，监督撤案 438 件。为完善行政执法与刑事司法的有效对接，上海检察机关强化对有案不移、以罚代刑等案件的监督。侦查监督上，灵活变通工作机制，积极推进侦查取证的引导工作开展，提前介入重大案件中，确保取证活动的合法性。对侦查违法行为制发监督意见 1192 件，排除非法证据 65 件。此外，注重重大案件侦查终结前讯问合法性的核查工作，保护被告人的合法权益。审判监督上，大力推进检察长列席法院审判委员会会议。据统计，2018 年全市各级检察院正副检察长参加同级法院审委会会议 87 次，保证法律的正确实施。执行监督上，为优化对监管场所的全面监督，2018 年 10 月上海沪东、沪西地区检察院正式揭牌成立。上海检察机关试点监狱巡回检察改革，加强对监狱执行的监督，目前已完成 6 轮 22 次巡回检察，制发纠正违法通知书、检察建议 29 件。监狱的监督不可忽视对在押人员合法权益的维护，上海检察机关积极组织监督维护在押人员合法权益的专项行动，监督纠正刑期计算错误、未及时交付执行等问题 150 件。

在民事行政诉讼方面，上海检察机关始终关注与民生密切相关的案件。聚焦劳动保障、医患纠纷、房屋买卖等民事案件，依法履行调查核实权。针对要求行政机关履行法定职责、信息公开等群众热切关心的案件，积极督促行政机关依法及时履行职责。此外，为积极解决矛盾纠纷，上海检察机关加强对案件的释法说理工作，2018年全年共通过释法说理等方式息诉结案1025件。在审判程序上，检察机关坚持裁判结果与诉讼过程并重原则，注重对诉讼过程中的送达、采取保全措施、适用审判程序等问题的合法性进行监督。最后为解决民事行政执行不规范问题，检察机关全年共制发检察建议100件，促进执行程序的合法化。

（6）打造过硬检察队伍，提升司法公信力

过硬检察队伍是夯实检察事业的充分必要条件。过硬的检察队伍需要从人才培养、作风建设、机制创新三方面打造，从而保证检察队伍的职业化、规范化、专业化，提升司法公信力。

一是注重人才培养。上海检察机关立足工作实际，建立检察业务核心能力指标体系。加大对金融、知识产权、互联网等领域检察人才的培养，建立以检察官办案组为重点的办案团队。此外，为提升检察官办案能力和水平，积极开展听庭评议、组织与律师团队辩论赛等活动。举办以"80后""90后"为主体的青年检察干部研习班，为检察官队伍培养优秀的办案人才。

二是强调作风建设。检察机关始终坚持"从严治检"的原则，深化专题警示教育。据统计，全市检察机关严查检察人员违纪案件11件，谈话、函询22人。另外，加快构建主体明晰、有机协同、层层传导、问责有力的责任闭环，完善"四责协同"机制。

三是鼓励机制创新。结合区院的实际情况，深化"一院一品"机制，着力推进特色工作，如生态检察、知识产权检察、未成年人检察等工作。其中，宝山区检察院荣获"全国模范检察院"称号，长宁区检察院被最高人民检察院记集体一等功。此外，为推动人才培养，全市检察机关大力深化"一业一人"机制。

（二）2018年司法综合配套改革的工作亮点

2018年，上海法院与检察院进一步提升司法服务，助推更高水平的法治上海建设。为实现改革目标，大胆创新、勇于探索，并对已有的成果不断深化和完善，形成一批独具特色的"上海经验"。

1. 法院工作亮点

2018 年上海法院的工作亮点主要集中在司法服务方面。为进一步优化司法资源配置，上海法院不仅设立专门的金融法院，还大力推进法院内设机构改革；为保证公正司法、提高办案质效，深度优化职能辅助办案系统。

（1）设立全国首家金融法院

上海国际金融中心建设十年来，出现了大量的金融纠纷案件，不仅存在着涉诉金额高、诉讼保全多、涉及的利益主体多等问题，还存在涉及新型金融形态的纠纷案件。这便对司法审判专业性提出了更高的要求，设立金融法院是保障上海金融法治环境的必然选择。2018 年 8 月 20 日，上海金融法院揭牌成立，对金融案件实行"民事""行政"二合一审判。在案件受理上，金融法院采取"案由为主，主体为辅"的管辖原则。为推进金融法院审判的专业化，积极创新金融审判体制机制，培养复合型人才。截至 2018 年底，金融法院共受理各类金融案件 1897 件，标的总额达至 252 亿元。在审判队伍配置方面，经由上海一中院、二中院金融审判庭整体划转以及上海全市法院内公开选调，全院入额法官 28 名，其中有 6 名法官具有博士学历。这些优秀的法官身经百战，比如有的法官审理过全国首例跨市场金融衍生品内幕交易"光大乌龙指"系列案件，并获得了金融业界的高度认可。另外，为介绍金融法院的审判情况，上海法院还特别参照国外法院网站模式设计了英文版网站，向国际社会展示中国良好的金融法治环境，提升中国金融司法的国际影响力。

（2）大力推进内设机构改革

内设机构改革是实现司法责任制的关键，内设机构改革需要兼顾司法效率和管理监督。上海法院通过制定《上海市基层人民法院内设机构改革试点方案》，按照精简高效原则，以"7＋3＋1"（7 个审判业务庭＋3 个综合管理部门＋1 个法警队）的模式在基层法院设置 11 个常设内设机构。另外，依照各基层法院的审判业务情况在其中的 8 家基层法院增设金融、知识产权、未成年人与家事审判等 12 个独立建制的特色审判业务部门，还在部分法院实行对环境资源、互联网案件的专门审理。可见，上海法院的内设机构改革是根据各基层法院的实际业务情况，灵活变通、科学划分受案范围，兼顾了审判的专业性与高效性。据统计，截至2018年底，全市17家基层法院的内设机构精减至197个，减幅33.9%。法院机构设置主要偏向审判业务部门，审判业务庭数量占比提高至71%，这对于推动审判业务骨干回到办案一线，落实司法责任制具有重要意义。在人员配置方面，中层正职精简至169人，减幅35.5%，中层副职精减至257人，减幅18.7%。虽然在人员数量上有所调整，但也保障了相关人员之后的职业发展，切实维护队伍的整体稳定。

（3）深化智能辅助办案系统

在"科技强院"方针的指导下，全面推进司法体制综合配套改革，这离不开人工智能的辅助。司法难题的解决以及司法工作的进步需要利用互联网、大数据、人工智能等现代科学技术。上海高院承担中央政法委要求的"206系统"开发任务，为办案人员提供证据的自检自测，发挥对证据的校验、监督等作用。2018年3~8月，"206系统"2.0版本开始在全市公检法机关全面应用，涉及的罪名从7个扩展至20个。截至2018年底，涉及的常用罪名已有71个。至2018年11月底，公安机关累计录入案件20373件，流转到法院3820件，审结2587件。累计录入证据材料1131365页，提供证据指引297637次，发现提示证据瑕疵点6519个。由此可见，"206系统"的全面提升对于证据标准、证据规则指引、证据审查具有积极作用，极大地提升了办案质效。除此之外，"206系统"还被拓展至民商事、行政案件智能辅助办案系统，目前已完成20个案由的办案要件指引，覆盖57%的一审民商事、行政案件，录入案件共计11.3万件。最后在电子卷宗随案同步方面，深度运用电子扫描、图文识别等技术，将办案全过程的书面材料上传至网上，实现全流程网上办案。

2. 检察院工作亮点

2018年上海检察机关着力维护国家和公共利益、保障法律的正确实施以及确保人民群众在司法中的获得感，2018年上海检察机关的工作亮点主要集中在公益诉讼、检察监督和智能科技应用三方面。

（1）全面开展公益诉讼

全年检察机关共立案 281 件，提出诉前检察建议或发布公告 130 件，向法院提起公益诉讼 15 件。上海检察机关在公益诉讼相关方面已总结出一套可复制推广的经验。首先，在城市生态环境保护上，对 26 件长江生态环境公益诉讼案件立案，督促相关单位清除违法填埋的生活垃圾 7625 吨、回收和清理生产类固体废物 166 吨、恢复受污染土壤 325 亩。在全国首创生态检察官派驻河长制办公室制度，在青草沙水源地设立生态检察工作站，检测、整治黑臭水体，对维护生态环境具有典型参考意义。其次，在保障食品药品安全上，积极组织"保障千家万户舌尖上的安全"专项监督行动，共办理问题肉制品、有害减肥食品等公益诉讼 66 件。监督行政执法机关对存在食品安全问题的商户进行依法惩处。此外，对于社会广泛关注的校园食堂安全、疫苗安全等问题，组织开展问询监督和联合检查。建立具有食品药品犯罪前科的生产经营者"黑名单"，促进食品药品市场发展的规范化，保障群众的生命和健康安全。再次，在维护公共安全方面，基于上海打造现代化国际大都市的定位目标，扩大公益保护的范围。比如，针对手机应用程序侵犯公民个人隐私等问题，组织公益保护调研活动。对违反监管规定或未尽社会责任的网络游戏运营商，制发检察建议，积极推动新标准、新制度的制定。最后，在联合公益力量方面，联合相关单位或部门，加强彼此之间的沟通协作，共同推动公益保护工作的有序进行。加强与市场监管等部门的协作，与 59 家单位签署工作协议。此外，检察机关与法院在案件管辖、证据规则等问题上进行协调。为加大公益保护力度，开发"随手拍公益"的微信举报平台，建立多种创新机制大力推动公益保护。

（2）创新检察监督模式

上海检察机关坚持履行其法律监督机关的宪法义务，在法律监督工作方面大胆尝试、摸索，创建新型检察监督模式。第一，大力推行捕诉合一的办案模式，制定出台全国检察机关首个捕诉合一的办案规则。整合刑事诉讼各环节的监督职能，建立在"办案中监督、在监督中办案"的新型监督模式。

第二，深化特色检察制度，推动金融监察体制机制的创新，健全金融案件的捕诉机制。在未成年人保护上，上海检察机关在全国率先建立起针对未成年人检察的社会服务体系。注重对未成年被害人的保护，建立性侵未成年人罪犯从业禁止等特殊保护制度，保护未成年人的生长环境。在老年人保护上，建立专办快办、督促和解等办案机制。第三，强调与公安、法院的协作，配合法院完善庭前会议规则，明确适用范围、会议流程和证据展示等方面的内容，积极推进诉前程序的监督工作开展。与此同时，与市公安局就刑事案件实时介入、捕前工作进行协商，强化对侦查的引导和监督，保障侦查活动的程序合法性。第四，注重刑事执行监督，成立浦东浦西地区两个刑事执行检察院，负责监管场所的刑事执行监督。此外，健全监狱检察工作体制，实现双方的同级对等监管。由此建立检察机关全方位、多角度、多层面的检察监督机制体制。

（3）深化智能科技应用

现代化科技的运用对于检察工作的发展至关重要，上海检察机关积极推进智慧检察、智慧监督，关注检察工作的科学化、智能化和人性化。第一，依托2017年建立的检察大数据中心，着力挖掘数据应用能力，现已发布12期大数据分析报告，并且通过加强跨院、跨条线、跨部门的数据资源整合，推动数据的集中处理和有效应用。同时积极开展与高校、企业的合作，组建检察大数据融合创新实验室，建立万脑智库，深度开发数据的管理系统。第二，将科技成果应用到检务工作中，加强对办案深度数据的挖掘，实时监测办案工作中的问题，动态研判检察工作的发展变化趋势。具体而言，运用大数据思路，对受案量较大的19类犯罪情况进行可视化分析，便于对社会治安的动态把握，形成大数据驱动型的法律监督新模式。第三，在智能服务方面，采用部分院试点推行的方式，在部分区院建立移动检务平台，使用检警通、检务通、检易通等APP，促进智慧办案、智慧服务和智慧管理。第四，在办案辅助方面，促进"上海刑事案件智能辅助办案系统"检察模块的升级，制定完善71个罪名的逮捕、起诉证据标准，推行出庭一体化等特色功能研发成果的广泛应用。同时，完善"量刑建议职能辅助系统"和"技术性证据审查平台"软件，提高检察工作的质量和效率，保障司法公正。

五　2019年展望①

2019年是新中国成立70周年，是全面建成小康社会的关键之年。随着中国特色社会主义进入新时代，我国社会主要矛盾已经转化为人民日益增长的美好生活需要和不平衡不充分的发展之间的矛盾。我国社会主要矛盾的变化是关系全局的历史性变化，对党和国家工作提出了许多新要求。上海市法治建设要继续坚持以习近平新时代中国特色社会主义思想为指导，全面贯彻党的十九大和十九届二中、三中全会精神，深入学习贯彻落实习近平总书记考察上海重要讲话精神以及在中央政法工作会议上的重要讲话和中央政法工作会议精神，认真落实十一届市委六次全会部署，以政法领域全面深化改革为突破，深入推进人大立法、法治政府、司法体制改革、依法治市四大领域的工作，理清全年政法工作思路，把握工作重点、强化督查评估、加强组织保障，全力以赴抓好贯彻落实，以优异成绩迎接新中国成立70周年。

（一）全面履行法定职能，创新法规制度供给

2019年，上海市第十五届人大及其常委会将坚持稳中求进的工作总基调，按照市委"五个牢牢把握"要求，全面履行人大法定职能，努力创新加强法规制度供给，完善地方人大制度，推进"三者有机统一"，为上海改革开放再出发、创新发展再突破做出新贡献。

第一，突出履职重点，服务全市大局。2019年，上海市人大将推动修改自贸区试验区条例，制定科创中心建设条例，对财政科技资金投入和使用

---

① 本部分参考了《上海市人民代表大会常务委员会工作报告——2019年1月27日上海市第十五届人民代表大会第二次会议》《上海市政府工作报告——2019年1月27日上海市第十五届人民代表大会第二次会议》《上海市高级人民法院工作报告——2019年1月27日上海市第十五届人民代表大会第二次会议》《上海市人民检察院工作报告——2019年1月27日上海市第十五届人民代表大会第二次会议》《上海市法治政府建设"十三五"规划》《法治政府建设实施纲要（2015～2020年）》，以及上海市法院网、上海市人民检察院网、上海市人大网、上海市人民政府网、人民法治网—法治上海的官方数据。

管理情况开展专项监督，持续关注长三角一体化发展体制机制建设情况，推进三省一市立法工作协同。在此基础上，上海市人大集中在三大领域着力。其一，优化营商环境。2018年，上海市人大在优化营商环境上进行了一系列的创新探索，取得了丰硕成果。2019年，上海市人大将继续发力，在优化营商环境上，突出工作重心：制定或修改会展业条例、标准化条例、司法鉴定条例；加快本市外商投资条例、专利保护条例的立法修法调研工作；开展社会信用体系条例执法检查；跟踪监督"巩固提升实体经济能级50条"和"提升民营经济活力27条"政策落实情况；听取政府关于推进"一网通办"、转变政府职能情况的报告。其二，聚焦民生关切。保障和改善民生是一项长期工作，没有终点站，只有连续不断的新起点。上海市人大将制定或修改家政服务业发展条例、农民专业合作社法实施办法、志愿服务条例、优秀历史建筑和历史风貌保护条例、消防条例；对旧区改造工作、社区养老工作开展专项监督，开展居民委员会工作条例、发展中医条例、台湾同胞投资权益保护规定的执法检查；对本市小学生放学后看护工作进行专项调研。其三，加强生态保护。生态环境保护是功在当代、利在千秋的事业。上海市人大将在2019年启动内河航道管理条例、排水管理条例的修改，推进长江口中华鲟保护立法工作；对生活垃圾分类管理、水环境治理、乡村生态宜居、年度环境状况和环境保护目标完成情况、城乡规划制定和实施情况将开展专项监督。

第二，落实改革举措，紧扣时代脉搏。维护国家法制统一，凸显上海地方特色，充分发挥人大在立法中的主导作用。创新法规制度供给，优化工作机制，完善审议安排，适当加快立法步伐。进一步扩大本市各级人大和各级人大代表对立法工作的参与，充分发挥基层立法联系点作用。紧扣法律规定，坚持问题导向，强化跟踪推动，发挥人大监督作为国家权力机关监督的优势。针对预算审查监督进行重点拓展改革，跟踪调研以确定预算支出总量和结构，加快预算联网监督系统二期建设。完善政府向人大常委会报告国有资产管理情况的工作制度，突出报告重点、提高报告质量。加大对重点领域规范性文件的审查力度，落实报告备案审查工作情况提交常委会审议制度。

开展国家监察体制改革和监察法实施、检察院公益诉讼等专题调研，推动常委会实时监督机制完善。

第三，优化服务保障，发挥代表作用。人大代表的性质和崇高的政治地位，决定了人大代表在国家政治生活中具有重要的作用，因此必须加强代表思想作风建设，引导和支持代表紧扣中央、市委决策部署履行职责，开展工作。利用代表履职平台及时通报全市重点工作推进情况，落实代表列席常委会会议、参与常委会和委员会工作制度。加强对代表专题调研、代表小组活动、代表进社区活动的指导和服务，提高闭会期间代表活动质量。改进代表议案和建议的办理机制，推进议案建议内容、办理进程和办理结果向社会公开。拓展代表联系人民群众的渠道，完善街镇"代表之家"、大型社区"代表联络站"和居村委会"代表联络点"，加强代表直接联系群众，同时，开展本届市人大代表向原选举单位报告履职情况的工作，更好地发挥人大代表的作用。

第四，加强自身建设，提升履职能力。打铁还需自身硬，加强理论学习，用习近平新时代中国特色社会主义思想武装头脑，把学习、研究、宣传、贯彻习近平总书记关于坚持和完善人民代表大会制度重要思想引向深入，健全理论中心组学习和法制讲座制度，发挥上海人大工作研究会和高校院所的作用，形成一批高质量人大理论研究成果，进一步把握新时代人大工作的特点和规律。加强政治建设，增强大局意识，严明政治纪律与政治规范，不断提高把党的主张转化为国家意志的能力，确保中央和市委决策部署在人大工作中贯彻落实，精心组织地方人大设立常委会40周年纪念活动，召开全市人大宣传工作会议，回顾本市两级人大常委会建设和发展历程，提炼履职经验，展现履职成果，增强全社会对国家根本政治制度的自信。借助人大机构调整设置的契机，进一步加强专门委员会和工作委员会机制建设，加强立法人才队伍建设，建设学习型、创新型、担当型人才机制。加强对区人大常委会工作的指导，健全市、区人大常委会主任例会制度，进一步密切联系、加强交流关系，不断提升本市人大工作整体水平。

（二）深化行政体制改革，加快法治政府建设

2019 年是推进实施《中共中央关于全面推进依法治国若干重大问题的决定》、《法治政府建设实施纲要（2015～2020 年）》、《上海市国民经济和社会发展第十三个五年规划纲要》以及《上海市法治政府建设"十三五"规划》的关键之年。上海市政府将继续在市委领导下，围绕建设"五个中心"和具有世界影响力的社会主义现代化国际大都市的目标，全面深入推进全市依法行政工作，提升政府治理能力现代化水平，推动改善城市法治环境，使本市在法治政府建设进程中始终走在全国前列，在依法行政工作方面保持领先地位，为社会主义现代化国际大都市提供高质量的公共管理和公共服务。

第一，进一步加强政府立法决策工作。根据本市经济社会发展实际需求，科学立法、释法，及时修法、废法，重点关注社会发展趋势和创新需求，积极探索破解制约科学发展和改革创新的制度障碍，健全符合本市经济社会发展需求的法律制度构架，营造优质的制度环境。首先，完善政府立法体制机制。坚持立改废释并举，完善规章制定程序，推进立法精细化，增强立法的及时性、系统性、针对性、有效性。推进立法评估论证，加强公众参与，健全立法项目论证制度。探索创新多渠道多样化政府规章起草制度，加强政府规章立法后评估，提高政府立法科学性。其次，推进重点领域立法。围绕具有全球影响力的科技创新中心建设、自贸试验区建设、生态环境治理、民生保障、文化建设、社会事业发展等重点方面，积极回应社会对法治的需求，坚持在法治下推进改革、在改革中完善法治，实现立法和改革决策相统一、相衔接，做到重大改革于法有据、立法主动适应改革和经济社会发展需要。再次，完善法规规章解释机制，加强行政规范性文件监督管理。以《上海市法治政府建设"十三五"规划》为主线，完善备案审查制度，加大备案审查力度，做到有件必备、有错必纠。最后，全面清理制约市场主体公平竞争的规章和规范性文件。2019 年上海将深入实施优化营商环境行动，进一步减轻企业负担，提升企业获得感和满意度，为市场主体充分发展提供

良好的法治环境和制度保障。

第二，进一步完善行政决策体制机制。2019 年上海市将在推进《上海市重大行政决策程序暂行规定》（沪府令 47 号）执行基础上，继续完善行政决策制度。首先，制定完善重大行政决策程序规范，明确重大行政决策事项范围和标准，强化决策法定程序的刚性约束。其次，健全公众参与重大行政决策的工作机制。事关经济社会发展全局和涉及群众切身利益的重大行政决策事项，广泛听取意见，与多方充分沟通。加强公众参与平台建设，推进信息公开和意见反馈机制建设，对文化教育、医疗卫生、资源开发、环境保护、公用事业等重大民生决策事项推行民意调查制度。再次，建立行政决策咨询论证专家库，对专业性、技术性较强的决策事项，组织专家、专业机构进行论证。注重论证专家的专业性、代表性、均衡性。同时保障专家独立提供可行和不可行论证意见，逐步实行专家信息和论证意见公开。落实重大行政决策社会稳定风险评估机制。最后，建立重大行政决策的全过程记录保存制度，依法保存决策过程中的资料信息。决策机关应当跟踪决策执行情况和实施效果，根据实际需要进行重大行政决策后评估。根据国家制度安排，落实重大行政决策终身责任追究制度及责任倒查机制，确保决策制度科学、程序正当、过程公开、责任明确，实现决策科学化、民主化、法治化。

第三，进一步深化综合行政执法改革。按照中共中央《深化党和国家机构改革方案》关于深化行政执法体制改革的有关部署和市委、市政府《关于加快推进司法行政改革的实施意见》要求，2019 年上海将着力完成包括健全完善司法行政执行体制、建设完备的公共法律服务体系、完善司法行政保证机制、健全完善司法行政队伍建设长效机制、探索优化司法行政职权配置 5 个方面在内的共计 70 项改革任务。同时将进一步提升执法效率和监管水平，重点推行市场监管、生态环境保护、文化市场、交通运输、农业等领域综合执法，全面推行行政执法全过程记录、行政处罚数据实时归集等制度，规范行政执法自由裁量权，促进严格规范公正文明执法。在行政执法类公务员分类改革的基础上，以"队伍正规化""执法规范化""基础信息化""实战合成化""治理体系化"为标准构建综合行政执法体系，纵深推进全市综合行政执法改革，促进法治政府和服务型政府建设提档升级。

第四，进一步畅通行政权力监督渠道。建立行政权力运行的制约机制，制定行政权力内部流程控制制度，推行关键部门岗位分事行权、分岗设权、分级授权和定期轮岗制度。加强行政程序制度建设，严格规范各类行政行为。自觉接受人大监督，认真执行向本级人大及其常委会报告工作制度，接受询问和质询制度，报备规章、行政规范性文件制度。推进民主监督，及时研究办理人大代表和政协委员提出的意见和建议。政府相关部门向政协定期通报有关情况。支持司法监督，支持人民法院依法受理行政案件，健全行政机关依法出庭应诉制度，尊重并执行人民法院生效裁判，对人民法院和人民检察院制发的司法建议书，予以认真研究落实并及时反馈。强化行政监督，完善政府内部层级监督，改进上级行政机关对下级行政机关的监督，建立健全常态化、长效化监督制度。强化行政监察对行政行为过程的监督，建立常态化的行政问责机制。完善审计监督，实现公共资金、国有资产、国有资源和领导干部履行经济责任情况审计全覆盖。加强社会舆论监督，建立对行政机关违法行政行为投诉举报登记制度，畅通举报箱、电子信箱、热线电话等监督渠道，发挥报刊、广播、电视等传统媒体监督作用，加强与互联网等新兴媒体的互动，重视运用和规范网络监督，建立健全网络舆情监测、收集、研判、处置机制，推动网络监督规范化、法治化。

（三）推进司法体制综合配套改革，提升上海司法能级

2017年经中央批准授权，上海在全国率先开展司法体制综合配套改革，是新时代中央赋予上海司法体制改革的新任务。2018年上海市司法体制综合配套改革取得了丰硕成果，2019年将再接再厉，积极探索，确保按时完成司法体制综合配套改革试点任务，实现司法质量、司法效率和司法公信力的全面提升。

　　第一，优化审判职能，营造优质法治环境。上海市法院将紧紧围绕"努力让人民群众在每一个司法案件中感受到公平正义"的目标，以司法为民、公正司法为主线，认真学习贯彻习近平总书记在进口博览会开幕式上的主旨演讲和考察上海工作时的重要讲话精神，找准切入点和结合点，增强工作创造性，将中央、市委的决策部署落实到全市法院各项工作中去。首先，在市委领导下，着力为加快建设"五个中心"提供更加优质高效的司法服务和保障。对接上海自贸试验区新片区，加大司法制度供给；结合上交所设立科创板并试点注册制，优化科技创新法治环境；紧扣长三角一体化发展的司法需求，推动平安长三角、法治长三角建设；落实"努力办成国际一流博览会"的要求，努力建设一流的进口博览会法庭，提供一流的司法服务保障；依法保护企业家合法权益，支持企业家创新创业，推动形成明晰、稳定、可预期的产权保护制度体系；建设好上海金融法院，努力做国际金融司法保护新规则的参与者和引领者。其次，坚持严格公正司法，统一裁判标准，增强裁判文书说理，规范法官自由裁量权行使，不断提升司法品质，努力将上海建设成全国审判质效最好的地区之一。继续加大执行力度不松懈，健全完善长效机制，夯实综合治理大格局，向着"切实解决执行难"的更高目标迈进。加大司法公开平台整合力度，进一步拓展司法公开的深度和广度，让司法公正看得见、可感知。深入推进高素质队伍建设，通过深化院校合作、完善自助教育机制、强化业务培训等，更新司法理念，改进工作方式，提升审理疑难复杂、新类型案件的能力水平。开展专项督查，持续改进司法作风。以零容忍态度惩治司法腐败，营造风清气正的司法环境。再次，坚持改革的定力和韧劲，在落实改革举措、强化改革的协同配套和系统集成上下功夫，推动改革取得新的突破性进展，打造上海司法品牌。推动审判权力运行体系、人员管理体系协同建设，加快组建新型办案团队，完善新型司法监督管理机制，推进审判流程标准化建设，提高改革整体效能。设立上海破产法庭，推进破产审判方式改革。深化诉讼制度建设，推进"分流、调解、速裁"机制改革，健全多元纠纷化解体系，推动案件办理提质增效。最后，制定和实施新时期信息化建设三年规划，加快网络和硬件设施升级换代，夯实与人工智能、司法大数据发展需求相适应的信息化基础。加快刑事和民商事、行政案件智能辅助办案系统的开发应用，推动大数据、人工智能等科技创新成果同审判工作深度融合，让法官从大量重复性劳动中解脱出来，集中处理审判核心事务。健全覆盖案件办理全流程的网上审判体系，重塑审判流程和工作规则。

第二，做实法律监督，提升司法公信力。上海市检察院将聚焦做实做优法律监督职能，提升办案质效、提升司法能力，以更高站位服务保障大局，以更实举措深化司法体制改革，以更严要求建设新时代检察队伍，努力让人民群众在每一个司法案件中感受到公平正义。首先，切实把党的绝对领导、全面领导贯穿于检察工作全过程。积极提出服务保障"三项新的重大任务"的检察方案，深化自贸区检察、金融检察、长三角检察协同等工作。持续服务保障优化营商环境，依法平等保护各类市场主体合法权益。深入推进扫黑除恶专项斗争，依法惩治各类侵害民生民利犯罪。其次，深耕法律监督主责主业，坚持刑事检察、民事检察、行政检察、公益诉讼检察并行，特别是着力解决"刑强民弱"问题。深入实施修改后的刑事诉讼法、人民检察院组织法，认真行使法律赋予的侦查权和调查核实权，健全刑事诉讼监督机制，深化检察建议公告、宣告制度。认真贯彻落实市委深改委审议通过的《关于支持检察机关依法开展公益诉讼工作的意见》，形成公益保护合力，实现双赢多赢共赢。再次，坚持优化协同高效，深化内设机构改革和检察官办案组建设。加大入额领导干部直接办案力度，完善检察官办案监督考核体系，健全常态化考核退出及员额增补机制。持续升级智慧检务建设，加强对人工智能等现代科技的探索运用，积极推动跨单位、跨部门数据共享。加强改革制度成果的梳理提炼，形成更多更好改革创新的"上海经验"。最后，按照中央部署认真开展"不忘初心、牢记使命"主题教育，加强检察队伍建设，培育专业精神、提升专业能力，健全教、学、练、战一体化教育培训机制，确保检察干警跟上时代节拍、堪当时代重任，打造一支革命化、正规化、专业化、职业化的新时代检察队伍。

（四）深化推进依法治市，全面提速法治建设

2019年，是"依法治国"写入《宪法》20周年。进入新时代，依规治党在全面深化依法治国工作中的作用更加凸显。同时，面对日益激烈的城市竞争，必须坚持在市委领导下，积极发挥全面依法治市委员会的作用，牢固树立当好"法治建设排头兵"的意识，贯彻落实十一届市委四次全会提出的要求，将全面依法治市放在更加重要的战略高度来思考和谋划，努力把上海建成法治环境最好的全球城市，使法治成为上海核心竞争力的重要标志。

第一，契合新时代，强化政治自觉。"理想信念高于天"。坚定理想信念，坚守共产党人崇高精神追求，始终是共产党人安身立命的根本。新的一年，纪委监察部门将坚决用新时代新思想武装头脑，扎实树牢"四个意识"，切实强化"四个自信"，着力做到"两个维护"，深刻学习领会习近平总书记在中央全面依法治国委员会第一次会议上的重要讲话精神，对标对表总书记的要求，认真落实市委决策部署，切实从严治党，为依法治市保驾护航。

第二，聚焦根本点，强化党的领导。2019年，新的形势带来了新的挑战，上海市各级党委将继续在中央领导下，强化责任落实，发挥总揽全局、协调各方的领导核心作用，把党的领导贯彻到依法治市全过程和各方面，以依规治党带动各级各部门依法行政、依法办事，形成全市合力，全面推进，重点突破，加快推动各项措施有效实施。全面落实各级党政主要负责人履行法治建设第一责任人职责制度，着力于提高领导力，健全党领导全面依法治市的制度和工作机制，推进党的领导制度化、法治化，不断提高依法治市的能力和水平。继续发挥全面依法治市领导小组牵头抓总的作用，整体谋划、协调推进，确保上海全面依法治市工作开好局、起好步。

第三，着力关键处，强化精准施策。新的一年，上海市法治工作要有序推进，把握工作重点。把全面依法治市工作放到全市大局中去思考和推进，既解决当下突出问题，又谋划长远工作，研究提出全面依法治市工作规划和

年度要点，明确重点任务、阶段目标、长远规划，系统推进科学立法、严格执法、公正司法、全民守法，聚焦科创中心建设、营商环境、生态环保、民生关切等关键领域，抓住领导干部这个关键少数，更好地发挥法治固根本、稳预期、立长远的保障作用，发挥好全面依法治市委员会办公室的统筹协调、规划设计、参谋助手、督察考核和总结宣传等职能作用。结合上海市实际，着眼于构建顺畅、高效、协同的工作机制，尽快建立健全办公会议制度、信息沟通机制、督察督办机制、调查研究机制等基础性工作机制，以制度机制为保障，推进依法治市工作规范化运行，有力有序推动全面依法治市各项决策部署落地见效，全面加快法治上海建设。

B.2

薪火相传，砥砺奋进

——上海社会科学院法学研究所六十年发展之路

程维荣*

摘　要： 上海社会科学院法学研究所作为全国最早的地方法学专业研究机构，于1959年8月成立。回顾60年的历程，法学所从最初经历磨难的草创岁月，到后来重新崛起的时期，几代研究人员追逐梦想，搏击人生，在学术研究、课题申报、智库建设、交流合作、刊物编辑、研究生教育、人才培养等方面开拓奋进，用辛勤的汗水浇灌法学园地，探索出本所独特的发展道路，形成自身特色，终于迎来科研工作蓬勃发展、全面兴盛的今天，为本市和国家的法治建设书写了华美的篇章。

* 程维荣，上海社会科学院法学研究所研究员。马瑜澔参与了本文的写作。尤俊意、邓少岭审阅了全文初稿并提出修改意见。裴斐与上海社科院档案室对本文提供了大力支持与帮助。在此对有关各方谨致谢忱。

关键词： 法学所　法学研究　智库建设　人才培养

一　法学所的草创岁月

1958 年 9 月，为了发展社会科学事业，中共上海市委决定将原华东政法学院、上海财经学院、复旦大学法律系、中国科学院上海经济研究所 4 个单位（不久又加上中国科学院上海历史研究所）合并，成立上海社会科学院，下设经济研究所、政治法律系，以及财政信贷、工业经济、贸易经济、会计、统计、历史、业余大学等研究与教育机构。

1959 年初，上海市委决定将上海社会科学院从社会科学的研究和教育机构改为专业研究机构，要求上海社会科学院"今后不再招收本科生，可以更多地从事比较专门的社会科学理论研究工作，并负责培养一部分比较高级的理论工作者。可从教学岗位和业务部门中抽调力量，组建专门研究机构"。

根据这个精神，上海社科院陆续扩大和增加了所属的研究部门。1959年 8 月正式成立政治法律研究所，所址设在万航渡路 1575 号华东政法学院（今华东政法大学）内。政治法律系因而退出了历史舞台。可以说，政治法律系实际上就是政治法律所的前身。

政治法律所由雷经天任所长。不久雷经天病逝。1961 年 7 月，袁成瑞任政治法律所副所长，以后又任党组书记。经过调整，当时的政法所包括政治（又称"国家学说"）、法律、社会问题、法制史等四个研究组，共55 人。

政治法律所建立初期，分别接收复旦大学法律系和华东政法学院 60 名和 300 名包括 1955、1956、1957 级学生，构成政治法律系的 3 个年级 6 个班级，每班大约 60 人。华东政法学院有函授生共 290 人并入社科院业余大学学习。政治法律所的法学教师也主要来自复旦大学法律系和华东政法学院。如此一来，政治法律所便成为当时上海地区唯一的高等法律教育机构。

1959 年政法所成立后，主要从事研究工作，但依然承担尚未毕业的法律本科生的专业课教学任务，直到 1961 年暑期结束，学生分配完毕，不再招收本科生。

当时正在复旦大学法律系读书的尤俊意回忆到，1958 年仲夏，法律系师生刚刚结束在农村的"三同"劳动，就从浙江海宁风尘仆仆地赶回复旦，参加了从复旦转社科院的交接动员会。复旦大学党委书记杨西光和原华东政法学院党委书记陈传纲都做了热情洋溢的交接演说。

上海社科院成立后，除了培养本科生、函授生以外，根据上级要求，还一度承担干部培训的任务。社科院在 1958 年下半年筹办了一个政法干部训练班，由政治法律系负责专业方面的培训。上海邻近各省有 50~60 名学员参加学习，其中包括基层法院院长、审判员和相关政法干部。主要学习党的方针政策、政治经济学和哲学，并安排了政法方面的专题报告。培训为期一年，从 1959 年初开学到当年底结束。该年秋天，学员到南翔社队蹲点一个月，回到院里作了总结。

在当时的历史环境下，政治法律系、所教学与研究工作有其自身特点。

第一，在教学与研究上特别强调政治性。

例如课程设置以政治理论为主，法学课程受到大幅度压缩。根据司法部当时的指示精神，这一时期的法学教育虽然不再执行统一教学计划和教学大纲，不使用统编教材，但是政法院校仍须贯彻司法部"办成党校性质的学校"的指示，尽量加大政治课比例，政治课最多时甚至占到总课时的 60%；削减专业课。1959 年和 1960 年教学计划中，专业课仅保留 7 门，被砍掉 2/3。

政治经济学是政法专业一门特别重要的课程。政法系在其 1959 年 5 月的一份教学工作汇报中指出，"同学们通过学习，有很大的收获和提高。首先在基本理论上明确了劳动创造价值、剩余价值的产生和实质，帝国主义的本质和特征，从而进一步认识到资本主义产生、发展和死亡的过程和社会发展的规律。其次，在政治、思想上初步培养和树立无产阶级的立场和共产主义的世界观"；"更加认清了'东风压倒西风'的国际形势，增强了为社会主义、共产主义而奋斗的信心"。在 1960 年元旦学生科学讨论会的法三分组讨论中，由学生张贵龙报告《关于毛主席经济学说对社会主义政治经济学导论的一些重大问题的探讨》一文，学生顾持久、刘新贞、史德保、薛明仁等分别对文章肯定了长处，找出不足，老师也参加了讨论。

在 1963 年 3 月《政法研究所十年（1963～1972）研究工作规划要点（草案）》（以下简称《规划草案》）中，可以看到当时政法所已经结束教学任务，专门从事研究工作。《规划草案》强调"今后的研究任务是，以研究当前现实问题为中心，着重研究马克思列宁主义的国家学说和社会主义建设中的法制问题"；主要包括"研究和阐述国际国内阶级和阶级斗争，无产阶级革命和无产阶级专政；宣传毛泽东思想以及党的路线、方针和政策，揭露和批判现代修正主义和资产阶级的国家观、法律观，有重点地探讨和总结我国人民政权和法制建设的经验，研究和批判资产阶级法学的主要流派，并对我国古代和外国的法学资料有重点地进行搜集、整理和研究"。

第二，研究工作受苏联影响。

值得注意的是，当时的研究指导思想与内容深受苏联传统的国家与法理论的影响。进入 1960 年代以后，虽然中苏关系破裂，但苏联的影响仍然挥之不去。具体表现在以下几个方面：首先，研究工作带有明显计划经济色彩，项目与参与人员基本上由院、所领导确定与分配。其次，有些研究人员接受的是苏联法学的教育，对西方法学了解有限，或者完全站在揭露与批判西方法学的立场。新中国成立前毕业特别是曾经留学西方的人员被边缘化。最后，所谓"国家学说"或"国家与法"的学科及其理论体系本身就来自苏联。有些研究课题也是苏联式的，如政治组的课题包括"列宁在国家问题上同第二国际机会主义者的论战""斯大林对托洛茨基、布哈林等机会主义者在国家问题上的斗争"等，并且计划编写"国家与法的基本理论丛书"。

第三，研究工作中强调集体协作。

当时要求研究人员"又红又专"，突出集体协作意识，无条件服从单位的需要和安排，反对"个人主义"。如果个人脱离集体钻研自己感兴趣的课题，会被认为名利思想作祟，"走白专道路"，很可能受到批评与压制。《规划草案》强调，"加强研究人员集体主义的教育，提倡集体创作的精神"。至于集体研究的途径，"凡是列入规划的研究项目，在个人研究的基础上，可以采用集体讨论、一人执笔写作；也可采用分工写作、集体讨论、一人主编、修改定稿等不同形式，保证研究成果的质量"。

第四，强调教学与研究内容面向社会实践，师生到工厂、农村参加劳动。

上海社科院成立初期，就把教学、研究工作与社会实践密切结合，为党和国家的需要服务。1950 年代，上海市公安局逮捕了天主教内以龚品梅为首的一批犯罪嫌疑人，同时逮捕了该集团的领导者——美国主教詹姆斯·华理柱。1960 年初中美大使级会谈中，美方向中方提出要寻找在上海的美国人詹姆斯·华理柱。由于龚品梅集团案彼时尚未正式审理，中央指示上海有关部门要在当年上半年对此案做出判决。周恩来总理特地要求，审理时一定要有律师进行辩护，以体现我国社会主义法律的严明和公正，并对美方做出答复。上海市委经过研究，决定将案件的刑事辩护工作交给上海社会科学院和上海律师协会筹备委员会承担。由于涉案的被告人数多，院、所领导决定由政法所派出杨峰、王文升、李仲成和赵炳霖四人，加上律师协会筹委会所派的三人，共同担任该案被告的辩护人。最后顺利完成了此次辩护任务。

建所初期，政法所根据科研任务的需要与领导指示，进行了社会调查。当时农村人民公社运动逐步影响城市，上海市领导亟须了解这方面的情况，政法系即根据领导部署，组织研究人员到静安区张家宅组建的城市人民公社展开实地调查。调查中重点考察实行政社合一体制后，把原属政法部门的某些职能转移到城市人民公社是否可行的问题。1959 年政法所又到南翔的农村社队和徐行公社永胜大队调查，调查组认为公共食堂办得好，虽然发展道路艰难曲折，但"广大社员积极支持，总的发展趋势是向上的，至今已经得到了巩固"；"右倾机会主义分子的谬论""被驳得体无完肤了"，① 进而批判了"右倾机会主义"的观点。

---

① 政法所：《徐行公社永胜大队第一食堂调查报告》。

　　上海社科院成立时，市委提出了旧上海如何成为冒险家乐园的课题。为此，政法所高度重视，专门成立了调查组，李昌道等曾参与这项工作。该调查组经过较长时间的艰苦工作，查阅大量档案资料，走访相关人士，最后写出《大流氓杜月笙》和《大冒险家哈同》两本小册子。社会问题组 1961 年的研究项目有"大世界改造史"（或称"大世界的新生"），"以大世界解放前后阶级斗争和历史事实为根据"，阐明解放 10 年来，在党的领导下，大世界经过各项社会主义改革，"已经从典型的海淫海盗、藏污纳垢的罪恶场所变成劳动人民休息娱乐和受社会主义、共产主义教育的一个幸福场所，反映党的社会主义建设总路线、社会主义革命和社会主义建设的伟大成就"。

　　到工厂与农村去参加体力劳动，是当时研究人员必不可少的任务。社科院成立初期，根据市委的决定，把劳动列入教学计划，占总学时的 20%。《规划草案》指出，要"有计划地安排研究人员参加实际工作和劳动锻炼，要求青年研究人员在十年内分别轮流到工厂、农村、基层政权机关、政法业务部门参加一定时期的实际工作。凡符合劳动锻炼条件的研究人员，每年应有一定时间到农村、工厂参加体力劳动"。

　　政法所成立时全所有大约 100 人。至 1963 年初，全所有行政人员 11 人，资料人员 3 人，研究人员 42 人，共 56 人。研究人员主要分布在 4 个研究组及其所属的 7 个专业，如表 1 所示。

表 1　1963 年初政法所研究组与专业研究人员分布情况

单位：人

研究组	专业	研究人员数
国家学说	国家学说	5
	政治学说史	4
法律	宪法	3
	刑法	3
	民法	3
社会问题	社会问题	9
法制史	法制史	10

研究人员中，除去留用的旧知识分子，新中国成立前参加工作的老干部有 8 人，新中国成立后参加工作的青年知识分子有 25 人（这两部分人中，党员 16 人、团员 7 人）。根据当时的观点，老干部一般能做些政法实际工作，新中国成立后经过有关轮训，被派到政法高等院校承担教学和研究工作，现在是理论研究工作的骨干。他们的优势在于有丰富的实际工作经验，但缺乏系统的理论知识和写作能力。青年知识分子一般是大学本科毕业生，少数是研究生和留学生，年龄一般在 30～35 岁。他们毕业后就从事教学工作，对本专业比较熟悉，但缺乏实践经验，多数人外文、古文水平较差。

《规划草案》指出，为完成上述任务，必须巩固和充实现有专业，增设必要的专业，逐步扩大研究规模，争取在 10 年内把骨干和青年培养成为具有较高马列主义理论水平，有斗争经验和丰富知识，善于在理论战线上进行斗争，熟悉马列主义、毛泽东著作，对政治思想史、法制史和法学著作有专门研究，对编写资料有专长的各种人才。与此相适应，《规划草案》要求全所在今后 10 年内具备研究员水平的有 5～7 人，具有副研究员水平的有 10～13 人，具有助理研究员水平的达到 15～20 人，其余均为研究实习员。并在此基础上提出了具体培养途径，强调除了巩固现有的 7 个专业外，10 年内有计划地增设海商法、国际法和诉讼法等 3 个专业。

《规划草案》强调，要"根据研究人员的不同情况和要求，在 5～7 年内读完马克思主义关于国家与法的著作、与本学科有关的中外重要著作和各专业必读的著作"。

但是，《规划草案》并没有变为现实。1963 年 10 月，市委决定恢复华东政法学院，政治法律所划给该院作为筹建基础。从此，政治法律所不再存在，研究人员被分配到华东政法学院或其他单位工作。1968 年底，上海社科院建制也被撤销。

从 1959 年 8 月至 1963 年 10 月的 4 年，由于历史条件的制约，政法所只是搭起初步框架，尚未比较深入地开展法学研究，也谈不上足以引人瞩目的成绩。如今，曾经的火红年代已经渐渐远去，但是走进华东政法学院校园，大草坪、枝繁叶茂的树木、老校舍历经沧桑的砖墙仿佛还在向人们诉说法学所当年的故事。老一辈法学工作者在艰难的条件下筚路蓝缕、开辟探索的精神，将永垂法学所的史册，激励后辈不断前进。

二 20世纪70年代末以后法学所的重生

"文革"结束后，从极"左"路线羁绊下解放出来的中国，开始认真思考法律在社会主义建设时期的重要作用。1978年5月，中共上海市委关于建立上海社会科学院筹备小组的批复明确要求，被"四人帮"长期压制甚至取消的学科，需要逐步恢复与加强，"如法学（包括适应当前形势加强社会主义法制的刑法、民法、刑事诉讼法等的研究），适应国际阶级斗争需要的空间法、海洋法、海商法等的研究，都应该引起重视，发挥其作用"。同年10月，上海市委决定恢复上海社科院。12月，中共十一届三中全会在北京召开。全会否定和批判了"两个凡是"的错误方针，实现了思想路线的拨乱反正，强调社会主义民主与法制建设。

在这样的局势下，法学所的重生乃大势所趋。

1979年3月，法学研究所（原来的政治法律研究所）重建。市委批准的领导班子：徐盼秋兼任法学所所长，叶芳炎任党委书记，潘念之任副所长，张汇文任顾问。此后，浦增元、黄道继任副所长，齐乃宽继任所长，赵炳霖、沈国明分别继任党委副书记与副所长。

要重建法学所的消息传来，人们奔走相告。不久，上级发了文件，报纸上也刊登了通知，开始组建队伍。当时进所的研究人员主要有："文革"期间被下放到市直机关干校劳动尚未回归的原政法所人员；已经进入社科院其他研究所工作的政法专业人员；从社科院毕业以后分散在本市各机关、学校、社会团体工作，办理商调手续以"归队"名义回来的人员；以及通过中国社会科学院主持的全国社科人员招收考试进来的人员。当然，稍后也有研究生毕业留所工作的人员。历经劫难的"老政法"们又从四面八方汇聚到淮海中路622弄的社科院法学所，大家感叹年华流逝，鬓发霜染，庆幸自己学术生涯的再现。

封曰贤 1960 年 4 月毕业于社科院后被分到一家新闻单位工作。1981 年，政法专业毕业生纷纷归队。法学所正要筹备出版一本政治法律的刊物，急需有法学专业背景又当过编辑的人员专职办刊，封曰贤闻讯立刻向领导提出归队法学所。后来总算找到一个接替工作的人，领导才同意放行，封曰贤就于当年 4 月到社科院报到了。正在崇明的中学里教书的尤俊意报名后，见到了宪法室副主任齐乃宽老师，随后又通过了中国社科院考试。因为农村户口问题被耽搁两个月，在焦虑的等待中，他忽然收到同样从中学被录取的老同学倪正茂寄来的信，第一句话便是："喜讯！大喜讯！特大喜讯！"接到通知的尤俊意喜出望外，办理手续后于 1980 年 12 月正式上班。后来得知李君如、杨海坤等也在此时被社科院录用。在 1961 届毕业生中，调入法学所的有尤俊意、倪正茂、胡坤礼和黄双全 4 人（从市区调入的不须经过考试）。华友根也是从中学讲台返回他所憧憬的法学研究岗位的。

法学所复所后一边招揽四方英才，一边设置机构。到 1980 年底已经形成宪法和法的理论、民法、刑法和国际法 4 个研究室，学术秘书室、编译室和资料室 3 个科研辅助部门，以及一个办公室的格局，有科研人员 49 人（其中正高 6 人、副高 4 人），另有科辅和党政工作人员 19 人，并有特约研究人员 20 人。1982 年改设法理法史、宪法、刑法、民法等研究室。1988 年初，增设比较法研究室。1990 年，国际法研究室改为国际法研究中心，成为隶属于法学所而经费、编制又相对独立的研究部门，下设国际私法、国际经济法和国际公法三个研究组。

万事开头难。当时的科研人员中，特别是新中国成立前从旧法律院校留用或者"文革"前政法专业毕业的草创时期的第一代，满怀为法制事业做出贡献的信念纷纷归队。但一个不争的事实是，他们中的多数脱离法学研究多年，专业已经荒疏。由于多年折腾加上客观条件的限制，1979 年时的研究工作基本上是在一片荒芜之地上起家，面临着研究方向与规划不明确，规章制度不健全，组织科研工作经验不足，人员理论基础与研究能力较差，缺少必要的办公设备、图书资料及经费，对外联系少等困难。而此时刚刚进入法学所读研究生、以后又留所工作的部分人员，构成法学所的第二代科研人员，当时尚未挑起大梁。"总的来说，还未开始正规的研究工作"；大多数人"学术荒疏达十余年甚至二十余年之久，要有一个重新学习的时间"。当年全国人大法制委员会民法起草小组到各地进行调查，"我所派员参加其上海及华东的调查，接着派人到北京去参加起草工作，学到了很多东西"；"但迄今因受种种限制，我所很少参加这些活动，比起其他兄弟单位，相差甚远"。[①]

针对上述情况，法学所领导提出用 1～2 年时间使科研人员回顾一下生疏了的专业。1979 年的重点工作是打基础，"一定要扎扎实实地搞"；"大家要明确自己的研究方向，确定专业，结合实际，提出研究项目，订出个人计划，按计划阅读基础理论和专业书刊，积累资料，搞调查研究，在力所能及的范围内写些小文章，练练笔，提高写作能力"；"首先把中文学好，句子写通顺，结构、体裁合理。全室或全所搞些写作知识的交流、范文的分析活动"。对 45 岁以下的人员还提出外语的要求，特别是"国际法室的同志，一定要在二年内把外文水平提高到能阅读和翻译外文资料的程度"。1980 年工作方针："在法学理论上打好基础，努力提高业务水平，向专业研究前进一步"。

在那样的条件下，全体科研人员知难而上，发挥集体力量，边学习边摸索，逐渐进入角色，参与课题。

建所伊始，1979 年 11 月，法学所动员全所力量编写的《七个法律通俗讲话》由上海人民出版社出版，印数高达 32 万册。一炮打响，科研人员信心大增，接连写了不少法律名词解释和法律问答等宣传文章。

1980 年，潘念之担任编辑委员会委员和分科主编的《辞海》由上海辞书出版社出版。潘念之担任编辑委员会常务编委、主要撰稿人，周子亚与李宗兴参加增补版定稿工作的《法学词典》，也由该出版社出版，并于 1984 年、1989 年再版。1984 年，由潘念之担任总编辑委员会委员兼分卷编辑委员会副主任（主任为张友渔）、宪法分支学科编写组主编，并由齐乃宽、李

---

① 《法学所 1979 年工作报告》。

宗兴等参与定稿的《中国大百科全书·法学卷》出版。从此法学界有了"北张南潘"的美誉。

1981年，法学所组织编写的"国外法学知识译丛"开始由知识出版社陆续出版。该"译丛"在"文革"以后法学界严重书荒的局面下，短时期内汇集许多外国作品，既有助于读者了解国外法学，又能汇集资料，提供参考和借鉴。它主要是选译英、美、法、德、苏、日等国百科全书中的法学条目，也有部分从有关书刊中选译。全套分为《法学总论》《法学流派与法学家》《各国法律概况》《宪法》《刑法》《民法》《经济法》《诉讼法》《司法制度和律师制度》《刑事侦查与司法鉴定》《国际公法》《国际私法》等12册。在当时教学参考用书十分匮乏的情况下，这套书作用显著。多年之后，华东政法学院等院校毕业的人还会提到这套书当年对自己专业学习的帮助。该丛书1986年获上海市哲学社会科学优秀著作奖。1987年法学所人员赴美国时，曾在哥伦比亚大学法学院等图书馆里查到"译丛"。北京大学出版社2002年版《比较宪法》、中国检察出版社2005年版《外国宪法比较研究》、武汉大学出版社2007年版《比较宪法学》等，还在引用或注明译丛的资料。

接着，法学所又编写了"各国宪政制度和民商法要览"丛书，其为《国际比较法百科全书》第1卷的中译本。该丛书原名《各国情况报告》，每一报告包括宪政制度、法的渊源、法律沿革、民法、商法、国家对经济的管理、工业产权和版权、民商事诉讼程序、国际私法和国际诉讼程序等部分。为方便读者选择，编译时改为现名，按地域分为《欧洲分册》（上、下）、《美洲大洋洲分册》、《非洲分册》和《亚洲分册》共5册，由法律出版社于1986~1987年在北京出版。1988年该丛书获上海社科院科研著作奖。

与此同时，许多科研人员承担起宣讲法律的任务。当时社会上正掀起学习法律知识的热潮，人们如饥似渴，纷纷赶来听讲，1979年听讲人数达3.2万人。1980年，为配合新《婚姻法》的颁布，应有关单位邀请，法学所人员外出宣传新《婚姻法》8次，举行学术报告会和座谈会36次。五届全国人大五次会议开幕前公布宪法修改草案，展开全民讨论，法学所陆续接受市人大常委会和区县以及邻近省市 37 个单位邀请，做了 61 场辅导报告或讲座，听众近 2.8 万人次。此外，还举行民事诉讼法（试行）与经济法等小型宣讲会 112 次，听众 1.67 万人次。研究人员还针对上海的工厂管理、经济合同、青少年犯罪问题，对安徽、江苏的七个县市关于实施两法情况进行调查，仅 1980 年就写出调查报告 9 篇。处理各种人民来信 360 件，接待公检法机关来所研究疑难案件 40 多件。肖开权赴京参加了审判林彪、江青反革命集团的辩护工作。当年还举办了业余法学讲习班，共开课 186 个课时，并与法律教学单位协作，承担讲学任务，如为复旦大学分校、厦门大学、安徽大学、上海国际问题研究所、浙江省司法干校、国家专利总局上海分局等讲课，有的听众来信反映："备课认真，内容丰富，受益不少。"

1982 年，法学所一年中参加中央和地方立法活动 24 项，包括宪法、民法、民事诉讼法、继承法、海上安全交通条例、上海市集市贸易管理暂行办法的起草或修改，有 100 多人次参加讨论或修订；有的研究人员还直接参加起草；接待市、区县和外地司法机关的业务访问，全年接待 55 次（非正式来访不计），对一些疑难问题，从法理上提出见解。

1986 年是全国开展普法工作的第一年，为此法学所从所领导到老中青科研人员全面投入齐上阵，采取各种宣传形式，包括报告会、讲座、电视、电台、报刊宣传，举办干部普法班等。法学所承担的普法任务和普法面相当广泛，从市委、市人大、市政府、市政协、市顾委、市纪委六套领导班子，到市委党校正局级干部普法班、市委宣传部副局级干部普法班、市委统战部干部班、市农委干部班、文联干部班以及本院全体工作人员的普法班等，几十个单位的普法工作，法学所都承包了下来。当年举办外向型经济法律培训班，学员 175 人。全年接待外宾 18 批 43 人次，组织（外宾）报告会与讲座 12 次，座谈会 13 次。

经过第一阶段的实践，从 1982 年开始，法学所的科研工作开始进入有组织进行的时期。1983 年开始按照全国六五科研规划要求实施，到 1985 年底全所人员增加到 85 人，1986 年有 4 个研究室 16 个专业。1985 年完成全国重点项目"外国人在中国投资的法律问题"研究，开展了市重点项目

"上海近代法制史""关于民事法律关系的若干问题研究""关于社会治安综合治理的研究",以及院、所重点项目"中国近代法律思想史""关于若干经济法规的研究""刑法分则实用""刑法总则中的若干问题""国际私法论""国际私法条约集"等,其科研成果见表2。

表2 20世纪80年代法学所部分年份科研成果

单位:篇,部

年份	论文等	著作(译著)
1981	论文63	1
1985	论文133,译文18,调查报告10	9
1986	论文122	22
1987	论文196	14

20世纪80年代,法学所积极投入当时学术界正在进行的关于法的本质属性、"法律面前人人平等"、法治与人治关系等问题的讨论。法学所主持召开或者积极参与了全国性法学理论讨论会,潘念之等在重要报刊上发表一系列论文论述法律的本质,大声疾呼汲取历史教训,加强社会主义民主与法制建设,构建中国社会主义法律体系、维护我国法制的统一与尊严;强调推进马克思主义法学研究的紧迫性与重要性。这些讨论,在学术界引起很大反响,为上海社科院法学所在全国法学界确立了重要地位,赢得了相当的声望。

1984年,法学所完成国家重点项目"我国基层群众性自治组织研究"(浦增元牵头)。这既是一个法学课题,也是政治学课题,与社会学也有十分密切的关系,客观上具有相当的难度。不仅由于所依据的法规文件相当陈旧(20世纪50年代制定),实际情况已经有了很大发展,也由于我国幅员辽阔,各地环境相差悬殊,其做法与实践经验又各具特色,实务部门在认识上也很不一致。在这种情况下,课题组成员前往四川、湖北等地,跋山涉水,历经艰辛,深入许多地方开展广泛调查研究,积累了五十余万字的资料,整理大量数据,写出了对实务工作有参考意义的中间成果。

国家重点项目"外国人在中国投资的法律问题"研究，是法学所与中国社科院法学所、经贸部条法司三家合作的课题，法学所有国际经济法专业组郑衍杓等4人参加，也是从零开始，白手起家的。郑衍杓等人在经费和资料异常困难的情况下，与各方通力协作，曾到广州、中山、深圳特区等地调查研究，不仅如期完成原计划中由法学所承担的部分，而且作为中间成果及时地为有关实务部门提供了咨询性意见。

1985年，法学所接受国家科委下达的起草《技术合同条例建议稿》的任务，成立李铸国为首的课题组。所撰写的研究报告《技术服务合同立法研究》和草拟的《技术咨询合同和技术服务合同实施条例》，属于独创性和探索性的课题，被立法机构采纳。该课题荣获1991年国家科技进步一等奖，李铸国获1992年国家科技进步二等奖。此外，尤俊意的《法律纵横谈》一书，获得中宣部、国家新闻出版署评选的全国通俗政治理论读物（1985～1988年度）二等奖。尤俊意《依法治国与行业建设》一文则获得国务院纠正行业不正之风办公室、中国监察杂志社征文一等奖。

法学所主办的《政治与法律》，是中国改革开放之后最早公开发行的政法类期刊之一。1979年法学所复所后，针对当时政法类刊物稀少的情况，曾经办过一个16开本的内部刊物，刊名《法学新探》，不定期出版，共出7期。1982年6月，《政治与法律》丛刊出版，大32开160页，通过新华书店向国内外公开发行，一季一本。当年出3本，1983年出4本。丛刊一经出版发行就受到政法学界和实务工作者的欢迎。经申请，市委于1983年6月同意将刊物变为《政治与法律》双月刊（16开），以1982年6月创办的《政治与法律》丛刊为第1期。《政治与法律》曾创造最高发行量达3.4万册的辉煌，成为在全国有影响力的法学刊物。

艰难困苦，玉汝于成。在取得初步成绩的同时，法学所也对当时自身的状况特别是人员队伍的状况有清醒的认识。1980年，"现有工作人员，一般年龄偏大，全所研究人员（平均）年龄51岁，最低的38岁，只有两人"；"今后研究人员的来源便是应届大学（毕业）生，而最合适的则是法学研究生"；"目前，其他单位培养法学研究生者少而需要这项人才的很多，我所能得到分配的可能性很小，因此我所今后仍须自己培养研究生。"① 法学所1979 年开始招收第一批研究生。同年录取研究生 4 名。1980 年录取 2 名。1981～1983 年全院停止招生，1984 年法学所招生 3 名，1985 年招生 10 名。1988 年，有研究生 1986 级 17 人，1987 级 9 人，1988 级 4 人，共 30 人。1986 年 1 月，法学所举行了研究生导师和本学期任课教师会议。会议总结了本所 1984 年恢复招生以来的研究生工作状况，着重研究了本学期的教学任务和改进研究生工作的问题，与会者认为充分发挥导师的主导作用，对做好研究生培养工作十分重要。

鉴于本所导师大部分年事已高，精力体力都深感不足，1986 年法学所建立了以导师责任制为核心的专业指导小组，实行集体指导（见表3）。

表3　1986 年法学所各专业研究生指导小组成员

专业	研究生指导小组成员
宪法	何海晏、浦增元、程辑雍、李宗兴
法理	齐乃宽、尤俊意、沈国明、倪正茂
民法	徐开墅负责
经济法	潘念之、陈企中
刑法	肖开权、金子桐、顾肖荣
刑事诉讼法	黄道、汪纲翔
国际公法	丘日庆、徐俊民、徐振翼
海洋法	周子亚、陈振国、杨志雄
国际经济法	卢峻、郑衍杓

相近专业设一名联络员，进行适当协调。全所成立研究生工作小组。同时，注意培养人才和提高所内中青年业务水平。所内业务人员中非法律院校毕业者 14 人，其中大专生 9 人，中专生 5 人，多数为青年。当时有计划地安排时间让他们参加各种业务进修，指定老同志为他们辅导，让他们听研究生课程，并选送 2 名中年业务人员脱产进修半年。1983 年科研工作计划要

① 《法学所 1980 年工作总结》。

求当年各研究室至少安排 1/3 的人员，分批轮流到实务部门或基层单位去学习请教，了解情况，调查研究，参加办案。

1990 年，法学所建立了科研人员考勤制度，要求兼职律师不在周二、周六学习日搞接待，应集中精力参加法学所的活动。同年还建立了学术报告制度，内容都事先公布，所里的学术活动内容明显增多，有利于形成良好的学术风气。

三 20世纪90年代法学所的负重前行

在整个 20 世纪 80 年代，法学所虽然取得很多成绩，但是用"多出成果，出好成果、出人才"的目标与"为改革开放服务、为地方法制建设服务"的要求衡量，还存在许多不足。当时法学所科研工作存在的薄弱环节有：第一，基础相对较差。第二，专业不全。第三，计划经济特征明显。第四，科研人员平均年龄偏大。特别是，20 世纪 80 年代以来，本市各法律院系的前几届研究生已经走上工作岗位，呈现出强大的专业研究后劲，国家也大力扶持高等教育。相比之下，法学所科研的先发优势不再，某些专业逐渐落伍。

对这些问题怎么看，是简单归咎于客观环境、怨天尤人，还是主观上进一步努力？法学所领导认为，"除了应用课题外，我所更需要投入精力的是组织一些基础理论课题的研究。这几年，我们在这方面成绩不大。老实说，一个所有没有学术地位，不在于别的，就在于有多少有分量的理论成果。我们希望大家有此雄心，搞出一些传世之作来。搞基础理论是不容易的，要花时间，沉下去搞。我们准备对这类研究实行倾斜政策，不管是在成果考核上还是出版资助方面。对这类成果，我们可以不必每年以几万字的指标衡量它"；"以前，我们一开会，大家总是围绕经费、出版等问题发的议论比较多。其实，如果稍微实际些，不难发现这类议论没多大意义。国家财政情况不好，上海也是，国家不可能拿出很多钱投向社会科学。因此，大家应该考虑的是怎么在这个大环境下把成果搞出来"；"关键问题是书的质量"。①

1991 年法学所工作计划提出：①有针对性地组织一些课题，组织一些基础理论课题的研究。②做一些开拓性的工作。选择一些法学界的热点问题和新问题，组织本市或者外地的同行进行探讨。③加强科研队伍建设。要严格按照法学所的条例对科研、科辅、行政人员进行考核，积极引进优秀人才，并且解决科研人员的一些实际困难。法学所的主要研究任务，进一步明确为"研究法学及其主要分支学科的基本理论，探求中国社会主义法制的内涵及其发展规律，着重探索国家法制建设和社会主义市场经济条件下立法司法的重大理论和实践问题，并对有关法律法规的制定、修改和咨询，提出有价值的见解和建议"。

经过几年的工作，到 1996 年，法学所针对我国特别是上海地区的社会经济发展实际，对本所重点学科进行了适时调整与补充。根据总体科研规划的要求，法学所领导在分析法学所学科建设和科研队伍现状的基础上，制定了《法学所"九五"科研规划及实施步骤》，提出"在坚持邓小平建设有中国特色社会主义理论为指导，坚持正确的科研方向的前提下"，通过五年努力，"确立我所经济法学科研究的优势，进而带动其他学科的滚动发展，逐步形成'人无我有，人有我优'的科研队伍，重振我所在法学界的雄风"。到 2010 年将法学所办成"国内一流的法学研究机构"。

1993 年底，国际法研究中心回归法学所。法学所学术秘书室、图书资料室和办公室合并为一个行政办公室。1996 年全所有在编人员 40 人，其中高级职称 16 人。在本所的科研任务繁重而艰巨的情况下，一些老同志始终以饱满的热情参与工作。齐乃宽担任国家社科规划评审委员会专家，每年赴京参加国家课题的评审工作。赵炳霖和吕继贵参加"祖国大陆和港澳台法律比较研究"课题，率先完成项目撰稿，分别交澳门基金会和福建人民出版社出版。

1997 年法学所将经济法学确定为本所重点学科。到 1999 年，根据"有

---

① 《法学所 1990 年工作总结》。

所为有所不为""突出重点，形成拳头产品"的方针，除民法经济法研究室的全体研究人员外，全所其他研究室均有相关人员投入经济法学的学科建设，共同协作，开展多层次多角度的研究。至 1999 年底，转向经济法学研究和可以转向经济法学研究的有 17 人。

20 世纪 90 年代初，国务院港澳办公室委托法学所承担审查香港地区原有法律的工作。1992 年 3 月，上海社会科学院复函国务院港澳办公室，明确由法学所浦增元等负责，主要由本所编译室组织原东吴大学出身的对英语与英美法学造诣深厚的特约研究员参加。审查工作历时 3 年，审阅法律文本 1 万多页，包括原香港地区法律 278 个条例和 547 个附属立法，写出 800 多份审查报告。1995 年 5 月，香港法律课题组向国务院港澳办公室报送《审查部分香港原有成文法律工作总结》。10 月，国务院港澳办公室来函，对课题组的审查工作做出成果鉴定，对课题成果作了充分肯定与感谢。

表4　20 世纪 90 年代法学所部分学术成果

单位：篇，部

年份	论文	著作
1994	论文、文章 204	专著 9，编著 9
1996	论文 68，文章 43	专著 5、编著 5、译著 1
1998	论文 76，文章 63	专著 10
2000	论文、文章 100	专著 12

1996 年立项的国家课题《科教兴国战略的法律保障》由倪正茂承担。倪正茂以其特有的勤奋和快笔头，至 1997 年底已经完成初稿撰写，1998 年初通过专家评审。国家九五项目"祖国大陆与港澳台法律比较研究"成果共 12 册（顾肖荣、费成康负责），1997 年 8 月开始由澳门基金会陆续出版，到 1998 年出齐。这套丛书在澳门、香港书店陆续上架后，不仅受到新华社澳门分社的赞誉，而且受到当地市民欢迎，其囊括了法学的各主要学科。该项目能如期完成的因素有：①团结协作，互相帮助；②课题组组长以身作则，课题组成员紧密配合；③勤检查，勤督促。

除了多数人从事应用研究外，从事基础理论研究的成果也十分突出。比如华友根多年潜心钻研，索隐探赜，所撰专著《董仲舒法律思想》《西汉礼学新论》等，不但填写法制史研究空白，而且连续三次获得上海科学院黄逸峰科研基金资助。

在科研队伍建设方面，1990 年法学所工作总结指出："我所的人才断层已经日益暴露出来。后备力量近乎枯竭。"几年以后，这一问题仍未根本改变。随着法学所内一些老专家相继离退休或去世，科研骨干与研究生或出国或调离，法学所的科研力量有所减弱。针对这一现状，1996 年法学所提出一些措施：①在保持现有所室建制的情况下，立足挖掘已有人才潜力，在科研人员中提倡一专多能，使其在选择课题时，有较多余地。②重点课题梯队人员不实行终身制，拟采用成果完成数、课题承接数、成果获奖情况对他们进行考核，三年内成绩平平，改作浮动编制暂离重点学科队伍；成绩突出者，则享受院部提供的各项优惠政策，如专业进修、出国访问、职务职称晋升、住房分配等。③支持科研人员在完成科研成果量的同时，从事司法实践活动（兼职律师）。④抓紧研究生培养。

法学所的同志有许多是兼职律师。1996 年，法学所党总支组织大家从科研工作和律师工作两个方面讨论了职业道德问题。通过讨论，大家形成一个共识："作为法学研究人员，应以法学研究活动为主，律师工作为辅。在从事律师工作中，应当坚持原则，不能为利所惑，迎合一些不正当的要求"。

1992 年 9 月，由北京大学图书馆和北京市高等学校图书馆研究会聘请专家，经科学测定，法学所主办的期刊《政治与法律》为全国"中文核心刊物"之一，其影响力排名在全国 164 种法律类期刊中位居第 7。核心期刊的鉴定活动每三年举行一次，在历届核心期刊鉴定活动中，《政治与法律》均榜上有名。《政治与法律》还入选了中国社会科学院文献信息中心历次评选的"中国人文社会科学期刊要览"和南京大学历次评选的"中文社会科学引文索引（CSSCI）来源期刊"。其影响还远及欧美和日本，这些国家的主要大学图书馆均备有《政治与法律》，供师生阅读。

2000 年，由顾肖荣主编的《WTO 法律规则与中国发展》6 册系列丛书出版。时任全国政协副主席陈锦华和全国人大法工委副主任胡康生对该丛书给予了充分肯定。复旦大学董世忠教授评论这套书"对中国即将加入世界贸易组织是个现实的贡献。这样全面系统解释 WTO 法律规则，并结合中国当前实际的丛书，全国还是第一套"。上海市 WTO 咨询中心将这套丛书作为培训教材。

在参加立法咨询等实务工作方面。1994 年，法学所 20 多人次参加全国人大、上海市人大、上海市人民政府及有关部门立法起草会、咨询会、审议会。在上海地方立法建设总思路、总框架课题中，法学所承担了 7 项分课题。其中沈国明、徐晓青、李宗兴承担的分课题分别通过专家鉴定，并且作为总课题的一部分；有的还作为市政府 1994 年 3 号文件下发。在市政府立法项目"国有资产交易办法"和"上海市房地产租赁条例"招标中，徐开墅与沈国明分别中标。顾肖荣应全国人大有关部门邀请，赴京参加了《证券法》草案修订工作。韩小鹰受聘担任市政府国资办法规起草小组成员。林荫茂撰写的制定"最低工资法"建议受到有关部门及新闻界重视。顾经仪撰写的《关于尽快出台电子商务法》的建议，经张仲礼代表在全国人大九届三次会议上提出，被列为 1 号议案（见表 5）。

表 5　20 世纪 90 年代法学所部分成员实务部门兼职

年份	姓名	身份
1991	尤俊意	市监察局特邀监察员
1992	顾肖荣	市人民检察院特邀研究员
	柯葛壮	市人民检察院特邀研究员
	沈国明	市政府立法专家咨询委员
	徐开墅	市政府立法专家咨询委员
1994	浦增元	市人大常委会立法咨询组成员
	李宗兴	市人大常委会立法咨询组成员
1996	浦增元	市人大常委会新一届立法咨询组成员
	李宗兴	市人大常委会新一届立法咨询组成员
	顾经仪	市人大常委会新一届立法咨询组成员

1996 年，科研人员依照惯例，积极撰写立法建议，交由上海社会科学院院长带到北京，作为全国人大提案，陆续得到有关部门回应与采纳，包括《关于完善出口退税制度的建议》《关于尽快制定〈国旗法〉实施细则的建议》《关于规范我国液化石油气经营管理的立法建议》《关于制定"国际司法协助法"的立法建议》《关于防止国有资产流失的立法建议》《关于制定粮食法的建议》。吴妙华参加第四届世界妇女大会并做了讲演，受到中国组织委员会嘉奖。同年，尤俊意获上海市法制宣传教育先进工作者称号。

四　进入21世纪以来法学所的贡献

进 21 新世纪，社会主义法治国家建设日新月异。但是法学所面临的挑战却空前严峻，压力骤增。特别是人才竞争与经费竞争日趋激烈。原来较强的本市几家法学院系抓住国家大力发展高等教育的契机，凭借雄厚的经济实力和师资力量，竭力扩大招生数量，增设专业，提高办学层次，并且不惜投入巨资到处挖掘与招揽人才，所带来的国家课题与发表的科研成果数量十分可观。原来基础差一些的法学院也在迅速赶上。还有一批高校新设了法学院系，加入竞争行列。适者生存，相对来说，经费靠国家全额拨款的社科院包括法学所的日子并不好过，一度甚至出现生存危机。

如何应对这种局面，把压力变成发展的动力，确定自己的发展战略与目标，抓住关键环节和主攻方向，探索出法学所独特的发展道路，争取开创科研工作的新局面，就成为摆在法学所面前的一项新的课题。

2002 年 6 月，顾肖荣任所长。2005 年，林荫茂任副所长。针对法治建设和专业设置的需要，法学所在原有宪法、民法、刑法、国际法、比较法、生命法、编译室等研究室基础上，陆续增设了刑事法研究中心、并购法研究中心、金融法研究中心和诉讼法研究中心。法学所重建后成长起来的第二代已经成为各学科科研骨干，第三代正在陆续研究生毕业，走上科研岗位。

法学所领导紧紧抓住上海社会科学院重点学科与特色学科建设这个关键环节。自 20 世纪 90 年代以来，法学所"经济刑法"学科在理论与实践中逐步形成以金融违法犯罪为主线的理论特色，并在全国和上海取得领先的学术地位。2003 年，法学所申请成立经济刑法院级重点学科。

经济刑法学科筹备组建重点学科的 3 年中完成的工作：一是创办《经济刑法》专辑，该专辑作为学科研究成果发布的平台，是我国第一部以经济犯罪为研究对象的论丛；二是召开了"上海城市法治现代化""法人犯罪理论与实践问题""金融犯罪惩治规制的国际化"等国际国内理论讨论会；三是学科带头人和骨干获得国家社科基金三项，获得上海市社科基金一项，科研成果获得上海市哲学社会科学奖和决策咨询优秀成果奖共 5 项；四是成功申报刑法学博士点（和华东政法大学合作），可以为学科建设补充后备力量。

2005 年市社科规划办组织专家对学科第一轮建设进行评估，称"该重点学科已经形成了以金融犯罪为特色，并取得了在上海乃至在全国有较大影响的若干成果"；"是一个很有理论意义和实践意义的学科"。2006 年经上海市哲学社会科学规划办评审，法学所的经济刑法列入市重点学科。

经济刑法学科在实践中逐步形成以金融违法犯罪为主的研究特色。多年来，在学科带头人顾肖荣与学科成员的共同努力下，经济刑法学科通过与司法部门的深入合作，针对证券金融、证券期货、票据、保险、银行、信托、劳动法、知识产权、增值税专用发票、国资流失、贪污贿赂等领域中出现的法律适用疑难问题进行探讨解析。该学科既关注热点前沿的经济犯罪问题，又重视对经济刑法基础理论的研究。随着上海国际金融中心的建设，该学科着力加强对国际化金融犯罪新形势、新特点的研究，为经济建设提供法制保障与智库服务。

经济刑法重点学科的成果引起中央立法机关的注意。全国人大法工委、财经委、法律委多次点名邀请学科科研骨干赴京参加修订《刑法》，制定《证券法》《信托法》《公司法》，增补期货犯罪立法的专题会议，每次都作大会发言并提交专题报告。同时，科研骨干还积极参加公检法司等机关和证监会的有关活动，担任咨询专家、顾问等。通过几年的发展，经济刑法学科形成了一支在全国有一定知名度的专家梯队。

"租界、租借地等特殊地区研究"学科 2006 年被列为上海社会科学院特色学科，由费成康领衔。其所承担的项目有国家清史委员会委托的《清史·租界志》研究，最终成果为正文 35 万字，资料长编等 70 万字。该特色学科成果得到国家清史编纂委员会典志组和外审专家一致好评，被称为"放心工程"。清史编纂委员会还另拨经费，支持该学科进一步深入研究。在完成《清史·租界志》项目的同时，特色学科完成了《中国租界史》的修订重版。承担的课题还有国家社科基金项目"中国租界研究""中国的家法族规研究""澳门如何被葡萄牙逐步占领的研究"等，还出版了《近代东北铁路附属地》《旅大租借地史》等专著，并对世界上仍然存在的不少托管地、外国军事基地等实行的特殊行政、司法等制度进行研究。

在上海社会科学院党委的关怀下，法学所新的领导班子基本配齐。2009 年，殷啸虎任副所长。2010 年，叶青任所长。2016 年，叶必丰继任所长。2018 年，杜文俊任副所长。

"务善策者无恶事，无远虑者有近忧。"全所科研工作必须预作规划，谋篇布局。

2011 年 9 月在院分部会议室召开了全所科研工作会议。会议主题确定为"总结、分析、展望"。会上，各研究室分别就本室科研工作情况、科研人员工作特点、优势与不足，以及今后努力的方向和目标进行汇报。全所每位科研人员怀着高度的使命感和责任心，针对自己在科研工作中取得的成绩、遇到的困惑以及心得感言坦诚交流，就法学所的科研发展提出自己的建议，畅所欲言。

分管科研的殷啸虎副所长在会上分析了法学所的科研状况，指出目前科研人员两极分化严重，团队合作不足，科研成果层次不高，中青年学术影响力不强，缺乏科研后劲。殷啸虎还指出，法学所首先应对自己的发展目标做出清晰的定位，形成自身的特色，与其他法学院校展开错位竞争；其次要集中团队资源，形成整体优势。

叶青所长在会上提出了今后法学所科研工作的定位与发展途径：第一，

法学所应将"立足智库建设，提升学术水平，当好市委市政府的智囊"作为今后的科研定位；第二，要明确"服务决策，服务大局，服务社会，服务学生"的工作方针，并强调"选题时机上求先，课题选题上求准，理论思路上求新，研究内容上求深"的科研理念；第三，要强化三项措施来提升法学所科研实力，包括"以课题为导向引领所科研工作"，"内外联合、整合力量解决科研人员实力分散、成果数量不平衡的科研现状"，"推出成果转化机制，紧抓成果验收转化关"；第四，完善各项管理、奖惩机制，以激发科研人员研发动力。

为了做到科研工作和各方面工作有章可循、有章必循，2011 年法学所对以往有效实施的规章制度进行修订，并制定了一些新的规章制度，编定了本所的《规章制度汇编》，其中科研方面的包括《法学所科研奖励暂行办法》《法学所学术专著出版资助暂行办法》《法学所科研工作保密规定》等，涵盖了经费使用、课题预算、科研奖励、出版资助等内容，使研究所和各项科研工作能够在实体上和程序上有章可循。以后又对汇编进行了修订完善。2013 年，修订了《法学所科研奖励暂行办法》，细化年度科研考核奖励办法，拉开前 10 名的获奖金额差距。规章制度的建立与完善，为科研工作提供了坚强的保障。

特别是 2013 年以后，法学所根据上海社科院"改革创新、双轮驱动，努力探索国家高端智库建设"的发展战略，结合本所高端法治智库建设的总体要求，开拓研究思路，创新研究机制，整合研究力量，集中研究资源。全所研究人员齐心协力进行学科建设，参与各种学术活动，发表学术成果。

这些年来，法学所逐渐形成自己的科研工作的显著特色：第一，紧紧围绕学科建设、智库发展和人才培养的中心工作，与实务部门紧密联系，面向国家与本市的立法与司法工作实践。第二，与其他院校及科研单位展开错位竞争，做到合作团队化、研究本土化、成果品牌化，从而形成学术优势。第三，有所为有所不为，抓住重点学科、特色学科、创新型学科团队与智库团队建设，以及创新型人才培养。正是沿着这样的思路，法学所的科研工作开始有了明显起色。

（一）学术力作层出不穷

2005 年法学所开始创办科研月报，以月报为抓手，促进科研成果的及时统计、科研信息的及时交流、科研自觉性的积极提高。月报开辟了科研成果、成果获奖、课题申报、课题中标、课题活动、课题结项、立法建议、学术活动、社会活动、国内外交流等栏目，将关系科研的大事小情全部公开，法学所科研信息一目了然。月报一方面给大家提供相关信息，另一方面展现了经常性的科研统计，无形之中也给科研人员带来了压力和激励。

进入 21 世纪以来，法学所瞄准全国法学核心期刊，包括《法学研究》《中国法学》《中国社会科学》"三大刊"，每年发表的论文和各类文章、出版的各类著作数量繁多，学术力作层出不穷（见表6）。

表6 2001~2018 年法学所部分年份科研成果

单位：篇，部

年份	论文类					著作类				
	总数	甲类刊物	乙类刊物	境外刊物	人大复印资料转载	总数	学术专著	编著	译著	教材
2001	70					10				
2002	112					5				
2005	100					14				
2008	125	19	23		4	23	16			
2010	100 余	12	22	3	9	18	10			
2011	150(包括文章)	11	27	2	7	12	7			
2013	93	15	14	1	6	16	3	11	1	1
2015	90	6	16	1		8	6	1		
2016	119	7	21	2		17	7	4	3	3
2017	60	共22篇		2	3	6				
2018	37	15	8	3	9	13	8	2	2	

　　法学所每年发表的学术成果在全院占有重要分量。仅 2013 年，共有 42 人获得上海社科院学术论文奖励，奖励金额总数进入全院前三位，1 人排名全院科研人员第 5 名。

　　2017 年，法学所从年初起，就启动了全所 5 年发展规划的编制工作。该项工作在叶必丰所长主持下，集全所之力量，通过座谈、讨论等多种形式征求全所意见，其中包括党建、科研、研究生培养、人才队伍建设等多个板块，形成初稿，提交全所讨论。发展规划的制定，不仅明确了未来五年全所的发展方向，更重要的是凝聚了人心，达成了共识，全所上下齐心协力，勇攀高峰。

（二）课题申报攻坚克难

　　根据 2005 年法学所工作总结，法学所科研人员抓住一切课题申报机会。凡是有课题招标，就动员全所有申报资格的科研人员申报。当年接到招标课题 10 多个，参加申报的人数将近 40 人。虽然因各种复杂因素，申报成功率不理想，但是培养了科研人员的申报意识，积累了申报经验，为日后申报成功打下了基础。翌年，全所中标课题达 26 项，其中国家社科基金项目 2 项、市社科基金项目 5 项，市法学会课题 3 项，市法治研究会课题 3 项等。

　　申报课题需要研究人员苦思冥想，更需要灵感闪现，以及长期的积累和法学所的精心组织。2009 年顾肖荣领衔经济刑法团队申报国家社科重大项目“深化金融体制改革研究”并获得成功。这不但改写了上海社科院从未中标国家社科重大项目的历史，也是全院首次获得的三个国家社科重大项目之一。自此以后，法学所坚持瞄准国家哲社（包括重大、重点、一般、青年）课题，瞄准前沿，贴近现实，广泛动员，悉心协调，周密论证，严格审查。同时也不放松上海市哲社、决策咨询，以及国家部委办、上海市部委局直到区县级等纵向与横向课题的申报，在课题申报方面打了一个又一个漂亮仗。

　　2013 年获得的 26 个课题立项，包括国家社科基金重点项目、青年项目，中宣部政策理论研究局和国家基金特别委托项目，上海市哲社规划项目等。同年获得的横向课题，包括3项依法治市办的2011年的民主与法治课题，1项最高人民检察院检察理论研究所重点课题。此外还有全国人大常委会港澳基本法委员会委托的《论特首普选后功能界别制度存续的必要性》项目，以及国家能源局委托、法学所和国家电网上海市电力公司共同承担的《电力法》修改及上海市供电条例研究课题。中国法学会、国家检察官学院、上海市知识产权局、上海市总工会研究室、上海市法学会、上海社会建设理论中心也均有课题委托。同年法学所承接的澳门特区政府政策研究室课题"'一个平台'建设背景下的澳门法律问题"，在参加同类课题的某校无法完成研究任务的情况下，课题组与委托方一直保持密切联系，成员多次赴澳门调研，与特区政府、法院及高校、律师机构等部门举行座谈，坚持完成课题，最后写出研究报告，得到澳门方面肯定（见表7）。

表7　2001~2018年法学所部分年份课题数量

单位：项

年份	课题总数	国家级						市级						区县级
		合计	国家哲社				部委办	合计	市哲社			市决策咨询	委办局	
			重大	重点	一般	青年			一般	系列	青年			
2001	8					1		1			1			
2005	10													
2008	30				1		4	7						3
2009	30						1	1					2	
2010	20	1						1				1	6	10余
2011	23	3			1	2				3		1	10	
2013	26		1	1	1	1		2						
2014	37	1		1	1	1		1	1					7
2016	25		2(子课题)		1		1			2		1	9	1
2017	28		1		1				2	8		1		
2018			1		1				1	5				

2015 年，法学所申报课题斩获颇多，获得 37 个立项。其中包括 1 项国家社科重大项目子课题，1 项上海市社科规划系列课题，1 项上海市哲社规划一般课题，5 项国家部委办招标课题。2016 年获得 25 项课题立项，包括 1 项国家社科基金项目、2 项国家社科基金重大项目子课题，1 项国家部委办招标课题，2 项上海市哲社规划系列课题，1 项上海市决策咨询课题等。当年法学所顺利结项的课题有 22 项。高质量的研究成果，增强了法学所在学界的影响力。

特别是，法学所科研人员在申报国家哲社课题中，在国家哲社重大项目、重点项目方面成绩引人瞩目，集中展示了全所科研工作的水平（见表 8）。

表 8　法学所历年获得的国家哲社重大、重点项目及首席专家

年份	种类	项目	首席专家
2009	重大	深化金融体制改革研究	顾肖荣
2013	重大	依法独立行使司法权研究	叶青
2013	重点	基本医疗服务保障立法研究	刘长秋
2014	重点	建设海洋强国的法制保障研究	金永明
2017	重大	中国特色反腐败立法体系建设重大理论与现实问题研究	魏昌东
2018	重大	维护钓鱼岛主权研究	金永明

作为凝聚全所力量、打造品牌智库项目的成果，2018 年 9 月，法学所和上海社科院院党委宣传部在院部联合举办法治中国司法指数发布会。作为上海社科院 60 周年院庆的献礼成果，该报告发动全所科研人员共同参加，历时一年半，抓取了全国 31 个省级行政区 2016 年度中级人民法院、高级人民法院在中国裁判文书网上公开的 92679 件裁判文书，通过大数据方式进行分析，显示正向和负向指标。报告以法治政府、平安中国、诚信社会三个篇章评价我国各级行政区的法治水平，《光明日报》、人民网、《文汇报》、《人民法院报》、《法制日报》、《上海法治报》等媒体代表作了相关报道。课题组 12 月 4 日以"法治中国的司法指数"和"上海社科院"为检索词在百度检索，共有 13.7 万条机关信息。

（三）高端智库凸显价值

法学所密切关注上海在改革发展进程中的法治发展形势，积极发挥自身的智库功能，研究注重理论性与实践性之间的衔接，以求能够快速应对不断出现的社会问题，并通过《成果要报》《社会经济问题专报》《内部参考》等专报提出相应的决策咨询建议，为政府解决社会问题提供切实有效的法律途径，实现科研的实用价值，为上海的法治进程做出贡献。

法学所领导领衔承接市委、市政府交办的重要课题，组织带领科研人员调查研究、撰写调查报告与专报，为市委市政府、区县政府、大型集团企业提供法律决策咨询，如2007年顾肖荣领衔完成市级课题"人民内部矛盾在上海的突出表现和政府的措施"、林荫茂领衔完成市级课题"安全感若干理论问题研究"课题等。其横向课题如张国炎完成"上海市2004~2010年全面提高供水水质行动计划评估报告"和"青草沙水库水源法律保护研究"，程维荣完成"当前利益格局下的信访人权益"、王海峰完成"关于经贸合作适用CEPA的可行性研究"、何卫东完成"和谐社会的持续型经济发展模式"和"上海节能立法规划框架研究"等。他们主动发现、研究改革发展中的法律新问题，积极为政府决策服务，包括根据上海服务业外资占有情况，所长开题，专拨资金，组织科研人员对会计、律师、广告、物流、银行、信息服务等行业中外资所占市场份额以及对本土企业的影响等问题进行研究，通过研究报告和专报的形式，提出对策性建议，直接呈送有关领导部门（见表9）。

表9　法学所部分年份撰写专报与获得批示数量

单位：份

年份	专报总数	获领导批示数量	
		中央	部委、市
2005	5		
2007	18		2
2009	8		
2011	16		3

年份	专报总数	获领导批示数量	
		中央	部委、市
2013	8	1	6
2014	8	4	3
2016	27	1	3
2017	32	1	3
2018	38	1	9

　　为国家与地方人民代表大会提供立法意见与议案，是法学所科研联系实际的重要途径。2005年法学所为7部国家法律法规草案提出专家修改意见，向当年全国两会代表提交议案3份，均得到立法机关采用回复。2007年，法学所为全国人大代表、上海市人大代表起草的立法建议议案有10件。其中如杨鹏飞撰写的《劳动合同法（草案）》（二次审议稿）修改意见，陈历幸撰写的关于制定《上海市社会保险基金监督条例》的建议，孟祥沛撰写的关于《私立学校法》的立法建议，成涛等撰写的《促进就业法（草案）》的修改意见和《物权法（草案）》修改意见，邓少岭撰写的《制定安保法草案》议案等。其中大部分得到立法机关的重视和采用，媒体也进行了相关报道。

　　2011年，顾肖荣、王佩芬起草的"关于建议修改《上海市安全生产条例》的议案"通过审议，被列为上海市人大常委会会议立法议案。法学所港澳基本法研究中心针对"2009年度基本法理论研究项目管理办法（修订稿）"及"基本法教材编写大纲"提出的四方面12条建议，绝大部分被全国人大港澳基本法委员会采纳。《刑法修正案（七）》草案征求意见期间，由于涉及较多的金融刑事立法问题，全国人大常委会法制委主任胡康生、法工委副主任朗胜亲自到上海社科院法学所听取经济刑法学科带头人和刑法室科研人员对相关经济刑法立法有争议问题的意见，涉及背信类犯罪、证券市场中的老鼠仓问题以及传销罪、非法泄露个人信息罪等，部分意见得以采纳；《刑法修正案（八）》草案征求意见期间，全国人大法制委也要求经济刑法重点学科提交立法修改意见，学科对于虚开一般发票、持有伪造发票、欠薪不付以及骗取贷款等规定提出修改意见；《国家赔偿法》修改草案征求意见时，全国人大法工委副主任李飞要求法学所提交专题报告，学科提交的修改意见得以采纳（见表10）。

表10　法学所部分年份制定修改法律法规议案、意见

年份	内容
2002	入世呼唤旅游法（全国人大会议议案）
	建议制定国家公务员法（全国人大会议议案）
2007	《中华人民共和国劳动法草案》（二次审议稿）修改意见
	制定《上海市社会保险基金监督条例》的建议
	关于《私立学校法》的立法建议
	《中华人民共和国促进就业法（草案）》的修改意见
	《中华人民共和国物权法（草案）》的修改意见
	制定《安保法（草案）》的议案
2008	关于修改刑法第 383 条的议案（全国人大会议第 86 号）
	关于人大监督政府财政性教育经费投入比例的议案（全国人大会议第 76 号）
	关于修改担保法的议案（全国人大会议第 88 号）
	关于修改环境法的议案（全国人大会议第 80 号）
	关于修改我国企业海外投资审批制度的建议
	关于建立消费者个人信息保护制度的建议
	关于《社会保险法（草案）》的修改意见
	关于《国家赔偿法修正案（草案）》的修改意见
	关于《刑法修正案（七）（草案）》的修改意见
	关于本市《电力安全运行条例》的专家意见（市人大财经委）
	关于《上海市房地产登记条例（修改稿草案）》的专家意见（市人大常委会法工委）
	关于修改司法解释（征求意见稿）的书面建议（最高人民法院）
2009	关于制定城市基础设施特许经营法的议案（全国人大会议第 67 号）
	关于将诈骗救济金行为列为犯罪的议案（全国人大会议第 79 号）
	关于国家赔偿法应该增设经济损失补偿规定的议案（全国人大十一届二次会议列为第 82 号议案）
	关于建议修改《上海市消防条例》的提案（市人大议案）

续表

年份	内容
2010	关于修订《上海市轨道交通管理条例》的议案（市人大议案）
2011	关于修改《上海市安全生产条例》的议案（市人大议案）
	关于基本法理论研究项目管理办法（修订稿）与基本法教材编写大纲的建议（全国人大港澳基本法委员会）
	关于《大陆架与专属经济区划界技术资料要求》行业标准的意见
2016	关于《民法总则（草案）》的意见（全国人大法制工作委员会）
	关于《网络安全法（草案）》的修改意见

为迎接新形势的机遇与挑战，2008 年，上海社科院提出了建设"国内一流、国内知名的社会主义新智库"的建设目标。2013 年市委书记韩正视察社科院后，法学所紧紧围绕院里"学科发展，智库建设"双轮驱动的发展战略，结合本所"科室出成绩，队伍出人才"的总体要求，集中力量，盯住前沿，突破重点。在科研成果中，专报、议案的重要性日益突出。

上海社科院进行高端智库建设以后，法学所获批的创新工程项目有原由叶青领衔、后由魏昌东领衔的"刑事法学"创新型学科团队，由殷啸虎领衔的"法治中国"创新型智库团队。创新项目的展开不但形成了一批标志性、创新性代表成果，对法学所集聚人才、调动科研人员积极性、规范和加强管理等各方面都产生了积极影响，推动了学科建设和人才队伍建设上水平。此外还有刘长秋、金永明、徐澜波、陈玲、彭辉、彭峰、孙大伟等创新性特色人才和青年人才。法学所多数科研人员都投入高端智库的建设中。

（四）会议研讨观点交锋

围绕社会发展大局，抓住社会热点问题，法学所积极举办和参与国际、国内理论研讨会。

2005 年全年举办国际研讨会 2 个。1 月，法学所和德国阿登纳基金会联合举办了中德完善公司立法研讨会（同济大学、上海市工商行政管理局协办），全国人大常委会法制工作委员会副主任李飞、德国驻沪总领事等中外来宾、专家学者 80 多人出席，围绕中国公司法修改问题展开讨论。李飞对于此次会议给予很高评价，认为"收获非常大，对下一步修改公司法，对一些重点问题能够做出决断，是非常有帮助的"。会议研讨成果，由黄来纪等主编结集为《中德完善公司立法研究》一书出版。

2007 年全所召开 3 次国际研讨会，分别是：3 月召开的海商法国际研讨会。该次会议由日本国际协力机构资助，上海海事法院给予积极支持，来自美国、瑞士、日本的专家教授以及中国高层政府机构的官员、专家、学者参会，特别就运输单证的法律问题进行了研讨。5 月，法学所与国资委、世界最大律师事务所之一的贝克·麦坚时律师事务所联合召开了"中国企业海外收购兼并研讨会"，该次会议旨在帮助中国企业更好地了解国际并购市场、提高防范并购法律风险的能力，为中国企业走出去保驾护航。11 月，法学所又与同济大学知识产权学院、上海政法学院、上海市法学会联合召开生命法研究中心成立十周年暨生命科技发展与生命法制建设国际研讨会，会议收到论文 40 多篇，来自美国、法国、日本，中国台湾和香港地区以及中国内地的高校、研究机构、政府部门的专家学者 60 余人与会（见表 11）。

表 11　部分年份法学所举办研讨会数量

单位：场

年份	举办会议总数	主办、承办、协办国内会议	主办国际会议
2005	4	2	2
2007	7	5	3
2010	4	2	2
2011	7	5	2
2013	13	12	1
2016	6	6	4
2018			2

上海社科院每两年举办一次中国学术论坛，每一次都可以看到法学所科研人员的身影，听到法学所的声音。他们用学术语言和学术交流方式阐述了中国和平崛起与发展的核心概念及发展道路与世界意义。

2016年1月，法学所与上海市第一中级人民法院联合举行了全国首次司法公信力第三方评估新闻发布会，评估报告由社科院司法公信力第三方评估课题组发布，上海市第一中级人民法院领导班子和全体中层干部出席发布会。3月，法学所与市法学会举办了"上海法治建设专题调研座谈会"。本次会议由市法学会秘书长主持。市人大、市政府法制办、市高院、市检察院、市公安局等有关负责人均出席并作交流发言。3月，法学所海洋法研究中心主办"中国海洋发展研究会海洋法治专业委员会成立大会暨学术研讨会"，内容载于《中国社会科学报》2006年5月12日第8版整版。6月，法学所与中国社会科学院上海高等研究院联合举办了环境法治实施国际标准研讨会，邀请国家环境部前总工程师、全国人大环境与资源委员会主任等与会并作主旨发言，邀请兄弟院校与科研单位学者与会发言。7月，法学所刑事法研究中心与华东政法大学联合举办第三届中匈论坛，邀请国内知名法学家近50人、国外来自7国专家20人参加。9月，法学所主办"电信网络诈骗犯罪立法与司法适用疑难问题"研讨会，来自高校、市与各区检察院、公安局刑警总队等的多位专家学者与会研讨。10月，法学所刑法室和韩国刑事法研究会共同举办中韩电信诈骗研讨会。11月，法学所举办"商事制度改革与完善企业诚信法治建设"学术研讨会，来自全国人大常委会及其法工委、市委组织部、国家工商总局、市工商局和各高校的领导、代表出席会议并发表报告。同月，法学所与上海交通大学凯原法学院、该校港澳台法律研究中心联合举办旅游休闲中心法律问题学术研讨会。12月，法学所与上海政法学院环境能源法研究中心联合举办了"五中全会与环境法治""土壤污染防治法"草案座谈会。对于以上各次会议，《人民日报》和本市各大媒体，以及日本、俄罗斯的相关媒体分别进行采访并跟踪报道。

（五）协同合作强强联手

在科研过程中，法学所与本市及外地的一些立法机关、政府机关和司法机关建立并保持着密切的协作关系，经常合作研究课题、举行会议、互聘专家。仅 2011 年，就有叶青、顾肖荣、杜文俊、杨鹏飞、王海峰、陈庆安等分别被聘为宝山区、长宁区、闸北区人民检察院的咨询专家或特聘专家。这种长效合作，推动了法学所科研工作面向实际地深入进行（见表 12）。

表 12　法学所部分协作单位

上海市司法局	上海市人民检察院三分院
上海市人大内司委	上海市立法研究所
长宁区人民检察院	华东政法大学
闸北区人民检察院	上海市人民检察院
徐汇区人民法院	普陀区人民检察院
江苏无锡市开发区人民检察院	上海市第一中级人民法院
安徽滁州市人民检察院	上海市第二中级人民法院
安徽滁州市中级人民法院	上海市第三中级人民法院
徐汇区人民检察院	上海融孚律师事务所

法学所还与境外的一些大学与研究机构保持合作与交流关系。法学所与日本广岛大学法学部的合作始于 2005 年，双方就促进共同研究、互相促进组织能力的发展、交换研究成果等方面达成了共同协议，多年来一直互派学者交流访问、互通信息，保持着密切的互访关系。广岛大学法学部先后有多位教授与法学部部长访问法学所。2011 年，法学所继续与加拿大不列颠哥伦比亚大学开展"亚太争端解决机制项目"研究。该项目是 2003 年加拿大国家人文科学和社会科学基金资助的课题（见表 13）。

表 13　法学所部分境外交流、合作院校与机构

国家或地区	大学或机构
加拿大	不列颠哥伦比亚大学
日本	政策展望研究所
	一桥大学
	东亚国际法秩序研究协议会
	广岛大学法学部
	名古屋大学
	香川大学
	熊本九州国际大学
	早稻田大学
法国	埃克斯马赛第三大学
	国家科学院
澳大利亚	墨尔本大学
德国	洪堡大学
比利时	根特大学
荷兰	伊莱斯慕思大学
	格罗宁根大学
新加坡	国立大学
罗马尼亚	芦米什瓦西部大学
中国香港	香港大学
	香港城市大学
中国澳门	澳门基金会
瑞士	巴塞尔大学
克罗地亚	萨格勒布大学
	奥西耶克大学
匈牙利	佩奇大学
美国	迪金森文理学院

2016 年，法学所共有 7 个团组 11 人次出访，出访国家与地区有日本、美国、加拿大、澳大利亚、中国台湾。其中 6 个团组应邀进行学术交流或参

加学术会议，1 个团组应邀进行学术调研（见表 14）。外事方面，2016 年 4 月，来自克罗地亚萨格勒布大学、奥西耶克大学的嘉宾带着开启中克学术合作交流、搭建学术创新平台的愿望相继来上海社会科学院访问。双方就推进上海社会科学院法学所与两所大学的深度合作进行了广泛探讨，就建立学科与智库战略合作伙伴关系达成多项共识和合作意向。

表 14 法学所部分年份境外交流情况

年份	接待境外来访	出访及赴境外参加国际会议或进修
2002		8 人次
2005		9 个团组
2006	10 余人次	17 个团组
2010	4 人	5 人
2011	7 批	14 人
2014	7 个国家近 40 人	12 个团组 15 人次
2016	4 个团组	7 个团组 11 人次
2017	2 批	13 个团组 18 人次
2018		9 个团组 10 人次

2017 年，在国际合作事务方面，树立"外事无小事"观念，法学所明确由一名副所长分管国际合作交流事务；对国际合作事务加强管理，根据上海社会科学院统一要求，做好外事出访和接待工作。

（六）获奖与荣誉锦上添花

法学所复所后，历年都有科研成果获奖与个人获得荣誉称号。

2010 年，殷啸虎等人撰写的《近期专家学者关于民主问题的观点分析》，史建三等撰写的《上海现代涉外法律服务市场的问题与对策暨外国律师事务所驻沪代表机构违法执业的调研报告》均获得上海市第十届哲学社会科学内部探讨优秀成果奖；金永明撰写的《东海问题解决路径问题研究》获得上海市第八届邓小平理论研究和宣传优秀成果著作三等奖；吴天昊、沈国明、史建三撰写的《在规则与现实之间——上海市地方立法后评估报告》

获得上海市第十届哲学社会科学优秀成果著作三等奖；邓少岭撰写的《论法律的艺术之维》获得上海市法学会第二届优秀成果三等奖（论文类）；刘长秋撰写的《生命科技犯罪及其刑法应对策略研究》获得上海市法学优秀成果三等奖（著作类）；安文录撰写的《经济犯罪中刑事责任和民事责任关系》获得上海市民主法治建设课题研究成果理论研究类入围成果奖；柯葛壮的《提升检察机关职务犯罪查办能力的路径研究》获得上海社会科学院纪委"推进反腐倡廉建设科学化"理论研讨征文一等奖；夏晓龙的"稳妥推进社区矫正，积极维护社会安定"课题获得九三学社上海市委参政议政课题一等奖，并被选为九三学社中央在全国政协（2010年）大会上的发言稿。

2013年法学所全所获得的全国性奖项有：国家新闻出版总署通俗政治理论读物奖二等奖、鼓励奖与国家科委科技进步奖一等奖，中国图书评论会中国图书奖，国家辞书奖三等奖，中国法学会"海南杯"优秀论文奖一等奖，中国法学会"西湖杯"优秀刑法论文奖二等奖，应用法学研究有奖征文二等奖，WTO与中国学术年会征文论文二等奖、三等奖；上海哲学社会科学优秀著作奖、优秀论文奖、著作奖、论文奖等。2015年，叶青等《关于改革和完善上海城管综合执法体制机制的研究》成果获得第十届上海市决策咨询研究成果二等奖；《上海法治蓝皮书》在全国皮书评比中获得三等奖。金永明的《中国拥有钓鱼岛主权的国际法分析》在上海市第十届邓小平理论研究和宣传优秀成果奖（2012～2013）评选中获得论文类二等奖。孟祥沛的《法院工作满意度分析报告》获得上海市综合治理三等奖。

至2013年，法学所有4位享受政府特殊津贴专家，一位上海市教学名师，两位上海市优秀青年法学家，尹琳、彭峰先后荣获上海市浦江人才称号，叶青获得2013年度"上海市领军人才"称号。2018年，叶必丰获得第十四届上海市哲学社会科学优秀成果一等奖。同年，刘长秋获得中央办公厅组织的党内法规制度建设征文二等奖，是该项征文活动上海地区唯一一位获奖者。此前，刘长秋还获得上海市十大青年法学家荣誉，并且先后获得中国科技法学突出贡献奖、上海市党的建设研究会2017年度调研课题三等奖、上海市第十四届哲学社会科学优秀成果奖·中国特色社会主义理论优秀成果一等奖等。

（七）《政治与法律》屡上台阶

《政治与法律》刊物创办以来，在 21 世纪中屡创佳绩，不断扩大学术影响力。

为了提升容量和质量，缩短发行周期，2008 年《政治与法律》由双月刊改为月刊。法学所在人、财、物各方面都给予了支持与配合。2009 年，《政治与法律》在人大复印资料期刊上转载率位居全国第二，召开国内研讨会 3 个。据中国人民大学人文社会科学学术评价研究中心发布的学术论文指数报告，2011 年，《政治与法律》转载量与综合指数排名均居法学学科期刊第 1 位。

2013 年，自北京大学核心期刊排名目录和南京大学核心期刊（CSSCI）排名目录公布以来，《政治与法律》始终位列其中，并在人大复印资料（法学类）转载排名中连续四年保持前三位。在武汉大学中国科学评价研究中心发布的 2013～2014 年法学类期刊排名（RCCS）中，《政治与法律》排名第 8 位。南京大学中国社会科学评价中心（CSSCI）2012～2013 年 21 种法学来源期刊中，《政治与法律》入选（无排名先后）。2013 年成立上海法学会期刊研究会时，《政治与法律》编辑部被选举为该会的副会长单位。

从 2014 年第 1 期开始，《政治与法律》从版式到内容都有所改革。3 月，中国人民大学资料复印中心公布的（法学类）转载排名中，《政治与法律》位列第一。6 月，中国法学创新网学术委员会公告将《政治与法律》列为中国法学创新网"法学名刊"；南京大学 CSSCI 中心公告"2014 年～2015 年"法学核心期刊排名中，《政治与法律》位列第 12 名。

2015 年初，《政治与法律》编辑部委托中国知网设计并开通《政治与法律》二级网站，附有网上投稿系统，编辑部通过中国法学创新网及时宣传了政治与法律网站。经过约一年的运行，网上投稿系统的投稿、审稿、编读沟通模块已步入正常轨道。2015 年 3 月，人大复印资料法学类转载排名中，《政治与法律》全年共被全文转载 54 篇次，位列第 1。6 月，中国法学会中国法学创新网公告正式将《政治与法律》列入"中国法律创新网"名刊

（2014 年开始公示，公示一年期满后经该网学术委员会决议同意）。中国法学会法学期刊研究会将《政治与法律》编辑部列为副会长单位。

2016 年，《政治与法律》取得北京大学中文核心期刊法学类排名第 12 位，达到历史最好成绩，比上一届排名上升 5 位。同时，《政治与法律》再次取得中国人大报刊复印资料法学类转载排名第一位（统计 2015 年数据）；取得中国知网因子（法学类）排名第 14 位（统计 2015 年数据），比上一年上升 9 位。

（八）法律宣传影响广泛

法学所积极通过各类报告会与宣讲活动，以及向各类宣传媒体如电视台、电台、报纸等推荐科研人员，提高科研人员法制宣传工作参与度。在这些宣传工作中，法学所科研人员的学术思考和学术观点逐渐获得社会认同，同时特提升了法学所的社会知名度。

2005 年法学所举办两次有全市影响的学术报告会。11 月，由法学所与市证监会、市金融办等单位联合召开的学习会、贯彻《证券法》学术报告会在上海图书馆报告厅举行。参加会议的有来自法学界、金融界、证券业的专家学者近 600 人。12 月，由法学所和市金融办、市联合产权交易所等单位联合召开的学习、贯彻《公司法》学术报告会在青松城报告厅举行。本市各界人士近 600 人参加会议。

2007 年开始，法学所与《上海法治报》合作，由该报每周提供半个版面，设置法学所学术专栏。法学所科研人员就当前人民群众关注的社会问题、法治话题，以法学专家的眼光与思考发表观点，其短平快的风格受到读者欢迎。法治报还特地来电转达了总编对这个栏目的评价，认为该栏目提升了法治报的总体质量。这项合作，既促使研究人员关注社会法治最新情况，又为研究人员承担法学工作者的社会责任开辟了一片天地。

2008 年法学所联合有关单位举办大型新法讲座研讨会、报告会 2 次。3 月，法学所与上海联合产权交易所、上海国际商务法律研究会公司法专业委员会联合举办新《公司法》、新《证券法》实施两周年座谈会。全国人大法工委主任与会。参加座谈的有法学界专家学者、企业界高管、有关职能部门的领导等50余人。11月，法学所与上海市金融服务办公室联合举办《企业国有资产法》报告会，邀请全国人大常委会法工委研究室负责制定该法的主任作报告，来自政府管理部门、国企、司法实务部门、高校、法学研究机构的专家学者200人与会。同年，法学所获上海市哲学社会科学网络宣传奖1项，有2人分别获得浦东东方讲坛优秀讲师称号，并被浦东新区区委宣传部聘为特约研究员。

2013年，法学所加大重要成果推广力度，积极开拓宣传渠道，分别在新华网和《解放日报》《检察日报》《上海法治报》《社会科学报》等多种媒体宣传报道法学所成果与活动。法学所向院属各单位、机关各处室及相关政府机关报送简报6期，发布各类学术新闻稿60篇，科研人员接受报纸、电视台、电台各类媒体采访20余人次。

（九）研究生教育硕果累累

与高校相比，法学所研究生招生数量相对不多，师生比低，一个导师通常一届只招一两个学生。学生因此有较多机会参与导师的课题，接受导师的悉心培养。

2002年以后，研究生管理任务大半转到所里，院、所二级管理规范摆上日程。当年开始，经教育主管部门批准，法学所探索招收利用双休日学习的、在职的民商法、国际法专业硕士研究生。实践证明，给有能力继续学习的社会在职人员提供学习机会，他们的理论和实践水平都有提高。在第一届专业班毕业生中，有的获得全国海关系统法律知识竞赛二等奖；有的被提升为市质量检查总队科长，是该总队有史以来最年轻的科长；还有的毕业生继续进行博士阶段的学习。

2006年，法学所起草了《研究生培养工作指导意见》《研究生指导教师工作职责》《研究生任课教师若干要求及课程管理办法》《法学硕士专业班管理规定》等文件（讨论稿），成立法学所研究生教育领导小组，确定了研究生兼职辅导员。对于研究生学位论文开题报告撰写，规范了要求，并且鼓励研究生积极参与学术研究与调查。以法学所研究生为主，加上本院其他专业学生，共同参加了由上海市人大举办的"走进人大"系列活动，模拟人大常委会会议。对这次活动，新闻媒体曾予广泛报道。

在法学所内各位导师和任课老师的培育、指导下，毕业生大多数就业情况良好。比如2007年参加司法考试和公务员考试的20多人中有19人过线，超过国家规定的比例。其中6人成为国家公务员，3人赴高校工作，其余在企事业单位、金融保险机构或律师事务所工作。

2010年9月，法学所成为国务院学位委员会批准的法学一级学科硕士学位授权点，从而增加诉讼法学、法律史学、经济法学、环境与资源保护法学4个学科学位点，使法学所拥有除军事法学外的所有9个法学一级学科点（见表15）。

表15　法学所部分年份研究生录取数量

年份	录取数
2001	22
2005	46
2008	44
2009	40
2010	42
2013	44
2016	32
2018	24

2011年7月，为贯彻落实上海社会科学院研究生教育工作会议精神，提高研究生培养工作水平，法学所召开研究生工作会议。长三角地区20余所知名大学法学院（系）院长（主任）与专家，及所内全体研究生导师参加。会议宣传推广了法学所的研究生教育；围绕如何提高法学研究生教育的质量这一中心问题，与会专家进行深入探讨，达成不少共识；法学所也利用这样一个契机与各大学法学院之间交流了研究生招生、培养工作的经验。当年由这些高校推荐的推免生的数量和报考专业都超过历年的水平，使法学所

能较为圆满地完成翌年推免生的招收工作。同时，法学所调整了导师组组长和导师人选，对新增导师组织试讲，对所有导师进行定期检查，评估其综合能力；修订培养方案。为使法学所研究生教育更加有序、顺利地进行，法学所对于研究生毕业论文，在时间节点及论文质量上严格把好预审、预答辩及答辩"三关"。

法学所先后与一些法院、检察院签订协议，建立与拓展实习基地。2013年继续实行强强联手，先后与华东政法大学、闸北区人民检察院签署了合作协议，通过师资互聘、资源共享、合作研究、人才培养展开全面、长期、深入的合作，在共建"法学教育机构与法律实务部门的交流机制"上迈出一大步。法学所每年安排学生到监狱、法院、检察院、社区进行调研，参加法学所与各司法机关举行的各类学术研讨会与司法实务工作，使学生有机会参与和了解司法第一线工作状况，搜集第一手资料。通过让学生参与《上海蓝皮书·法治》及导师的各项课题，发表研究成果，锻炼学生科研能力，也为他们毕业论文的选题打下了基础。

2013年，由法学所设立、国家电网上海市电力公司等单位出资支持的首届"法研奖学金"，对学习刻苦、成绩优良、成果丰富、积极参与公益与科研活动的优秀学生给予奖励。这是上海社科院第一个以研究所名义设立的学生奖学金。2015年共有18名学生获奖。

2016年，法学所根据教育部要求进行了第四次全国学科评估，尽管时间短、覆盖面广，难度大，但最终圆满完成法学一级学科的评估工作。在2018年的38名毕业生中，毕业论文答辩成绩优秀的有7人，1人获得2018届市优秀毕业生称号，4人获得院优秀毕业生称号。

（十）人才培养各领风骚

针对科研人员年龄偏大的现实情况，法学所注重吸收人才，广招贤才。早在2001年底，法学所领导就针对本所具体情况，确定了2002年的引进人才计划。经过一年努力，吸收1名博士、2名硕士。新进所的同志干劲大，精神振奋，来所后积极参加科研项目，认真设计科研课题。比如杜文俊来所当年申报青年中心的课题即中标。2005 年，法学所又引进 5 人，其中 3 人有博士学位，1 人在读博士，另一人获得日本东京大学法学硕士。同时，做好引进人员的思想工作，解除其后顾之忧。当年全所已经拥有博士、在职博士 8 人（其中 2 人进博士后流动站），硕士 10 人，30 ~ 40 岁青年科研人员有 10 人，使法学所注入新鲜血液，从根本上改变了过去科研人员青黄不接的现象。

根据上海社会科学院双轮驱动的基本要求，法学所不但积极引进符合智库建设和学科发展要求的复合型人才，还注重大力培养优秀青年科研人才和拔尖人才，遴选擅长理论研究、学术沉淀深厚、成果丰硕的学者作为本领域的学科带头人，鼓励年轻科研人员积极参与各类社会活动和学术活动、承担各级课题。为此法学所制定了具有针对性的激励机制进行有效引导，从而在法学所形成以复合型领军人才为核心，以各类科研骨干力量为中坚，以青年科研人员为后备力量的高水平研究团队。同时对于那些表现突出的科研人员，给予办公、参会、出访、进修等各种方式的资助，并对其进行学术包装，使优秀人才有更多的机会提升自己的学术声望，从而在各学科研究方面形成年龄结构合理的人才梯队，保证学术传统的延续性。法学所采取各项措施促进青年学者竞争力提升。

一是实行挂职制度。采取领导推荐、组织联系等方式，要求每位青年科研人员都轮流到政府机关或基层单位挂职，以深入了解社会实情，锻炼工作能力，提升科研质量，提高智库服务水平。2008 年，有 8 人到党政机关或司法实务部门挂职。几年中先后有杜文俊到闸北区人民检察院挂职任副检察长，王海峰在市人民检察院任副处长，邓少岭挂职任市人大常委会立法备案审查处副处长，肖军任市人大内务司法委员会办公室副主任，陈海锋任上海市人民检察院三分院侦查监督处副处长，孙大伟任该院知识产权检察处副处长等。

二是实行每月一次的青年沙龙制度。组织青年学术沙龙，为青年学术交流、展示个人研究成果搭建平台，并能起到相互促进、取长补短的作用。法学所领导为沙龙开讲典礼发表讲话，并由青年科研骨干专门负责沙龙日常工作，从确定主题到邀请专家，从宣传活动到活动总结，开展得有声有色，逐渐形成法学所的一个学术品牌。

三是改版法学所的科研月报，设置青年栏目。为青年科研成果、青年智库活动开辟专栏，引导青年竞争向上。青年人可以一目了然地在本所的月报上看到自己当前的状况以及与别人的差距，督促其努力追赶。

多年来，法学所先后向所外输出一批科研与法制建设人才，他们分别以其深厚的学术功底或行政管理与社会活动能力履行职责、展示风采，产生了广泛的影响（见表16）。

表16 法学所部分输出人员情况

姓名	性别	出生年份	在法学所经历	离开法学所后情况
杨海坤	男	1944	1981~1984年在法学所工作,任助理研究员	1984年底调苏州大学任教,曾任该校法学院院长,为全国政协委员、中国行政法研究会副会长,江苏省行政法学会总干事。2011年加盟山东大学,受聘为山东大学一级教授
卢莹辉	女	1934	1978~1984年在上海社科院历史所、法学所工作	1984年任上海社科院副院长,1985年任上海市人民政府副秘书长
黄道	男	1924	1979年任职于法学所刑法室,从事刑事诉讼法研究,曾任副所长	1988年调上海政法管理干部学院,任上海司法研究所所长。1999年去世
陈天池	男	1924	1979~1981年在法学所工作,任所长助理	1982年调华东政法学院。1984~1985年任华东政法学院院长。曾任市人大常委会委员。2015年去世
郭思永	男	1924	1979年从市公用事业学校回归法学所,从事国际私法研究	1987年后任上海市人民政府参事、政协上海市委员、荷兰海牙社科院客座教授。2007年去世
徐晓青	男	1951	1981年入法学所,从事民法与经济法研究	1985年离开法学所后从事律师工作,办有徐晓青律师事务所,任主任。曾被评为徐汇区拔尖人才、全国优秀律师、市优秀共产党员。当选市律师协会副会长
刘华	女	1961	1986~2000年在法学所工作,曾任所长助理	2002年任院党委副书记,2004年调任上海市高级人民法院副院长。2016年当选江苏省人民检察院党组书记、检察长
沈国明	男	1952	1979年入上海社科院攻读法理学硕士,毕业后进入法学所,1986年任副所长	1998年任副院长。2001年任上海市人大法制委员会主任委员,曾任上海社联党委书记、专职副主席兼任上海市法学会会长。现为上海交通大学凯原法学院教授、华东政法大学博导

姓名	性别	出生年份	在法学所经历	离开法学所后情况
董立坤	男	1942	1979～1991年在法学所工作，曾任国际法室主任、国际法研究所所长	1991年调入深圳大学，主要研究国际司法，是国内最早研究香港法律的学者
林喆	女	1953	1989～2001年在法学所工作，曾任宪法室副主任	2001年调入中央党校，兼任全国法理学会理事等，从事反腐败研究。2015年去世
林荫茂	女	1956	1981～2008年在法学所工作，曾任《政治与法律》主编，被评为市劳动模范、三八红旗手，2005年任副所长	先后为上海市人大常委会副秘书长、上海市人大法制委员会副主任。第十一届、十二届（2008～2017年）全国人大代表。华东政法大学博导
倪正茂	男	1940	1961年毕业于上海社会科学院政法系。1979～1997年在法学所从事科研	先后受聘为上海大学法学院教授、上海政法学院终身教授，南开大学、上海交通大学等院校特聘教授，任九三学社中央委员。发表论文500余篇，出版各类著作数十部

斗移星转，世事沧桑。

怀揣梦想，风雨兼程，一路走来，转瞬之间已经一个甲子。

回顾法学所的60年，法学所一代代的科研人员，从年轻气盛到头发斑白、壮心不已，为国家的法学研究工作、法治事业贡献毕生，把法学所打造成上海法学研究的一个响亮的品牌，为本市和国家的法治建设书写了华美的篇章。宝剑锋从磨砺出，梅花香自苦寒来。法学所取得如此大成就依靠的是社科院与法学所历届班子的坚强领导，法学所对科研工作的精心筹划与组织，全体科研工作者崇高的使命感与责任感，坚韧不拔、努力奋进的毅力与刻苦精神，也缺少不了所内科辅、行政人员的全力配合与无私奉献。近年来，又有一拨优秀人才陆续进入法学所。他们充满朝气，理论基础扎实，思想活跃，勇于探索和奋斗，成为法学所的新一代，承载着法学所的未来与希望。面对着新时期的法学研究的任务与现状，法学所新一代科研人员更加感受到了任务的艰巨与肩上担子的沉重，他们将沿着前辈开辟的道路，薪火相传，撸起袖子加油干，继续为创造法学所更加辉煌的明天，为实现法治作为国家核心竞争力的宏伟蓝图而奋斗！

评 估 篇

Evaluation Reports

B.3
上海市民营企业营商司法环境调研报告

孟祥沛　刘高宁*

摘　要： 司法环境是指司法机关通过司法活动所营造的环境，体现为司法的供给情况以及司法活动反过来对政治、经济、文化等社会诸要素的影响。上海市民营企业营商的司法环境总体评价良好，但也存在一定不足，建议今后要注重对民营企业的合法利益的依法平等保护；加强法治宣传，尤其是要加强针对民营企业家的法治宣传；改进司法工作，提高办案质效，提升司法的便民性、透明度；积极参与社会治理，加强延伸服务。

关键词： 民营企业　营商环境　司法环境

---

* 孟祥沛，上海社会科学院法学研究所研究员；刘高宁，上海社会科学院法学研究所硕士研究生。

民营经济是我国社会主义市场经济的重要组成部分，大力发展民营经济是加快我国经济发展的必然选择，是促进我国实现全面小康的重要保障。习近平同志在党的十九大报告中就民营经济发展做出许多新的重要论述，特别强调"要支持民营企业发展，激发各类市场主体活力，要努力实现更高质量、更有效率、更加公平、更可持续的发展"。

然而，要使民营经济持续、稳定、健康地发展，就必须为其营造一个良好的营商环境。营商环境是一个国家或地区经济软实力和综合竞争力的重要体现。营商环境将直接影响外来企业的进入和区域内企业的经营，最终对经济发展状况、财税收入、社会就业等都会产生重要影响。

法治环境是营商环境最重要的内容之一，而司法环境又是法治环境的核心组成部分。因此，加强对民营企业营商的司法环境研究，及时解决司法环境中困扰民营企业和影响其发展的突出问题，具有十分重要的现实意义。

上海市工商业联合会、上海市法学会、上海社会科学院法学研究所等单位联合成立课题组，通过发放调查问卷和召开公检法司工作人员、企业管理人员、律师座谈会等方式，对上海市民营企业营商的司法环境展开调研。

一 民营企业营商司法环境的含义和内容

"司法环境"一词有两种含义，一是司法活动所处的并对司法活动产生影响的环境，包括政治、经济、文化的发展状况，人们的法律意识和法律行为，社会上通行的法律习惯和法律传统等诸多因素；二是司法机关通过司法活动所营造的环境，体现为司法的供给情况以及司法活动反过来对政治、经济、文化等社会诸要素的影响。本报告取第二种含义。民营企业营商的司法环境，正是指司法机关所营造的、民营企业在营商过程中参与司法活动、享受司法服务以及通过司法机关解决纠纷的环境，它是由司法机关提供的用以规范、保障和服务民营企业生产经营活动的司法条件的总和。

关于"司法机关"的定义和范围，东西方差异很大。西方许多国家以"三权分立"理论为基础，将司法等同于审判，因此司法机关也就仅仅指审判机关。与之不同，新中国成立之后一直采用具有中国社会主义特色的广义上的"司法"和"司法权"概念。所谓广义上的司法权，是指由司法机关在审判、检察、侦查、执行等司法活动中行使的权力，具体包括审判权、检察权、侦查权和执行权等。

《宪法》第3章"国家机构"的第8节是"人民法院和人民检察院"，明确规定人民法院是国家的审判机关，人民检察院是国家的法律监督机关，将法院和检察院等同视为我国司法机关。党中央的许多重要文件根据宪法规定的精神也始终坚持这一基本观点。例如，2006年《中共中央关于进一步加强人民法院、人民检察院工作的决定》明确指出："人民法院和人民检察院是国家司法机关，是人民民主专政的国家机器的重要组成部分，肩负着贯彻依法治国基本方略的重要使命。"党的十七大报告则再次强调："深化司法体制改革，优化司法职权配置，规范司法行为，建设公正高效权威的社会主义司法制度，保证审判机关、检察机关依法独立公正地行使审判权、检察权。"可见，我国的法院和检察院都是司法机关。

公安机关和司法行政机关的性质比较特殊，虽然二者在架构上属于行政机关（政府）领导和管辖的范畴，但又都从事一定的司法事务或者与司法相关的事务，甚至有些法律法规直接将其视为司法机关。例如，《刑法》第94条规定："本法所称司法工作人员，是指有侦查、检察、审判、监管职责的工作人员。"公安人员负有一定的侦查职责，而监狱、戒毒等场所的司法行政人员负有一定的监管职责，二者都应当属于此处的"司法工作人员"。《未成年人保护法》的规定更加直接，其第5章规定的是"司法保护"，其中第50条明确规定："公安机关、人民检察院、人民法院以及司法行政部门，应当依法履行职责，在司法活动中保护未成年人的合法权益。"

综上所述，我国的司法活动是由我国的审判机关、检察机关、公安机关和司法行政机关共同承担的，民营企业营商的司法环境也是由这些司法机关所共同营造的，缺失其中任何一个部分，都难以全面、完整、系统地对民营企业营商的司法环境予以准确把握和评价。因此，课题组所调研的民营企业营商的司法环境，在逻辑体系上由以下四部分组成：①公安机关为民营企业营商提供的公安环境；②检察机关为民营企业营商提供的检察环境；③审判机关为民营企业营商提供的审判环境；④司法行政机关为民营企业营商提供的司法行政环境（见图1）。

图 1　司法环境的架构

二　课题调研的背景和过程

（一）上海市民营企业的基本情况

民营企业是国民经济发展的一支生力军，在拉动上海市经济增长、增加就业岗位、推动市场化进程、促进技术创新等方面具有不可替代的地位和作用。2018 年上半年，上海市民营经济运行总体稳中有进，继续为全市经济发展做出重要贡献。2018 年上半年上海市民营经济发展的特点主要表现在以下五个方面。

1. 投资、消费和出口持续增长

在投资方面，2018 年上半年，上海市民营企业完成固定资产投资884.56 亿元，同比增长 13.3%，增速较上年同期提高 4.5 个百分点，且高于全市固定资产投资增速 7.3 个百分点；在进出口方面，上半年上海市民营企业实现进出口总额 3069.69 亿元，同比增长 8.8%，增速虽较上年同期有所回落，但高于全市平均水平 5.0 个百分点；在消费方面，上海市民营经济实现限额以上商品零售额 1379.94 亿元，同比增长 6.0%，增速略高于上年同期。

2. 主要产业稳中有进

工业、建筑业民营企业实现较快增长，增速略高于全市。2018年上半年，上海市民营工业企业完成规模以上工业总产值2503.02亿元，同比增长5.4%；民营企业实现规模以上建筑业总产值1069.63亿元，同比增速由上年同期下降18.4%转为增长12.0%。此外，服务业发展总体良好，上半年规模以上社会服务业企业实现营业收入2737.55亿元，同比增长20.4%，增速高于全市9.1个百分点。

3. 民企在新兴产业中发展迅猛

民企在检验检测、认证等新兴行业中发展势头较猛，目前在上海市检验检测行业中，民营机构的数量达到420家，占总数的47.2%，营业收入达56.1亿元，占总量的28.6%；认证行业中，民营机构的数量更是首次超过外资机构，达到48家，占总数的47.1%，营业收入为3.7亿元，占总量的11.9%。

4. 探索创新发展、转型升级取得新进展

上海市民营企业紧紧围绕上海加快建设具有全球影响力的科技创新中心，着力增强自身科技创新能力，积极探索科技创新、转型升级取得新进展。

5. 继续对全市经济发展做出重要贡献

民营企业新设企业户数、注册资本增速同比提高。2018年上半年，在上海市注册登记的新设民营企业共19.41万户，同比增长16.5%，增速较上年同期提高14.1个百分点；新设民营企业注册资本合计7930.18亿元，同比增长9.7%。上海市民营经济完成税收收入2874.59亿元，同比增长8.1%，民营经济税收收入占全市税收收入的比重为33.2%，仍保持在1/3左右。

不过，民营企业的经营和发展也面临着不少亟待解决的困难和问题，如经济增速持续放缓，成本费用高制约企业发展，实力雄厚的大企业为数不多，创新环境有待优化等。通过改善司法环境来优化企业的整体营商环境，依法保护民营企业和民营企业家的合法权益，建立公平竞争的市场环境，促进和保障民营企业依法经营，是解决这些困难和问题的重要途径之一。

（二）司法机关优化营商司法环境的举措

2017 年 12 月 29 日，上海市委、市政府印发了《上海市着力优化营商环境加快构建开放型经济新体制行动方案》，这是上海市为深入贯彻落实习近平总书记关于加大营商环境改革力度的重要指示精神和党中央、国务院的决策部署，进一步优化稳定、公平、透明、可预期的营商环境形成的顶层设计与行动纲领。该方案出台之后，上海市各司法机关积极制定了具体的实施意见，大力推动方案的贯彻落实。

1. 公安机关的举措

上海市公安局对照《上海市着力优化营商环境加快构建开放型经济新体制行动方案》，积极安排、实施和推进各项工作。例如，针对"行动方案"第 53 项任务，全市公安机关坚持整体防控和专项打击相结合，持续开展"春雷""云端""云剑""利剑"等专项行动，始终保持对金融领域涉众型犯罪、电信网络诈骗、侵权假冒犯罪、食品药品犯罪等违法犯罪活动的严打高压态势，有力整肃市场秩序。再如，针对"行动方案"第 62 项任务，市公安局高度重视行政执法与刑事执法的衔接工作，专门起草相关规章制度，对行刑衔接过程中公安机关受理立案的程序、证据移送等予以明确和规范；与工商、环保、烟草、版权、海关、食药监等部门紧密协作，统筹情报资源，开展联合执法，确保形成工作合力；依托本市"公法""公检"联席会议平台，围绕推进执法办案信息化、"206"工程配套项目建设、完善重大敏感案件信息通报和提前介入工作机制等进行深入研究探讨，合力做好行刑衔接工作。

2. 检察机关的举措

上海市检察院立足检察职能，结合上海检察工作实际，制定出台了《上海市检察机关服务保障优化营商环境的意见》，包含以下 5 个方面 20 项工作举措：一是聚焦权益保障，坚持公正司法，营造创新创业的良好法治环境；二是聚焦宜居宜业，强化监督履职，维护安全有序的健康市场环境；三是聚焦司法质效，规范司法行为，提供高效便捷的优质服务环境；四是聚焦制度供给，深化改革创新，构建司法保障的坚实制度环境；五是聚焦素能提升，加强能力建设，打造专业拔尖的一流人才队伍。

上海市一些基层检察院在服务、保障和优化民营企业营商环境方面也进行了许多探索并收到了良好的效果，例如，浦东新区检察院在出台《服务保障浦东新区营商环境建设十二条意见》的基础上，从更新理念、精准服务、延伸职能三个方面，找准法治化营商环境中的"堵点""痛点""难点"，主动回应市场主体司法需求，切实把防控风险、服务发展摆在突出位置，为维护市场公平正义提供法治保障。在具体举措上，加强办案人员执法理念的专门培训，通过重点案件的引导来树立良好的司法导向，依托调研找准司法办案与法律服务的结合点，依托命名检察官办公室为企业提供便利化的法治服务，开展针对性的法制宣传和法治引导等。

3. 审判机关的举措

上海市高级人民法院继发布《关于贯彻落实〈上海市着力优化营商环境加快构建开放型经济新体制行动方案〉的实施方案》后，又专门制定《关于充分发挥审判职能作用为企业家创新创业营造良好法治环境的实施意见》，内容涉及依法保护企业家的人身自由和财产权利、依法保护诚实守信企业家的合法权益、依法保护企业家的知识产权、依法保护企业家的自主经营权、努力实现企业家的胜诉权益、有效防范和切实纠正涉企业家产权冤错案件、不断完善落实保障企业家合法权益的司法政策、推动形成依法保障企业家合法权益的良好法治环境和社会氛围等八大方面31项具体措施。

上海市一些中级和基层法院，在优化营商法治环境方面也进行了可贵的探索，如上海市第二中级人民法院在深入调研的基础上出台了《关于司法服务保障企业家创新创业、优化营商环境建设的若干意见》，从审判、执行、保全、诉调对接等方面推出16条落实举措，在保护市场主体合法权益的同时，努力降低企业维权成本、兑现当事人胜诉权益、提高审执效率。

4. 司法行政机关的举措

上海市司法局研究制定了《优化营商环境行动方案》，从以下 5 个方面推出 35 项优化营商环境的具体举措：一是着力提供精准、便捷的法律服务，依法保障市场健康有序运行，努力为"五个中心"建设提供坚实的法律服务支撑；二是大力发展涉外法律服务业，有序扩大法律服务对外开放，不断满足建设卓越全球城市的法律服务新需求；三是充分发挥律师职能作用，促进司法公正，依法维护各类市场主体合法权益；四是深化专业调解、行业调解，创新调解机制，为各类市场主体提供多元化便利化纠纷解决机制；五是积极参与科学立法，加强普法依法治理，努力构建良好的营商法治环境。

（三）课题调研的过程

课题组围绕民营企业营商司法环境的架构，设计调查问卷，经市工商联先后发放问卷近 600 份，问卷包括基本信息题目 4 题，调查问题 9 题，涉及 50 余项考察指标，课题组共回收有效问卷 502 份（以下简称基本问卷）。此外，课题组借助国家统计局调查总队上海分队发放 1000 余份调查问卷，对司法环境的 5 个方面 25 项考察指标进行调研，共回收有效问卷 1002 份（以下简称附加问卷）。由于基本问卷是专门针对民营企业营商司法环境所进行的调查，因此课题组以基本问卷为主，结合附加问卷，对上海市民营企业营商的司法环境展开分析。

从基本问卷的发放对象来看，基本涵盖了民营经济的所有类型（见表 1），包括个体工商户、个人独资企业、合伙企业、有限责任公司、股份有限公司等，其中有限责任公司最多，占比超过 65%，这与上海市民营经济的实际情况基本相符。在受访企业中，成立 5 年以上的企业占比 72.71%，与司法机关有所接触的企业占比 86.25%，这两项比例都比较高，从而在一定程度上保证了统计结果的真实性和有效性。

表1 受访企业基本信息

单位：家，%

类别	基本指标	数量	占比	类别	基本指标	数量	占比
成立时间	不足1年	15	2.99	企业年营业收入	不足50万元	46	9.16
	1~3年	51	10.16		51万~100万元	48	9.56
	3~5年	71	14.14		101万~300万元	69	13.75
	5年以上	365	72.71		301万~500万元	59	11.75
民营经济类型	个体工商户	7	1.39		500万元以上	280	55.78
	个人独资企业	41	8.17	与司法机关接触的情况	接触多	43	8.57
	合伙企业	30	5.98		偶有接触	195	38.84
	有限责任公司	330	65.74		接触很少	195	38.84
	股份有限公司	81	16.14		没有接触	69	13.75
	其他	13	2.59	总计		502	100

课题组先后召开了两次座谈会：一次是由本市公安局、检察院、法院、司法局等单位代表参加的司法机关工作人员座谈会，另一次是由民营企业管理人员、法务人员以及律师参加的座谈会。同时，课题组在基本问卷中设计开放式问题，征求被调查人对改善上海市民营企业营商司法环境的意见，经统计，共收到86份100余项意见和建议。

以上调查问卷统计结果和座谈会记录构成本调研报告的研究基础。

三 上海市民营企业营商司法环境的评价结果

（一）总体评价

关于上海市民营企业营商司法环境的总体评价，基本问卷统计结果如表2所示。按照满意度的计算公式，评价得分=100%×很满意人数+80%×比较满意人数+60%×表示一般人数+40%×不太满意人数+20%×不满意人数+50%×不清楚人数，受访企业对于上海市民营企业营商司法环境的总体评价得分为80.62分，由此可见，上海市民营企业营商的司法环境总体评价良好。

表 2　总体评价统计

单位：人，%

选项	频数	比例
1. 很好	125	24.9
2. 较好	281	55.98
3. 一般	77	15.34
4. 较差	2	0.40
5. 很差	2	0.40
6. 说不清	15	2.99

（二）分类评价

从民营企业营商司法环境的四个组成部分来看，公安环境、检察环境、审判环境和司法行政环境得分稍有差别。

从基本问卷统计结果可知，民营企业营商司法环境的四个组成部分的得分由高到低为公安环境、审判环境、司法行政环境、检察环境，其中后三项得分差别不大，分别是82.67分、82.28分和82.21分，而公安环境得分最高，为84.04分，明显高于其余三项的得分（见表3）。

表 3　分类评价统计（基本问卷）

单位：人，分

题目\选项	很好	较好	一般	较差	很差	说不清	得分
公安环境	188 (37.45%)	238 (47.41%)	59 (11.75%)	4 (0.8%)	0 (0%)	13 (2.59%)	84.04
检察环境	165 (32.87%)	245 (48.8%)	61 (12.15%)	1 (0.2%)	1 (0.2%)	29 (5.78%)	82.21
审判环境	172 (34.26%)	241 (48.01%)	64 (12.75%)	4 (0.8%)	1 (0.2%)	20 (3.98%)	82.67
司法行政环境	168 (33.47%)	240 (47.81%)	65 (12.95%)	2 (0.4%)	1 (0.2%)	26 (5.18%)	82.28

附加问卷统计结果与基本问卷统计结果基本相符。民营企业营商司法环境的四个组成部分中，得分最高的是公安环境，得分最低的是检察环境，司法行政环境和审判环境得分居中。不过，在附加问卷统计结果中，四个部分的得分相差不大（见表4）。

表4　分类评价统计（附加问卷）

单位：分，%

选项	好	一般	不好	不清楚	得分
公安环境	36.48	48.33	4.63	10.58	71.69
检察环境	35.7	46.15	4.9	13.25	70.99
审判环境	35.8	45.4	4.8	14	71
司法行政环境	35.97	45.97	4.93	13.23	71.13

综上所述可得出结论：民营企业营商司法环境的四个组成部分在满意度上差别不大，相对而言，公安环境满意度比较高，其次是审判环境和司法行政环境，检察环境满意度比较低。

（三）单项评价

关于民营企业营商司法环境的24项具体考察指标单项的评价，基本问卷数据统计结果如表5所示。

表5　单项评价统计

单位：%

一、公安环境	很好	较好	一般	较差	很差	说不清
1. 对于扰乱企业生产经营秩序的违法犯罪行为及时查处	35.46	49.20	12.55	0	0.20	2.59
2. 严格区分民事纠纷与违法犯罪的界限，不插手民事纠纷，保护企业合法经营	35.46	51.20	10.36	0	0.20	2.79
3. 执法行为文明，执法手段合理，尽量不影响企业的正常生产经营活动	37.65	49.60	9.96	0.20	0.20	2.39

一、公安环境	很好	较好	一般	较差	很差	说不清
4. 办案中依法允许律师及时介入	39.44	48.61	6.97	0	0.20	4.78
5. 办案清正廉洁,不存在受贿等腐败现象	37.25	48.80	9.36	0.40	0.40	3.78
6. 加强延伸服务,为企业排忧解难	32.07	45.42	17.73	0.60	0.20	3.98
二、检察环境	很好	较好	一般	较差	很差	说不清
7. 加大对知识产权犯罪、逃汇、信用证诈骗等刑事犯罪的打击力度,促进合法经营	35.66	50	9.76	0.40	0.20	3.98
8. 案件侦查中慎重采取查封、扣押、冻结企业财产以及逮捕措施,保障企业经营	35.46	51	8.57	0.20	0	4.78
9. 对企业不服已生效判决、裁定的申诉案件依法受理、认真审查	37.25	49.60	8.37	0.20	0	4.58
10. 在刑事案件中提起公诉的罪名准确,量刑建议适当	35.86	47.41	9.16	0.20	0	7.37
11. 办案清正廉洁,不存在受贿等腐败现象	37.05	48.80	8.37	0.20	0.20	5.38
12. 主动对接企业司法需求,保障企业家合法权益和正常经营活动	33.07	45.82	15.34	0.60	0	5.18
三、审判环境	很好	较好	一般	较差	很差	说不清
13. 坚持对国有企业与民营企业一视同仁,依法保护各类市场主体的平等地位	35.26	43.43	16.14	1.59	0.20	3.39
14. 审理案件高效,及时解决争议	35.06	45.62	15.74	0.60	0.40	2.59
15. 严守犯罪界限,坚决防止利用刑事手段干预经济纠纷	37.45	47.01	11.16	0.20	0.20	3.98
16. 审理案件时依法慎用强制措施和查封、扣押、冻结措施,依法适用非监禁刑,依法保障企业的正常生产经营活动	36.65	47.21	11.35	0.20	0	4.58
17. 办案中能够采纳企业及律师的合理意见	37.45	46.22	12.75	0.60	0	2.99
18. 综合运用各种强制执行措施加快胜诉企业债权实现	34.86	46.22	13.55	1.20	0	4.18
19. 办案清正廉洁,不存在受贿等腐败现象	39.04	44.62	10.16	0.40	0.40	5.38
20. 采取各项措施方便企业参与诉讼,强化以案释法等法治宣传,加强延伸服务	33.27	48.21	14.94	0.60	0	2.99

续表

四、司法行政环境	很好	较好	一般	较差	很差	说不清
21. 及时受理行政复议,对行政诉讼依法应诉	35.86	50.40	8.17	0	0.20	5.38
22. 深入有效地开展法治宣传教育	34.66	48.01	13.94	0.40	0.20	2.79
23. 加强律师和公证管理,规范法律服务工作者的执业行为,优化法律服务渠道	34.26	49.80	11.35	0.20	0	4.38
24. 加强人民调解、行政调解、司法调解的衔接,优化调解资源,形成调解合力	36.25	50.20	10.16	0.40	0	2.99

在民营企业营商司法环境的 24 项具体指标单项中,评价得分最高的 5 项指标(见图 2)按照得分由高到低顺序排列依次是:"公安机关办案中依法允许律师及时介入""公安机关执法行为文明,执法手段合理,尽量不影响企业的正常生产经营活动""检察机关对企业不服已生效判决、裁定的申诉案件依法受理、认真审查""司法行政机关加强人民调解、行政调解、司法调解的衔接,优化调解资源,形成调解合力""公安机关严格区分民事纠纷与违法犯罪的界限,不插手民事纠纷,保护企业合法经营",说明受访企业对司法机关的这 5 项工作满意度最高。

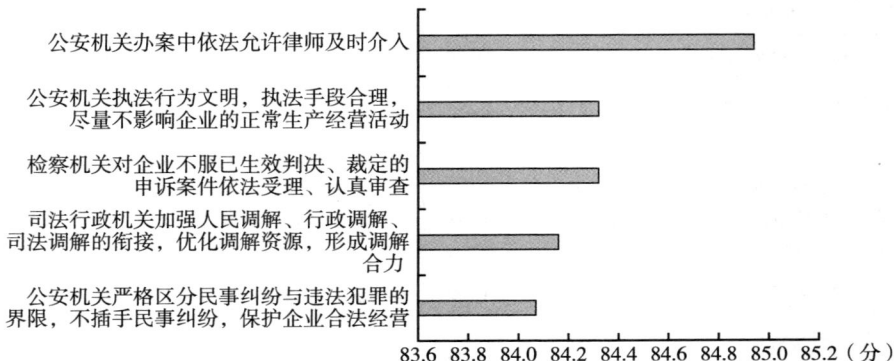

图 2　指标单项评价得分前五名排名

在民营企业营商司法环境的 24 项具体指标单项中,评价得分最低的 5 项指标按照得分由低到高顺序排列依次是:"公安机关加强延伸服务,为企业排忧解难""检察机关主动对接企业司法需求，保障企业家合法权益和正常经营活动""审判机关坚持对国有企业与民营企业一视同仁，依法保护各类市场主体的平等地位""审判机关综合运用各种强制执行措施加快胜诉企业债权实现""审判机关采取各项措施方便企业参与诉讼，强化以案释法等法治宣传，加强延伸服务"，说明受访企业对司法机关的这 5 项工作满意度比较低（见图 3）。在这 5 项之中，3 项涉及司法机关的延伸服务，1 项涉及法院对诉讼主体的平等对待，1 项涉及法院的执行工作。对于法院的执行工作，虽然法院非常重视执行难问题，近几年采取各种举措提高执行效率，但实际效果与涉案企业的期望仍有一定差距。有企业反映，"一个简单的民事诉讼案件，结果清楚但执行三年不到位"。不过，需要指出的是，导致执行不到位的原因很多，其中不乏执行不能的问题，因此，诉讼当事人也要加强对执行工作的理解。

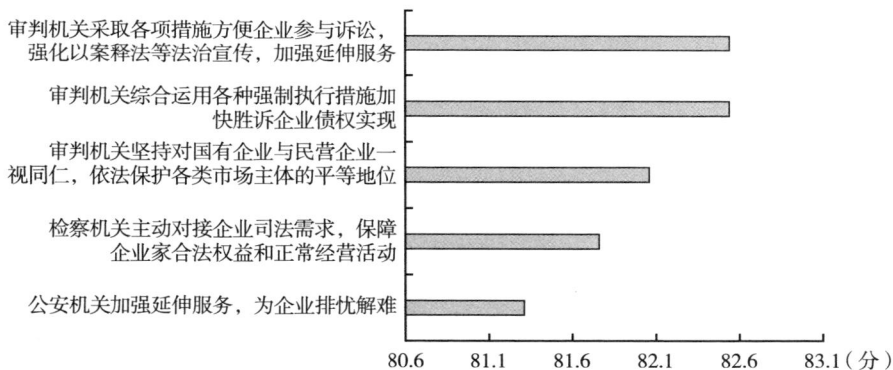

图 3　指标单项评价得分后五名排名

（四）交叉评价

课题组还将民营企业营商司法环境的总体评价与受访民营企业的成立年限、性质、营收、与司法活动的接触程度等因素结合起来，展开对营商司法环境的交叉分析。课题组通过分析发现以下规律：第一，企业成立时间越长，总体评价越好。从注册成立到现在不足 1 年的企业，对上海市司法环境的总体评分为 76 分；成立 1～3 年的企业评分为 77.25 分；成立 3～5 年的企业评分为 79.01 分；成立 5 年以上的企业评分为 81.59 分。第二，大体上企业内部治理越完善，总体评价越好。个体工商户总体评价得分为 72.87 分；个人独资企业评分为 76.83 分；合伙企业评分为 81.33 分；有限责任公司评分为 80.22 分；股份有限公司评分为 84.20 分。第三，企业营收对总体评价影响不大。年营业收入不足 50 万元的企业评价得分为 80.88 分；51 万～100 万元企业评分为 79.17 分；101 万～300 万元企业评分为 81.16 分；301 万～500 万元企业评分为 78.13 分；500 万元以上企业评分为 81.22 分。第四，与司法机关接触越多，总体评价越好。与司法机关没有接触的企业，总体评价得分为 75.36 分；接触很少的企业，评分为 80.04 分；偶有接触的企业，评分为 82.16 分；接触多的企业，评分为 84.65 分。

四　上海市民营企业营商司法环境存在的突出问题

需要特别指出的是，上海市的司法环境建设走在全国的前列，这次调查结果也显示上海市民营企业营商的司法环境总体评价良好。因此，这里指出的若干问题，只是在上海市基本司法环境良好的背景下，对标司法环境的高标准而提出的问题。

基本问卷中设计有调查问题"您认为上海市民营企业营商的司法环境存在的突出问题是什么"，并列出了可供选择的 10 个选项，统计结果表明，受访者选择最少的是"司法不文明"，占比仅为 2.79%，其次是"司法腐败"和"司法不公正"，占比分别是 3.39% 和 4.18%，这表明上海市司法机关在司法文明、司法廉洁和司法公正方面做得较好，受访者普遍比较满意。另外，10 个选项中，受访者选择最多的"民营企业家法律意识亟待提高"，占比 48.8%，说明这是受访者所认为的上海市民营企业营商司法环境存在的最大问题；受访者选择"司法不便民"和"司法不透明"的也较多，分别占比 37.25% 和 36.85%；受访者选择"司法效率不高"和"重国企轻民企"的亦不少，分别占比 33.86% 和 33.27%（见图 4）。问卷统计结果结合座谈会调研情况显示出，上海市民营企业营商的司法环境存在的突出问题体现在以下几方面。

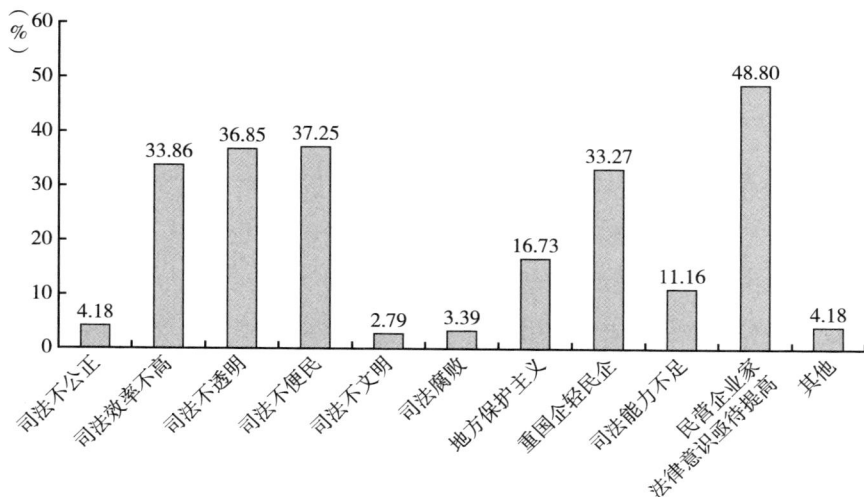

图4　本市民营企业营商司法环境突出问题分布

（一）针对民营企业家的法治宣传尚显不足

上海市民营企业家法治意识不足，知法、尊法、守法、用法的意识还比较薄弱。根据北京师范大学中国企业家犯罪预防研究中心发布的《2017 中国企业家刑事风险分析报告》，在 2016 年 12 月 1 日至 2017 年 11 月 30 日"中国裁判文书网"上传的刑事案件判决书和裁定书中属于企业家犯罪的 2319 件案例样本中，犯罪的上海民营企业家高达 129 人，在全国排名第五，在四个直辖市中排名第一，远高于北京的 52 人、天津的 38 人和重庆的 23 人。民营企业家知法、尊法、守法、用法的意识之所以比较薄弱，既有民营企业家个人的原因，也与司法机关法治宣传教育的不足、司法服务的不到位以及司法公信力不高有直接关系。受访企业反映，司法机关面向基层尤其是面向民营企业的有针对性的法治宣传比较少，民营企业家通过司法机关了解和学习法律的机会比较少。法治宣传教育是司法机关的重要职责之一，如何强化法治宣传教育并促进法治宣传教育切实收到实际效果是今后司法机关应重视的工作。

（二）司法活动中对不同主体区别对待

有不少受访企业在座谈会中反映，民营企业在司法活动中似乎处于生态链的最底端。当民营企业与国有企业发生纠纷时，司法机关出于保护国家利益的考虑，或多或少地存在有重国有企业而轻民营企业的现象；当民营企业与公民或社会群体发生纠纷时，司法机关出于社会稳定的需要，更加重视公民和社会群体的利益诉求；当民营企业与外资企业发生纠纷时，在国际化大都市建设和对外开放方针政策的指导下，司法机关对外资企业又有所倾斜。

（三）司法机关的延伸服务尚有不足

在民营企业营商司法环境评价得分最低的5项指标中，有3项是涉及司法机关延伸服务的，这说明受访民营企业对司法机关所提供的延伸服务满意度不高。司法机关在主动对接企业司法需求、搭建沟通平台、强化以案释法等法治宣传、为企业排忧解难、保障企业家合法权益等方面的工作存在不足，难以满足新时期民营企业日益增长的对司法工作的需求和期望。

（四）司法的便民性、透明度和效率尚待提升

调查结果显示，司法不便民、司法不透明、司法效率不高仍然是受访企业所认为的比较突出的问题。客观地说，上海市各司法机关对于司法便民、司法公开、司法效率都非常重视，近年来都大力采取各项措施来改进工作，有些地方还走在了全国的前列，例如，上海法院的司法公开工作就做得相当不错，在中国社会科学院《法治蓝皮书》对全国各地法院司法透明度的评价中，上海法院多次排名第一。但现在受访企业仍将司法不便民、司法不透明、司法效率不高视为比较突出的问题，反映了司法机关的这三项工作与社会的期望值之间仍有一定的差距，这也是新时代人民日益增长的美好生活需要和不平衡不充分的发展之间的矛盾在司法工作中的体现。

五　优化上海市民营企业营商司法环境的建议

基本问卷中设计调查问题"您认为加强对上海市民营企业营商的司法保护的主要方面是什么",并列出了可供选择的 10 个选项,统计结果表明,受访者选择最多的是"司法机关积极参与社会治理,加强延伸服务,主动为民营企业排忧解难",占比 45.62%,说明这是受访者最大的共同期待;受访者选择"依法惩治侵犯民营企业和企业家权益的各类违法犯罪活动"和"建立和完善多元化的纠纷化解机制,推进纠纷源头治理"的也较多,二者占比都是 37.25%;受访者选择"建立针对民营企业的司法援助或司法救助制度,为确有困难的企业提供法律服务"的也不少,占比达 36.25%(见图 5)。

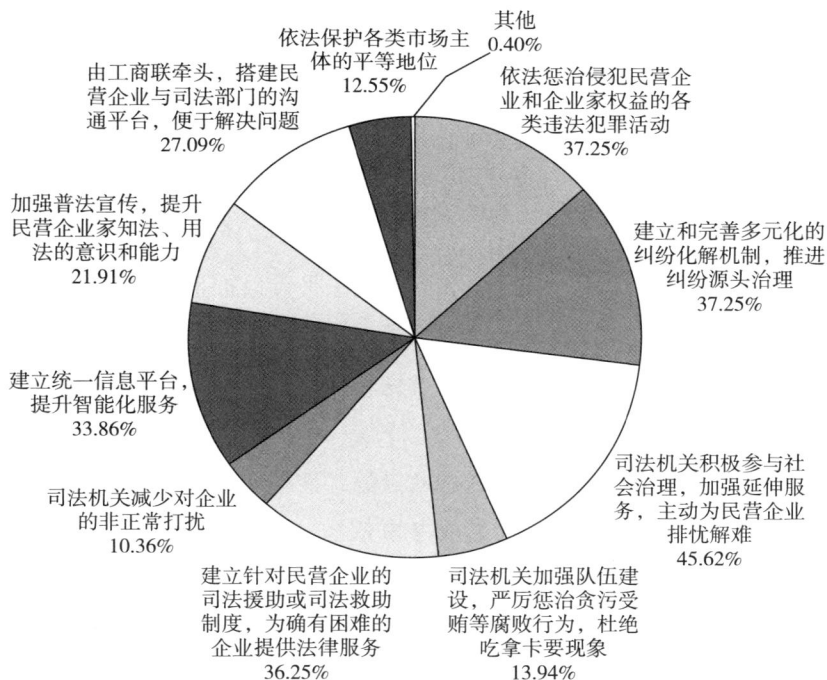

图 5　受访者认为加强民营企业营商司法保护应采取的措施分布

根据调查问卷统计结果，结合课题组通过座谈会所了解的情况以及受访企业在基本问卷开放问题中所回应的对司法活动的期待，课题组认为，优化上海市民营企业营商的司法环境要着重做好以下工作。

（一）依法平等保护民营企业的合法利益

司法机关应充分认识到民营企业在我国社会主义市场经济中的地位和对于我国社会主义建设所发挥的重要作用，切实贯彻中共中央、国务院《关于完善产权保护制度依法保护产权的意见》，依法保护民营企业的合法利益。司法机关要将平等保护作为规范财产关系的基本原则，加大对非公有财产的刑法平等保护力度，在民事诉讼中克服轻视民营企业的错误倾向，对不同主体要平等对待，依法处理民营企业与国有企业或自然人发生的各类纠纷。同时，要依法严厉惩治侵犯民营企业和企业家权益的各类违法犯罪活动，为民营企业家的财产安全和民营企业经营活动的正常开展提供法治保障。

（二）加强法治宣传教育

全面落实司法机关"谁执法谁普法"普法责任制，积极推进"谁主管谁普法""谁服务谁普法"责任制落实，加强法治宣传教育的针对性，切实使法治宣传收到实效。

首先，司法机关应大力宣传党和国家依法平等保护企业家合法权益、弘扬优秀企业家精神的方针政策和法律法规，尤其是要大力宣传上海市各司法机关出台的优化营商法治环境的实施意见、行动方案等规定和措施，积极引导企业家在经营活动中遵纪守法、诚实守信、公平竞争、恪尽责任，促使广大企业家养成依法依规生产经营的行动自觉，推动法律实施、法治实践和法治宣传教育深度融合，在全社会形成办事依法、遇事找法、解决问题用法、化解矛盾靠法的良好法治环境。

其次，司法机关应充分利用办案各环节宣讲法律，边执法边普法，把普法教育贯穿于办理案件全过程。要加强对有效保护企业家合法权益的好做法、好经验、好案例的总结，加强典型案例的收集、整理、研究和发布工作，建立以案释法资源库，充分发挥典型案例的引导、规范、预防与教育功能，推动法律走进民营企业，组织开展经常性以案释法活动。

再次，司法机关应加强和完善在新兴产业领域、金融领域的司法指引，增强法律规范的明确性、指引性和可预期性，引导民营企业依法经营。

最后，司法机关要注重创新普法活动的方式方法，一方面充分发挥广播、电视、报刊等传统媒体优势，不断创新普法节目、专栏、频道；另一方面积极开拓官方网站、微博、微信以及微视频、手机 APP 客户端等新媒体新技术的普法渠道，增强法治宣传实效。

此外，普法工作需要全社会的参与，民营企业的有关主管部门、行业协会乃至企业自身都应加强相应的法治宣传教育，确保收到实效。

（三）改进司法工作，提高办案质效

司法机关应积极回应新时期民营企业对司法工作的要求和期待，通过一项项具体扎实的措施改进司法工作，提高办案的质量和效率。

首先，对于扰乱企业正常经营活动或侵害民营企业家人身、财产安全的不法行为，司法机关应依法履行职责，迅速采取有效措施制止违法行为，符合立案条件的迅速立案处理，克服懒政行为，坚决根除司法不作为现象。

其次，狠抓民事裁决执行难问题，加大执行力度，遏制被执行人规避执行、抗拒执行等不良现象，消除人民法院消极执行、拖延执行、选择性执行、乱执行和外界干预执行的现象，提高执行到位率，维护法律尊严，提高司法公信力。

再次，提高司法效率。在人少案多任务重的情况之下，司法机关应逐步增强办案力量，优化人员结构，提升办案能力，推进科学的办案流程管理，在实行繁简分流的同时扩大简易办案程序适用范围，尽可能地缩短办案时间，提高办案效率。

最后，司法机关尤其是司法行政机关要加强对律师的教育和监督管理，规范律师执业行为，严肃执业纪律，培养职业道德，坚决查处违法违纪行

为,同时,探索提供公共法律服务产品,满足未能设立专门法务部门的民营企业尤其是中小企业的日常法律需求。

此外,司法机关要在司法公开已取得不错成绩的基础上以更高标准严格要求自身,进一步提升司法透明度,确保涉案企业的知情权,满足新时代社会公众的需求。

(四)积极参与社会治理,加强延伸服务

司法机关应积极参与社会治理,进一步加强延伸服务,主动为民营企业排忧解难。充分利用基层司法工作机构、基层联络室、人民调解组织、基层公共法律服务平台、网络服务平台、微信公众号等平台或渠道。坚持发展"枫桥经验",不断完善社会矛盾纠纷多元化解机制,推进纠纷源头治理,进一步加强消费纠纷、劳动争议、知识产权纠纷等矛盾纠纷化解工作,巩固司法所和工商所衔接联动,大力开展商会人民调解工作。司法部门还要搭建与民营企业的沟通平台,互通信息,增进相互了解,促进意见交流。司法机关通过参与社会治理和加强延伸服务,一方面,及时发现民营企业在经营中的法律困难和法律风险,提供有效的法律帮助,利用司法建议书等形式,提出有针对性的法律风险警示,防患于未然;另一方面,深入了解民营企业对司法工作的意见和建议,及时改进工作,提高司法公信力。此外,在条件许可时,探索建立针对民营企业的司法援助或司法救助制度,提升法律服务。市工商联和有关行业协会要依托各自的职能优势,加强对民营经济法治需求方面信息的收集和研判,优化司法机关对民营经济的延伸服务渠道。

民营企业营商司法环境的建设是一项复杂的社会综合工程,它既需要审判机关、检察机关、公安机关和司法行政机关的共同努力,又与立法机关的立法工作,行政机关的行政管理和行政执法工作,法律服务机构提供的律师、公证、人民调解、法律援助等工作密切相关,还离不开民营企业和民营企业家的自身建设以及全民守法的推进,因此,只有对这些工作齐抓共管,综合推进,才能使民营企业营商司法环境的优化真正收到实效。

B.4

2018年上海市行政诉讼监督工作情况报告*

谈信友　张永胜　蒋　骅**

摘　要： 2018年，以上海三分院办理的案件为例，上海行政诉讼监督案件呈现数量持续上升、类型分布广泛、矛盾集中突出、息诉化解难度大等特点。大部分行政诉讼监督案件的当事人诉讼能力较低且对程序公正的要求高，行政机关的执法标准不统一、程序意识不强、回应当事人方式不当等问题相对突出，行政审判对当事人的程序性权利保障不到位。三分院采取了不少措施以强化监督，推动案件的实质性解决。

关键词： 行政诉讼监督　行政审判　上海

行政诉讼检察监督是中国特色检察制度的重要内容，是我国检察监督体系的重要环节，对于促进政府依法行政、法院的公正裁判都有积极的意义。

---

* 上海三分院行政诉讼监督的对象包括上海市第三中级人民法院、上海知识产权法院、上海铁路运输中级人民法院和上海海事法院审理的行政案件；而三中院管辖的行政案件包括以市级人民政府为被告的第一审行政案件，以市级行政机关为上诉人或者被上诉人的第二审行政案件。不仅如此，在2016年7月1日后，原静安、虹口、普陀、长宁等区的一审行政案件都转由上海铁路运输法院管辖，行政诉讼监督中抗诉就由三分院进行。由此可见，三分院监督的行政诉讼涉及的专业多、范围广、数量大，具有相当的代表性。

** 谈信友，上海市人民检察院第三分院（铁检分院）副检察长；张永胜，上海市人民检察院第三分院（铁检分院）第四部主任；蒋骅，上海市人民检察院第三分院（铁检分院）第四部检察官。

作为承担跨行政区划检察改革重任的上海市人民检察院第三分院（以下简称"三分院"），自成立以来就承担了上海地区诸多行政诉讼监督的重任。在依法治国建设社会主义法治国家的伟大进程中，三分院积极探索、大胆实践，在全市率先实行民事和行政检察部门分设，成立单独的行政检察处；在人员配备上不断充实、配齐配强；坚持维护司法公正和维护司法权威并重、保障人民群众的合法权益和实质性化解行政争议并重的"两个并重"工作理念，全面、认真地履行法律赋予的监督职责，积极探索跨行政区划检察监督的内容方式和工作机制，取得了积极成效，积累了新的经验。为此，本报告在回顾总结2018年三分院行政诉讼监督工作的基础上，归纳了行政诉讼监督的特点与难点，梳理了在监督中发现的行政审判和行政执法存在的问题，介绍了三分院强化行政监督的工作措施，以求对法治建设提供有益探索。

一　行政诉讼监督案件的基本情况

（一）受案数量快速上升，呈大幅增长趋势

2018年三分院受理案件152件，受理案件数为2015～2017年总受案数的1.7倍（见图1）。受案数量激增受到下列因素影响：一是法院结案因素，上海市第三中级人民法院（以下简称三中院）与三分院同时成立，检察监督作为事后监督，对同级法院做出的生效裁判监督有一定的滞后性，三分院检察监督案件的受理数是随着三中院的审结数增加而逐步上升的。二是改革因素，由于《行政诉讼法》的修订实施，立案登记制的推行和跨行政区划法院、检察院的成立，当事人提起行政诉讼和行政监督申请的热度都大幅上升。三中院受理行政诉讼案件数量激增，三分院检察监督案件数与之呈正相关递增。三是管辖调整的因素，随着三中院行政诉讼案件管辖范围的进一步扩大，检察机关的监督数还将大幅度增长。近两年上海市法院对行政案件进行了集中管辖，凡市级行政机关为当事人的二审行政案件均由三中院管辖。从2016年

7月起，静安、虹口、普陀、长宁四个区一审行政案件由上海铁路运输法院集中管辖，该类案件的上诉由三中院二审管辖。2018 年 7 月起，徐汇、长宁、虹口、普陀四个区一审行政案件以及全市区政府为被告的政府信息公开案件由上海铁路运输法院集中管辖，该类案件的上诉由三中院二审管辖。此类案件的检察监督相应由三分院管辖。随着法院行政案件集中管辖力度加大，三中院的案件受理数将进一步提高，与此同时三分院的监督数也相应增加。

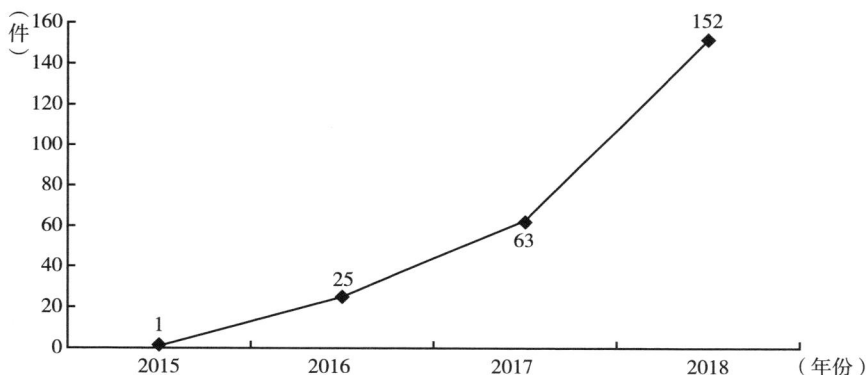

图1　2015～2018 年三分院行政案件受理数量情况

（二）申请监督案件类型分布广泛，民生领域最为突出

申请监督的案件涉及行政管理的各个方面，包括政府信息公开、劳动和社会保障、履行法定职责、不动产登记、行政复议、行政处罚、行政赔偿、房屋征收补偿、城管执法等 10 多个领域，范围广、类型多。其中，政府信息公开类案件 76 件，占总数的 50%；劳动和社会保障类案件 21 件，占 13.82%；要求履行法定职责类案件 17 件，占 11.18%；不动产登记类案件 13 件，占 8.55%；行政复议类案件 13 件，占 8.55%；其他案件① 12 件，占 7.89%（见图2）。

---

① 其他案件包括要求撤销退学通知和退学决定、行政处罚、行政赔偿、房屋征收补偿、城管执法等案件类型。

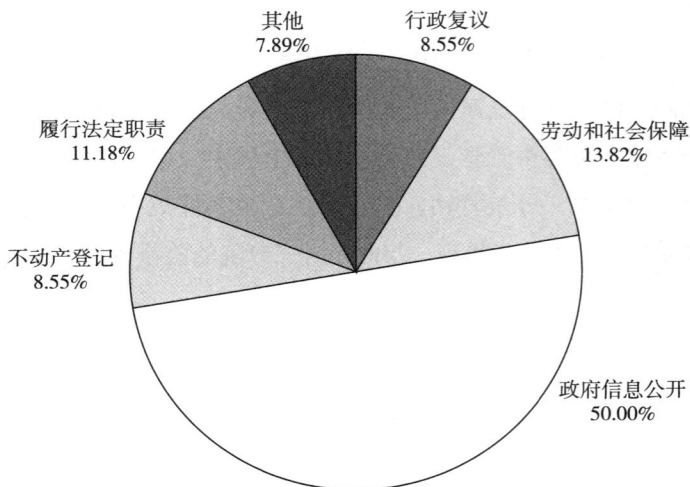

图 2 涉案范围分布情况

行政诉讼监督案件的被告涉及国家级行政机关①、上海市级行政机关和上海市区级行政机关三级，其中，国家行政机关 2 件，司法部、住房和城乡建设部各 1 件。

市级行政机关作为被告的案件共 136 件。上海市规划和国土资源管理局 35 件，占 25.73%；上海市住房和城乡建设管理委员会 24 件，占 17.64%；上海市发展和改革委员会 22 件，占 16.18%（见图 3）。

区级行政机关作为被告的案件共 18 件，分布较为广泛（见图 4）。

从案件类型和被告的分布分析，房产和社会保险等民生领域的案件较为集中。尽管许多案件的案由可能是政府信息公开或者要求履行法定职责等不同类型，但是其实质性问题还是由房产或社保问题引发。其中涉及房产纠纷的 104 件，占总数的 68.42%；涉及社会保险纠纷的 24 件，占 15.79%；其他类案件 24 件，占 15.79%（见图 5）。

---

① 因新修订的《行政诉讼法》规定了经复议的案件，做出原行政行为的行政机关和复议机关是共同被告的"双被告"制度，故在 2 件行政复议案件中国家级行政机关是被告。

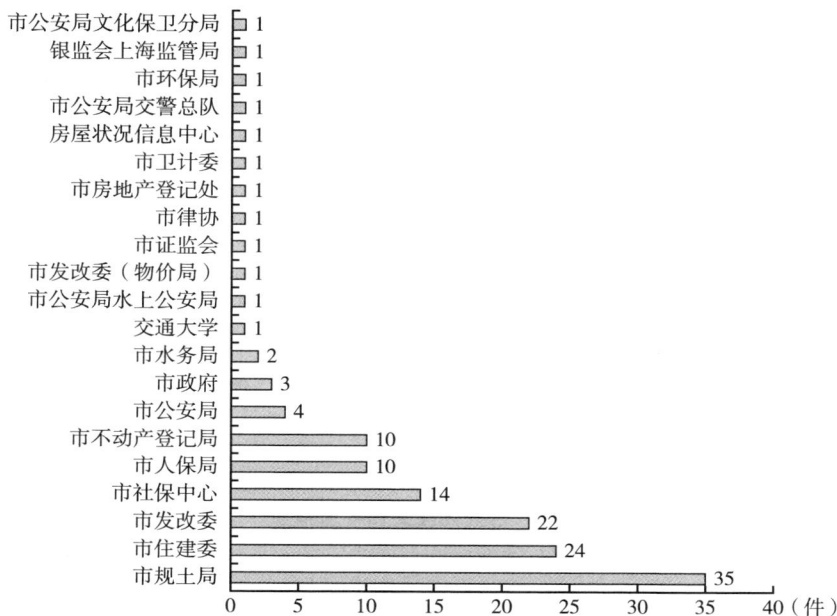

图3　市级行政机关涉案分布情况

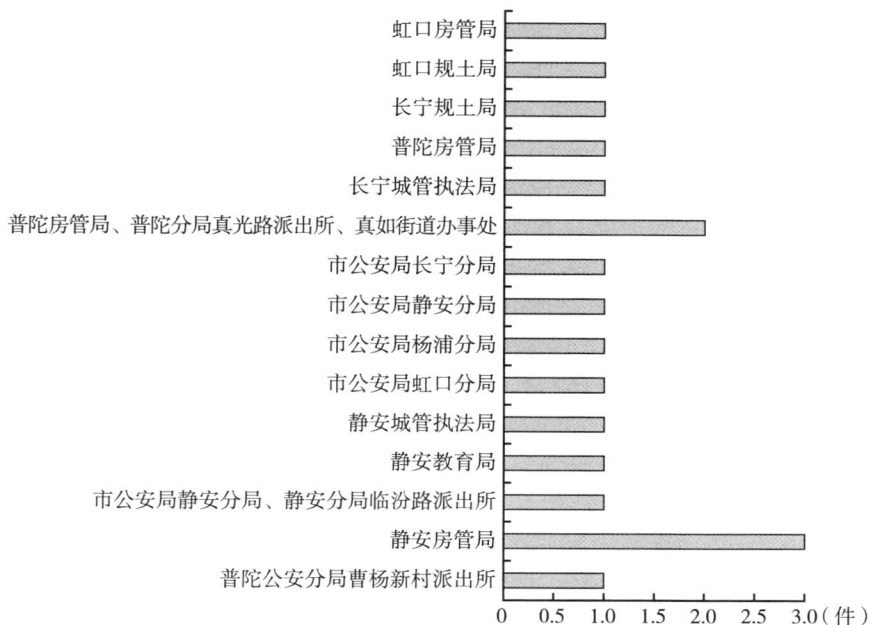

图4　区级行政机关涉案分布情况

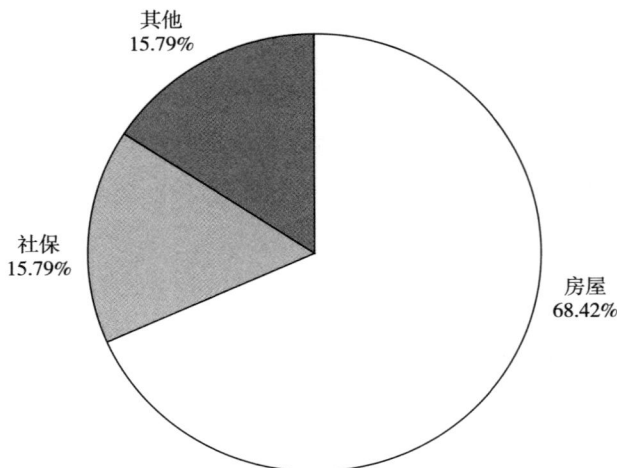

图5 行政纠纷起源分布情况

（三）行政审判质量较高，行政生效裁判基本合理适当

2018 年，三分院共受理各类行政监督案件 152 件。提请上海市人民检察院抗诉并获得支持抗诉 4 件，市院审查后向市高级人民法院提出抗诉 3 件；向涉案行政机关或涉案单位提出纠正行政执法瑕疵和工作差错的检察建议 2 件，均被采纳并回函整改；促成当事人和解，并实质性化解矛盾纠纷的 1 件（见图 6）。与之对应，三中院在 2017 年度共做出的二审生效行政裁判为 979 件（当事人不服法院生效裁判，根据法律规定应当在向法院申请再审被驳回后才能向检察机关提出监督申请。因此，案件进入检察监督程序具有一定的滞后性），经检察机关审查认为原裁判存在错误或不当，并提出监督意见的仅占法院审结总数的 0.72%，近 99.3% 的行政生效裁判并无不当。

申请案件中，没有涉及《行政诉讼法》第九十一条第八项规定："审判人员在审理该案件时有贪污受贿、徇私舞弊、枉法裁判行为的。"

上述数据，体现了三中院行政审判的整体水平较高，公正性、权威性强，人民群众的认可度比较高；上海市级行政机关依法行政的制度健全完善，执法规范化程度较高。

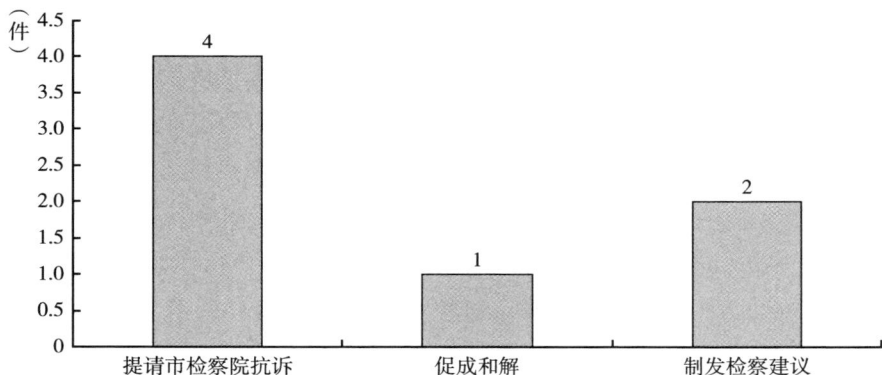

图6 2018年三分院行政监督案件办理情况

二 行政诉讼监督案件的特点及难点

（一）当事人诉讼能力较弱，释法说理难度较大

申请检察机关监督的当事人呈现以下四个特点：一是申请主体均为原行政诉讼的原告，没有被告行政机关向检察机关提出监督申请。原因可能是多方面的，但行政机关败诉率低可能是主要原因。二是一人（或一家人）提出多个监督申请的情况比较突出。有的当事人为了实现利益诉求或者给行政机关施压，反复、多次向多个行政机关提出申请，得不到满足又对这些行政机关分别提出诉讼，导致后续的监督申请较为集中。这种现象的发生，一方面是因行政诉讼的成本极低，原告承担的责任较少；另一方面也是因部分行政机关化解矛盾的做法不当，给一些当事人错误的导向。三是申请人的年龄偏大，以老年人和退休人员为主，有的申请人甚至超过90岁。四是申请人极少委托专业律师，大部分案件的申诉要么是当事人自己进行，要么是委托配偶、兄弟、父母等近亲属代理。律师代理申诉率低，一方面可能由于行政诉讼的败诉率高，律师收费不多而不愿意介入；另一方面与不少原告缺乏必要的行政诉讼法律知识有关，他们错误认为行政诉讼中原告不需要承担任何

135

诉讼义务，全部举证责任在被告行政机关。

申请人的上述特点反映了其参与诉讼能力较弱、缺乏基本的法律知识和诉讼技能的问题，给检察机关办案人员带来沟通上的障碍和息诉的压力。有的申请人诉讼请求表述不明，有的对法律法规误读，有的诉讼策略根本无法达到他的诉讼目的，有的诉讼和信访不分。由于诉求未得到检察机关的支持，不少当事人仍持续来信来访；有的申请人缠诉缠访，在信访办、法院、检察院之间轮流申诉；有的申请人在案件审查终结后仍要求承办人接待处理，甚至多次带着铺盖来检察院缠访。

（二）当事人的诉求从结果公正向程序公正延伸，对程序公正的要求显著增多

程序正义是行政法的标志性原则，是行政活动中不可或缺的组成部分与重要内容，包括程序法治原则、相对方民主参与原则、行政效率原则、程序公平原则、行政民主原则等方面。行政执法实践中，重实体、轻程序的现象仍普遍存在。行政机关对于相对人的信息获取、陈述申辩、复议申请、参与听证、处理答复等权利保障仍不足，而当事人对行政行为的评价标准也从结果向过程扩张，对程序公正的要求显著增多。在本院办理的案件中，许多是因程序瑕疵而引起的诉讼，如戴某某劳动和社会保障行政确认一案，相关部门在已经向戴某某发放 2011 年生活补贴后，又取消其继续享受的资格，但在取消前，既没有告知戴某某取消的原因和法律依据，也没有做出相应的行政决定文书，仅依据相关文件规定直接予以取消。

（三）房产和社保领域的矛盾较为集中，相关诉讼有不断高发的趋势

房产和社保涉及公众的切身利益，民众关注度很高。由于这两大领域具有很强的政策性，且相关政策法律随着我国经济和社会发展经常变化调整，极易造成利益分配的落差。此外，这两类案件与其他行政行为具有很强的关联性，如社保类案件往往与户籍、工龄认定、缴费期限等问题关联，动拆迁案件往往与产权人认定、面积认定、在户人数、签约主体、信息公开等问题相关联，其

中可能涉及多种行政及民事法律关系，当事人如对最终结果不满，往往会选择其中某一个角度，继续进行诉讼，从而形成诉讼不断高发的趋势。

（四）作为行政依据的规范性文件缺乏衔接及延续，合法性与合理性冲突明显

行政案件涉及的法律法规及规范性文件繁多，再加上我国经济和社会发展迅速，政策法律变化调整较快。由于各行政部门所制定的规章之间缺乏衔接及延续，出现合法性与合理性冲突的问题。比如出境人员退休后回国申领养老金问题。20 世纪 90 年代出国定居人员，按当时的规定是注销户口，不能再缴纳社保；这批人如果不能在退休前回国落户并续保，退休时就不能在上海领取养老金。而现在出国人员不需要注销户口，仍然可以保留社保账户并缴纳社保金，退休后可以在上海领取养老金。这就造成早期出国定居人员在利益落差下提出行政诉讼，要求与其他出国人员享受同等待遇。不过，行政案件以合法性审查为原则，对前述当事人的合理性要求，行政诉讼难以解决，只能由相关行政部门协调。

三 监督中发现的行政审判和行政执法存在的问题

（一）行政机关执法标准不统一

随着社会的发展，各种新的法律法规及规范性文件不断制定。实践中，各行政机关因对规范存在不同的理解和认识，适用标准也不统一，较为典型的是历史遗留房屋的面积认定问题。比如在汤某某房屋征收案件中，行政机关将现有的国有土地使用证及房屋普查资料视为相关批准文件①，直接作为

---

① 在该案中，关于被征收房屋建筑面积的认定，房屋征收部门适用《关于贯彻执行〈上海市国有土地上房屋征收与补偿实施细则〉若干具体问题的意见》第六条，"对于未经登记的房屋，以相关批准文件记载的建筑面积为准。实际建筑面积小于相关批准文件记载的建筑面积的，以实际建筑面积为准。相关批准文件未记载建筑面积，或者虽无批准文件但有相关材料证明在 1981 年以前已经建造并用于居住的房屋，以房屋行政管理部门认定的房屋调查机构实地丈量的建筑面积为准。"

面积认定的依据，并未予以实地丈量。在陈某某房屋登记案中，登记机关则未采纳 1985 年城镇房屋普查登记资料记载的房屋面积，而是以现行测绘的《房屋土地权属调查报告书》为认定标准。由于丈量时测绘部门是以现行的《上海市住房保障和房屋管理局关于印发〈上海市房产面积测算规范〉的通知》作为面积测算的依据①，并未按照规定以之前房屋预测时的房产测量规定作为依据，使得对于二层 1.8 米（含）以上不足 2.2 米的部位并不计入建筑面积，导致实测面积小于 1985 年房屋普查资料中记载的面积，引发纠纷。办理该案时，三分院通过审查发现同样在 1985 年普查过的周边类似房屋，其房屋权利人在 1989 年办理房产证时 1.8 米（含）以上不足 2.2 米的部位是计入房产面积的，且与 1985 年普查资料登记的面积一致。因此，在 1985 年房屋普查资料已记载涉案房屋面积且涉案房屋一直保持原状的情况下，测绘规范的变更使得涉案房屋面积"缩水"，对房屋权利人确有不公。虽然房屋登记部门的登记以形式审查为主，但在有 1985 年普查资料的情况下，未对《上海市房产面积测算规范》实施前测算的房屋面积成果予以维持，而是采纳重新测量的方式。而且，对重新测量后所做的《房屋土地权属调查报告书》又未审核出测量标准的问题，工作存在不足。在该案后来的抗诉再审中，行政机关改变了原房屋面积的认定，申请人的合法权利得到了有效的维护。

在原告与行政行为是否存在利害关系的把握上，行政机关和法院也存在标准不明确、不固定、不统一的问题。比如，葛某某不服行政复议申请监督系列案中，葛某某与其妻子为系争房屋的共同权利人。行政机关受理了申请人妻子的申请并做出复议决定，而对于申请人本人同样内容的复议申请，却以无利害关系为由不予受理。对于申请人的利害关系把握标准，前后两案明显不统一，且行政机关未做出合理解释，导致当事人对行政机关复议的合法性、公正性产生怀疑。案件涉诉后，法院却对行政机关的做法予以认可，可见对于利害关系的问题，法院也没有给出明确的司法判断标准。

---

① 沪房管规范权〔2012〕23 号文第二条规定："《规范》实施前测算的房屋面积成果应予以维持，若房屋面积测算成果错误的，应仍按测算时的房产测量规定予以纠正。"

（二）行政机关程序意识不强，执法程序存在瑕疵

行政行为合法性涉及程序和实体两个方面。实践中，行政机关重实体、轻程序的现象仍一定程度存在，对实体合法性的考量、对行政目的的实现以及对结果的维持，仍是行政机关最为关注的问题，而程序意识有待进一步加强。比如王某某房屋征收补偿协议纠纷一案，在系争征收协议的签订过程中，行政机关对委托手续未尽审慎审查义务便草率认可，没有让双方当事人当面授权委托，致使协议签订后一方对委托书的真实性提出异议，进而引起诉讼。又如曾某某申请国家赔偿案，虽然曾某某存在将原始设计为居住空间的房间分割、搭建后进行出租的违法行为，但行政机关在整治过程中，未按照规定事先对群租违法行为予以认定，也未制发《责令限期整改通知书》，仅仅采用在其门上张贴《告知书》的方式作为通知当事人的依据；后因当事人逾期未整改，行政机关又在未先做出行政处罚决定或向人民法院申请强制执行的情况下，采用集中整治的方式直接拆除违法搭建部分，引起当事人强烈不满。由于该整治行为存在程序错误，导致该行政行为被法院确认违法。

（三）行政机关的告知答复不规范

行政机关的答复不规范主要体现在以下几个方面：一是以重复信访为由不予答复。比如在有些案件中，当事人提出的申请涉及案件较多，行政机关对其申请审查不细，就直接以重复信访为由不予答复。对此，当事人往往以多个申请事项未得到行政机关的依法处理为由，又提起履职类行政诉讼。二是答复意见采用较为笼统的格式答复，缺乏理由及依据，如"你的申请不符合相关政策规定"。三是答复指引不规范，存在相互推诿的情况。比如张某要求撤销上海市房地产登记簿中土地状况一栏记载的"该处已批准建设用地"登记事项，以上海市房地产登记处为被申请人而申请行政复议，市住建委告知其向市规土局提出，市规土局告知其向市政府提出，市政府告知其向市住建委提出。各行政机关的"循环答复"使得当事人无处提出复议申请，最后引起一系列诉讼。

（四）对规范性文件的理解倾向于行政机关的自行解释

由于法律法规的条文多为原则性规定，行政机关在实践中主要是以国务院各部门和地方人民政府及其部门制定的规范性文件为执法依据的，其中包含大量规章；而规章并不属于法院规范性文件审查的对象，只是法院审理案件时的参照。因此，当规章的条款存在模糊时，法院则往往采用有利于行政机关的自行解释作为依据。比如三分院办理的涉及养老金发放时间问题的案件，《上海市城镇养老办法》规定了按月发放养老金，只是明确了发放养老金的方式，并没有提到养老金发放的时间起点。三分院审查后认为，申请或发放养老金是一种行政给付行为，只要满足社保法规定的给付条件，相对人提出申请经社保机关核定后，养老金的发放应以符合法定条件的时间作为确定给付金额起算时间；行政机关认为，在系统内部，养老金发放时间点都是从申请次月开始起算，这样更有利于操作与管理。在审理这一行政案件时，法院虽然同意社保是行政给付的观点，但认为因社保问题属于政策性问题，需要保证制度的有效运转；并且对于规章，法院只能参照适用，也没有审查的职权，因此最终倾向于有利于行政机关的解释。这些问题的解决还需要进一步研究，建立合理的制度机制。

（五）行政审判对当事人程序性权利的保护有待进一步加强

根据《行政诉讼法》的规定，当事人享有多项程序性的处分权和选择权，这是保证行政诉讼程序公正的前提和基础，是当事人获得公正的司法救济的宪法性权利。司法实践中，确实存在一些当事人滥用程序性权利，干扰、拖延诉讼进程，影响审判活动的进程，损害其他当事人的权利。由于相应的司法惩戒力度不大，法庭对其限制和处理的效果不理想，造成一些当事人有恃无恐。但是，对于滥用程序性权利的行为和当事人，法庭仍应严格执行法律规定，不能由此限制当事人正当程序性权利的行使；针对诉讼能力相对较弱的当事人，即使其因缺乏相应的法律知识而提出不合理的程序性要求，法庭仍应进行释明，引导其规范行使权利。

监督中发现以下两类程序性问题，值得在行政审判中引起重视并加以改进：一是二审不开庭审理的案件存在未"询问当事人"直接下判的情形。《行政诉讼法》第八十六条规定："人民法院对上诉案件，应当组成合议庭，开庭审理。经过阅卷、调查和询问当事人，对没有提出新的事实、证据或者理由，合议庭认为不需要开庭审理的，也可以不开庭审理。"在实际操作中，经过阅卷、调查，如果法院认为没有必要询问当事人，可以不开庭审理，在保证对案情了解的基础上也提高了办案效率；但为体现程序公正，法院应更多地让上诉人参与到诉讼中，加强对当事人程序性权利的保护，减少直接下判的案件比例。

二是对当事人调查取证的申请回复不规范。《最高人民法院关于行政诉讼证据若干问题的规定》第二十五条规定"人民法院对当事人调取证据的申请，经审查符合调取证据条件的，应当及时决定调取；不符合调取证据条件的，应当向当事人或者其诉讼代理人送达通知书，说明不准许调取的理由"，但司法实践并没有严格执行。比如一件医疗纠纷案件中，当事人申请法院调查取证，法院未按法律规定出具书面答复文书，也没有记录在庭审笔录中。如此处理，不仅可能侵害诉讼能力较弱申请人的合法权益，也违反了法律规定，容易激化法院与当事人之间的矛盾，不利于息诉维稳。

四 加强行政诉讼监督的工作措施

（一）以办案为中心，突出办案中监督、监督中办案

根据行政申诉案件的特点，本院在办案中采取"宽受理、精审查、重监督、细释法的工作举措"。

一是宽受理：就是对于符合受理条件的案件一律受理，不设置障碍。对于当事人缺乏相关法律知识、不了解检察机关的办案程序和受理条件的，三分院与控申部门一起为当事人申诉提供指导。全年受案数152件，是2017年的2.4倍。

二是精审查：就是树立精品意识，审查精细化，以办出精品案件为目标。在程序上努力做到"三个必须"：申请人必须接待，原审法官必须沟通，行政机关必须联系。通过接待当事人，增加其参与感，淡化因法院二审未开庭而直接下判的不利影响，提高其对司法的获得感和满意度。通过与法官的沟通、行政机关的联系，兼听多方面意见，确保案件处理公平公正。

三是重监督：就是针对不同对象、不同问题，运用多种手段进行监督。以"促进司法公正和依法行政"为核心目标，我们根据案件问题的特点和类型，采取能抗诉的坚决提抗，该提检察建议的积极提出检察建议，类型化问题制作"白皮书"向法院一揽子提出的监督方式。首先，对于抗诉案件，我们在案件精细化审查的基础上，紧紧依靠上级业务部门的帮助和指导，依托本院外聘专家的理论支持，深入研究案件的理论和实践问题，大胆提出监督意见和建议。全年共召开案件咨询研讨会2次，向专家、学者和政府职能部门咨询十余次，走访法院和相关部门、单位十余次，提请本院检委会讨论案件2次。在充分论证和研究的基础上，三分院共提请市院抗诉4件，其中1件不动产登记案、2件信息公开案、1件房产交易行政收费案，3件已得到市院支抗。行政提抗案件数量占全市的66.7%。其次，对行政执法中存在的问题，本院按照实体与程序并重原则，积极运用检察建议予以监督，促进行政机关改进。2018年向涉案行政机关或涉案单位提出纠正行政执法瑕疵和工作差错的检察建议2件，并积极运用公开宣告的方式，通过向其当面阐明制发检察建议的目的、所出现的问题及建议改进的措施，积极听取行政机关的反馈意见，取得了检察建议的实效。再次，类型化问题通过"白皮书"向法院提出监督意见。针对行政诉讼中对当事人权利义务无实质影响的类型化问题，三分院随案收集整理，最后以类似"白皮书"的形式向法院一揽子提出。2018年，在对建院以来所有行政监督案件分析的基础上，三分院制作了"2015～2017年行政检察监督工作情况报告"，将行政审判中的问题与三中院召开座谈会进行了全面通报。

四是细释法：就是耐心细致，多措并举，多方协调，实质化解矛盾。针对行政诉讼监督案件的实际情况，行政处与控申部门采取联合接访工作机制，共同负责当事人的接访工作，形成接访息诉合力。在案件办理中，采用公开听证、公开答复、促成和解等多种形式，因案而异、因人而异地实施化解矛盾和释法息诉。比如 2018 年 11 月中旬，三分院与控申部门就 4 起当事人与市社保中心劳动和社会保障纠纷行政诉讼监督案件进行信访公开审查答复，邀请了社区群众代表、律师等进行现场解答，取得较好效果，全力保障进博会期间的安全稳定。

（二）加强业务研讨，统一适用标准，推动立法完善

针对行政案件专业性、复杂性的特点，本院在办案中不断加强业务研讨，促进一类问题法律适用标准统一，推动立法完善。比如行政争议中涉及较多的信息公开案件，对于行政机关以政府信息不存在为由拒不提供的，司法实践中存在着一些不同的观点和判决；为此，本院召开政府信息公开案件司法审查问题研讨会，邀请行政机关、法院、高校、社科院的实务和理论专家，共同研讨此类案件的法律内涵、举证责任分配、证明标准、裁判方式等问题，强化司法审查的规范和指引作用，促进透明政府建设，发挥信息对人民群众生产生活的服务作用。对于社保类案件中涉及的养老金发放时间及出境人员退休后回国申领养老金问题，本院也邀请相关单位参与社保类行政监督案件研讨会；最终，各方增进了理解、达成了一定的共识，并为推动问题解决提供建议。

（三）积极搭建平台，协同推进行政争议的实质性化解

行政案件申诉上访率高是长期困扰行政诉讼工作者的突出难题。当事人久诉不息，一方面是因缺乏相应的法律知识和诉讼能力，申诉上访更容易；另一方面是不少的案件争议纠纷并没有得到实质解决。为此，对于不支持监督的案件，三分院从三个方面推动问题解决：一是在办案中加强释法说理，不断改善工作方式和方法，主动从当事人角度考虑问题，学会用群众的语言讲道理、说人情，引导当事人通过更为合理、有效的途径解决问题。二是积极运用公开听证、公开宣告的方式增强司法透明，提升司法公信。对于行政

诉讼可能产生的合法但不合理问题，加强与行政机关、法院的共同配合，稳妥做好协调和解工作，致力于行政争议实质性化解，努力实现法律效果和社会效果的统一。三是注重研究行政诉讼背后的实质性问题，有针对性地化解矛盾。比如张某某行政申诉案，他一人在三分院申请监督的案件达55件，但绝大部分是政府信息公开案件。为此，三分院没有就案论案地只解答政府信息公开问题，而是主动寻找张某某滥诉背后的根源问题。经查，张某某提起多起政府信息公开案件是由于其宅基地房拆迁补偿纠纷败诉，为了寻找证据才提起的。由于张某某拆迁补偿案件并非三分院管辖，为了化解矛盾维护社会稳定，承办人积极与一分院、市院、相关法院及政府职能部门沟通，将张某某案全案情况和预计可能存在的风险因素形成专报上报市检察院、市政法委，得到市检察院张本才检察长的重视并做出批示。市政法委领导专门主持召开张某某案协调会，召集市院、市高院、市公安局、相关法院、当地区政法委、镇政府等部门，研究案件处理办法，明确化解方案和稳控职责。

专 题 篇

Dissertation Reports

B.5

上海法院司法体制综合配套改革研究

上海市高级人民法院课题组 *

摘　要： 推进司法体制综合配套改革是党的十九大部署的重点改革任务，是中央交给上海的重大改革任务。上海法院在巩固前三年改革成果的基础上，按照中央、市委及市委政法委、最高法院的决策部署，抓住重点、以点带面，全力以赴推进司法体制综合配套改革，取得了阶段性成效。

关键词： 上海法院　司法体制　综合配套改革

---

* 课题组组长：刘晓云，上海市高级人民法院党组书记、院长。课题组成员：顾全，上海市高级人民法院研究室主任、司改办副主任；丁戈文，上海市高级人民法院研究室副主任；俞小海，上海市高级人民法院研究室副科长；伍红梅，上海市高级人民法院研究室法官助理；卢腾达，上海市第二中级人民法院研究室法官助理。

推进司法体制综合配套改革是党的十九大部署的重点改革任务，是新时代全面深化依法治国的重要内容，是站在更高起点谋划推进改革的时代要求。一年多来，上海法院在市委及市委政法委的领导下，在最高法院的指导下，在市人大及其常委会的监督下，在市政府、政协以及市相关部门的支持下，始终牢牢把握改革的正确方向，坚持党的领导、坚持司法为民、坚持司法规律、坚持问题导向、坚持协同推进、坚持科技引领，在巩固前三年改革成果的基础上，全力以赴推进司法体制综合配套改革各项任务，取得了阶段性成效。目前，上海法院司法体制综合配套改革确定的136项任务顺利推进（均已形成制度文件、工作方案，完成平台系统开发或开展局部试点等），相关改革经验被新华通讯社《国内动态清样》专题报道，得到上海市委书记李强、最高法院院长周强等领导的多次批示肯定。2018年12月，最高法院在上海召开全国法院司法体制综合配套改革推进会，进一步总结推广上海法院的经验做法。

一 上海法院推进司法体制综合配套改革的背景和特色

深化司法体制综合配套改革，是在中国特色社会主义进入新时代，中央赋予上海司法体制改革的新任务。上海作为全国唯一的先行先试地区，责任重大、使命光荣、任务艰巨。

一是改革任务重。2017年8月29日，中央深改组第三十八次会议审议通过的《关于上海市开展司法体制综合配套改革试点的框架意见》（以下简称《中央框架意见》）明确了4个方面25项改革任务。2017年10月25日，市委政法委制定的《贯彻实施〈关于上海市开展司法体制综合配套改革试点的框架意见〉的分工方案》（以下简称《市委政法委分工方案》）确立了117项改革任务，其中与上海市高级人民法院（以下简称上海高院）有关的任务共计107项。上海高院在此基础上，结合上海法院实际，自我加压，制定了《关于贯彻落实〈关于上海市开展司法体制综合配套改革试点的框架意见〉的实施方案》（以下简称《上海高院实施方案》），将改革任务细化分解为八大类72条136项具体任务，比《市委政法委分工方案》增加了19项任务（根据最高人民法院"四五"改革纲要明确提出的要求以及服务保障中央、上海大局工作额外增加）。

二是改革时间紧。中央要求到2019年基本完成司法体制综合配套改革任务，市委要求司法体制综合配套改革两年内全部完成，其中大部分任务要在2018年底完成。《上海高院实施方案》确定的136项改革任务中，130项计划要在2018年底前完成。

三是上海法院要确保起到先行示范效应。中央把这项重要而光荣的任务交给上海再次先行先试，既是对前期司法体制改革试点工作的充分肯定，也是对上海的高度信任。为此，上海法院立足改革先行者、排头兵的站位，举全市法院之力，全力以赴推进司法体制综合配套改革，努力为全国创造更多可复制、可推广的"上海经验"和"上海司法智慧"。

二　上海法院推进司法体制综合配套改革的重点、目标、任务

为确保按期完成司法体制综合配套改革试点任务，上海高院首先在顶层设计上下功夫，严格按照中央、市委、最高法院的部署，抓好《上海高院实施方案》的整体设计、制定，明确了推进司法体制综合配套改革的方向、目标、任务。同时，还对改革任务完成的方法步骤、责任落实、跟踪问效等做出了明确规定，确保改革稳妥有序扎实推进。

一是牢牢把握改革的方向。上海法院认真贯彻落实党的十九大精神、习近平新时代中国特色社会主义思想以及《中央框架意见》，全面总结上海法院以司法责任制为核心的司法体制改革经验，进一步完善和深化上海法院司法体制改革相关配套制度，提升改革整体效能，努力实现更公正、更高效、更专业、更权威的司法。

二是明确改革的目标任务。上海法院紧紧围绕"加快建设公正高效权威的社会主义司法制度，维护人民权益，努力让人民群众在每一个司法案

件中感受到公平正义"的总目标，推进司法体制综合配套改革。着力在巩固深化完善各项改革举措、跟踪问效上下功夫，着力在解决影响司法公正、制约司法能力的深层次问题上下功夫，着力在推进制度创新、形成可复制可推广的经验上下功夫，强化改革系统集成，全面落实司法责任制，打造人工智能司法应用高地，做到案件繁简平衡，打击犯罪与保护人权平衡，司法公正与司法效率平衡，实现司法质量、司法效率和司法公信力的全面提升。

三是准确把握改革的重点。上海法院推进司法体制综合配套改革，紧紧抓住以下八个方面的重点：①规范审判权力运行，完善监督制约机制，提升审判质效；②优化司法职权配置，完善管理体制机制，提升司法公信力；③推进以审判为中心的诉讼制度改革，强化人权保障，切实防范冤假错案；④深化繁简分流，优化资源配置，着力解决案多人少矛盾；⑤坚持司法为民宗旨，提升诉讼服务水平，让人民群众有更多改革获得感；⑥完善人员分类管理，夯实制度机制保障，推进法官正规化、专业化、职业化建设；⑦坚持科技强院，深化现代科技与司法体制改革深度融合，推进"数据法院""智慧法院"建设；⑧优化司法环境，树立司法权威，确保人民法院依法独立公正行使审判权。

三 上海法院司法体制综合配套改革的探索与实践

上海法院充分凝聚改革共识，继续发扬敢啃硬骨头、敢于担当、敢于碰硬的优良作风，依靠坚强有力的组织领导，有重点、有步骤、有秩序地抓好改革推进落实。

（一）上海法院司法体制综合配套改革的推进路径

1. 建立组织领导机构，统筹部署改革推进

为进一步加强对全市法院司法体制综合配套改革工作的组织领导，经高院党组研究决定，市高院成立以刘晓云院长为组长的司法体制综合配套改革领导

小组，下设领导小组办公室和 11 个工作组（4 个综合工作组和 7 个专项工作组），进一步明确领导小组办公室和工作组的职能设置。综合配套改革领导小组通过调研、会议等形式，定期听取改革推进的总体规划、重大进展、存在的突出问题等情况，加强对重点改革任务的指导和督导，统筹协调和部署落实改革任务，确保中央、市委、最高法院关于改革的决策部署落到实处。

2. 健全沟通协调机制，推动形成改革合力

对上积极主动向最高法院、市委政法委汇报改革情况，沟通了解最新动态，对下做好综合配套改革的"普法宣传"、政策解读和经验分享等工作。建立月报制度，每月梳理汇总高院各部门牵头的改革任务的推进情况，并向市委政法委报送，做到改革进展每月汇总、重点事项跟踪督办。建立与相关责任部门的联席会议制度，对改革阶段性进展、下一阶段工作安排，特别是需要互相配合、协同推进的改革事项，进行沟通协调，逐项抓落实。建立联络员制度，通过在全市各法院、高院各部门指定专门的联络人员，加强高院司改办（研究室）与全市法院、高院各部门的日常沟通联络协调。建立情况通报机制，定期通报改革推进情况、发布改革案例等，及时发现问题，督促整改落实。

3. 加强改革制度建设，推动形成制度体系

制度是起根本性、全局性、长远性作用的。上海高院紧紧抓住制度建设这个根本，研究制定了《上海高院实施方案》《上海市高级人民法院关于进一步加强院庭长办理案件工作的实施意见（试行）》等与改革相配套的制度规定 130 余项，形成了覆盖全面、配套齐备的上海法院司法体制综合配套改革制度体系。在此基础上，上海高院还对改革配套规定进行了系统梳理，编写完成《上海市高级人民法院司法体制改革制度汇编（2014~2018）》等制度性成果，为全国法院提供了可复制、可推广的经验借鉴。

4. 加强督察督办工作，抓好改革推进落实

建立了常态化督察机制，成立司法责任制改革督察领导小组及办公室，在全市范围内开展日常督察和定期督察。2018 年 3 月，上海高院牵头组成联合督察组，对 4 家中院、17 家基层院开展了督察，形成了督察报告，通

报了督察情况。2018 年 7 ~ 8 月，上海高院开展了司法责任制改革督察回头看活动，进一步推动司法责任制改革落地见效。配合市委政法委开展司法体制综合配套改革重点任务调研督察，形成专项督察报告报市委政法委。

建立健全督办机制，为加强《上海高院实施方案》的推进落实，上海高院进一步研究制定了重点任务分解表，明确了改革项目、责任部门和完成时间，设计好推进改革的路线图和时间表；及时梳理改革任务完成情况，研究制定了《上海法院司法体制综合配套改革任务推进情况一览表》，加强对各项重点改革任务的督办。

5. 抓好改革成果转换，推动形成改革特色案例

市委、最高法院对上海司法改革的要求是可复制可推广。上海高院加强对口指导，鼓励基层创新，注重培育特色。推动形成了 30 余个探索创新性强、具有典型示范意义的改革案例；帮助指导各院总结改革特色亮点，三批次向最高院推荐司法改革案例 10 余篇，其中虹口、长宁、普陀等法院的案例分别入选最高院公布的第三、四、五批司法改革案例，入选数量位居全国前列；组织全市法院向市委报送上海法院改革开放标志性首创案例 9 个；积极开展"一库""两报"工作，编发司法改革专刊 66 期，其中，编发的《深化繁简分流优化人案匹配，市一中院出台专项机制着力整体提升案件审判质效》，得到最高法院周强院长的批示肯定；编辑智库公众号司法改革案例 33 期，及时向社会公众宣传改革成效，营造良好改革氛围。

（二）上海法院司法体制综合配套改革的实践经验和主要成效

1. 规范审判权力运行，完善监督制约机制，落实司法责任制

上海高院研究制定了《关于完善司法责任制的实施意见》，从独任制、合议庭、审判委员会、专业法官会议、审判管理监督、审判责任追究机制等重点领域入手，持续推进以审判权为核心，以审判管理权和审判监督权为保障的审判权力运行机制改革。

一是严格遵循"谁裁判、谁负责"原则，确保独任法官、合议庭依法独立行使审判权，通过"负面清单"隔离不当干预，院长、庭长不再签发

未参与审理案件的裁判文书。

二是建立审判管理和监督权力"正面清单"，完善三级法院上下联动、员额法官全面覆盖的案件质量保障体系。建立审判执行重点岗位风险防控模式和"上海法院廉政风险环节监督提示系统"，实现纪检监察与审判监督一体化运行。

三是制定上海法院《关于进一步加强院庭长办理案件工作的实施意见》，明确院庭长办案量化标准和带头办理疑难复杂案件的导向，充分发挥院庭长办案的示范引领作用。2018 年 1～12 月，全市法院院庭长共参与审结 18.39 万件案件，占全市结案数的 23.15%，院庭长结案的案均权重系数是全市平均系数的 1.13 倍（其中院长结案的案均权重系数是全市平均系数的 1.48 倍）。

四是推动审判监督管理方式转型。修订完善专业法官会议制度规定，并同步配套信息化方案，将专业法官会议打造成为审判监督和管理有效实施的重要平台。2018 年 1～12 月，全市法院共召开专业法官会议 2586 次，采纳意见的比例超过 90%。研发"上海法院审判执行监督预警分析系统"，针对审判执行过程中的 21 个重点风险环节，通过分析审理时长异常度、裁判结果偏离度、专业法官会议意见采纳情况等风险指标，对审判权运行中的风险实时预警。

2. 优化司法职权配置，推进内设机构改革，完善审判体制机制

上海法院稳妥推进内设机构改革、积极探索完善跨行政区划法院和知识产权、金融、海事等审判体制机制改革，进一步优化司法职权配置。

一是稳妥推进内设机构改革。制定《上海市基层人民法院内设机构改革试点方案》（高中院及海事法院内设机构改革方案正在研究推进中），全市基层法院按照精简高效原则，按照"7＋3＋1"模式（7 个审判业务庭＋3 个综合管理部门＋1 个法警队）设置 11 个常设内设机构①。此外，在全市 8

---

① "7"是根据审判领域大类别，设置 7 个主体审判业务部门，包括立案庭、刑事审判庭、民事审判庭、商事审判庭、审判监督庭、执行局、执行裁判庭（对 4 家承担行政案件跨区划集中管辖改革任务的法院，将行政审判庭与执行裁判庭合并，设立行政及执行裁判庭）。"3"是设置政治部、办公室、司法行政装备科 3 个司法行政部门。

家基层法院增设金融、知识产权、未成年人与家事审判等 12 个独立建制的特色审判业务庭，并通过"加挂牌子"方式，在部分法院实行对环境资源、互联网案件的专门审理①。截至 2018 年 12 月，全市 17 家基层法院内设机构从原来的 298 个精减至 197 个，减幅 34%。中层正职由 262 人精减至 169 人，减幅 35.5%，中层副职由 316 人精减至 257 人，减幅 18.7%。全市区法院机构设置重点向审判业务部门倾斜，审判业务庭数量占内设机构总数的比例从 64% 提高至 71%，人员进退留转情况总体平稳。

二是推进跨行政区划法院建设，依托上海铁路运输法院和三中院等，对行政、环资等特殊类型案件实施跨行政区划管辖，打破诉讼"主客场"。目前，已经初步形成行政案件、环资案件、食药案件、破产案件的跨行政区划审判格局②。其中，一审行政案件已由上海铁路运输法院和三家基层法院（浦东、闵行、静安）集中并交叉管辖，实现了跨区"异地"审理的全覆盖。

三是深化知识产权审判体制机制改革，依托四家基层法院（浦东、徐汇、杨浦、普陀）和上海知识产权法院，完善知识产权民事、行政和刑事"三合一"审判机制。建立技术调查官制度，对技术调查官的选任、管理、参与诉讼活动工作规则形成行之有效的配套制度，努力把上海建设为当事人信赖乃至国际知识产权司法保护的"优选地"，服务科创中心建设。

四是探索金融、海事和自贸区审判体制机制改革，依托四家基层法院（浦东、黄浦、虹口、静安）和上海金融法院，对金融案件实行集中管辖。

① 基层法院集中和特色管辖分布情况：金融庭（浦东、黄浦、虹口、静安）；知识产权庭（浦东、徐汇、杨浦、普陀）；未成年人与家事庭（浦东、长宁、静安、普陀）；（加挂牌子）环资庭（铁路运输、金山、青浦、崇明）；（加挂牌子）互联网庭（长宁）。
② 铁路运输法院跨区划管辖：徐汇、长宁、普陀、虹口的行政案件＋本市破坏环境资源保护案件，危害食品药品安全的刑事案件＋闵行、徐汇、黄浦、杨浦四区的涉食品药品安全民事、企业破产、货物运输货运代理案件（上海海事法院管辖除外）＋全市除上海海事法院、金山法院、青浦法院、崇明法院管辖以外的涉环境资源保护民商事案件＋本市轨道交通运营区域内发生的案件，高架道路上发生的民事损害赔偿案件，以及涉铁路案件。

上海金融法院已于 8 月 20 日挂牌成立①，对金融案件实行"民事""行政"二合一审判。同时，依托上海海事法院和（浦东法院及海事法院）自贸区法庭等，实施海事案件"长臂管辖"和涉自贸区案件集约化审理机制，服务国际经济、金融、贸易、航运中心建设。

3. 推进以审判为中心的诉讼制度改革，强化人权保障，切实防范冤假错案

推进以审判为中心的诉讼制度改革是党的十八届四中全会确定的重大改革任务。上海高院研究制定《关于"推进以审判为中心的诉讼制度改革"的试行意见》及六个配套指导性文件，进一步深化以审判为中心的诉讼制度改革。

一是继续推进庭审实质化。根据最高法院全面推进"三项规程"实施工作要求，进一步修订完善《刑事案件证人、鉴定人出庭作证规则》和《刑事案件庭前会议规则》，保障庭审在查明事实、认定证据、保护诉权、公正裁判中发挥决定性作用。同时，实现了对可能判处三年以上有期徒刑被告人刑事辩护全覆盖。

二是修订完善《刑事案件非法证据排除规则》，完善非法证据排除启动、调查和认定机制，严格依法排除非法证据、切实保障人权。自 2015 年 12 月改革试点以来，全市法院共受理非法证据排除申请 91 件，启动证据收集合法性调查程序 60 次，排除非法证据 18 件。对 28 名被告人宣告无罪（其中公诉案件 12 人），裁定准予检察机关撤回起诉 42 件。

三是率先研发上海刑事案件智能辅助办案系统（"206 系统"），运用现代科技不断深化以审判为中心的刑事诉讼制度改革。目前，上海高院已完成盗窃罪、集资诈骗罪、内幕交易罪等 71 个罪名的证据标准指引制定工作，把大数据、人工智能等新技术嵌入刑事案件办案系统中，设置单一证据校验

---

① 2018 年 3 月 28 日中央深改组会议审议通过《关于设立上海金融法院的方案》，全国人大常委会 2018 年 4 月 27 日做出《关于设立上海金融法院的决定》。目前，上海金融法院筹备工作有序推进。关于机构编制：中央深改组批复 8 个，目前暂设 6 个，即 4 个审判业务部门、2 个综合行政和司法辅助部门，政法专编拟定 100 名；关于人员配置：班子成员及首批共 25 名金融法官 7 月底经市人大任命。

功能，对录入系统的证据进行自动校验和瑕疵提示，辅助办案人员对证据审查补正，发挥提示、把关、监督作用。通过这一系统，侦查、审查起诉阶段证据收集、证据校验等情况全程留痕、一目了然，使办案全程可视、全程留痕、全程监督，减少司法任意性，防范冤假错案，确保案件事实证据经得起法律的检验，也为公检法互相配合、互相监督提供了载体。

4. 深化繁简分流，优化资源配置，着力解决案多人少矛盾

完善多元化纠纷解决和案件繁简分流机制，对于优化资源配置，缓解案多人少矛盾具有重要意义。上海法院制定《关于进一步推进案件繁简分流优化司法资源配置的实施意见》，内外结合，提升审判资源配置和使用效率。

一是推进多元化纠纷解决机制改革。发挥诉调对接中心的诉前分流作用。高院近年来不断加强与行政机关、行业协会、法律志愿者、仲裁机构、人民调解组织的合作衔接，初步建成多行业多渠道的矛盾纠纷联动化解机制，以及横向到边、纵向到底的"市—区—街镇"三级诉调对接中心平台①。2018年1月至12月底，全市基层法院诉调对接中心共收案件26.82万件，调解成功8.66万件，委托调解分流率（委托调解成功结案数/一审民事结案数）达35.11%，过滤分流功能逐步凸显。

二是深化民商事案件繁简分流。规范民事简易程序、小额诉讼程序适用，加大速裁审理力度，努力做到简案快审、繁案精审。2018年，全市法院案件（除行政、民商特别程序外）简易程序适用率87.6%，当庭裁判率42.12%。上海在二中院、虹口法院等探索民商事庭审方式改革，试行经双方当事人同意，不区分法庭调查和辩论阶段的新型庭审模式，试点工作取得较好成效。

三是推进认罪认罚从宽制度改革。上海是全国人大授权开展刑事案件认

---

① 高院分别与市司法局、总工会、工商局、消保委、妇联、旅游局、市台办等部门建立了劳动争议、消费、医患、旅游纠纷等专项多元化解机制，与市工商联、市商事贸易促进会、市台办、市侨办建立了商事纠纷诉调对接机制，与人行上海分行、保监会上海监管局、中证中小投资者服务中心、银行业调解中心建立了金融消费、保险纠纷诉调对接机制。

罪认罚从宽制度试点工作的地区之一。自 2016 年 9 月授权试点以来，全市法院共审结认罪认罚案件 20457 件 24410 人。法院采纳检察机关指控罪名和量刑建议的占 99.56%，当庭宣判率为 96.49%。

四是探索审判辅助事务社会化。上海高院研究制定《关于推进审判辅助事务外包工作的指导意见（试行）》，对于委托送达法律文书、参与多元化化解纠纷、辅助核实证据和保全等 16 项审判辅助事务，可依托专业机构、公证机构等社会化力量集中办理。

5. 坚持司法为民宗旨，提升诉讼服务水平，让人民群众有更多改革获得感

加大司法公开力度、提升诉讼服务水平，是体现司法为民宗旨的重要抓手。上海高院制定《关于推进阳光司法、透明法院建设的意见》和《关于全面推进诉讼服务中心建设的实施意见》，努力构建开放、透明、便民的诉讼服务体系和司法公开体系。

一是持续加强"阳光司法、透明法院"建设。坚持"以公开为原则，不公开为例外"的宗旨，健全完善以审判流程公开、庭审活动公开、裁判文书公开、执行信息公开为重点的上海法院十二大司法公开服务平台，保障当事人知情权、参与权、监督权。

二是深化诉讼服务改革。建立"上海法院律师服务平台"，目前该平台已对接 19 个省市律师信息，全国 18 万名律师可跨省域使用该平台提供的诉讼服务。建立数字化、智能化的"上海法院 12368 诉讼服务平台"和"上海法院诉讼服务中心"，并在全市法院建立实体诉讼服务分中心，引入咨询、调解、分流引导、心理疏导等多窗口、多功能的服务项目，初步构建起由诉讼服务中心提供庭审以外全部诉讼和非诉讼服务的格局。

三是探索实行在线调解。上海法院在线调解平台对接 C2J 法官辅助系统，具备知识搜索、类案推送等功能，对道路交通损害赔偿等 6 类案件，建立了在线多元化解决要件指引。目前正在拓展平台功能，以实现包括在线评估、规则指引、纠纷案例预判、在线调解、司法确认、在线公证、司法鉴定、诉调对接等多种功能的融合。

四是推进家事审判方式改革。依托浦东、长宁、静安、普陀 4 家基层法

院的未成年人与家事案件综合审判庭，实行集中管辖，探索家事案件中离婚冷静期、离婚证明书等体现人文关怀、彰显司法温度的特色审判机制，充分发挥家事审判的职能作用，促进社会和谐健康发展。

6. 完善人员分类管理，夯实制度保障，推进法官队伍正规化、专业化、职业化建设

上海法院在总结前期员额制改革经验基础上，严格执行"以案定额""岗额适配"的基本原则，继续深化人员分类管理改革。

一是健全员额管理和退出机制。建立法官员额动态调整机制，根据各院案件增长、人员变动等因素，通过调整人员编制统筹调配法官员额，向案件量大的基层法院倾斜。员额岗位与履行审判职责及司法责任匹配，与办案绩效挂钩，3 名法官经考核不合格退出员额。开展了四批法官入额遴选和两批初任法官遴选工作，截至 2018 年 12 月，上海法院分 4 批从原有法官中遴选确认入额 2913 人，分 2 批从法官助理中遴选初任法官 318 人。主要办案部门法官实有人数比改革前增加了 8%，审辅人员比例从改革前 1∶0.75 变为目前的 1∶1.7。

二是完善法官遴选制度。在全国范围内率先启动法官助理遴选初任法官工作，通过业绩考核、业务考试、文书写作、模拟庭审等贴近审判实践的方式选拔初任法官，充实办案一线。建立市级统一遴选平台，首次初任法官遴选 157 人中，39 人系跨院遴选，22 名高、中院法官助理遴选至基层法院。改革以来，从律师、法学专家中公开选拔 3 人至中院、基层院担任高级法官。

三是构建审判业绩考核制度。在全国率先探索"法官业绩档案系统"和"案件权重系数"，客观反映法官真实工作量，依托审判质量效率评估体系对法官审判绩效进行量化考核。制定《法院工作人员绩效考核奖金管理办法（试行）》，实现绩效考核奖金与办案业绩挂钩，并将考核结果与入额遴选、晋升评优、惩戒退出等衔接。

四是推进司法人员单独职务序列管理。根据试点方案要求，有序推进法官等级评定、晋升、选升各项工作。截至目前，完成首批法官等级按期晋升

和初任法官等级首次评定，1755 名法官按期晋升法官等级，基层法院四级高级法官及以上等级的法官人数比例，从改革前 30.9% 提高到 62.7%，大大提升了基层法院法官改革获得感。建立健全法官等级择优选升的考核机制，对办案数量、办案质量、调研成果等工作业绩进行量化评分，使之成为择优选升的重要参考依据；在全国率先开展择优选升高级法官的专业遴选面试，市法官、检察官遴选委员会对择优选升的人员进行专业把关。全市首批遴选二级高级法官 31 人，遴选基层法院三级高级法官 95 人，为全市法官树立标杆，形成积极的工作导向。

7. 坚持科技强院，深化现代科技与司法体制改革融合，推进"数据法院""智慧法院"建设

司法改革和信息化对于人民法院工作发展而言犹如"车之两轮、鸟之双翼"。上海法院以国家实施大数据战略和司法体制改革试点为契机，坚持"科技强院"方针，积极推进"智慧法院"建设，推动法院工作与信息化深度融合。

一是建立大数据审判辅助系统，帮助法官提高办案质量和效率。先后开发 C2J 法官办案智能辅助系统、裁判文书智能分析软件、移动智能终端办案 APP、简易快审软件、法律文书自动生成软件、"全快搜"智能查询等辅助系统。在推广"206 系统"的基础上，进一步立项研发上海民事、行政案件智能辅助办案系统，按照全流程智能辅助办案标准设计办案要件指引、证据审查判断指引、案件受理标准审查、卷宗智能管理、庭审程序智能提示、无纸化质证、庭审笔录智能生成、类案推送、文书生成等辅助功能，为法官办案提供精细化、智能化服务。

二是建立大数据审判管理系统，助力审判监督和管理。上海法院坚持建设和完善"审判信息化综合管理平台"，多年来逐步构建起以六大信息应用系统、标准化专业化中心数据为支撑的"上海市高级人民法院大数据信息系统"，从案件流程管理、人事管理、案件质效评估、法官业绩档案管理、权重系数到廉政风险环节监督提示系统，已经成为开展审判管理和监督不可或缺的重要抓手。

三是建立大数据司法公开和服务体系，推动"阳光司法，透明法院"建设。依托大数据、云平台、移动互联等技术，构建了全方位、多层次、互动式的司法公开体系①。发布诉讼服务机器人2.0版"法宝"，提供在线立案、智能化诉讼咨询、信息查询等诉讼服务（目前群众选择智能服务和人工服务的比例已经达到1/3），通过"互联网＋""人工智能＋"实现服务群众诉讼"全方位、全天候、零距离、无障碍"，解决群众"问累、诉累、跑累"。

四是建立大数据司法分析体系，提升司法决策水平。研究制定《上海法院司法大数据分析专题任务表》，在全市法院开展29项审判大数据分析专题项目建设，初步建成审判执行管理、诉讼服务、信访管理、资源配置、适法统一等提供决策支持的大数据分析平台框架。这些平台框架已接入国家人口基础信息库、法人单位信息资源库，与国家机关、银行等33家协同单位初步对接数据共享机制，逐步推动数据互联互通、信息共享共用、业务衔接联动。

8. 优化司法环境，兑现胜诉权益，为经济社会发展大局提供有力的司法保障

审判工作和司法改革都不能脱离社会经济发展而独立运行。上海法院始终将服务保障大局、兑现胜诉权益、优化司法环境作为改革的重要任务，通过具体的司法能动举措和执行机制改革等，为经济社会发展提供司法服务和保障。

一是主动对标中央、市委工作大局，积极提供司法保障。上海高院围绕自贸试验区、"五个中心"建设、"一带一路"、"长三角更高质量发展"、打响"四大品牌"等国家和上海战略实施，积极研究司法保障和应对措施，并与改革任务配套实施。2018年以来，制定了《关于贯彻落实〈上海市着力优化营商环境加快构建开放型经济新体制行动方案〉的实施方案》，探索"常态化破产府院统一协调机制"等三项机制②建设，由高院牵头或参与的

---

① 过去五年间，共向当事人推送案件节点信息345.95万余条，网络庭审直播案件4463件，网上浏览量1.77亿人次，上海连续三年获得中国司法文明指数第一。
② 三项机制指"常态化破产府院统一协调机制""破产管理人协会""破产费用保障专项资金"。

合同执行、破产机制、中小投资者保护、产权登记办理等四项任务的落实取得初步成效，得到世界银行专家组的赞赏；制定《关于为企业家创新创业营造良好法治环境的实施意见》《关于落实金融风险防范工作的实施意见》《关于服务保障中国国际进口博览会的若干意见》等多项司法文件，积极发挥司法保障作用①，得到李强书记、陈寅书记的多次批示肯定；召开长三角地区人民法院工作论坛，与苏浙皖三地高院联合制定发布《关于全面加强长江三角洲地区人民法院司法协助交流工作的协议》，重点从重大案事件防范处置合作、执行协助、诉讼服务、信息化建设、适法统一、司改交流、人才培养交流合作、服务保障大局等八大方面加强长三角地区法院的司法协助和交流，得到周强院长的批示肯定。

二是积极推动执行机制改革，"基本解决执行难"取得成效。通过"裁执分离"改革，建立执行警务保障体制和执行指挥体系，建立无财产可供执行案件退出机制、恢复执行机制和网络司法拍卖机制等措施，保障执行权力运行更加规范、透明、高效。开展执行专项行动、健全网络化执行查控系统和失信被执行人信用惩戒系统②、加强执行规范化建设和作风建设，执行难综合治理工作大格局初步形成，"基本解决执行难"工作取得明显成效。

三是健全完善上海法院涉诉信访"1＋7"工作机制。牢牢把握导入、处理、退出3个核心环节，形成了以《上海法院关于推进依法处理涉诉信访工作的实施意见》为总纲，诉访分离、初信初访、案件评查、巡回督导、信访终结、司法救助、维稳联动等7项工作举措为抓手的工作机制。发挥律师等在服判息诉工作中的作用，促进信访矛盾实质性化解，维护社会稳定和谐。

---

① 党的十八大以来，上海法院先后出台了40多件服务保障国家战略和上海工作大局的制度性文件（其中，高院9件、中院12件、基层法院25件），积极发挥服务保障作用。《关于服务保障中国国际进口博览会的若干意见》得到中央政治局委员、市委书记李强和政法委书记陈寅同志批示肯定。

② 与市发改委、公安、税务等46部门签署《失信惩戒合作备忘录》，并分别形成执行协作会议纪要，相关业务系统已实现对"老赖"在上海购置不动产、担任公司高管、购买新能源车等方面的自动拦截限制。

四是完善法官履职保障制度。制定《关于保障法院及其工作人员依法正当履职惩治严重扰乱司法秩序行为的若干意见》《关于保护司法人员依法履行法定职责的意见》，会同有关部门严厉打击侵害法官合法权益的行为。四年多来，上海法院共受理处置各类侵害法官权益事件200余件①。

综合配套改革对审判质效的提升效果日益显现。2018年，全市法院共受理各类案件79.82万件，审结79.41万件，法官人均办案264.96件，92.85%的案件经一审即息诉，经二审后的息诉率为98.86%，上海法院审执质效主要指标排在全国前列。"基本解决执行难"工作取得明显成效，2018年，上海法院有财产可供执行案件法定期限内实际执结率99.85%，终本合格率96.03%，执行信访办结率99.11%，三年整体结案率96.50%。上海法院法定期限内结案率、执行完毕案件结案平均用时等关键指标均位居全国法院第一，最高法院提出的"基本解决执行难"核心指标已整体完成。根据由中国社会科学院牵头的第三方评估结果，上海高院被确定为全国"解决执行难样板法院"。

四 推进司法体制综合配套改革应注意的问题

司法体制综合配套改革，涵盖司法领域的方方面面，各项任务相互联系、相互影响，必须整体推进、统筹兼顾，增强改革措施之间的整体性、系统性、配套性、协同性，发挥综合效能，实现改革效果最大化。在这个过程中，必须妥善处理好以下几对关系。

（一）处理好顶层设计与基层探索的关系

推动司法体制综合配套改革，既要加强统一部署，也要鼓励基层大胆创新。上海法院推进的改革任务中，如司法责任制、人员分类管理、省以下人

---

① 其中，对6起案件中9名被告人追究刑事责任，对19起案件中20名行为人采取司法拘留或行政拘留措施，对4起案件中4名行为人予以罚款处理，对其他事件中行为人采取了批评训诫或综合稳控措施。

财物统管等各项最关键、最基础的制度性安排，是中央对司法改革指方向、管全局的顶层设计，必须一抓到底。上海市高院在全市法院定期组织开展司法责任制落实情况的督察和整改，就是为确保执行中央顶层设计不走样、不变形。同时，对不同区域、不同层级法院可能存在差别、具有一定灵活性、需精细化设计的改革事项，比如庭审方式改革、新型审判团队、审判辅助事务外包等改革任务，上海市高院在具体推进中鼓励中层、基层法院探索，在相关经验成熟后将其在全市层面予以规范推广。

（二）处理好整体统筹和重点突破的关系

司法体制综合配套改革是一项内容复杂、层次繁多的系统工程，既要紧紧抓住关键的"牛鼻子"，也要善于运筹帷幄、整体推进。比如，司法责任制、员额制、内设机构改革，都牵一发而动全身，如不实现先期突破，各项审判机制改革就可能停滞。同时，改革也需要配套保障，统筹谋划，增强各项任务的耦合性。比如，司法责任制和审判权力运行机制是牛鼻子，但如果没有贯穿全程的权力监督、制约、保障机制，没有后续配套的审判管理、考核标准化、信息化建设，效果就会大打折扣；薪酬待遇的分配真正体现不同的司法责任和岗位分工，内设机构改革怎样与跨行政区划集中管辖、专门法院和审判团队建设等配套实施，也都需要通盘考虑。① 2018 年以来，上海法院在统筹推进 136 项改革任务的同时，针对需要配套解决的突出问题和薄弱环节，重点梳理出立案与诉讼服务、分案机制、送达难、执行强制措施、审判监督管理、专业法官会议与审委会、审判专业化建设、审判团队建设、员额管理和单独职务序列、司法绩效考核、队伍思想状况、信息化应用等十二大方面 34 个具体问题，研究形

---

① 增量改革与存量优化也需要统筹兼顾，比如内设机构改革与法官单独职务序列管理。一头是借助等级晋升去行政化的红利释放，树立专业化审判人才培养发展导向；另一头是加大法官岗位绩效考核力度，同时开展内设机构改革和人员进退流转工作。这样，有利于消除部分人员在转岗分流甚至退出领导岗位时的思想负担，将员额法官的注意力和职业规划引导到专业化审判职责上，减少重点改革任务推进的阻力。

成了《上海法院司法体制综合配套改革重点任务分解表》，以重点突破带动改革任务的整体推进。

（三）处理好立足当前和着眼长远的关系

司法体制改革是一个动态、连续的过程，必须在巩固的前提下深化，在立足当前的基础上谋划长远。上海法院在推进改革中，坚持一手抓当前、一手抓长远的思路，推出的各项改革措施、制度设计都力求兼顾解决当前问题和形成长效机制。立足当前，就是从当前制约公正司法、影响司法能力最突出的问题入手，切实采取有针对性的措施。比如，针对案件分配机制中存在的指定分案规则难统一、案件难识别、过程难监管等问题，建立随机分案为主、指定分案为辅，兼顾繁简分流、专业对口的分案机制①，减少分案环节的人为因素，保证审判的程序公正与审判效率；针对改革后审判监督管理方式亟须深化转型等问题，上海高院通过完善专业法官会议制度并同步配套信息化方案、完善审判委员会制度、推动形成院庭长办案常态化机制等，改变"人盯人、人盯案"的传统方式，转向全院、全员、全过程，涵盖事前、事中、事后全流程的审判监督管理。着眼长远，就是准确把握国家改革大局的方向，把解决问题与建立长效机制结合起来，切实抓好做铺垫、打基础、利长远的举措，夯实上海法院长远发展的基础。上海高院在推进改革的过程中，始终把制度机制建设摆在首位，比如，上海法院在推进基本解决执行难中，制定和修订了《执行办案责任制的若干意见》《关于确认和终结无财产可供执行案件若干问题的规定》等20余项执行工作的制度规定，为改进执行工作建立了规范化、标准化、长效化的制度体系，促进了执行工作的规范、有序运行。

（四）处理好内部改革与外部协同的关系

推进改革不仅要聚焦内部存在的瓶颈，也要回应社会的诉求。比如上海

---

① 制定了《关于进一步推进案件繁简分流优化司法资源配置的实施意见》《关于实行随机自动分案的若干意见》等规定。

法院稳妥推进的司法责任制改革，内设机构改革，跨行政区划法院改革，知识产权、金融、海事等审判体制机制改革，均是着眼于进一步理顺优化司法职权配置；上海法院设计审判绩效考核、推动适法统一、完善司法责任认定和追究机制，都是以解决社会最关心的司法质量问题为导向；推动的诉讼服务标准化、司法公开、破解执行难等一系列措施，也都是着眼于维护人民群众切身利益这个目的。一些改革任务的推进不仅集中在"两院"，还需要对接公安、司法、信访、综治等政府职能部门，形成制度衔接合力，特别是以审判为中心的诉讼制度改革（刑事"206系统"的开发应用）、执行体制机制改革、多元化纠纷解决机制等。同时，改革举措只有真正有利于推动大局工作，才能得到更多支持。上海法院立足改革先行者、排头兵的站位，主动对标自贸区、"五个中心"建设、"一带一路"、长三角一体化等重大战略倡议，积极研究司法保障和应对措施，从服务大局的视野去推进改革。[①]

（五）处理好改革推进与科技助力的关系

司法改革和信息化建设是人民司法事业发展的"车之两轮、鸟之双翼"。改革要解放思想、提高生产力，既要靠制度供给创新，也要靠信息技术提升能级。改革深入的过程，必然是现代科技与司法审判深度融合的过程。上海法院在推进综合配套改革的过程中，将信息化建设作为司法改革的重要支撑和破解司法难题的利器。比如，研发上海刑事案件智能辅助办案系统（"206系统"），运用大数据、人工智能等新技术，对录入系统的证据进行自动校验和瑕疵提示，减少司法任意性，防范冤假错案；又如，上海高院正在研究制定完善审判监督管理机制的实施意见，也将配套制定信息化方

[①] 2018年以来，先后制定《关于贯彻落实〈上海市着力优化营商环境加快构建开放型经济新体制行动方案〉的实施方案》《关于为企业家创新创业营造良好法治环境的实施意见》《关于服务保障中国国际进口博览会的若干意见》等多项司法举措，与苏、浙、皖地区高院共同签署了《关于全面加强长江三角洲地区人民法院司法协助交流工作的协议》，全力为国家战略和上海工作大局提供司法服务保障，得到了李强书记、周强院长、陈寅书记等领导的多次批示肯定。

案，力争让每一个需要监督和管理的流程节点都能够信息化、标准化、智能化、可追责。已研发运行的"上海法院审判执行监督预警分析系统"，实现对立案、审判、执行各环节风险点的实时预警、提示，推动审判监督管理向规范化、流程化、标准化转型；再如，上海法院建立的绩效考核系统，推动繁简分流、司法公开、诉讼服务改革、电子卷宗同步生成和全流程网上办案等，都充分发挥了现代科技的驱动作用。同时，上海高院在运用科技助力的过程中，既注重信息化与审判需求和经验深度融合，做到管用；又注重与实际应用感受度深度融合，做到好用，力争避免信息化建设的盲目、孤立、低水平重复。

五　下一步改革重点

改革只有进行时，没有完成时。改革的过程也是不断发现问题和解决问题的过程。在取得阶段性成绩的同时，上海高院清醒地认识到，改革推进中还存在一些短板需要补齐，相关制度仍需配套完善，有些改革举措还需进一步深化落实。下一步，上海高院将以问题为导向，紧盯目标，以工作实效和人民群众的满意度作为推动改革的根本标准，把握好顶层设计与基层探索的关系、整体统筹和重点突破的关系、立足当前和着眼长远的关系、内部改革与外部协同的关系、改革推进与科技助力的关系，以钉钉子精神抓好落实，推动各项改革任务落地生根，善始善终，善做善成。

一是进一步完善服务保障大局工作机制。围绕"一带一路""五个中心"建设，提升司法服务保障的针对性、实效性。对接增设上海自贸试验区新片区重大任务，加大司法制度供给。加强司法前瞻性研究，服务保障科创板上市和试点注册制。紧扣长江三角洲区域一体化发展的司法需求，深化跨域司法协助，推动更高质量平安长三角、法治长三角建设。依法保护企业家合法权益，为企业家创新创业营造良好法治环境。建设好上海金融法院，努力做国际金融司法保护新规则的制定者和引领者。

二是进一步完善以司法责任制为核心的审判权力运行体系。围绕"让审理者裁判，由裁判者负责"这条主线，理顺审判机构、审判组织、审判团队的关系，完善内部组织架构，优化审判资源配置，全面落实司法责任制。加快编制涵盖刑事、民事、行政、国家赔偿等专业领域的审判执行流程标准，加强审判执行流程标准化建设。构建覆盖立审执全流程，涵盖事前事中事后全过程、全要素的审判监督管理制度体系，改变"人盯人、人盯案"的传统方式，转向全院、全员、全流程的审判监督管理，推动审判监督管理向规范化、流程化、标准化、信息化方式升级。

三是进一步提升改革系统集成效果。对于已基本完成的改革任务，在巩固司法体制综合配套改革试点成果的基础上逐一梳理、分类施策，进一步巩固提升改革成效。坚持改革的定力和韧性，在落实改革举措、强化改革的协同配套和系统集成上下功夫。推动审判权力运行体系、诉讼制度体系、人员管理体系等协同建设，统筹深化以审判为中心的刑事诉讼制度改革、多元化纠纷解决机制改革、跨行政区划法院改革、破产案件集中管辖改革、知识产权审判体制机制改革等，提升改革系统集成效果，加强改革督察督办工作，确保各项改革举措在政策取向上相互配合、在实施过程中相互促进、在实际效果上相得益彰，不断提升改革精准化、精细化水平。

四是进一步强化对改革的科技支撑。牢牢把握新一轮科技革命历史机遇，推动审判方式、诉讼制度与互联网技术深度融合，充分运用大数据、云计算、人工智能等现代科技手段破解改革难题、提升司法效能，推动人民法院改革与智能化、信息化建设两翼发力。进一步改进优化"上海刑事案件智能辅助办案系统"（"206系统"）应用，减少司法任意性。推进"民商事、行政案件智能辅助办案系统"开发运用工作，进一步规范法官自由裁量权，促进适法统一。推进电子卷宗随案同步生成和深度应用，运用电子扫描、图文识别等技术，将诉讼过程中产生的材料进行数字化采集，推动全流程网上办案、全程留痕、全程可视、全程监督。

五是进一步加强法院队伍正规化、专业化、职业化建设。全面落实新时代党的建设总要求，坚定理想信念，确保队伍政治过硬。深入推进高素质队伍建设，通过深化院校合作、完善自助教育机制、开展专家讲座及资深法官讲坛等，促进知识更新和技能提升，形成一流的专业水平。坚持"严"字当头，立足"制度＋科技"，持之以恒正风肃纪，以零容忍态度惩治司法腐败，确保公正廉洁司法。

B.6
民事行政检察一体化办案工作机制研究

上海市人民检察院第一分院等联合课题组*

摘　要： 上海检察机关民事行政检察工作始终聚焦法律监督主责主业，坚持以办案为中心，在办案中监督，在监督中办案，着力构建由裁判监督、审判程序中审判人员违法行为监督、执行监督、公益诉讼组成的多元化一体化监督办案工作格局。在积极开展办案实践的同时，上海检察机关民行检察部门也高度注重办案理论调研工作，坚持以问题为导向，直面发展困境与挑战，潜心思考与探索办案方式、方法与机制创新。现阶段，面对人民群众对民行检察办案工作提出的新任务、新要求，以及检察机关正在进行的内设机构改革工作，探索和研究契合上海民行检察工作发展定位的民行检察一体化办案工作机制，具有较为突出的现实意义。在此基础上，本课题组通过理论研究和实证分析，重点探讨民行检察一体化办案工作机制的基本内涵与指导理念，以上海民行检察工作实践为基本研究样本，总结实践中的各种问题，并全面系统地提出构建民事行政检察一体化办案工作机制的策略建议。力求研究成果能够合理界定民行检察一体化办案工作机制的应有之义，全面总结已有经验，客观把握

---

* 上海市人民检察院第一分院、上海市人民检察院民事行政检察处、上海市长宁区人民检察院联合课题组。课题组负责人：黄辉，上海市人民检察院第一分院副检察长。课题组成员：侯百丰，上海市人民检察院第一分院民事行政检察处处长；杨建锋，上海市人民检察院民行处检察官；陈佳琦，上海市人民检察院第一分院民行处检察官；王卓，上海市人民检察院第一分院民行处检察官；陈蒻如，上海市人民检察院第一分院民行处检察官助理；李珂，上海市人民检察院第一分院民行处检察官助理；曹晓云，上海市长宁区人民检察院检察五部检察官；杨于佳，上海市长宁区人民检察院检察六部检察官助理；李琦，上海市长宁区人民检察院检察五部检察官助理。

实际问题，提出切实可行的建议，为今后民行检察办案工作机制的探索发展提供有价值的参考方案。

关键词： 民事行政检察　办案机制一体化　司法改革

中国特色社会主义进入新时代，中国将加快建设社会主义法治国家①。检察机关强化民行检察职能，构建形成刑事、民事、行政、公益诉讼四轮驱动的检察职能新格局，是检察改革的基本趋势。发挥司法能动作用，有机整合民行检察办案资源，构建符合检察权运行规律、内部高效协作、外部广泛支持的民行检察一体化办案工作机制，不仅能够有效提升民行检察部门办案工作的整体效能，而且有助于完善和发展中国特色社会主义检察制度，对检察机关主动满足人民群众对公平正义日益增长的需求，主动参与现代国家治理体制的构建完善，具有重要意义。

构建民行检察一体化办案工作机制不仅需要解决民行检察历史发展过程中形成的各种障碍性问题，同时还要前瞻新时代民行检察办案工作的新任务与新挑战，需要以新理念、新思维、新举措，厘定民行检察一体化办案工作机制应有内涵与指导理念，提出破解实际问题的运行规则。

一　民行检察一体化办案工作机制概述

（一）概念界定

1. 基于"一体化"表征的界定

"凡立言，先正所用之名以定命义之所在。"②"一体化"是民行检察一

---

① 参见2017年10月习近平总书记在中国共产党第十九次全国代表大会上的报告。
② 马建忠：《马氏文通》正名卷之一，转引自吴卫军《司法改革原理研究》，中国人民大学出版社，2003，第242页。

体化办案工作机制概念的核心表征。一体化源于检察制度的构建基础，是检察机关行使检察权的过程中形成的整体统筹、上下一体、指挥灵活、配合密切，统一行使检察权的运作机制。各级检察机关之间上下级领导关系由宪法和检察官组织法所规定，构成了检察院一体化运行的基本法律依据。

概念所具有的特定含义，往往是与一定的语境相联系[①]。本课题中民行检察办案构成民行检察一体化办案工作机制的基本语境，所述的"一体化"既包括一体化的基本含义，同时也针对民行检察办案工作现状和发展需要，界定了特殊含义：首先，一体化所涉检察工作范围为民事行政检察领域。具体而言，涉及民事检察、行政检察以及公益诉讼。其次，一体化所针对的是民行检察部门的办案工作，即围绕办案工作研究分析构建科学合理的一体化办案工作机制所应遵循的基本理念与组织方案。最后，着眼于新时代民行检察工作面临的新挑战与新要求，坚持动态、开放式建设理念[②]，着力为民行检察一体化办案工作机制注入新内涵。

2. "一体化"功能性特征

本课题研究以问题为导向，从目标价值的角度，设定了民行检察一体化办案工作机制应具有的三项功能性特征。

（1）实现整体涌现

现代系统科学理论认为，系统最重要的特性是整体涌现性，即整体具有部分或部分之和所没有的性质[③]。检察制度作为国家司法体系的重要组成部分，本身也是具有复杂结构和特定功能的有机整体[④]，其核心特征是内部组织与功能的高度一体化[⑤]。一体化对检察机关高效办案起到重要作用，能够形成检察职能的整体涌现性。但是对于民行检察部门而言，2013 年修订的《民事诉讼法》与《行政诉讼法》对不同层级检察院办理民行检察监督案件

---

① 吴卫军：《司法改革原理研究》，中国人民大学出版社，2003，第 17 页。
② 罗昌平：《检察工作创新与机制研究》，中国检察出版社，2009，第 31 页。
③ 钱学森等：《论系统工程》（增订本），国防科技大学出版社，1988，第 204 页。
④ 胡志强：《论检察规律》，《检察监督理念与机制创新研究》，中国检察出版社，2012，第 189 页。
⑤ 廖荣辉等：《检察院运行机制研究》，《中国检察》第 22 卷，第 286 页。

划定了严格的权力边界，造成各级院办理民行检察案件类型并不完全对应，上下级院办案连贯性被打破，原有的内部办案一体化组织结构出现割裂化和碎片化。检察一体化所产生的整体涌现性难以有效转化为民行检察办案效能，也造成民行检察部门处于相对弱势的地位。针对这一困境，构建民行检察一体化办案工作机制首先是重塑各级院民行检察部门的组织架构，通过构建各种连通关系，内部加强支持配合，形成有机的民行检察办案体系，从而聚合办案力量，扩大办案工作能级，实现民行检察部门职能的整体涌现性。

（2）优化资源配置

民行检察办案资源可以包括人力资源、信息资源以及物质资源等。长期以来，检察机关一直存在"重刑轻民"思想，相比于刑检部门，民行检察部门办案资源相对稀缺，人员配备薄弱，办案专业化能力不强，办案经费保障不足，办案信息化建设滞后。同时，各级检察院民行检察办案资源分布也相对分散，重复性建设现象较为普遍，加剧办案资源稀缺问题。针对这一困境，民行检察一体化办案工作机制的另一个重要功能性特征就是促进办案资源的优化配置，促进资源聚集与共享，实现科学统筹调配，并集中有限资源优先解决办案中的突出问题，提升民行检察办案整体运行效率①。

（3）均衡办案质效

目前，各级检察院民行检察部门办案质量效果不均衡现象较为明显。一般而言，基层检察院办案人员配置少，案件来源受限，办案类型单一，专业化能力提升困难，办案质效易受干扰制约；省级检察院与地市级检察院的民行检察部门办案人员数量较为充足，专业能力总体上更强，监督抗干扰能力更强，但人均办案量大，办案压力大，综合性事务多，办案效率难以提高。各级检察院之间办案专业化与办案数量不均衡，产生了严重的办案"倒三角"问题，不仅导致各级检察院民行检察办案人员普遍存在"本领恐慌"问题，也造成了办案工作公平考核评价的难题。构建民行检察一体化办案工

---

① 张德勋、瞿伟：《构建统一法律实施的检察案例指导制度》，《中国检察》第 20 卷，第 144 页。

作机制,有助于落实办案均衡化制度措施与相应的考核评价指标,为办案人员提升专业化能力提供可行路径,缓解各级检察院办案工作强度不均衡矛盾,科学合理评测办案工作实绩,有效激励民行检察办案工作。

(二)构建民行检察一体化办案工作机制的必要性与可行性

1. 构建民行检察一体化办案工作机制的必要性

(1)着力解决民行检察存在的问题

民行检察部门已有 30 年的发展历史,虽然相较初始有了显著发展,但是其法律监督地位与作用发挥并未得到充分显现,"重刑轻民"的困境一直未能改变。究其原因,固然有民行检察发展历史相对较短,民行检察法律监督理论认识分歧影响民行检察办案工作准确定位等因素,但其自身办案工作机制发展不够成熟完善也是重要原因。解决这一困境,需要着力改变现有的"割裂化、碎片化"的办案机制,通过探索构建民行检察一体化办案工作机制,形成民行检察监督合力,扩大民行检察办案影响力,提升民行检察的整体地位。

(2)推动新形势下民行检察格局转型发展

当前中国社会经济发展进入新时代,一方面,民行检察发展面临着新形势:社会公共性问题凸显,社会矛盾纠纷与不稳定因素陡增。国家治理正在发生深刻转型,服务型国家逐渐成为社会的中轴,成为维护社会、调和共同利益的标准方式。① 人民群众对公平正义需求日益增长,民行检察需要努力提供更好更优更实在民事检察产品②。另一方面,检察机关刑事检察、民事检察、行政检察、公益诉讼四轮驱动的新格局正在形成。新形势与检察格局的转变需要形成充分体现民行检察职能特色,符合诉讼规律、监督规律、司

---

① 〔法〕皮埃尔·卡蓝默(Pierre Calame):《破碎的民主:试论治理的革命》,高凌瀚译,生活·读书·新知三联书店,2005,第9页。

② 参见最高人民检察院检察长张军在十三届全国人大常委会第六次会议上做的《最高人民检察院关于对民事诉讼和执行活动法律监督工作情况的报告》。

法规律的检察一体化工作机制。[①] 探索构建一流的民行检察运行体系与制度机制，有助于不断提升办案整体质效，积极回应社会对民行检察的热切呼声，推动检察改革继续深化。

2. 构建民行检察一体化办案工作机制的可行性

（1）生态系统理论与制度经济学理论的解释

从社会生态理论的角度看，构建民行检察一体化办案工作机制，有助于民行检察社会生态功能的实现。将社会视为生态系统，其中包含着各种功能性的生态群落[②]，检察机关以及民行检察部门都可以被视为具有一定独立生态功能的生态群落。各级检察院民行检察部门通过生态聚合成为履行民行检察办案职能的功能性群落，不仅可以实现群落内部资源、能量、信息的分配共享，也可以与检察机关刑事检察功能群落及外部社会环境中的各种功能群落之间形成良性互动关系，实现资源、信息和能量的平衡交换，从而使民行检察整体生态功能可持续发挥。

从制度经济学理论的角度看，构建民行检察一体化办案工作机制，能够减少"交易费用"、降低"成本"，提高案件效果。通过构建民行检察一体化办案工作机制，充分整合各级检察机关的办案力量和资源，有助于降低办案过程中的实际成本、外部成本和机会成本，提高民行检察办案效率，以较少的成本支出获取较大的效益，取得最优办案监督效果。

（2）检察一体化逻辑演绎与经验移植

检察一体化是检察机关整体运行的基本形态，不仅有其明确的法律依据，而且已经成为检察工作中的基本理念。检察机关内部各职能部门又相继逻辑演绎出具有本部门特点的一体化工作机制，如公诉办案一体化、侦监办案一体化、反贪办案一体化等，且积累了较为丰富的一体化办案工作机制实践经验。已有的一体化理念和经验对民行检察部门构建一体化办案工作机制，无疑具有重要的示范意义，可以进行一定形式的移植，减少试错时间与机会成本。

[①] 张雪樵：《把握新时代新要求开创民事行政检察新局面》，《人民检察》2018年第4期，第4页。

[②] 〔德〕贡塔·托依布纳：《法律：一个自创生系统》，张骐译，北京大学出版社，2004，第7页。

二 民行检察一体化办案工作机制历史发展与指导理念

（一）历史发展

1989 年开始，最高人民检察院正式设立民行检察机构，民行检察开始从无到有的初创发展。2001 年《民事行政抗诉案件办案规则》等多个规范性文件的出台，夯实了民行检察监督制度的宪法地位，2007 年民事诉讼法进行修改，完善了检察机关抗诉制度的运作机制，民行检察一体化办案工作机制概念逐渐形成，一些地方检察机关也进行了先行探索，形成了初步经验。

2013 年，《民事诉讼法》《行政诉讼法》修改对民行检察一体化产生了重大影响。检察机关民事、行政法律监督范围从诉讼监督延展到案件受理、审查、裁判、执行等各个诉讼程序中。2017 年，两部诉讼法的再次修改，明确检察机关提起行政与民事公益诉讼职能。上述法律修改使各级检察院民行检察办案范围和侧重出现了明显差异，改变了以往民行检察一体化办案工作机制构建基础，如何构建与现行法律规定相适应的民行检察一体化办案工作机制，成为需要研究破解的难题。

（二）指导理念

社会科学的研究必须有一个有意识形态的前见。① 民行检察一体化办案工作机制构建，也需要在一些"前见"理念指导下进行构建实践，实现其"一体化"工作机制的功能特征。

1. 集约共享理念

集约共享理念强调构建协作共享的模式，实现资源的有效利用和可持续发展。构建民行检察一体化办案工作机制，首先应着眼于民行检察办案资源

---

① 〔德〕尼可拉斯·卢曼：《法社会学》，凯宾、赵春燕译，上海世纪出版社，2013，第6页。

的科学合理配置，通过组织构架创新，实现办案资源共享，共同提升办案效能。长期以来，检察机关包括民行检察部门在内，习惯于纵向思维，对于横向思维还需要一个适应过程①。基于集约共享理念，检察机关内部不仅要改变纵强横弱的办案工作格局，形成上下左右贯通办案管理机制，更要促进办案资源在所有办案部门之间便捷流动，实现共享共用，产生最大办案效用。

2. 现代监督理念

我国检察制度传统的监督理念过于强调对立监督。在实践中难以避免地形成监督者与被监督者之间的冲突，无法形成双方和谐态势。现代型监督理念更为重视协同监督。② 协同监督理念应当是构建民行检察一体化办案工作机制的基本理念。民行检察一体化办案工作机制，是一项系统工程，不仅需要来自检察机关各级院与各个部门的共同建设，也需要得到检察机关外部各种力量的支持与协作，甚至还需要得到作为监督对象的主体的认同与支持，与检察机关形成办案工作合力，共同推进社会治理机制创新，实现双赢多赢共赢的最佳办案社会效果③。

3. 司法能动理念

司法能动主义是现代司法权的重要体现④，在我国司法实践中，司法能动集中体现为发挥司法的主观能动性，积极主动地为大局服务⑤。树立司法能动理念，有助于实现民行检察法律职能的合目的性，有效拓展监督权能，实现法律效果与社会效果的统一与平衡。推进民行检察一体化办案工作机制，既需要以司法能动理念为指导，同时也要在推进过程中积极体现司法能动理念：一方面，民行检察办案活动及过程的目的需要设定为对外部社会目

---

① 尹吉等：《检察管理研究——以现代管理学和检察业务管理研究为视角》，《中国检察》第21卷，第475页。

② 汤维建：《民行检察监督制度的十大趋势》，《检察日报》2010年10月29日，第10版。

③ 王田海等：《检察机关参与管理创新研究》，《中国检察》第22卷，第2页。

④ 〔美〕克里斯托弗·沃尔夫：《司法能动主义——自由的保障是安全的威胁?》，黄金荣译，中国政法大学出版社，2004，第3页。

⑤ 卞建林等：《中国司法制度基础理论研究》，中国人民公安大学出版社，2013，第188页。

的的追求，以回应社会在不断变化发展中产生的民行检察需求；另一方面，需要鼓励创新意识和采取多样化的创新模式，以丰富一体化办案工作机制的功能性内涵。

4. 办案责任制理念

一体与独立，是现代检察权运行的双重机制。检察官必须受检察一体制的节制，服从上级检察官的指挥监督。但下级检察官并非唯命是从，而是具有相当的独立性。[1] 赋予检察官独立行使职权的权利，充分体现了对于行使权力的个体的尊重[2]，建立民行检察一体化办案工作机制，决不能否定办案责任制，而是要通过一体化机制保障检察官的司法职责独立性，让单个检察官在独立办案中能够克服各种干扰因素，有效调动各种办案资源，寻求各种支持与协作，充分履行办案职责，取得最佳办案绩效，从而完善检察官办案责任制，构建良性的检察权运行体制。

三 上海民行检察办案工作实证分析

（一）上海民行检察办案工作基本特点

1. 办案组织体系具有三层结构

办案组织体系中，在省级检察院层面为上海市人民检察院民行检察部门，地市级院层面为上海市人民检察院第一、第二、第三分院中的内设民行检察部门，基层院层面为 16 个行政区划的区检察院与上海铁路运输检察院的民行检察部门。三级院共同构成了办案一体化的基本主体力量以及体系边界范围。

2. 三级院办案数量分布不均衡

受诉讼监督程序规定影响，分院层面诉讼监督办案数量最多，人均办案量也最大，并呈逐渐上升趋势。在公益诉讼办案方面，基层院层面则是绝大

---

① 刘晴等：《检察官办案责任制改革实证研究》，《中国检察》第 25 卷，第 193 页。
② 陈卫东、李训虎：《检察一体与检察官独立》，《法学研究》2006 年第 1 期，第 7 页。

部分案件的办理主体。分院与基层院的案件数量也同时决定了市院的主要办案数量。

3. 三级院办案侧重不同

基层院以执行监督、审判程序中审判人员违法行为监督为主，并有权提起行政公益诉讼；分市院以裁判监督为主，并有权提起行政及民事公益诉讼。基层院案件来源以控告、举报、依职权发现为主，分市院案件来源以当事人申请监督为主。基层院以开拓案源为首要任务，辅以必要的调查核实；分市院以裁判监督类案件审理为主，对绝大多数不支持监督申请的案件做好息诉服判工作。

4. 执行、审违类监督案件匮乏

民行检察部门可以对法院执行案件及审判程序中审判人员违法行为进行监督。但较之裁判监督类案件，此两类案件的受理方式比较被动，案件的受理数量远远不足，案件匮乏问题明显。

（二）上海民行检察办案面临的突出问题

1. 多元化监督格局下资源与力量亟须整合

虽然三级院监督范围、监督方式各有不同，但在办案过程中多有交织，为了合理分配司法资源、拓宽监督案源、提升整体监督效能，各级院之间办案资源与力量亟须整合。比如分院对辖区内行政机关履职情况进行办案监督，遇到基层行政机关不予配合，可借助基层院的力量协助调查。同时，分院在办理行政裁判监督类案件时发现基层行政机关怠于履职或者违法行使权力损害社会公共利益时，也可将相关线索移送给相应的基层院，以拓展基层院行政公益诉讼的线索来源。此外，涉及地方性利益、部门性利益的情况，上下级院之间的协调和配合也有助于排除办案阻力。又如，市分院在审理二审裁判监督类案件中，将发现的一审法院违法情形的案件线索移送相关基层检察院，可帮助基层检察院拓宽案件来源，在办案过程中两级检察院通过信息共享、协作配合提高案件的办理效率，增加人民群众对办理结果的满意度。再如，执行监督类案件主要由基层检察院受理，基层法院对基层检察院向其制发的执行监督检察建议采纳率不高，如能以上级检察院向同级法院制发检察建议进行跟进监督，更能保证监督的实际效果。

2. 专门法院设立与民行检察对应的监督模式发展滞后

上海相继成立了海事法院、知识产权法院、金融法院以及破产法院等专门化法院，这对传统民行检察办案模式提出了新的要求和挑战。审判专业化是今后司法实践的发展方向，作为承担监督职能的民行检察办案工作也需要向专业化方向转变。而目前的民行检察办案模式难以实现以专业进行分类处理，各级检察院之间案件信息的交互障碍也导致互动交流和经验分享无法有效进行，在一定程度上限制了专业化建设和专业化水平的提升。应对专门化法院和专业化审判，亟须合理地调配民行检察办案力量，形成对应性监督机制。

3. 办案独立性要求与专业化水平之间的矛盾

司法改革要求突出检察官的独立办案性质和地位，落实司法责任制。但与刑事检察相比较，民行检察涉及的案件类型更复杂多样，涉及的领域更广泛，监督的法院专业化更细化，而现行的各级检察院民行检察队伍中每个民行检察官都要独立面对整个民事、行政诉讼中所有领域的问题，着实难以做到样样精通，因此导致实际监督效果与所独立承担的法定职责存在一定的矛盾。民行检察"单打独斗"的方式，不能适应时代对民行检察官的要求，也无法满足社会和人民群众对加强法律监督力度的要求与期望。进一步推进民行检察队伍专业化职业化建设，提升民行检察监督水平，有必要通过内外部借力、信息共享、数据互通、专业解答指导等途径来提升民行检察整体办案质量。

四　民行检察一体化办案工作机制的建构设想

新形势下建立和完善民行检察一体化办案工作机制是应对新时代、新要求、新问题和新挑战的重要举措。目前，上海检察机关民行检察部门已具有构建一体化办案工作机制的现实组织基础，现阶段在全面总结已有经验，客观把握实际问题的基础上，应积极探索民行检察一体化办案工作机制的基本思路与可行路径。

（一）整合内部资源构建民行检察一体化办案工作机制

1. 民行专业团队一体化

（1）专案型办案团队

组建专案型办案团队，聚合各地区、各层级检察机关民行检察办案力量，是从依靠"单线作战"到重视一体化协作办案的理念转变，也是个案监督高效、精准、统一的重要保障。现阶段，各级检察院受案范围、审查重点、监督方式均存在诸多差异，而工作模式、思维习惯和监督角度的不同也会导致不同的认知和判断。因此，对跨区域、跨层级、具有重大影响、社会关注度高的案件，由上级检察院统一指挥，统一调配各地区、各层级的民行检察条线办案力量组成办案团队，有助于最大限度地发挥整体优势。专案型办案团队的组建，由案件受理院向市检察院民行检察部门提出申请，市检察院民行检察部门根据个案情况，决定由上级检察院派员直接参与下级检察院的案件办理，或指令下级检察院派员直接参与上级检察院的案件办理。办案团队人员数量为单数，讨论形成的处理意见，应当报请检察委员会讨论决定。团队成员的办案情况应计入该检察官年度绩效考核业绩中。

（2）法律问题研究团队

民事行政诉讼案件涉及的法律关系纷繁复杂，法律问题层出不穷，对民行检察工作是巨大的挑战。现阶段，各级检察院民行检察部门办案水平参差不齐，仅依靠自身力量，短时间内很难全面协调充分发展，因此，有必要调动精通业务、善于办理疑难复杂案件的各级检察院民行检察实务人才参与法律问题的研究，并通过统一的动态管理和统筹使用，提升整体办案水平。组建法律问题研究团队，由市检察院民行检察部门在上海市民行检察人才库①

---

① 2017 年 1 月 6 日，根据最高检察院民行检察厅《全国检察机关民事行政检察人才库管理办法（试行）》和市检察院《关于建立上海检察专业化人才库方案》的要求，制定上海检察机关民行检察人才库方案，并于 2017 年 12 月 26 日确定首批入选人员名单。

中选派成员组成。研究团队不直接参与办案，仅对个案所涉法律问题以座谈和研讨的方式进行研究，有必要的可以要求相关案件承办检察官参加会议并介绍案情。研究团队形成的研究意见，仅供案件承办检察官或办案团队参考，不影响检察官办案独立性。相关监督案例应定期汇编下发全市民行检察部门，为统一办案标准提供参考。研究团队成员完成市检察院选派任务的，工作业绩应列入该检察官年度绩效考核业绩以及人才库成员一案一档的档案资料中。

（3）一类案件评析团队

类案监督是推进民行检察监督深入发展，提升民行检察监督效果和辐射效应的重要路径。针对同类案件、同类问题、不同判例，组建一类案件评析团队，聚焦热点、集中审理、重点监督，有助于发挥民行检察监督能动性、对事性、普遍性和建设性的特点和优势。一类案件评析团队，由市检察院检委会民商事专业小组成员、民行检察办案能手及各级检察院民行检察业务骨干组成。市检察院民行检察部门根据各级检察院定期报送的类案监督情况，审定类案问题，确定研究议题。一类案件评析团队根据研究议题，分设不同的专业小组进行类案评析。各专业小组应致力于通过办案积累同类型案件的实践经验，及时掌握最新法律法规及政策，关注司法实践的新动态及相关判例，并按期完成议题研究报告。一类案件评析团队根据各专业小组的议题研究报告，出具是否需要进行类案监督的评析意见，供市检察院民行检察部门参考。

2. 检察数据信息共享一体化

（1）实现民行检察办案数据、法律文书、电子案卷的信息共享

案例分享和经验交流是提升办案能力和水平的有效途径，依托信息数据一体化这一途径将更为便捷和高效。在个案审查中，承办检察官可通过搜索涉案当事人，查询相关案件检察机关审查处理的情况，了解当事人的背景资料，发现引发纠纷的焦点矛盾，对案件予以全面评估。承办检察官也可通过搜索民行检察办案中的同类型案件，查询不同区域、不同时段、同类型案件的办案情况和相关的法律文书等，借鉴办案经验，通过分析、比较和研究找

准案件切入点。针对类案情况，一类案件评析团队可通过搜索电子档案资料，全面分析类案监督涉及的个案情况，实现类案梳理和实践研究。市检察院民行检察部门也可通过平台及时了解全市各级检察院的受理情况、办案动态及监督后的反馈情况，从而及时调整指导重点等。在案件审查过程中，办案数据及程序信息应全部公开，在案件审结归档后，法律文书、电子案卷数据一般应公开，特殊情况的，经受理检察院分管检察长批准后可以不公开。

（2）实现检察机关平级职能部门的数据、档案资料的共享

依托统一业务应用系统和电子案卷归档系统，可以实现检察机关各平级职能部门之间的信息共享。比如对于民行检察案件中发现犯罪线索的，民行检察部门与刑事检察部门通过信息共享，可以及时了解线索移送后的动态情况，便于跟踪和反馈；对涉及执行、审判人员违法，行政违法监督案件以及公益诉讼案件，民行检察部门与控告申诉部门、案件管理部门通过信息共享，可以及时发现案件线索，拓展案源；涉及民刑交叉、行刑交叉的案件，各检察部门之间通过数据共享，及时掌握案件情况，形成检察一体化的办案模式。各平级职能部门数据信息共享应当设置开放条件，开放内容一般限于数据及程序信息。结论性文书及档案资料需经审批程序后方能访问查看，但不允许下载、打印和复制。同时系统应保存访问端口记录，一旦发生泄密，即可追根溯源，追究问责。

3. 多学科跨部门一体化

民行检察办案工作中涉及的案件类型日益多样和复杂，不同的法律关系所涉及的专业和技能要求各有不同。比如商事案件的办理，需要了解财务制度、熟悉会计账目；医患纠纷案件的办理，需要了解诊疗规程、熟悉鉴定标准等。因此，民行检察办案工作需要借助检察机关内部人才资源，通过多学科跨部门一体化为民行检察办案提供专业支撑。一方面，统计检察系统内部拥有多学科专业知识人才，例如语言类、文书鉴定类、医疗临床类、司法会计类、心理测试类以及电子证据、录音资料、图像资料检验类等具备专业资质的人员，构建多学科人才库，由市检察院统一管理，在局域网中公布名单。民行检察办案过程中涉及相关学科专业知识的，可以通过人才名录找到

具有相关专业技能的检察干警进行咨询，为民行检察办案提供更专业、更科学的咨询建议，在一定程度上也可以节约办案成本。另一方面，针对目前民行检察办案过程中发现涉及其他检察业务的案件，如非法集资、虚假诉讼以及侵权纠纷等，可以借助各条线已经形成的专业化小组，进行法律问题的理论及实务研讨，解决个案中存在的民刑交叉、行刑交叉问题，也有利于开拓案件来源，提高监督的质量和效果。

4. 案件质量评价一体化

民行检察一体化办案工作机制打破了传统的部门和区域限制，对现行民行检察案件质量评价机制提出了新要求。同时，案件质量评查的规范化、标准化和常态化，也能有效提升民行检察规范化水平。[1] 案件质量评价机制应结合常规评查、专项评价与重点评查。每种评查机制、评查程序的侧重点各有不同，三种评查方式结合组成完整、科学的案件质量评价体系，同时案件质量评价的结果应合理融入检察官绩效考核体系中。在常规评查中，随着办案系统软件的应用功能强化及数据信息共享一体化的建设，案件管理部门可以通过网上办案系统、管理系统和考核系统，对民行检察部门办案各项数据、指标进行实时监控、分析，强化动态管理，也可以通过大数据分析，对个案评查中发现的普遍性问题进行重点监控，合理调整评查标准，形成更为科学、合理、规范、完善的评查机制和评查标准，确保案件质量评查的客观性。在专项评查中，可以由市检察院民行检察部门组织有丰富办案经验的检察官，采用不定期对全市民行检察案件进行抽查的方式进行，对错误个案提出纠正意见，对普遍性问题提出指导建议。也可以由市检察院组织专业小组，采用定期对各级检察院报送案例、法律文书进行专业评价的方式，选出精品案例及优秀法律文书，供各级检察院学习和借鉴。在重点评查中，针对严重错误的案件或有必要进行重点评查的案件，可以由案件管理部门、案件专项评查小组对不合格案件进行有针对性的再评查即复审，复审维持原评查意见的，经评查单位申请、市检察院分管检察长批准后，可启动个案评鉴程序。

---

[1] 高宛梅：《案件评查助推规范司法》，《检察日报》2015 年 9 月 9 日，第 11 版。

5. 办案流程一体化

（1）纵向联动

纵向联动，是民行检察条线上下级之间根据民行检察办案程序，形成上下联动、协同合作、注重效果的一体化办案格局。具体表现在以下几个方面：一是案件及线索的移送。上级检察院可以交办、转办和督办方式将已经受理的民行检察案件交由下级检察院办理，各级检察院在案件审理过程中，发现涉及应由其他检察院管辖的情况，可以将有关案件材料移送该院处理。二是指令及委托调查核实。上级检察院可以指令下级检察院进行调查核实，跨地区各级检察院之间可以通过委托方式，完成案件的调查核实。三是上级院对下级院提请抗诉案件提前介入和进行办案指导。四是在下级院制发的再审检察建议未被采纳或未获回复的情况下，提请上级院跟进监督。五是提出抗诉的检察院与出席再审法庭的检察院之间，共同配合做好出席再审法庭工作，及时反馈和跟踪案件的再审结果。六是息诉答复工作。涉及当事人越级访的，下级院及时向上级院通报案件情况，涉及当事人多次缠闹访的，上级院应指导和协助下级院做好息诉疏导等工作。除此之外，对办案工作中出现的新情况和新问题，下级院应及时、主动地向上级院进行案件情况通报，上级院应加强对下级院的指导，共同探索新思路和新方法，正确认识和妥善处理各种新类型案件和疑难复杂案件，提高办案质量、效率和效果。

（2）横向协作

横向协作，是民行检察部门与其他平级职能部门之间利用各自的优势和资源，形成相互配合、支持、制约的一体化办案格局。横向协作主要体现在以下几个方面：一是民行检察案件的受理、审查和管理分别由控申部门、民行检察部门、案管部门负责。案管部门负责民行检察案件的统一登记、统一结案移送，对民行检察案件主要办案流程节点进行集中管理和监督。控申部门负责对民行申诉案件、举报线索的受理和移送。三个职能部门之间分工负责、各司其职，形成配合制约的办案模式。二是调查核实工作、接待场所安全工作的警务保障。警务保障部门负责配合民行检察办案人员进行调查取证和现场勘验等，为民行检察办案调查工作提供安全保障。比如外出调查取证时被调查人不配合的，民行检察部门可要求警务部门共同参与。在申诉接待阶段，对群体性申诉，以及可能发生闹访缠访甚至是极端情况的案件，可以由民行检察部门预先评估，及时与警务部门进行情况通报，共同研究预警方案，形成突发事件一体化应对机制。三是息诉罢访工作的相互配合。民行检察部门应加强与控申部门的沟通配合，发挥民行检察部门熟悉案情和控申部门接待来访经验丰富的优势，以联合接待答复的方式，共同做好息诉罢访工作。同时，在实践操作中还应强调民行检察部门是息诉工作的第一责任人，民行检察部门息诉工作应以自身为主、协作为辅。四是对于涉及刑民交叉、未成年人合法权益保护等案件，在必要的情况下，可成立专案组集中各业务部门的相关人员集中办理。

（二）专业辅助制度助力民行检察一体化办案工作机制

1. 建设民行检察智库

专家智库建设已经成为检察工作"借力引智"的重要手段。在内部多学科跨部门人才库为民行检察办案工作提供初步的咨询意见的基础上，对于一些有监督价值的案件，如果直接委托司法鉴定、评估和审计，不仅启动程序过于烦琐，时间和资金成本也过高。因此，有必要建立一支为民行检察办案所需的专家团队，借助他们的专业技能和实践经验，为民行检察办案所涉及的非法律专业问题提供更为精准的评估和判断。

专家智库，关键在用，且要实战实用。① 建立专家智库应以办案为中心，因需而设。专家智库应统一在市院层面设立，但在人员选任上可充分考虑各级院的业务特点，不能忽视各级检察院各有侧重的民事检察监督格局。在启动专家智库之前，民行检察人员必须做好前期梳理，提高解决问题的精度和准度。在启动专家智库后，可以通过个案咨询、类案研究、联合调研等形式，多元化发挥专家智库"借脑生智、借梯上楼"的智囊团作用。专家智库针对民行检察办案中涉及的专业性、技术性较强的疑难问题进行研究，

---

① 顾雪飞：《深耕智慧检察助推转型发展》，《检察日报》2018 年 9 月 12 日，第 9 版。

为案件证据分析、事实认定提供科学、客观的意见和建议。① 对专家智库的反馈信息应统一整理和评价，便于后期的合理运用及科学管理。

2. 建立检察联络员及特邀检察官助理制度

（1）检察联络员制度

检察联络员制度在不同的语境下有不同的含义和功能，民行检察一体化办案工作机制下的检察联络员制度，旨在发挥调查核实权的作用，解决发现问题后"与谁沟通"的困境。现阶段，对于建立民行检察联络员制度虽无明文的法律授权，但是基于新颁布的《人民检察院组织法》对检察机关在行使法律监督职能时，有关单位应当予以配合之规定，为民行检察联络员制度的建立提供了法律依据。实践中，检察机关可以通过聘请行政机关、行业协会、企事业单位、社会团体等社会组织相关人员专门负责对接、协调办案工作，快速、准确地确定调查核实的方向和对象，提高民行检察办案效率。

（2）特邀检察官助理制度

2018 年 3 月 21 日最高检察院公布施行《关于指派、聘请有专门知识的人参与办案若干问题的规定（试行）》后，部分地区已经进行特邀检察官助理制度的实践探索，也取得了良好的社会效果，不仅提升了办案质量，也赢得了广泛的关注和支持。在人员选任上，特邀检察官助理与专家智库成员具备同样的专业性要求，但特邀检察官助理能够直接参与具体的案件办理，因此在任职条件、核查程序方面较之专家智库的成员应更为严格。在案件办理过程中，应明确特邀检察官助理协助办理的具体内容，严格办案纪律和办案职权。特邀检察官助理参与办理的案件应建立相应的评估制度，做到适时调整和动态管理。

3. 创新民行检察培训制度

民行检察培训，要以业务和理论研究能力的提升为价值导向，切实将岗位能力生成凸显出来，以适应司法体制改革对检察官素能提出的新要求，切实提高民行检察人员的培训质量。②

---

① 张洁、龙立琼：《遵义中院创新审判管理成立专家智库》，《法治生活报》2012 年 5 月 22 日，第 2 版。

② 高家龙：《员额检察官培训应做到"三切实"》，《检察日报》2017 年 4 月 7 日，第 3 版。

在培训的内容和模式上，应注重实用性和多样性。首先，培训内容应符合体系化的要求，同时也要契合民行检察一体化办案的实际需求。一方面，应继续加强与高校之间的合作关系。目前，国家检察官学院已面向具有副高级以上专业技术职称的高校教师等制定发布课程研发申报公告①，与高校教授合作，共同研发培训课程。同时，也可以考虑依托高校教育平台，定期安排民行检察人员进行系统性的理论培训。另一方面，应根据员额检察官、检察官助理以及其他司法辅助人员工作性质的共性和差异性，设置适当的培训内容，让不同类别的人员通过培训不仅提高自己的岗位技能，还能深入了解其他类别人员的岗位特点，提高工作的默契度。其次，培训模式应针对不同办案团队所涉及的业务领域和业务重点，灵活多样。目前，民行检察的基本培训模式大致可以分为分散型培训模式和集中型培训模式。对于分散型培训模式，在适当保留轮岗培训制度的前提下，基于民行检察一体化办案工作机制的优势，可增加与民行检察工作实际密切相关的人民法院、行政执法机关、国有企事业单位等岗位轮岗培训或者互派干部交流的内容②，协调安排与个人选择相结合的轮岗培训模式。对于集中型培训模式，除进一步丰富中短期多时段培训外，还可以邀请实践经验丰富的检察官、法官、行政机关一线业务人员担任实务导师进行授课培训，也可以通过"网络＋培训"的方式进行视频教学，并在网络培训课程的设置中增加开放式的主体讨论和交流，充分调动课程学习的积极性、主动性，激发学习兴趣。除此之外，还可以考虑建立统一的法官、检察官培训制度，通过互相学习和交流，统一法律的理解和适用。

（三）外部协作聚力推进民行检察一体化办案工作机制

1. 拓宽法律监督交互渠道

检察机关对人民法院生效裁判、调解书的法律监督既是民行检察的权重

---

① 龚云飞：《国家检察官学院教务负责人：着眼课程研发 进一步开拓检察教育培训新局面》，《检察日报》2018 年 11 月 23 日，第 2 版。

② 姜洪：《最高检与生态环境部互派干部进行挂职交流》，http：//www.spp.gov.cn/zdgz/201811/t20181122_400028.shtml，2018 年 11 月 24 日。

产品，也是最能体现"以人民为中心"的全面监督理念的工作。① 长期以来，检察机关的法律监督往往被视为单纯的纠错行为，有关单位被检察机关制发检察建议或者人民法院已经判决的案件被提出抗诉，就认为是被检察机关抓住了"把柄"，在此种观念的影响下，人民法院或者行政机关等有关单位对检察机关的法律监督工作常有抵触情绪。所以，有必要在市级机关层面采取与对应人民法院以及相应行政机关联签会议纪要、召开联席会议等方式，消除彼此的观念分歧，将法律监督的双赢多赢共赢的检察理念融入实际工作中。在互通方式上，应分析以往模式在不同地区产生不同影响的原因，也可以尝试有条件的信息互通，实现更为高效的交流和协作。比如利用数据信息反映的法院受案变化、涉诉行政行为类型，及时调整相关案件审查人员的配比以及培训重点；利用行政执法行为信息的接入平台，实现与各执法部门最新执法动态、法律法规等环节的信息共享等。

2. 构建违法犯罪线索互通平台

在办理民行检察监督案件的过程中经常会发现一些涉及行政违法、刑事犯罪等线索，这些线索需要民行检察部门及时与公安、税务、监察委等相关部门进行沟通，协调应对方案，妥善处置，以防违法行为无法及时纠正，造成损害的进一步扩大。但是，目前各级检察院之间对于此类线索的发现和移送工作并未形成上下统一的模式和工作规程，在一定程度上造成了案件线索未能及时发现、发现后没有得到妥善处置或者移送后杳无音讯无人跟进等线索资源的浪费。因此，有必要以民行检察一体化办案工作机制为依托，构建上下统一的线索管理和移送程序。通过建立线索移送互通平台，实现从案件受理、线索发现、线索移送到跟踪反馈等信息的第一时间更新。民行检察办案中发现的违法、犯罪线索，可以通过民行检察办案系统直接传输至相关职能部门进行研究，实现文书的快速传送、线索的无缝对接。同时，接受案件线索的相关职能部门对相关线索的处理情况，能即刻显示在办案系统中，方

---

① 姜洪：《努力为新时代提供更多更优民事检察产品——全国人大常委会首次专题询问"两高"专项报告侧记》，http://www.spp.gov.cn/spp/tt/201810/t20181025_396670.shtml，2018年11月21日。

便民行检察部门跟踪线索信息，提高双方协作配合的能力。

3. 推进互联网的技术应用

目前，民行检察办案软件系统对数据的处置较为简单，不仅缺乏对各项业务数据的有效利用，而且由于检察机关内部的相关数据尚未互联互通，庞大的数据信息无法转化为提高民行检察能力的"动力源"，而在民行检察一体化办案工作机制的运作下，办案软件系统的功能将更加捉襟见肘。因此，有必要建立更为智能的民行检察一体化办案业务数据库，盘活民行检察办案过程中的相关数据信息，利用互联网技术及时收集、整理、比对、互通分享各级院民行检察办案团队的办案数据信息，整合形成专业化、多类型的民行检察办案大数据。一方面，该数据库可以与目前现有的检察办案统一软件系统相结合，但应进一步完善智能化的搜索功能，通过后台数据信息的筛选和提取，帮助承办检察官办案和决策；另一方面，该数据库应具备一定的数据整合、分析能力，增强智慧检察的发展后劲[①]，提升数据检索的联想能力。例如，在对裁判监督类案件进行搜索时，如输入申请人信息，则能够显示该申请人在各级检察机关申请监督案件的数量、案由、风险提示、审查意见、处理结果等；如以案由为关键词进行搜索，则至少应当显示检察机关对此类案件的受理数量、审查意见、处理结果。除此之外，如选取一定的时间段，则可以进行数据对比等。不仅如此，数据库中还可以纳入统一编写的优秀案例以及指导性案例，供各级检察机关民行检察团队在办案过程中学习、参照适用，通过民行检察一体化办案工作机制的传导效应，进一步统一和规范民行检察的监督行为，整体提高民行检察的监督能力。

---

① 王效彤：《顺应人工智能时代推进智慧检察》，《人民检察》2017 年第 20 期，第 30 页。

B.7
公共法律服务指标体系构建研究

上海社会科学院与杨浦区司法局联合课题组*

摘　要：　公共法律服务是指由政府主导、司法行政机关统筹，旨在保障公民基本权利和维护人民群众合法权益，从而实现社会公平正义和提升人民获得感所必需的法律服务，为公共服务的重要组成部分。公共法律服务兼具公共服务和法律服务的双重属性。公共法律服务体系的基本要素为服务主体、供给方式、资源配置方式、管理运行、绩效评价等。目前公共法律服务存在的问题主要体现在理念观念更新迟缓、资金来源不够多元化和社会主体参与度不足等。上海市杨浦区在公共法律服务体系建设方面积累了不少有益的经验。

关键词：　公共法律服务　法律服务体系　法治政府

我国正处于全面建设小康社会的攻坚时期，建设社会主义法治国家任重道远。党的十八届四中全会通过了《中共中央关于全面推进依法治国若干重大问题的决定》，在系统、专门研究依法治国问题并对下一阶段全面推进依法治国做出战略部署后，构建覆盖城乡居民的公共法律服务体系的系统工作以及加强民生领域法律服务的要求被提上日程。

　＊　课题组组长：王玉梅，上海社会科学院党委副书记，研究员；副组长，陆静，上海市杨浦区司法局党组书记、局长。课题组成员：杜文俊，上海社会科学院法学研究所副所长，研究员；孟祥沛，上海社会科学院法学研究所民法室副主任，研究员；彭辉，上海社会科学院法学研究所副研究员；邢政，上海社会科学院法学研究所硕士研究生。

一 公共法律服务体系建设基础理论

（一）公共法律服务的主旨内涵与体系架构

公共法律服务是指由政府主导、司法行政机关统筹，旨在保障公民基本权利和维护人民群众合法权益，从而实现社会公平正义和提升人民获得感所必需的法律服务，为公共服务的重要组成部分，其属于民生工程和服务政府的职能建设范畴。

1. 基本内涵

（1）公共法律服务是基本社会服务的组成部分，其特殊性在于服务内容具有明显的法律专业特征。由专业的角度出发，无论出于何种考量，公共法律服务都与法律和法律服务密切相关。

（2）公共法律服务之所以属于特殊的法律服务，是因为其与一般市场法律服务有所不同，区别在于以下三方面：一是从服务的提供主体而言，公共法律服务以政府机关或其授权的主体为主要主体；二是公共法律服务是出于维护社会公平正义的目的，以国家义务或者政府职责的方式为不特定的对象提供免费或者收费较低的无差别的法律服务；三是受众包括全体公民、法人和组织，因为公共法律服务具有公益属性，只要符合相应条件，都可以享有。

（3）公共法律服务具有政府主导性——由公共财政来提供资金支持，由政府提供基本的法律服务，为群众提供必要的法律支持和帮助，有利于保障公平正义的目标实现。

（4）为构建均等化公共服务的中国特色公共法律服务体系，需要在资源配置方面遵循两个方面的基本准则：一是在分配公共法律服务资源时为实现均衡配置的目的，应按照当地经济发展水平、人口比例和法律资源分布等情况衡量；二是在为部分社会群众提供公共法律服务时应当对符合条件的人员提供合比例的财政补贴。

2. 基本属性

（1）公共服务的基本属性。公共法律服务具有公共服务的公益性、普惠性、基础性、均等性、迫切性等特征。

（2）法律服务的专业属性。有法治宣传、律师服务、公证服务、人民调解、法律援助、司法鉴定、安帮矫正等，都可见法律的专业属性。

3. 形式内容

公共法律服务内容可以通过四个层面的因素进行研究分析：一是其内涵需要相关法律保障，诸如公众生活、生产等实体权利；二是法律服务产品本身也是公共服务的重要内容；三是政府法定职能与公共服务密不可分；四是社会治理亟须以法治思维和法治方式实现。综合上述因素，公共法律服务的具体内容，大致可以归纳为法治宣传、人民调解、法律行业①、法律援助、安帮矫正②五个方面。

4. 源与流

公共法律服务体系在内涵上主要还是基于公共服务中卫生、教育和社会保障等，进行位移式地概念化替换，即将其与公共卫生服务、公共教育服务和公共社会保障服务进行类比把握，强调政府职能和职责，以此为法治政府的服务职能增添内涵。需要强调的是，公共法律服务体系的特殊性方面需要受到应有的重视，尤其职业化和专业性在社会期待的本源性问题方面缺乏细致深入考量。

5. 体系架构

通过上述对公共法律服务体系内涵以及外延的分析，笔者认为公共法律体系的架构应当包括下述五个方面。

（1）服务主体，即公共法律服务的提供者。政府是主导力量，公共法律服务实现方式则是社会协同以及法律服务从业人员的积极参与。司法行政部

---

① 作为传统意义的法律服务，法律行业服务主要有律师、公证、司法鉴定、仲裁等四个方面的内容。
② 安帮矫正包含安置帮教（帮扶、教育、安置刑满释放人员）和社区矫正（监管、教育、帮扶社区服刑人员）两项内容。

门则作为职能机构，其定位是具体实施者和推进主力。其他政府和国家机关如财政部门、人民法院和人民检察院则应提供与其职能相关的公共法律服务。

（2）供给方式。随着政治、经济体制改革的深入推进和治理思维的转变，政府的公共服务供给模式正在逐步转向社会购买服务、社会组织提供志愿服务等多元化模式，并逐渐占据主流。多元化的新兴社会公共服务供给方式在提高整合社会公共服务资源的效率，扩大供给规模、拓宽供给渠道和提高服务质量和效率方面都起到了显著的效果，同时还能最大限度地满足社会公众的获得感。

（3）资源配置方式。公共法律服务的不平衡需要从法律服务资源配置入手。为推动公共法律服务资源的优化均衡配置，需要推动区域间公共法律服务资源在不同发展阶段的动态合理流转，由此形成资源均衡覆盖城乡，进而让全体公民享受公共法律服务的均等机会。

（4）管理运行。公共法律服务运行的保障机制包括组织层面、政策层面和经费保障层面以及规范化和标准化建设。公共法律服务体系作为整体系统工程，在管理运行时必须确保顶层设计、基础建设的合乎逻辑性和协调性。

（5）绩效评价。公共法律服务的高效运转离不开相应的管理评价机制，同时，健全完善的准入机制、监督机制、服务质量评价标准体系、诚信评价体系和绩效评价机制也很重要。

（二）司法行政法治化内涵中公共法律服务体系建设的实践逻辑

基于党中央的顶层设计，国务院和司法部的相关文件要求，各地司法行政部门积极探索与本地区发展状况相适应的公共法律服务体系建设，并得到相关理论知识资源的不断激发和论证，以期形成特色的地方实践模式。通过梳理公共法律服务体系建设的实践逻辑，本研究大致可以从以下三个方面进行较为全面地体现，即理论证明、制度建构、内容明晰。

1. "公共法律服务体系"的理论证明，由"政府救济说"到"国家责任理论"的理论超越

政府救济说可以初级证成服务型政府在法治国家建设进程中角色转换所

蕴涵的法治正当性基础，然而，其无法回答政府提供公共法律服务体系的基准和限度。但是，国家责任理论能带来较为充分明晰的理论超越，这是关涉公共法律服务体系的法治理论的贡献所在。因此国家须综合考量公共法律服务的提供者和参与者对公民社会的责任考量。总的来说，有关公共法律服务体系理论学说已由初级层面的政府救济说转向国家责任理论，已经成为学界共识，并不断指导具体实践的进程。

2."公共法律服务体系"的制度建构，由"顶层设计"到"地方图景"的精细化实践

自从党的十八大以来，建设公共法律服务体系就在中央顶层设计的指导下不断加速推进。全国各省区市司法局结合地方实际发布了关于加快构建覆盖城乡的公共法律服务体系的意见，积极探索具有地方特色的实践模式。同时，各地方司法行政机关已经将公共法律服务体系建设作为核心工作，在政绩考核方面予以重点关注。

3."公共法律服务体系"的内容明晰，由"一般描述"到"类型区分"的范围划定

公共法律服务体系的内容范围在初始阶段只能是一般性描述，而较少有具体提及哪些方面是或哪些方面不是的精确陈述。随着法治中国建设的快速推进，法治国家、法治政府、法治社会的建设也在快速推进，公共法律服务体系化建设已经逐步成为社会共知，有了具体的内容划分。根据司法部《关于推进公共法律服务平台建设的意见》，公共法律服务平台的功能定位包括法律事务咨询、矛盾纠纷化解、困难群众维权、法律服务指引和提供，这四项功能较为清晰地明确了公共法律服务体系建设的重点内容，是今后一段时期我们需要关注的实践方向。

（三）理论与实践对接的困境

就司法行政机关而言，当下的首要问题就是结合供给侧结构性改革的时代背景，找出现阶段的实际问题。目前制约公共法律服务体系建设深入推进的问题有以下三个方面。

一是公共法律服务体系的理论观念更新过于迟缓，与法治中国建设的时代主题有着较大差距。理论观念方面是问题产生的第一位缘由，国家责任理论只是解决供给侧的低位输出问题，而社会生活已然发生巨大变化，法治启蒙的任务早已完成，公民权利观念在普遍性上已经不是新鲜话题，输出高品位和高匹配度的公共法律服务应该是当前应予明确的中心问题，在理论观念层面需要及时更新才能解决该类问题困扰。

二是公共法律服务体系的社会主体参与度不高，整体性被动接受供给的客观化色彩较为鲜明。虽然地方司法行政机关尤为重视如何积极推进相关工作，但是仍然可见社会主体的参与程度没有与之相对应地得到显著提高。究其原因，还是社会公众尚未形成群体共享的心理契约。作为一项新兴制度，公共法律服务体系建设必须遵循制度变迁的内在规律以实现预期目标。

三是在资金来源层面，过分依赖地方政府财政预算资金。因现有地方模式的特点为资金主要来源于地方政府，在财政预算中将其归为应付款项，由此可见虽在经济发达地区具有可实现性，但经济困难地区就有一定困难。资金来源渠道的拓宽是解决公共法律服务体系建设的重要方面，特别是对于运行成效的宽泛化考评以促进行政公开。

二　杨浦区公共法律服务的实践

（一）杨浦区公共法律服务体系建设的经验做法

一是打造便捷化的线上线中线下全覆盖公共法律服务平台。通过建成区公共法律服务中心实体平台，提供法律服务，如一站式法律咨询、法律援助、公证、行政许可、专业调解等，并在科技创业园区设立全市首家专门"创服"分中心，为创新企业、创业人才免费提供律师法律咨询、小微企业纠纷预防、民商事纠纷处理和知识产权调解等服务。

二是提供优质高效的全方位法律服务，做到普惠。助推区域法治建设，在全市率先成立区委法律顾问团，与区政府法律顾问团各有侧重，2018年该平台已接受法律事务委托75件，参与信访接待162人次。区党政部门法律顾问制度初步建立。对接创新创业法律服务需求，组建科技园区法律服务团，为初创企业提供免费"法律体检"，帮助企业防范经营法律风险和人才管理风险。打造"东方大律师法律援助工作室"，满足困难群众对优质法律服务的需求。下沉法律服务资源，全面升级社区法律顾问制度，打造杨浦2.0版——社区法治专员制度。

三是组织引导社会组织共同参与的服务模式，做到协同。培育扶持成立服务于旧改征收的公义法律服务中心、全国模范检察官参与的百合花法律服务中心、专注于为社会治理提供综合性法律服务的律佑社会治理法律服务中心等法律服务类社会组织14家，服务范围涵盖旧改征收、重大工程，承接法治项目、访调对接、基层依法治理等各个领域。

四是探索"互联网+法律"全新服务形式，做到共享。在全市率先开展智慧公证建设试点，将"市民云"移动客户端引入公证服务，携手支付宝推出公证服务，利用微信公众号平台开通"网上办证"业务，上线运行"民间借贷信息"平台。区公共法律服务中心和部分街道公共法律服务站引进了智能机器人"法狗狗"，为居民提供大数据支撑下的法律自我服务和纠纷处理各类方案成本计算等系统的升级体验。

（二）杨浦公共法律服务的借鉴与启示

杨浦区在探索公共法律服务方面走在前列，在实践中取得了显著的成效，着重体现在服务平台、服务产品、保障机制、供给模式和考评标准等方面，为上海市提升公共法律服务体系提供经验借鉴。

1. 建立了常态化机制，确保公共法律服务体系可持续发展

杨浦区致力于打造长效保障机制以确保公共法律服务体系的长效化、规范化和可持续发展，重点体现在以下三方面：一是制度保障的系统化，顶层设计的完善；二是政府购买服务力度的加强，公共法律服务的资金得以保障；三是运行管理规范的强化及其运维的保障。

2. 标准化服务平台的打造，公共法律服务向社会治理的末端延展

杨浦在公共法律服务体系建设的过程中善于总结经验，探索服务的标准化，致力于使服务项目、流程和内容有对应的依据。纵向来看，杨浦设立了以区公共法律服务中心为中心，镇街法律服务站和居村法律服务工作室为延伸的三级平台。横向来看，有关部门搭建了集线下（实体窗口）、线中（电话热线）、线上（智能网络）为一体、资源高度融合的网络体系。

3. 实现供给模式的多元化，以缓解服务资源供需不平衡

杨浦在拓展供给模式上以法律服务资源支持中心为基础，汇集了诸如律师、社会志愿者和社会捐助等多方主体以拓展主体资源、资金渠道，形成由政府提供资金和政策支持，高校提供智力支持的相对成熟的法律服务资源支持体系。

4. 形成科学化考评标准，强化对公共法律服务质量全过程监督

绩效评估是监督公共法律服务质量的重要形式之一。杨浦通过制定科学的绩效评估标准，为公共法律服务提供了确实有效的依据，同时也提升了服务的质量和效率，推动公共法律服务的长效发展。

（三）公共法律服务建设中的实践困境

公共法律服务体系建设已经获得社会民众的较高评价，但随着深入推进，公共法律服务体系建设却遭遇较多实践困境，供给与需求的矛盾尤其突出。

1. 公共法律服务体系建设的单向性指令的启动困境

公共法律服务体系建设的具体实践过程中有一个基本事实：其在运行的逻辑起点上处处是司法行政机关积极统筹的身影，行政规划层层落实的本真图景诠释的单向性指令启动已然成为困扰其深入推进的对应性、互动性和实效性问题。公共法律服务体系建设的具体事项与社会不断发展的高质量需求密切相关，如何精准识别，这在单向性启动的国家行政传统中是较为创新的命题，应当对此在治理能力现代化领域进行高度关注，否则必会出现尴尬情形。互动性成为由此衍生出的实践问题，即供需双方在统筹方的单方性逻辑中较难实现高度的参与。相较于对应性和互动性问题，实效性则是颇为直接的问题，作为前两者在单向性启动实

际运作中导致的理想结果，通过治理能力现代化视域考察体系建设的实效性需要深刻反思。

2. 公共法律服务体系建设的认知性混同的角色困境

对公共法律服务体系建设的主体性诠释，主要是"政府主导、社会参与和司法行政机关统筹"的表述，而具体实践中三方主体对自身以及与其他各主体之间的角色认知混同表现出选择性偏向问题，尤其是司法行政机关对"统筹"的确切理解和实践指向判断。其原因在于各类主体基于利益考虑在自身的角色判断上往往结合自身的利益进行角色认知偏好的选择，在公共法律服务体系建设上自然表现出该种角色定位问题。

3. 公共法律服务体系建设中运作空泛化的困境

首先，在各地具体实践中，对公共法律服务体系的实践指向没能区分出阶段性差异，尤其对法律服务的核心内涵理解存在角色立场差别，表现出空泛化的过程困境——"规范动作"都有，但是具体法律服务事项上较难实现实质性内涵展示与表达。其次，运行过程的空泛化还会随着时间推移而形成惯性经验，在不同地区和平台上表现出进一步严重蔓延趋势，治理能力现代化视域下关切公共法律服务体系建设应该在难易程度上趋向于难而不是易，现实中却是趋向于易，即在硬件建设方面大家都追求精细化，而在具体法律服务的软件内容上则被集体性回避。

4. 公共法律服务体系建设的内向化选择的评价困境

总览有关公共法律服务体系建设的实践评价，基本是自我进行的居多，有社会各方主体参与评价，司法行政机关的主导性色彩也较为鲜明，且在评价结论上也往往趋于完美，表现出内向化选择的客观存在。

三　上海市公共法律服务指标体系的构建

（一）指标体系 A 版说明

根据公共法律服务的内容，遵从目的导向原则、系统性原则、科学性原则、有效性原则、精练简便原则的要求，并结合上海市公共法律服务体系的特点，上海市公共法律服务指标体系 A 版将法律援助、人民调解、法律咨询、法治宣传、服务保障五项确立为一级指标，并分别设定相应的二级指标和三级指标。

（二）上海市公共法律服务指标体系 A 版

一级指标	二级指标	三级指标	指标说明
法律咨询 A1	咨询规模 B1	窗口咨询数 C1	各公共法律服务中心、服务站、服务室等接待咨询人次的统计数据
		12348 热线咨询数 C2	12348 公共法律服务热线平台接待咨询人次的统计数据
		网上咨询数 C3	公共法律服务网门户网站、移动客户端"12348 中国法网"、微信公众号"掌上12348"接待咨询人次的统计数据
	咨询效果 B2	法律咨询满意度 C4	主观指标，通过问卷调查予以统计
人民调解 A2	调解规模 B3	调解案件量 C5	公共法律服务机构一定时间内调解案件的受理数量统计
	调解质量 B4	格式规范 C6	主要包括人民调解书面协议卷宗和口头协议登记表的格式与司法部要求格式文本的符合情况以及卷宗材料的完整性标准
		程序合法 C7	调解流程遵循《人民调解法》规定，遵守回避、告知等制度，当事人适格
		实体合法 C8	案卷中矛盾纠纷性质的确定，权责的区分，笔录和协议书内容的合法性、合理性，证据材料的必要性、相关性，具体协议的可执行性等符合法律规定
		逻辑严密 C9	案卷中的时间关联和顺序、因果关系、逻辑关系等方面的内容严密合法
	调解效率 B5	调解时效性 C10	人民调解案件从受理到调解结案的时间统计
	调解效果 B6	调解成功率 C11	调解解决纠纷的案件占全部受理案件的比例
		调解满意度 C12	主观指标，通过问卷调查予以统计
		调解转介率 C13	虽未调解成功，但引导当事人采用诉讼、仲裁或其他司法救济方式

一级指标	二级指标	三级指标	指标说明
法律援助 A3	援助规模 B7	援助案件量 C14	法律援助机构一定时间内提供法律援助的数量统计
	援助质量 B8	统一管理 C15	法律援助案件由法律援助机构统一管理
		援助程序 C16	接待人员在全面了解案件事实和法律诉求后向申请人说明法律援助的条件,视情况指导各类表证填写,发放申请材料一次性告知书。受理后,依法审批,合理指派法律服务人员
		援助实体规范 C17	法律援助人员应遵守规范,在受委托的权限内,通过和解、调解、申请仲裁、提起诉讼及其他方式依法维护受援人合法权益
		援助档案完整 C18	法律援助人员应向法律援助机构提交承办业务卷宗和相关结案材料
	援助效率 B9	一次性告知制 C19	申请人前来办理法律援助事项,因手续、材料不完备等原因,或不具备条件不予受理的,应书面一次性告知其需要补交的手续或材料、不予受理的理由。受理后应告知受援人权利义务风险等
		限时办理制 C20	法律援助机构及法律援助人员应依法对法律援助事项在规定时间内办理,办理的时限规定应向社会公开。该项指标可统计法律援助案件的平均办理时间
		实行一站式服务 C21	法律援助机构应将多项服务集中到一个场所,简化操作流程,提高效率
	援助效果 B10	援助化解矛盾率 C22	通过法律援助彻底化解纠纷的案件在全部法律援助案件中所占比例
		援助满意度 C23	主观指标,通过问卷调查予以统计
	其他帮扶 B11	特殊人群帮扶 C24	对经济困难群体、老年人、社区矫正人员、刑满释放对象、吸毒人员等特殊群体的帮扶
法治宣传 A4	宣传工作 B12	法治宣传设施 C25	建设以法治为主题的广场、公园、展览、场馆、长廊、街区等法治文化阵地和设施
		法治宣传活动 C26	开展法治讲座、访谈、沙龙等法治宣传活动以及微电影大赛、公益广告大赛、楹联大赛、书法摄影展等形式多样的群众性法治文化活动
	宣传效果 B13	法治宣传的满意度 C27	主观指标,通过问卷调查予以统计

一级指标	二级指标	三级指标	指标说明
服务保障 A5	公共服务平台建设 B14	实体平台建设 C28	以区、街道为重心,通过整合资源,实现将各类别公共法律服务集中进驻,打造综合性、一站式的服务型窗口
		热线平台建设 C29	建设"12348"公共法律服务热线平台,提供法律咨询、法律服务、纠纷调解、法治宣传、法律援助、服务投诉等综合功能,建立一体化呼叫中心系统
		网络平台建设 C30	以公共法律服务网为基础,为社会公众通过互联网、手机、电脑等多种终端提供法律服务
	资金保障 B15	资金投入 C31	每年公共法律服务的资金投入
	人力保障 B16	工作人员配备数量 C32	从事公共法律服务的人员配备情况
		参与律师数量 C33	参与公共法律服务的律师情况

(三)指标体系 B 版说明

基于指标构建指导思想,公共法律服务评估指标以"实现法律服务全覆盖、提升法律服务质量"为目标,不断强化"为民、便民、利民"的法律服务宗旨,在供给体制层面积极创新,不断提升公共法律服务的质量和水平,B 版指标体系在构建中有以下两个方面的考虑。

一是公共法律服务工作的立体化。分别从加强组织领导、基础平台建设、公共法律服务项目、公共法律服务保障机制建设、特色加分项的多维视角来考虑。

二是公共法律服务产品供给的多层级。在供给上应确保满足城乡居民、企事业单位、社会组织等的法律服务需求,进一步建立可以满足国家机关的法律服务需求的多层级供给系统。

（四）上海市公共法律服务指标体系 B 版

一级指标	二级指标	三级指标	指标说明
加强公共法律服务组织领导 A1	成立公共法律服务工作领导机构 B1	提供成立领导机构文件及联系人名单 C1	不能提供领导机构文件扣分；无联系人或者联系人变动未主动报告的扣分
	制定公共法律服务年度工作安排 B2	制定本年度任务安排（工作方案）C2	不能提供本年度安排（工作方案）原件扣分
	执行报送公共法律服务体系建设情况制度 B3	按照市司法局要求，按时报告本区公共法律服务体系开展情况 C3	不能提供公共法律服务体系开展情况报告原件的扣分；不按时报送的扣分
	组织开展公共法律服务体系建设工作培训 B4	本年度举办公共法律服务体系建设培训班（专题讲座）C4	不能提供培训方案（计划）、学员手册、照片的扣分
公共法律服务基础平台建设 A2	公共法律服务实体平台 B5	市区公共法律服务中心 C5	市区公共法律服务中心建设水平
		镇（街道）层面设置公共法律服务站 C6	镇（街道）一级设置公共法律服务站建设水平
		村（社区）层面设置基层公共法律服务点 C7	村（社区）一级设置基层公共法律服务点建设水平
	公共法律服务信息化网络平台 B6	信息化建设程度 C8	建设信息化网络平台，以整合公共法律服务资源为目的利用远程通信技术，有助于缓解法律服务人才缺失的矛盾
	公共法律服务电话平台 B7	电话平台建设程度 C9	电话平台通过公共法律服务热线电话提供公共法律服务，以最方便快捷的方式解决咨询问题，同时衔接办理一般公共法律服务事项
公共法律服务项目 A3	法治宣传 B8	重点工作融合率 C10	法治宣传教育工作融入重点部门年度工作要点情况，以组织部、宣传部、文广局、教育局为考察对象，以年度工作要点为依据，考察普法工作在要点中是否单独成段重点出现，指标为出现数与应出现数之比 ×100%
		普法经费保障数 C11	区级财政对普法工作保障情况，指标为年度区级财政保障区级层面普法专项经费与全区常住人口的比例

一级指标	二级指标	三级指标	指标说明
公共法律服务项目 A3	法治宣传 B8	普法人员保障数 C12	法治宣传教育专兼职工作人员配置情况,区级层面按照常住人口 1 人/50 万人标准配置专职工作人员,镇、街道（工业区）按照 1 人专职配置,各委办局成员单位按照 1 人专/兼职配置,指标为实际配置法治宣传教育专兼职工作人员数与应配置法治宣传教育专兼职工作人员数之比×100%
		普法责任制清单完成率 C13	区人大、区司法机关、有行政执法职能的部门和主管相关法律的部门制定普法责任制清单情况,指标为实际制定普法责任制清单数与应制定普法责任制清单数之比×100%
		法治文化阵地达标率 C14	符合上海市法治文化阵地标准的阵地数量情况,指标为符合上海市法治文化阵地标准的阵地数与上海市各区平均数之比×100%
		"12·4"国家宪法日活动 C15	"12·4"国家宪法日暨上海市宪法宣传周集中宣传活动情况,指标为宪法应知应会全民调查问卷中"12·4"国家宪法日全民知晓率
		群众性法治文化活动 C16	群众年度参加法治文化活动的情况,指标为文化云平台年度法治类活动开展情况数据＋社会公众调查问卷中关于法治文化参与的结果
		普法新媒体感知度 C17	群众通过新媒体接受普法教育情况,指标为社会公众调查问卷中关于新媒体普法感知度的结果
		法治公益广告覆盖率 C18	区域内法治公益广告覆盖率,指标为社会公众调查问卷中关于公益广告覆盖率的结果
		传统媒体普法覆盖率 C19	传统媒体公益普法制度执行情况,内容包括:广播电视、报纸期刊等大众传媒要在重要版面、重要时段制作、刊播普法公益广告,开设法治节(栏)目情况,指标为社会公众调查问卷中传统媒体普法覆盖率

续表

一级指标	二级指标	三级指标	指标说明
公共法律服务项目 A3	法治宣传 B8	普法志愿者繁荣度 C20	区域内普法志愿者人数情况,指标为市志愿者网站注册为法律类志愿人数与区常住人口之比×100%
		社会普法活动感知度 C21	区域内社会组织开展普法活动情况,指标为社会公众调查问卷中关于社会组织普法开展情况的结果
		解决问题用法意愿 C22	全民依法维权渠道应知应会调查问卷情况,遇到矛盾纠纷愿意通过法律渠道解决问题的意愿
		服判息诉率 C23	区人民法院一审结案案件没有上诉的占一审结案数的比例
		实际执行比例 C24	案均执行标的清偿率
		报警类110增幅 C25	年度报警类110增幅
	法律援助 B9	法律援助政府责任 C26	法律援助的经费列入同级政府财政预算情况
		法律援助服务网络 C27	镇街层面设立法律援助站、村社层面设立法律援助点,构建"城市15分钟、农村半小时"法律援助服务圈
		法律援助规范化、标准化建设 C28	场所设施、人员配备、制度建设、服务要求等方面规范化、标准化建设情况
		法律援助人力资源 C29	法律援助社会工作者和志愿者队伍建设情况
		援助覆盖面 C30	经济困难标准、事项范围、办理法律援助事项补贴等落实情况
		便民惠民措施 C31	优化办理流程,简化申请程序,接待窗口设置在临街一层的情况
		法律援助质量和服务水平 C32	法律援助案件质量监管体系建立情况
		法律援助与相关部门工作的协调配合 C33	刑事诉讼中公检法机关与法律援助机构的工作衔接配合情况,民事诉讼中司法层面救助与法律援助的衔接
	特殊人群帮扶 B10	经济困难群体 C34	该指标考评建立个人档案,规范日常登记,促进活动开展,将经济困难群体纳入全区综治维稳考核的重要内容,最大限度地减少社会不和谐因素,形成对特殊人群管理的工作合力

一级指标	二级指标	三级指标	指标说明
公共法律服务项目 A3	特殊人群帮扶 B10	社区矫正人员 C35	该指标考评建立个人档案,规范日常登记,促进活动开展,将社区矫正人员纳入全区综治维稳考核的重要内容,最大限度地减少社会不和谐因素,形成对特殊人群管理的工作合力
		刑满释放对象 C36	该指标考评建立个人档案,规范日常登记,促进活动开展,将刑满释放对象纳入全区综治维稳考核的重要内容,最大限度地减少社会不和谐因素,形成对特殊人群管理的工作合力
		吸毒人员 C37	该指标考评建立个人档案,规范日常登记,促进活动开展,将吸毒人员纳入全区综治维稳考核的重要内容,最大限度地减少社会不和谐因素,形成对特殊人群管理的工作合力
		具有肇事肇祸倾向精神病人 C38	该指标考评建立个人档案,规范日常登记,促进活动开展,将具有肇事肇祸倾向精神病人纳入全区综治维稳考核的重要内容,最大限度地减少社会不和谐因素,形成对特殊人群管理的工作合力
		其他需要帮扶人群 C39	该指标考评建立个人档案,规范日常登记,促进活动开展,将除上述以外需要帮扶人群纳入全区综治维稳考核的重要内容,最大限度地减少社会不和谐因素,形成对特殊人群管理的工作合力
	人民调解 B11	受理量 C40	调解委在一段时间内正式受理立案的纠纷起数
		调解专业性 C41	专业性是一个定性指标,关键是把它进行量化
		调解公正性 C42	公正性是指纠纷人民调解员能否始终站在第三方中立立场上,保证调解程序符合规定,科学准确地认定责任
		平均调解时间 C43	平均调解时间可以反映是否在规定工作日内结案
		调解时效性 C44	时效性即处理纠纷的时间。是否实现了这个预期目标,就应该与以前处理纠纷的平均时间进行对比分析
		调解成功率 C45	该指标则是直接反映调解效果的一个指标

一级指标	二级指标	三级指标	指标说明
公共法律服务项目 A3	法律咨询 B12	受理量 C46	法律咨询专员在一段时间内受理咨询的案件数量,该指标可以在一定程度上正向评价该人员工作的效率
		转咨询量 C47	通过统计当事人更换咨询人员的数量反向考核原工作人员的工作质量
		平均诉讼量 C48	在咨询阶段解决当事人的问题,避免繁杂的诉讼,可以减少诉累,节约诉讼成本,降低司法压力
		平均受理时间 C49	平均受理时间可以反映是否在规定工作日内立案、登记
		工作流程备案的完整性 C50	咨询专员的工作档案、案卷的制作情况及规范程度,作为评价工作量、工作质量的指标
		咨询时效性 C51	时效性即开始咨询处理的时间,并与之前咨询受理的平均时间进行对比分析
	法律行业服务 B13	法律服务行业机构 C52	律师事务所、公证处、基层法律服务所、司法鉴定机构建立及法律服务资源配置情况
		法律服务行业人力资源 C53	完善法律服务人才供给,提高人员整体素质方面的措施情况
		法律服务专项活动 C54	组织法律服务工作者开展巡回讲座、法律咨询等专项活动情况
		公证行业服务 C55	公证处标准化建设及便民、利民方面的措施情况
		司法鉴定行业服务 C56	司法鉴定专家库建设、各类鉴定的区域覆盖面及便民情况
		基层法律服务 C57	通过政策扶持、政府购买服务,将基层法律服务转为公益性服务的进展情况
公共法律服务保障机制建设 A4	保障机制 B14	建立政府购买服务机制 C58	将安置帮教、人民调解、法律援助、社区矫正等专项业务经费纳入财政预算,并落实保障标准
	评价机制 B15	建立质量评价机制 C59	由享受服务的个人或单位对公共法律服务质量打分
	考核机制 B16	建立检查、监督、考核机制 C60	建立公共法律服务体系建设检查、监督、考核机制,开展了具体工作

一级指标	二级指标	三级指标	指标说明
公共法律服务保障机制建设 A4	智慧服务 B17	信息化建设 C61	公共法律服务中心信息化平台建设运转正常,公共法律服务项目完备,解决人民群众实际问题
特色加分项	得到党委政府重视 B18	出台文件 C62	党委政府出台或党委办公室、政府办公室转发公共法律服务体系建设有关文件
	经验复制推广 B19	建设经验得到上级党委政府推广 C63	公共法律服务体系建设形成经验,得到上级党委政府推广

B.8
司法辅助人员配置问题研究

上海市第二中级人民法院课题组 *

摘　要：　实践调研情况显示，目前司法辅助人员配置过程中普遍存在
整体人员不足、地方差异明显以及人员履职存在交叉、职业
发展瓶颈明显、整体效能和满意度有待提高等问题。究其原
因，我国司法辅助人员中的法官助理定位与域外司法系统不
同，具有"辅助法官提高办案效率""担当法官后备军"的
双重目的，故仅依靠借鉴域外司法系统增加法官助理数量配
置的做法并不能完全实现改革目标。课题组认为，充分发挥
司法辅助人员的辅助作用、保障法官队伍和各类人员的有序
发展，应当考虑双目标取向，丰富辅助人员来源类型，根据
案件数量和审级特点进行差异化配置，同时以信息化智能化
促进审判事务集约化高效化，才能最终实现制度愿景。在此
基础上，课题组依据审判工作各环节耗时与人力配置之间的
相关性，探索出审辅人员配比的测算方法，同时以案件量最
大的基层法院一审民事案件为分析对象，结合现有研究结论
及实地走访情况，测算得出基层法院民事审判团队中审辅人员
的配置方式，以期对司法辅助人员优化配置实践有所裨益。

关键词：　司法辅助人员　审判辅助事务　差异化配置　信息化智能化

---

* 课题主持人：郭伟清，上海市第二中级人民法院党组书记，院长；课题组成员：阮忠良、谷
开文、朱川、张力群、荣学磊、拜金琳。

一 司法辅助人员配置研究的现实意义

2014 年启动的新一轮司法改革把人员分类管理列为改革试点的四项重点内容之一，为法官助理制度改革开启新篇章。[①] 其中，法官助理的配置模式和职能定位作为法官员额制改革和审判权力运行机制改革中起着承上启下作用的核心环节[②]，更是改革实践关注的焦点。

以人员分类改革和法官员额制为主要改革内容的本轮司法改革，整体上是以现有司法资源为基础的"结构性改革"，改革整体上并不增加外部资源供给，改革的成效取决于能否通过结构性调整，实现存量司法资源的最优配置。在法官员额严格控制的条件下，内部审判资源的增量非常有限，且随着改革的深入，员额制的上限均已经逼近。这种情况下，能否通过审判事务分类、人员分工，实现法官办案效率的提升，成为决定改革成效的关键因素。从顶层制度设计来看，目前集中对司法辅助人员改革进行规定的文件中，内容上除司法辅助人员的职责外，关于配置、管理、遴选入额等方面的规定均较为原则或没有提及。各地法院对人员分类管理之下加强审判辅助人员配置已形成共识，但对如何配置司法辅助人员存在不同认知，且做法迥异。

如何界定审判辅助及司法辅助人员？各类司法辅助人员间的职责作何划分？与审判团队的建构如何协调？不同审级法院司法辅助人员配置的原则和方法如何？这一系列问题均有待进一步研究并做出系统的解答。

二 审判辅助事务的范畴与司法辅助人员的界定

司法辅助人员是按照"以事定人"的管理逻辑，人为对法院工作进行

[①] 最高人民法院 2014 年 9 月发布的《人民法院第四个五年改革纲要（2014～2018）》明确指出："深化法院人事管理改革，推进法院人员分类管理制度改革，将法院人员分为法官、审判辅助人员和司法行政人员，实行分类管理。与之配套的，则是拓宽审判辅助人员的来源渠道，建立审判辅助人员的正常增补机制，减少法官事务性工作负担。"

[②] 最高人民法院司法改革领导小组办公室：《最高人民法院关于完善人民法院司法责任制的若干意见》，人民法院出版社，2015，第 153 页。

分类识别产生的特定群体。司法辅助人员配置研究的逻辑起点应当是如何界定审判辅助事务，并在此基础上确定什么人从事何种审判辅助事务，才能进一步回答从事审判辅助工作的人如何配置的问题。

（一）审判辅助事务的划分方式

虽然法律界公认"裁判权必须由法官行使、其他事务均可由审判辅助人员代行"，但具体哪些事务必须由法官裁断、哪些事务可以完全交由司法辅助人员处理，并没有统一答案。各国通常根据对"裁判权"理解、自身司法结构、诉讼模式、案件分类标准等因素对审判活动进行解构，依此划分人员职责。同样，构建适应我国司法实践的司法辅助人员制度，也必须从司法实践出发，解决审判事务与非审判事务的分离问题，并进一步分解和界定法官独享的审判权（审判事务）与可替代的审判辅助权（审判辅助事务）。[1]

1. 理论层面：审判辅助事务的两种界定方法

目前审判辅助事务界定常用的方法主要有两种，一是直接列举法界定，将司法辅助性事务界定为"与案件实体审判相关、以服务审判工作为宗旨的各类司法辅助性工作，具体包括立案审查、分案排期、诉讼材料发送保全，办理委托鉴定评估和审计、调查取证、诉前调解、庭审笔录、裁判文书印发和发送、判决书上网、上诉移送、案卷归档等"。[2] 二是间接排除法界定。在区分审判事务与司法行政事务的基础上，以是否具有判断权为标准，将审判事务分为审判核心事务与审判辅助事务。相较而言，前者具有直观性优势，但面临难以周延、具体事项认识不统一的弊端；后者则往往陷入概念循环之中，也难以回答"审判核心事务"的边界何在。

事实上，审判权的实质是判断权，其行使的主要表现形式是法律解释权和裁量权。但是审判权具有涟漪效应，广义的审判权行使是以法律要件事实和法律规范涵摄得出裁判结果为中心，不断向外延伸并覆盖案件办理的全部

---

[1] 傅郁林：《以职能权责界定为基础的审判人员分类改革》，《现代法学》2015年第4期。

[2] 李桂红、叶锋：《司法改革语境下司法辅助事务管理模式的构建》，《上海政法学院学报》2015年第4期。

领域，只是强度属性不断弱化，即便是"法律文书送达"这样的事务性工作，其在纠纷处理过程中同样具有审判权利义务上的重要意义。因此，只有将审判权进行狭义上的限定，将其限定在"法律要件事实"认定和"法律规范"适用以及由此产生的关于当事人权利义务的"分配"（见图1），才能为审判辅助事务留下必要的空间。实践中，具备判断因素但不具有终局性的或低判断性的审判事务可以通过授权由法官助理担任，纳入审判辅助事务的范畴。司法辅助人员并非简单地分担事务，更是分享部分审判权限，除了需要高度法律判断并且能够产生确定效果或既判力的权限必须由法官行使之外，其他均可由审判辅助人员行使。①

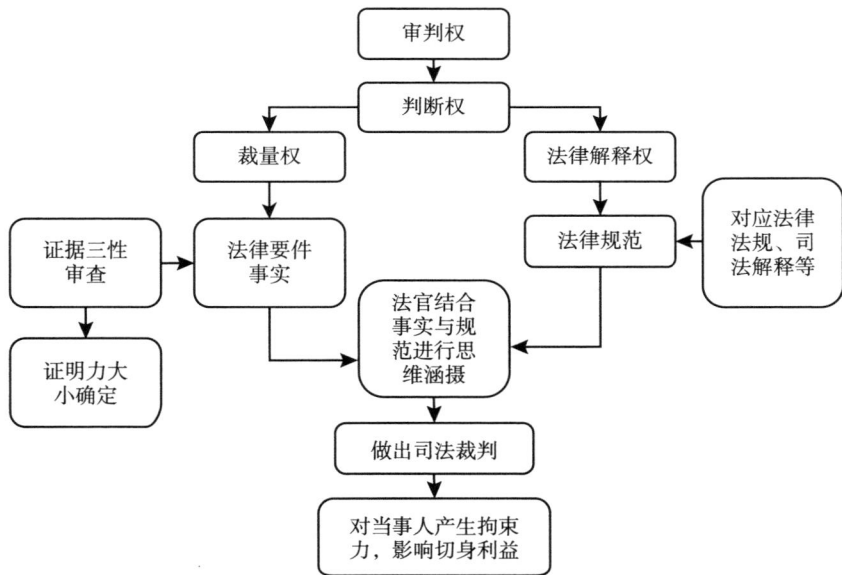

图1 审判权行使核心层结构

资料来源：胡江洪、周丽，《新型审判团队模式下确立法官助理职能定位的逆向思考》，《"羊城杯"新时代人民法院深化司法体制综合配套改革主题征文获奖论文集》，2018年7月。

---

① 傅郁林：《法官助理抑或限权法官？——法官员额制改革后审判辅助人员的定位》，《中国审判》总第123期。

2. 实践层面：以案件办理流程为基础的分类方法

法院案件办理的全流程主要可以分为立案、审理、执行三个环节，其中审理环节是审判权的核心环节，也是判断权行使最为集中的环节。以民事案件的审理为例，具体包括阅卷、送达等多个环节（见图 2），而根据各个环节的性质，可以认定只有开庭审理、合议定案、裁判文书制作①这三个环节属于核心审判工作，必须由法官亲力亲为，且体现了审判权的基本属性。②

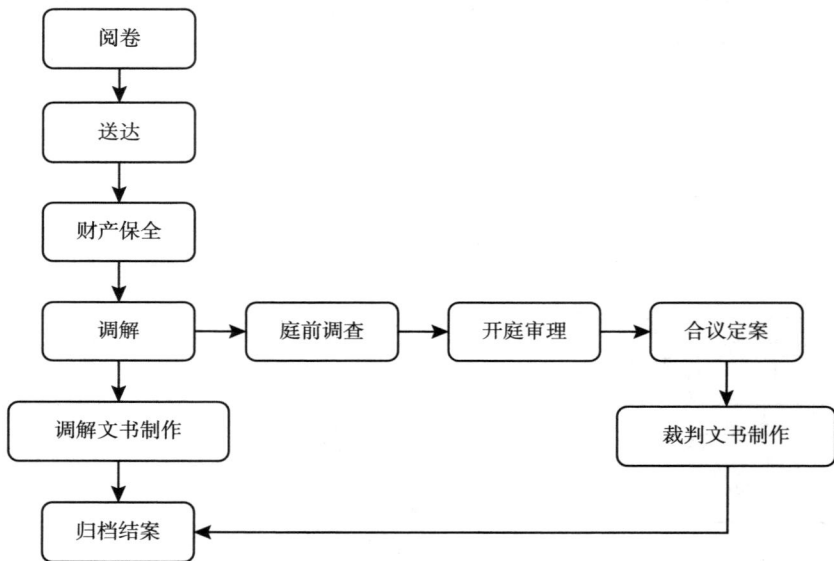

图2　一审民事案件审理流程

资料来源：王静、李学尧、夏志阳，《如何编制法官员额——基于民事案件工作量的分类与测量》，《法制与社会发展》2015 年第 2 期。

---

① 实践中，裁判文书的草稿可以由法官助理根据法官的裁判思路进行起草，但是裁判文书必须由法官亲自完成，不应也不能交由法官助理代劳。裁判文书中事实认定和裁判理由，本质上是对裁判结果的说理和论证，说理是否充分、论证是否合理，直接决定了结论是否成立。因此，裁判文书制作应当属于审判工作的核心组成部分，应主要由法官负责完成。

② 王静、李学尧、夏志阳：《如何编制法官员额——基于民事案件工作量的分类与测量》，《法制与社会发展》2015 年第 2 期。

在案件立案和执行阶段，虽然也会涉及部分事项（如是否符合立案受理条件、出具执行文书等）需要法官做出裁断，但其判断权的属性明显较弱，因此，绝大部分工作可划归审判辅助事务范畴。而关于调解，虽然其最终也产生具有法律拘束力的结果，但调解书效力的根源来自诉讼当事人的自愿与合意。因此，法院诉讼中的调解并非必须由法官行使审判权，也可以将其归入审判辅助事务。

（二）司法辅助人员的界定及其职能定位

从司法工作的整体推进看，法官助理、书记员、司法警察、司法技术人员以及执行员均承担着不可或缺的职能，但在本轮以审判权运行机制为核心的改革背景下，法官助理、书记员两类与审判权运行密切相关的司法辅助人员在解决审判实践需求上的作用更加明显，且涉及人员最多，故本文主要围绕这两类人员展开讨论。

法官助理的职能定位。通过审判辅助事务与人员配置逻辑的探寻，不难看出法官助理职能的共性——处理事务的专业关联性。那么，法官助理的定位便值得进一步探讨，是"纯粹辅助人"，抑或"独立辅助人"？

现有规范多把"法官的指导或委托"作为法官助理职权行使的必要前提[①]，法官助理职权行使不具有独立性，似以"纯粹辅助人"为定位。然而，法官助理较书记员多承担专业性职能，更具"独立辅助人"的意味。首先，为了保证职责的有效履行，"审判辅助职"应对某些事项享有一定的判断权和决定权，才能保证法官的精英化，依靠审判辅助职对司法活动的广泛参与加速审判进程。[②] 其次，纯粹辅助人的定位下，法官

---

① 《关于完善人民法院司法责任制的若干意见》（法发〔2015〕13号）第19条明确规定，法官助理的职责包括：审查诉讼材料，协助法官组织庭前证据交换；协助法官组织庭前调解，草拟调解文书；受法官委托或者协助法官依法办理财产保全和证据保全等措施；受法官指派，办理委托鉴定、评估等工作；依据法官的要求，准备与案件审理相关的参考资料，研究案件涉及的相关法律问题；在法官的指导下草拟法律文书等。《人民法院组织法》第四十八条规定："人民法院的法官助理在法官指导下负责审查案件材料、草拟法律文书等审判辅助事务。"

② 傅郁林：《以职能权责界定为基础的审判人员分类改革》，《现代法学》2015年第4期。

助理缺乏独立角色和法定权责，不可避免会产生法官向法官助理推卸工作的情形，导致法官助理工作负荷沉重又居于附属地位，无从体会职业荣誉感。加之遴选渠道狭窄等发展问题，作为纯粹辅助人的法官助理其岗位很难对审判辅助工作产生正向激励，更遑论对优秀年轻人的吸引力。最后，我国基层法院民事案件的简易程序适用率达到70%[1]，在这些并不复杂的案件中过分强调法官对法官助理的指导、审核、把关，反而会因重复劳动产生"1＋1＜2"的负面效果。可见，将法官助理定位为纯粹的法官助手，强调其对法官的服从与依附，不符合我国司法实践需要。[2]

从比较法经验来看，成为法官是司法系统中法律人的最终梦想，各国的审判辅助职均存在转为审判职的内在冲动。对此，法治成熟的国家多通过明确界定审判职与审判辅助职权限的方式来抑制这种冲动，将部分法律人留在同样需要专业储备的审判辅助职上。因此，以"独立辅助人"为我国法官助理定位，采取法律授权制，明确法官助理在处理辅助事务时享有的权责，不仅能够解决法官助理主体独立性不强等突出问题，也有利于更好地发挥法官助理的职业价值，更适合我国司法体系发展。

书记员的职能定位。相较于法官助理工作职责的复合性和多样化，书记员工作内容较为程式化，书记员更多扮演"纯粹辅助人"角色。因此，司法责任制在书记员管理的层面也无须过多讨论。当然，不排除其出现因工作疏忽导致案卷遗失等重大过错所应当承担的行政管理责任。

三　我国司法辅助人员配置的实证考察

（一）司法辅助人员来源地方化倾向明显，存在"贫富悬殊"现象

人员分类改革脱胎于"案多人少"的持续加压，带有"存量资源内部

---

[1] 《最高人民法院发布上半年审判执行工作数据　均衡结案状况不断趋好》，最高人民法院网，2018年8月15日。
[2] 吴思远：《法官助理制度：经验教训与难题突破》，《法律适用》2016年第9期。

优化"的特点。但随着改革效能的不断释放，客观上改革红利的边际效用不断减弱，单纯依靠内部资源提速增效已难以应对审判任务加重的局面。如何拓展增量资源是各地法院面临的共同难题。

书记员来源统一为面向社会公开招聘，在招录规模上受地方财政严格约束，带有"地方编"特点①，法官助理来源则日趋多元化，且地区差异较大。改革初期，法官助理的来源是公务员统一招录以及符合条件的内部人员（未入额法官、书记员、军转干部等）转任，但受中央编制约束人数有限。为增加法官助理总数，部分法院在地方财政的支持下，直接面向社会大量招聘合同制法官助理②或选择部分聘用制书记员承担法官助理工作，借此弥补在编法官助理人数不足的问题。

1. 部分地区仅招录在编法官助理，法官助理数量不足，依靠地方高校资源补充实习法官助理

以上海为例，上海法院法官助理全部属于在编序列，从法官助理招录计划看，由于人员分类改革的大力推进，近年来编制使用率较高，全市每年平均计划招录 200 人左右（见图 3）。③ 但鉴于编制总量有限，未来能够补充的法官助理必然会随剩余编制减少而减少，且该趋势已逐步显现。

然而，即便如此大规模招录，上海法院依旧存在法官助理数量不足问题，四名法官配有一名法官助理，未配法官助理的现象并不少见（见图 4）。大多数法院尚难以实现 1∶1 配置，只能优先配置给主要业务庭的资深法官。为解决人手问题，上海法院普遍引入高校资源，尝试从高校法科生中招录短期实习法官助理。但这种做法在高校资源不够集中的地区难以实现。

---

① 参见《广东省劳动合同制司法辅助人员管理暂行规定》《上海市法院系统辅助文员岗位工作人员等级评定与晋升工作规定（试行）》。

② 为了区分人员类型，本文所述"在编法官助理"指中央政法编制法官助理，"合同制法官助理"指以合同聘用形式招录的法官助理，"法官助理"是指包括中央政法编制法官助理及合同制法官助理在内的所有法官助理。

③ 由于上海是公务员考试热门地区，实际招录人数与计划招录人数相差无几。

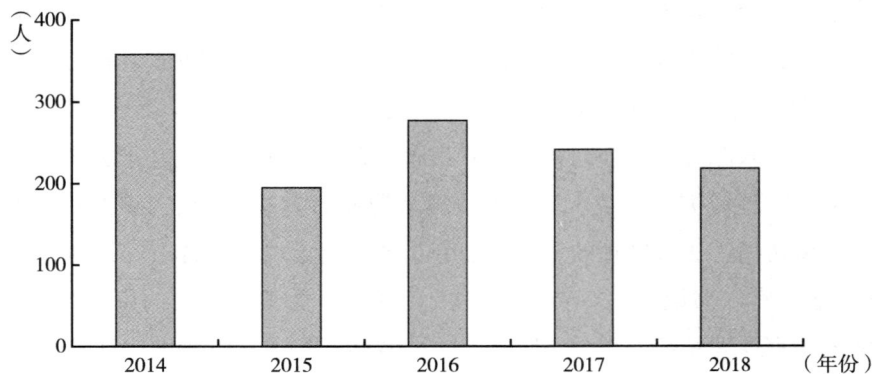

图3　2014～2018年上海法院计划招录法官助理情况

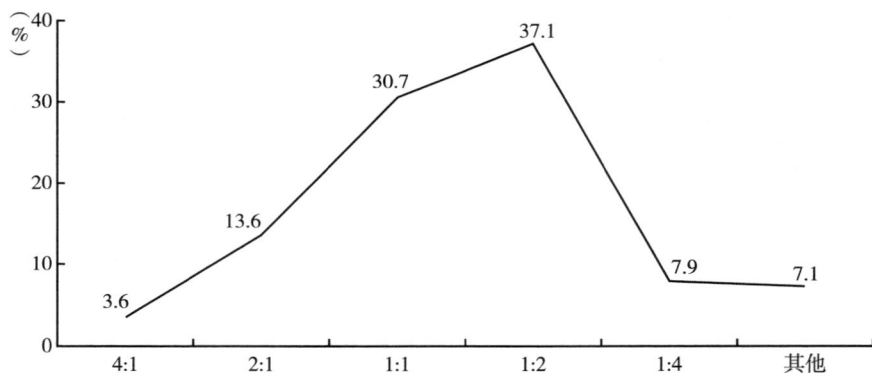

图4　上海法院受访者所在部门法官助理与法官的比例分布

2. 部分地区在编法官助理严重不足，大量招录合同制法官助理，法官助理队伍缺乏稳定性

在地方财政的支持下，部分编制数较少的法院探索以合同制法官助理来弥补在编法官助理的不足，形成人数优势。广州市中级人民法院法官助理与法官的比例约为1:1.9，其中合同制法官助理占法官助理总数的55.2%，而深圳市前海合作区法院法官与司法辅助人员人数比例高达1:4左右。

但是，由于合同制法官助理的职业保障取决于地方财政，仅有少数法院合同制法官助理的薪资水平可以达到在编法官助理的70%左右，中西部合同制法官助理薪资扣除五险一金后只有约 2000 元/月。① 合同制法官助理不能参加入额遴选，加上岗位规划缺失、薪酬待遇难以保证，多被视为过渡性岗位，难以成为优秀法律人才的长期选择，队伍严重缺乏稳定性。

（二）法官与司法辅助人员履职存在越位与交叉

根据人员分类改革的精神，理想状态下的法官、法官助理和书记员应当权责界限清晰、各司其职、相互配合，但是，客观条件导致三者实际状态与理想图景之间存在明显差距。

地方法院的规定中虽列明了司法辅助人员的职责范围，并基于分类管理、分类培养的考虑对不同年限的法官助理进行职责分级，但并没有对相应人员履职做出强制性要求。受访者表示，司法辅助人员工作多由庭长、审判长根据实际需要进行安排，在工作普遍超负荷的情况下，只有法官、法官助理、书记员打破分工，互帮互助，共同加班加点才能完成办案任务。司法辅助人员往往成为审判团队中的"万金油"，随意性较大、权责不清，越位及工作内容交叉的情形时有发生（见图 5）。

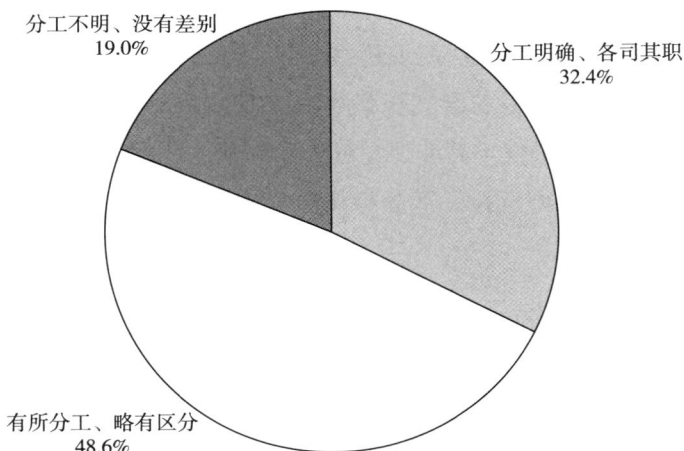

图 5　一线法官与法官助理对司法辅助人员职责分工的评价

---

① 叶圣彬：《司法改革背景下法官助理定位及相关问题研究》，《法治社会》2016 年第 3 期。

1. 员额法官结案压力大，导致法官助理在审判权上的越位

行使审判权是法官的核心职能，但审判权的行使并不仅仅指确定裁判结果、在裁判文书上署名，还包含听取当事人意见、审查证据材料、评议案件形成心证、适用法律继而做出裁判的整个过程，即法官"亲历性"要求。[①]然而，司改以来审判力量只出不进或多出少进，加之部分法院并未厘清"审判辅助性事务"与"审判权行使"的界限，实践中逐渐衍生出资深法官助理办案、带教法官把关署名等做法，实质上是让法官助理代替原助理审判员作为新增审判力量解决办案指标。然而在未经相应授权、给予必要权责约束的情况下直接交由法官助理处理这些事务，虽有减轻法官负担的作用，但明显超出了法官助理职能范围。[②] 这种现象在可以书面审理的中、高级法院中更为常见。

2. 法官助理、书记员力量不足，导致辅助性工作相互交叉

实践中，书记员和法官助理工作仍存在重叠部分，而两种力量的不平衡更加剧了这种交叉现象。部分地区仅注重补充法官助理而忽略书记员的补强，导致无论任职年限长短、能力强弱，法官助理都不得不为完成办案任务分担大量应由书记员承担的事务性工作。

而部分地区限于编制无法招录新的法官助理，在编法官助理主要由助理审判员（未入额法官）及符合转任条件的资深编内书记员构成，人数有限且年龄偏大、工作积极性不高。为应对法官助理的配比需求，当地法院直接从聘任制书记员队伍中选择一部分担任法官助理，形成"名为书记员，实为法官助理"的现象。

（三）不同类别的司法辅助人员均面临职业发展瓶颈问题

相对稳定且有序流动的司法辅助人员队伍，是完善司法辅助人员配置必不可缺的重要保障。但从目前岗位规划看，不同人员均存在发展瓶颈问题。

---

① 梁译如：《法官审判裁量情境中的话语实践考察——"议论的法社会学"视角》，《交大法学》2018 年第 2 期。
② 武小琳：《司法改革背景下的审判者权责一致问题研究》，《政法学刊》2015 年第 4 期。

1. 在编法官助理扩招造成入额通道阻塞

对在编法官助理而言，成为法官不仅是他们选择法院工作最重要的理由，也是其职业发展所期冀的方向。但面对有限的法官员额和数量庞大且不断增长的后备法官存量，法官助理入额的难度越来越大，职业发展瓶颈已经初步显现。

以上海法院为例，根据学者预估，原有法官入额遴选完成后，留给后备法官可用员额数总量在 350 左右。① 但在编法官助理存量将在原有部分人员转任形成基本存量的基础上继续不断递增（见表1），这样基数、增速与所剩员额相比，入额压力可想而知。目前，上海法院规定法官助理任命满 5 ~ 7 年可参加遴选②，而在通道狭窄的情况下，平均入额年限会继续拉长，相当一部分法官助理将终身无法入额。与日本、我国台湾等地相比，现有法官助理成为法官的年限明显偏长。③ 理论上，如果将大量能力已经符合入额标准的法官助理拒之门外，仍让其长期从事业务性辅助工作甚至事务性辅助工作，必然引起其工作积极性和岗位吸引力下降，也会造成人才外流。经走访，课题组发现不少在上海法院担任实习法官助理的高校学生表示考虑到职业规划与生活成本，毕业后不会选择进入法院工作。

表1 2015 ~ 2018 年上海法院法官员额、法官助理变化情况

单位：人

年份	员额内法官退休人数	假设员额法官离职人数	当年员额增量	当年计划招录的法官助理数	当年法官助理存量增加数
2015	11	20	31	358	327
2016	42	20	62	195	133
2017	50	20	70	287	217
2018	60	20	80	241	161
合计	163	80	243	1081	838

① 贾路：《司改背景下完善法官员额退出机制研究——以 S 省法院为例》，《深化司法改革与行政审判实践研究（上）——全国法院第 28 届学术讨论会获奖论文集》，2017 年 5 月。
② 上海法院根据学历差异为法官助理遴选资格设置了不同年限。
③ 吕芳：《台湾地区法官选任改革及其启示》，《人民法院报》2014 年 11 月 21 日，第 8 版。我国台湾地区，18 ~ 55 周岁的公民通过司法官资格考试之后，经过司法官训练所培训一年半到两年，经考评及格即可成为地方法院候补法官，拥有独立办理民刑事裁定案件、简易程序案件的审判权力。

2. 合同制辅助人员缺乏规划，保障不足，导致队伍稳定性较差

对于合同制法官助理而言，职业发展瓶颈问题可能比在编法官助理及聘用制书记员更为严峻。一方面合同制法官助理没有机会成为法官，另一方面合同制法官助理工作琐碎，薪酬待遇较差，缺乏激励措施，容易引起人员外流，而高流动率则迫使法院不得不花费更多精力在培训与磨合上。

（四）审判辅助岗位整体满意度不高

根据上海法院的问卷调查结果，约20%法官认为法官助理对办案没有帮助甚至会因带教工作影响办案，过半数受访法官认为法官助理对审判工作的帮助有限（见图6）。38.6%的初任法官对曾经从事的法官助理工作不满意或认为一般（见图7）。中西部地区走访情况显示，由于在编法官助理年龄较大、资历较深、积极性不高，法官常常难以"指导"其完成辅助工作，相比之下更愿意与聘用制书记员配合办案。

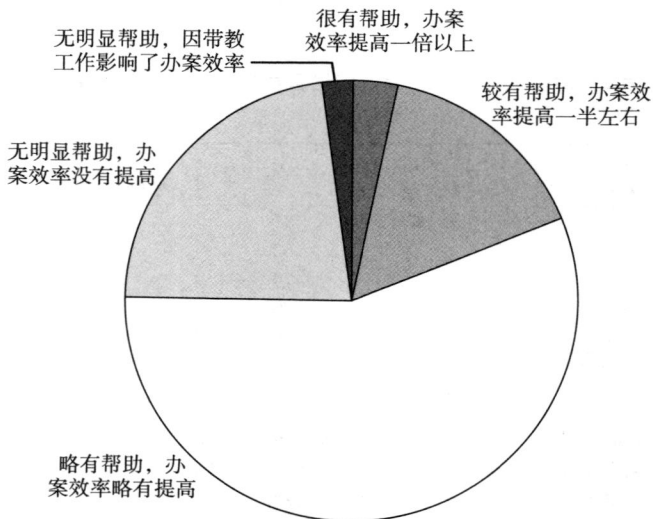

图6　上海法院受访带教法官对法官助理辅助工作的评价

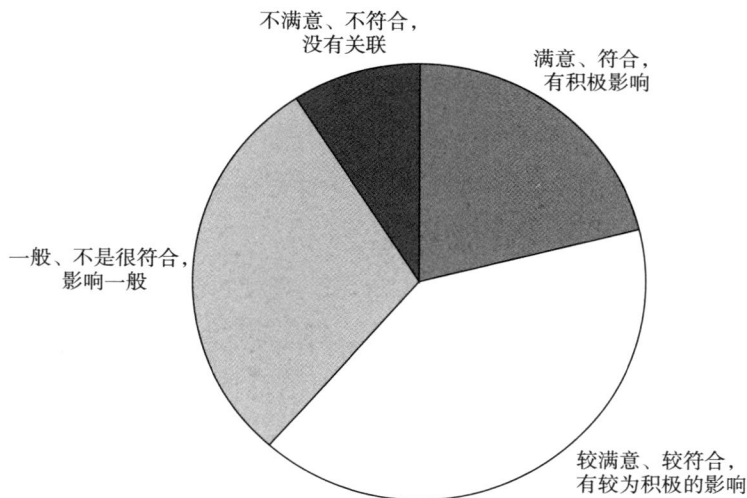

图7　上海法院受访初任法官对从事过的法官助理工作的评价

四　司法辅助人员配置的问题思考

（一）司法辅助人员配置问题分析

1. 双重配置目标间存在紧张关系，容易顾此失彼

从表面看，司法辅助人员制度运行中的问题根源似乎在于人员数量不足，增加人数配置即可解决，但实际情况并非如此。从改革设计的初衷来看，在编法官助理制度应当能够同时实现辅助法官提高办案效率以及担当法官后备军的双重目标。前者是法官员额制的重要保障，后者是在编法官助理的职业预期。实际运行中，人案矛盾是眼前的、刚性的，而法官助理职业发展是长远的、渐进的，因此各级法院通常将解决人案矛盾放在首位。

法官助理人数太少，则提高员额法官办案效率的目标难以实现，故借鉴国外经验大量补充法官助理成为不少法院的必选项。但是，这种借鉴忽视了一个重要问题，无论是英美法系还是大陆法系，法官助理职位设计的初衷是"单目标取

219

向"——只需辅助法官办案,职业去向不与"法官"产生联系,因此在法官助理的招录、配置、分工上,既不需要考虑其与法官队伍的衔接,也不需要强调审判能力培养。美国联邦法院中无论是任期1~2年的法官助理抑或职业法官助理①,均不能通过内部考试或选拔成为法官;② 英国法院系统内的法官助理通常则由资深律师担任;③ 德国法院中的司法公务员承担着法官助理的职责,是德国国家公务员体系中单独的部分。④

反观我国,司法系统通常将在编法官助理视为法官助理队伍的核心部分,他们既担负着辅助法官办案的职责,同时也是未来法官的主要来源。因此,在法院内部人员制度建构上必须考虑法官助理的来源与职业转轨问题。在"双重目标取向"的语境下,扩大在编法官助理招录规模、用聘用制书记员代替法官助理等方式虽都对提高办案效率起到积极作用,但前者将导致入额难度远超合理的范围,后者会引起未来法官断档,不仅将影响法院队伍的稳定性,长远来看也不利于高素质法官队伍的培养。

2. 司法辅助人员职能定位不清,缺少独立权责制度保障

司法辅助人员配置,并非简单的"人多好办事"。实践中问题的根源在于两个方面,一是辅助人员数量不足,在基本配置需求未能满足的情况下,任何理想化的配置方案都会在"案多人少"、各类人员均疲于完成办案指标的现实面前被扭曲变形。二是审判团队中各类人员权责不清、职能定位不明,一方面辅助人员从事的所有审判辅助事务,需要法官再投入精力进行指导、审核、确认;另一方面审判核心事务和审判辅助事务边界模糊,相应权责配置缺失,人员分类分工的效率优势难以体现。

这种问题在法官助理的职能定位上体现得更加明显。目前对法官助理履职范围尚未形成共识,实践中法官助理完全依附于法官,缺少主体意识,既无权独立处断审判辅助事务,也无法独立对审判辅助事务负责,既缺乏工作

---

① 冯俊玲:《论我国法官助理制度的完善》,吉林大学硕士学位论文,2017。
② 周玥:《美国法官助理制度研究》,《法制与社会》2018年第2期。
③ 乔宪志主编《中国法官助理制度研究》,法律出版社,2002,第262页。
④ 周道鸾主编《外国法院组织与法官制度》,人民法院出版社,2000,第81~83页。

积极性和主动性，也难以体现审判辅助工作的岗位价值，不仅影响了辅助工作成效，还极易滋生工作推诿、争功避责的情况，故有必要反思人身依附型审判辅助人员定位的弊端，重新审视审判辅助人员的职能定位，并赋予司法辅助人员相应的权责保障。

3. 具体配置方法单一，配置模式难以体现案件数量及审级特点

必要的辅助人员数量，合理的权责边界，是实现司法辅助人员的科学配置、最优配置的共性要件。具体到特定法院、特定团队的配置，则必须考虑案件数量、审级特点等个性化要素——这些要素从根本上决定了审判核心事务和审判辅助事务的"工作量"。脱离个性化要素谈具体配置比例、配置方法难免有"隔靴搔痒"之嫌。实践中，不少法院都将法官、法官助理、书记员的配置比例设定在1∶1∶1，但统一实施理想比例而不考虑个性化要素，将造成不同业务部门司法辅助人员配置的"利益均沾"，工作"忙闲不均"，难以最大限度地发挥各类人员作用。

（二）司法辅助人员配置问题的解决思路

1. 目标调整：双目标兼顾，同时实现辅助审判效率的提升与未来法官的可持续发展

首先，需把握双目标的矛盾统一性，从统一性的角度寻找矛盾破解之道。双目标之间存在相辅相成的关系：在法官员额制的背景下，审判效率提高可以让法官进入正常工作状态，避免职业压力过大对个人健康、职业发展带来的负面影响；推进未来法官的可持续发展，可以确保法官助理队伍的工作能力与工作意愿处于最佳状态，亦有助于维持高水平的审判质效。可见，构建包括司法辅助人员配置在内的相关制度时，必须从提高法官办案效率与未来法官的可持续发展两个目标出发进行全面思考。

其次，强化双重目标导向，多重视角审视司法辅助人员配置方案，避免出现顾此失彼的现象。对于具体配置方案，必须分别考虑两个目标的实施效果，针对不同情况做出选择。当配置方案在不同目标下的效果发生冲突时，必须以能够剥离影响另一目标的因素、消除负面作用为前提对方案进行调

整，否则在另一个目标上的负面影响必然会对前一个目标的正面影响产生抵消作用（见表2）。

表2　配置目标效果与配置方案选择之间的关系

配置方案对提高办案质效的作用	配置方案对后备法官持续发展的作用	配置方案采用取向
正向作用	正向作用	采用
正向作用	不影响	采用
不影响	正向作用	采用
正向作用	负向作用	以提高办案质效为主目标，剥离影响后备法官持续发展的因素后落实推进，最大程度降低对后备法官持续发展的不利影响
负向作用	正向作用	以后备法官持续发展为主目标，剥离影响提高办案质效的因素后落实推进，最大程度降低对提高办案质效的不利影响
负向作用	负向作用	不可采用

实践结果显示，增加司法辅助人员数量对于提高审判效率的积极作用是毋庸置疑的，但若仅扩大在编法官助理招录而不考虑其职业发展，或因编满而用聘用制书记员替代法官助理，都将会抑制法官助理正常发挥审判辅助作用，亦难实现法官助理的可持续性。[①] 对此，有必要在全市层面上统筹控制在编法官助理总量，确保有源源不断新鲜血液流入后备法官队伍的同时，又不至于基数过大造成入额通道拥堵，同时，以采取购买社会服务、招录合同制法官助理、办案智能化等方式分担辅助事务、提高工作效率，最大限度地优化资源配置。

2. 定位调整：增加合同制辅助人员，明确司法辅助人员独立职业属性，厘清权责边界

为缓解审判辅助人员配置中双目标间的紧张关系，同时满足不断增长的

---

① 刘茵、宋毅：《法官助理分类分级管理和职业化发展新模式研究——以北京市第三中级人民法院司法改革试点实践经验为基础》，《法律适用》2016年第5期。

办案任务的需要，可借鉴广东经验，在控制在编法官助理招录数量的基础上，大幅增加合同制法官助理，确保辅助人员充足，为配置方法发挥其应有作用奠定基础。

此外，考虑到部分在编法官助理长期甚至整个职业生涯都要从事审判辅助工作，而合同制法官助理、聘用制书记员因编制身份限制无法成为入额法官，为了保障司法辅助人员的稳定性以及个人职业能力的发展，应当明确审判辅助岗位的相对独立性，并使其成为可以长期甚至是终身从事的"独立职业"。

从激励约束的角度来说，要让司法辅助人员积极分担审判辅助事务，必须赋予其处理事务的独立权责，使其在从事权限范围内的具体事务时相对独立于法官的判断，并以辅助人员自己的名义对外行使权限。权责清晰、权责一致是调动各方积极性、提高整体效率的基本前提，这一点也在域外司法系统中有所体现：日本法官欲在辅助人员的权限范围上对其发出指令，必须符合法定条件且遵循法定程序；德国法官与司法辅助官几乎没有权限交集。这样的独立性既有利于辅助人员发挥自己的主动性，又有效地避免了审判人员与辅助人员之间职责不清、工作不均衡的危险。[1]

3. 智能再造：以信息化智能化推进审判事务集约化高效化，释放审判辅助力量，保障法官助理配比

人员分类管理改革之后，法院现有三类人员结构决定了司法辅助人员中的法官助理和书记员难以满足审判实践中的审辅配置要求。特别是诸如法庭记录、案卷归档等大量事务性审判辅助工作占用了大量书记员人力，不仅导致书记员配额缺口大，而且导致部分法官助理常年从事书记员的记录、归档等工作，进而影响了整体审判效率的提升。

因此，在"案多人少""编制约束"的情况下，必须改革审判辅助事务传统的"作业模式"，适应信息化、智能化的社会发展趋势，向科技要审判生产力。信息化、智能化建设既是法院深化司法改革的重要内容之一，也是

---

① 傅郁林：《以职能权责界定为基础的审判人员分类改革》，《现代法学》2015 年第 7 期。

全面深化司法改革的重要引擎和强大动力。法官助理、书记员整体不足，是制约司法辅助人员配置优化的关键难题。化解这一难题不仅要丰富辅助人员类型、适当地增加辅助人员配置，更需要借助信息化、智能化手段，促进现代科技在审判辅助中的深度应用，用科技补强审判辅助资源的短板。现有技术条件下，完全可以借助同步录音录像、庭审音字转化、电子卷宗随卷生成、"一键归档"等智能审判系统，实现法庭记录、案卷归档等事务性审判辅助工作的集约化、高效化，为法官助理、书记员的审判辅助工作减负增效，并释放大量书记员力量。在此基础上，可以从释放的书记员人力中，选择符合一定条件的人员择优补充到法官助理队伍中，从而提高法官助理的配比。

同时，借助审判辅助事务集约化管理，可以为法官助理、书记员等审判辅助人员明确分工、各司其职创造条件。在信息技术的支持下，事务性审判辅助工作可以进行集约化处理，通过购买社会服务、服务外包等途径进一步地实现法庭记录、案卷归档等事务从书记员工作中剥离，缓解法院书记员力量不足的问题。在信息技术的支持下，将分散在各部门的书记员加以集中管理也成为可能，即由"书记员管理办公室"统一派驻法庭工作，"跟案不跟人"，缓解书记员忙闲不均、效率不高的问题，从而最大限度剥离法官助理"事务性工作"，避免法官助理和书记员"角色和职责混同"，保障法官助理全力辅助员额法官提高办案效率。

4. 结构调整：省级统筹，根据案件数量和审级特点以事定人，实现司法辅助人员差异化配置

司法辅助人员的职责是辅助法官办案，司法辅助人员从事的工作内容、工作强度及构成情况自然会随着所在地区、法院审级、审判团队以及案件量等情况而有所不同：有些地区法官工作量尚不饱和，目前司法辅助人员结构能够满足审判需要，没有必要从分工细密的角度将辅助工作做"大"来增加司法辅助人员配额；① 有些法院编制已用尽，无力招录新的在编法官助

---

① 詹建红：《法官编制的确定与司法辅助人员的设置——以基层法院的改革为中心》，《法商研究》2006年第1期。

理，必须依靠省级统筹协调；有些法院能够争取到地方支持，可以建立具有一定规模的高素质合同制法官助理队伍；有些地区高校集中，可以大量招录法律实习生分担一定工作等。而即便在同一地区，所处审级不同、案件数量不同，司法辅助人员的配置方式也当随之调整。基层法院收案量及法官人均办案量多，辅助性工作体量大，司法辅助人员配置需求较高；高级法院人均办案量少，法官所负有的指导监督功能更强，所配备的法官助理"宜精不宜多"。再进一步说，同一法院不同审判团队所从事工作各有其特点、办案任务不尽相同，若所有审判团队采取统一的人员配置方式，亦不符合资源优化配置的要求。

因此，确定司法辅助人员的配置结构，必须以审判实践和司法规律为基础，按照"以事务定人员、以人员定团队"的原则，在对司法审判工作进行解构的基础上，结合人员职责定位和发展目标，通过省级统筹实现科学合理的差异化配置。①

五　司法辅助人员配置的实现路径

（一）规范人员招录机制，拓宽司法辅助人员来源渠道

解决司法辅助人员配置，首先要解决司法辅助人员的来源问题。从人员供给上看，书记员来源未来仅有聘用制一种途径，故法官助理来源问题更引人关注。

由上述分析可见，出于我国法官助理"双目标导向"及现实考虑，增加编外法官助理势在必行。② 鉴于在编法官助理的招录规模应与地方法官员额相匹配，需实行省级统筹、总量控制，未来招录的法官助理可以以合同制为主，形成以常态化合同制法官助理应对审判实践中的业务性辅助工作需

---

① 叶圣彬：《司法改革背景下法官助理定位及相关问题研究》，《法治社会》2016 年第 3 期。
② 陈瑞华：《法官员额制改革的理论反思》，《法学家》2018 年第 3 期。

求，以"少而精"的思路打造职业化、专业化的后备法官队伍，借力实习法官助理等外部力量分流少部分辅助事务的"橄榄形"队伍结构（见图8）。

图8 法官助理队伍的理想化结构

而就招录条件来看，部分已开展遴选工作的法院要求在编法官助理遴选法官一律要在基层人民法院任职。依此规定，招录时对高、中、基层法院在编法官助理设定不同的学历和工作经验条件，显然缺乏必要性，为确保在编法官助理在招录和遴选时均采用统一标准，应当统一三级法院在编法官助理的招录条件。除此之外，还可采取由高级法院统一组织招录法官助理并安排至基层法院任职，中、高院不再接收新进在编法官助理，全部从基层法院遴选的做法，不仅可以与在编法官助理"基层入额"的岗位要求对应，也可让长期无法入额的在编法官助理通过遴选到中、高院获得在本序列内的职级晋升空间。

与在编法官助理相比，合同制法官助理的职业定位、配套条件和发展前景的吸引力是有限的①，因此，招录时应当充分考虑合同制法官助理岗位在同类招聘市场中竞争力，合理设定条件。实习法官助理工作则交由各法院根据所处地方高校、律师事务所专业程度和分布情况自行安排。

（二）建立人员配置基准，完善司法辅助人员差异化配置模式

根据司改精神，人民法院要逐步建立新型审判团队，以更高效的组织结

---

① 芮铭珍、亚明：《司法辅助人员如何配置》，《人民法院报》2018年2月10日，第2版。

构应对新时期人民群众的司法诉求。而确定新型审判团队结构必须解决司法辅助人员配置问题。

1. 审判团队中法官办案数量与司法辅助人员的配置基准

案件数量、诉讼程序、审级、地区特点等都会影响审判工作与审判辅助工作的体量，直接关系法官和司法辅助人员的配比。因此，为使人员配置更加具有针对性，有必要确定一种基准配置模式，再根据上述因素进行调整。考虑到基层法院一审民事案件在审判实践中占比最大，且国内法院、学者已进行大量测算，故拟将基层法院一审民事案件作为分析对象，借鉴现有成果并辅以实地走访调查，对审辅配比基准进行讨论。

（1）基层法院一审民事案件核心工作量与审判辅助工作量分析

一审民事案件可适用简易程序或普通程序，两者实际工作时间具有很大差异。结合学者调研及对一线法官的访谈情况，单个民事案件处理流程及所需时间基本测算如表 3 所示。

表3　基层法院一审民事单位案件处理流程及耗时

诉讼流程	次数	简易程序案件平均耗时（小时）	普通程序案件平均耗时（小时）
阅卷	1 次	0.85	3
送达	1 次	0.8	1.4
财产保全	10.53%（1 次）,2.6%（2 次及以上）	2	2
调解	65.92%（1 次）,6.79%（2 次以上）	1	1.4
庭前调查	1 次	0.6	4
开庭审理	1 次	0.86	6.42
合议定案	1 次	0.56	3.68
调撤文书制作	（57.00%）	0.48	0.6
判决文书制作	（43.00%）	1.86	6.9
归档结案	1 次	0.8	2

资料来源：除另行标注外，表中数据主要参考王静、李学尧、夏志阳《如何编制法官员额——基于民事案件工作量的分类与测量》，《法制与社会发展》2015 年第 2 期；为让统计数据更趋近真实情况，课题组采纳了全国民事案件调撤率。参见马剑《实现审判服务经济社会发展的新常态——2014 年全国法院审理民商事案件情况分析》，《人民法院报》2015 年 5 月 14 日，第 5 版。

从表 3 可知，适用简易程序的案件中，核心审判工作（开庭审理、合议定案、文书制作）所需时间与辅助工作所需时间比约为 1∶2.7（由于开庭审理及合议定案时必须有一名法官以外人员在场记录，故计算辅助工作时间时需考虑此部分时间）；适用普通程序的案件中，核心审判工作所需时间与辅助工作所需时间比约为 1∶1.6。同时，鉴于我国一审民事案件中简易程序的适用率在 70% 左右，[1] 可知单个一审民事案件平均耗时约为 12.22 小时，核心审判工作所需时间与辅助性工作所需时间比约为 1∶2.0，即理想状态下，1 名基层法院从事一审民事审判的法官应有 2 名司法辅助人员与之配合（见表 4）。

表 4　不同程序下基层法院一审民事单位案件平均耗时

单位：小时

类别	平均总耗时	核心事务平均耗时	辅助事务平均耗时	核心事务与辅助事务耗时比例
简易程序	6.64	2.49	6.77	1∶2.7
普通程序	25.24	13.41	21.93	1∶1.6
不区分程序	12.22	5.77	11.32	1∶2.0

（2）基层法院一审民事案件法官办案量与司法辅助人员配置关系

理想状态下，法官应当是专注于核心事务且工作量恰好饱和。基层法院一审民事审判团队按 1∶2 配置审辅人员时，法官办案饱和量为 1433.25[2] ÷ 5.77 = 248.40 件。此时法官与司法辅助人员均可实现尽职勤

① 《最高人民法院发布上半年审判执行工作数据　均衡结案状况不断趋好》，最高人民法院网，2018 年 8 月 15 日。

② 以 2018 年 1 月 1 日至 2019 年 1 月 1 日为例，全年工作日为 365 - 11（法定节假日）- 52 × 2（休息日）= 250 天。除法定假日外，法官的探亲假等具有很强的偶发性，故忽略不计，以法官年休假 5 天进行计算，法官全年工作为 245 天。扣除闲杂事务所需时间，法官每天集中精力工作 6.5 个小时应为饱和工作状态，故全年法官饱和工作时间为 245 × 6.5 = 1592.5 小时。而除审判之外，法官平均每年要将 10% 的工作时间分配至会议、培训、活动等非审判工作中，故法官实际用于审判工作的饱和时间为 1433.25 小时。

勉和有效分工，可视为法官与司法辅助人员配置基准。而鉴于法官助理与书记员的职责分工不同，在 1∶2 的模式下，"一助一书"可视为司法辅助人员最为合理的配置方式。在人员不变的情况下增加办案量，或办案量恒定的情况下人员配置不足，都会让法官或司法辅助人员陷入超负荷工作。

若法官仅能配备一名司法辅助人员，在法官与司法辅助人员均勤勉工作的情形下，出于团队效率的考虑，法官不可避免地要在核心事务之外承担部分辅助事务才能确保两人同时完成工作，故在单个案件中两人工作时间相同。此时法官恰好满负荷工作的年度办案饱和量为 1433.25÷8.55＝167.63 件（见表5）。

表5 人员配比与法官办案饱和量的关系

单位：件

法官与司法辅助人员配比	法官办案饱和量
1∶1	168
1∶2	248

2. 审判团队中法官与司法辅助人员配置模式

从三级法院的职能定位来说，审级越高的法院越侧重于审判监督管理和业务指导职能，审判工作越偏向宏观层面，人均办理案件数量更少，但案件平均审理难度更大。而对司法辅助人员的需求，由于司法辅助人员在办案过程中主要发挥辅助性作用，审理难度越大，法官在案件审判中的核心作用越明显，核心事务耗时所占比例提高、辅助性事务耗时比例下降。

因此，三级法院的职能定位决定了司法辅助人员在各级法院总人数及配置比例上应呈现出高级法院＜中级法院＜基层法院的趋势，而司法辅助人员尤其是法官助理的平均业务水平应为高级法院＞中级法院＞基层法院（见表6）。

表6 三级法院司法辅助配置总量对比

司法辅助人员在本院总人数中占比	高级法院＜中级法院＜基层法院
司法辅助人员与法官的配置比例	高级法院＜中级法院＜基层法院
法官助理平均业务水平	高级法院＞中级法院＞基层法院

（1）基层法院

基层法院主要负责一审案件的审理工作，人均办案量大是基层法院审判活动最突出的特点，包括司法辅助人员在内的司法审判资源理应向办案团队倾斜。

立案团队。立案环节与审判环节不同，除确定是否立案及案件分流涉及专业判断外，大部分工作为事务性辅助工作乃至行政事务，可通过成立诉讼服务中心及人工智能技术等方式进行分担。与民事法官办案相比，登记立案对法律业务能力的要求不高，立案环节法官核心事务占比更少，具有一定经验的法官助理足以承担大多数起诉的登记立案工作，司法辅助人员特别是初级法官助理、书记员乃至行政人员将成为工作主力，单个立案团队司法辅助人员配比可在配置基准之上大幅提高，同时压缩立案环节团队总数，释放更多的员额法官至办案一线。

民商事审判团队。基层法院在民商事审判团队的构建上存在不同模式，具体可分为三种：一是分别成立适用简易程序和普通程序的审判团队；二是以 1 名法官为核心建立审判团队；三是以 3 名法官组成的合议庭为核心建立审判团队。在第一种模式下，简易程序团队与普通程序团队应采取不同配比模式。按照前述测算，基层法院一审民商事法官若仅适用简易程序审理案件①，则一年办案饱和量为 575.60 件，同时应至少按 1∶3 的比例配置司法辅助人员，其中书记员比例应适当高于法官助理；若仅适用普通程序审理案件，则法官一年办案饱和量为 106.88 件，同时应至少按 1∶1.7 的比例配置司法辅助人员，法官助理与书记员比例基本相当，或略低于书记员比例。在第二、三种模式下，审判团队可直接适用前述测算中的审辅人员基准模式，其中法官助理与书记员各占一半，此时法官年度办案任务应在 250 件左右。

根据测算，若法官人均办案任务低于基准值约 30%，则可减少 1 名司法辅助人员配额。参照前述标准，若法官人均办案量超过基准值 30%，则

---

① 实践中，承办督促程序、公示催告程序、特别程序类案件的审判人员也往往承办简易案件，不再单述。

可增加 1 名司法辅助人员配额。

刑事审判团队。对比刑事案件与民事案件的审理情况可知，各级法院刑事案件收案数量小于民事案件，但刑事案件的复杂程度高、时间跨度较大，单个案件平均耗时要长于民事案件，相近情况下刑事案件法官办案饱和量少于民事案件。具体到法官与司法辅助人员的分工上，刑事案件办理过程中必须由法官承担的工作占比要大于民事案件，法官助理、书记员能够为法官分担的辅助性工作要少于民事案件。因此，刑事案件审判团队司法辅助人员配比应略低于民事案件审判团队，以一审民事案件人员配置基准为参照，一审刑事案件法官与司法辅助人员配比可在 1:1.8 左右调整。

其他审判团队。以普遍情况来看，行政审判团队和知识产权审判团队法官人均办案量与民事案件基本持平或略多一点，单位案件审判工作体量与耗时均与民事案件相近，可借鉴民事案件的配置基准，或在重新核定核心审判工作与辅助工作用时基础上核定人员比例及办案饱和量。其他审判团队中，若法官人均办案任务较少，法官与司法辅助人员可按照 1:1 比例进行配置。

执行团队。大多数地方法院已建立平行的执行裁判及执行实施团队。基层法院执行裁判团队可参照基层法院一审民事案件法官与司法辅助人员配比方式进行配置，并根据单个案件耗时调整法官人均办案任务量。执行实施团队工作量较大但涉及法律专业难度不高，在执行团队中增加法官助理、书记员数量能够进一步优化执行人员结构，在保证执行效率的前提下降低员额法官的配置需求，故执行实施团队法官助理、书记员的配比应适当高于配置基准，可在 1:2.5 左右灵活调整。此外，鉴于执行实施的特殊性，建议在执行实施团队增加一定数量的法警配置。

（2）中级法院

作为基层法院的上级法院，中级法院自然承担起大部分二审案件的审理工作。中级法院人均案件量要小于基层法院，单个案件辅助性工作的烦琐程度整体上低于基层法院（二审案件有一审裁判及案卷为基础，在证据整理、争点归纳、与当事人沟通、文书撰写等方面比一审更为便捷），但是平均审理难度相对提高，法官在单个案件中的核心作用更加凸显，因此，中级法院司法辅助人员配比整体上应小于基层法院。

立案团队。中级法院的立案工作主要针对上诉案件，也包括少量一审案件。不需要对是否立案进行判断，工作重点在于案件分流环节。鉴于法院级别管辖的规定，中级法院的审理比基层法院更为复杂和谨慎。中级法院立案环节的业务性辅助事务较少，故在人员配置方面不需要过于强调法官助理的配置，可在基层法院立案团队的基础上适当降低司法辅助人员配比，以1:3左右为宜。

审判团队。中级法院受理的单个案件中，司法辅助人员需承担的辅助工作量占比将小于基层法院，但对司法辅助人员特别是法官助理的业务水平要求有所提高，中级法院法官办案饱和量要小于基层法院。基于此，中级法院审判团队中的司法辅助人员应按照"少而精"的方式进行配置，即法官助理的配比应低于从事相同类型审判工作的基层法院审判团队，并下调法官办案饱和量标准。

执行团队。中级法院的执行工作与基层法院类似，但执行案件数量相对更少，案件平均执行难度有所增加。就辅助人员而言，无论是执行审查团队还是执行实施团队，中级法院所需法官助理、书记员数量都不及基层法院，故应适当降低执行团队中法官助理、书记员的配比，可以按1:2~1:1.5的比例进行配置，同时增配适当数量法警。

（3）高级法院

与中、基层法院相比，高级法院更侧重于管理、指导、规范和监督职能，审判工作量小，但难度最大。作为法官的"助手"，高级法院审判团队中的法官助理除承担案件审理中的辅助性事务外，必要时还需协助法官完成法律研究、司法统计等综合性辅助工作，故确定高级法院审判团队中司法辅助人员的配置方式时，应更注重质量而非数量。就高级法院内部分工而言，所有法官的人均结案量差异不大，各团队中业务性辅助工作体量和难度也没有明显区分，再根据审判团队类型对司法辅助人员进行细分并无太大意义，可采取统一配置结构，但辅助人员比例应在中级法院审判团队基础上略有降低。若个别审判团队案件承办量超出平均水平1倍，可适当增配1名司法辅助人员。

3. 审判团队中法官助理与书记员的配置思路

"一名法官配备多少法官助理或多少法官配备一名法官助理，主要应当根据办理案件的需要确定，一名法官配备两名司法辅助人员，很多法院做不到，有的法院不需要。"[①] 若法官的办案任务有限、远低于饱和量，为其配置法官助理，必然造成法官与司法辅助人员工作量"吃不饱"，让一部分人力处于空置状态。若法官办案任务较重，却无法为其配备足量的助手，则会导致法官长期超负荷工作。从目前的岗位职责分工上看，法官与法官助理的工作内容在很大程度上是可以相互转移的，书记员与法官助理之间亦是如此，但法官与书记员之间则很难发生转移。[②] 无论案件难易、案件量大小，单个案件中法官与书记员都是必不可少的，法官助理则是案件量太大情形下为法官提供帮助、提高法官办案效率的"帮手"。

因此，确定司法辅助人员具体配置类型时，应当充分考虑人员配置的必要性和可行性，从法官所承担的办案任务角度进行平衡：首先需确保审判团队中书记员的配置，否则即便配置再多的法官助理，法官也会因为办案需要陷入事务性工作中。在法官无法依靠"一审一书"完成办案任务时，应合理配置法官助理，在编法官助理不足可由合同制法官助理补充。

（三）提升科技应用水平，打造司法辅助人员新型建构模式

在大数据、人工智能的时代巨变中解决制约司法效率提高的问题，不仅要依靠人力资源的优化配置，更需要将现代科技和人员管理改革深度融合，充分运用现代科技的伟力，发掘司法大数据所蕴藏的巨大潜能，探索全新的破解之道。

1. 以办案智能化促进审判辅助事务集约化

随着智能化技术水平的提高，人工智能化让大量原先必须靠人力完成的

---

① 赵春晓：《胡云腾在江苏南通法院调研时强调：深入推进法官助理制度改革》，《人民法院报》2016年8月18日，第1版。
② 青岛市中级人民法院课题组：《中级法院审判团队配备问题研究》，《山东审判》2017年第1期。

事务交由机器完成，这一趋势也已延伸至司法审判领域。

目前，东部沿海地区部分法院已进入"庭审智能化"阶段，通过"庭审音字转化系统"基本实现庭审笔录自动生成，有效解决了人工输入时的漏输、错输问题。同时，语音转换系统法律专业数据库的建立又能使书记员顺利应对各类型案件需求，使庭审记录集约化管理变为可能。在语音转化系统和庭审录音录像的配合下，书记员仅需对记录中的瑕疵进行修正，并引导当事人阅看签名，大大减轻了书记员负荷。未来时机成熟时，甚至完全可以用录音录像电子数据代替纸质笔录。

除语音转换系统外，江苏省昆山市人民法院千灯人民法庭、上海市第二中级人民法院等依靠诉讼材料、案件卷宗电子化以及网上司法辅助服务系统实现"无纸化办案"。电子卷宗随办案进程同步网上生成、流转，逐步改变以往依赖纸质卷宗的办案模式，有效节省纸质材料流转、审批、归档所需精力，降低了审判辅助事务所需人力时间，辅助事务耗时占比减少，人员配比存在压缩的空间。

2. 以管理集约化促进审判辅助工作高效化

通过对司法工作进行归类分组、规模操作，将司法资源进行统筹调度、集中使用，实现化零散为集合的"批量生产"，可以达到"低投入高产出"的效果。办案智能化降低了案件中个性化要素对部分审判辅助事务的影响，消解了审判辅助人员隶属于单个案件的必要性，使得部分审判辅助事务可以通过集约化实现工作效率的二次提高。

上海第二中级人民法院在全面完成庭审语音转换系统建设的基础上，成立书记员管理办公室，抽调部分业务庭书记员作为专职"驻庭书记员"，由书记员管理办公室选派驻庭书记员负责所驻法庭所有案件的记录工作。跟案书记员从庭审记录中解脱出来，跟案效率得到提高。"无纸化办案"则为立案、送达、鉴定、保全等事项的集约化提供了可能。进一步完善诉讼辅助事务中心，由专人集中办理案件材料电子扫描录入、发送传票、办理公告、协调鉴定机构等事项，可以进一步减少审判团队中审判辅助工作所需人力。通过审判辅助事务的集约化处理，团队中的司法辅助人员在同样多的时间内可以承担更多辅助事务，配比亦可相应降低。

3. 以工作高效化释放司法辅助人员的人力

从审判辅助事务的分类来看，事务性工作具有重复性高、判断度低、流程单一的特点，信息化建设和集约化管理对这类事务的积极作用更加明显。因此，通过前述信息化建设和集约化管理所节约出的人力资源主要是承担书记员的事务性辅助工作。

释放出的人力资源如何合理分配以解决现有人手不足的问题，同样至关重要。目前，司法辅助人员队伍结构最为突出的问题即法官助理不足，对此，可将解放出的优秀在编书记员补充到法官助理队伍中。在法官助理岗位出现之前，这些在编书记员实际上已或多或少承担业务性辅助工作，普遍具有经验丰富、业务熟练的特点，而编内身份又可确保其履职时谨慎负责，客观上具备担任法官助理的能力和条件，而这些书记员从事辅助法官办案工作，亦不会影响在编法官助理的遴选问题。可见，在信息化建设与集约化管理背景下，将编内书记员择优增配到法官助理队伍中，无疑是实现司法辅助人员优化配置的另一种路径。

B.9
检察机关与监察委的协调
衔接工作机制研究

摘　要： 随着《监察法》的颁布和《刑事诉讼法》的修订，监察调查
与刑事诉讼的衔接程序基本确立，但在监察调查和刑事诉讼、
监察和检察机关的工作衔接方面仍有诸多难点和盲点。结合
上海检察机关办理监察委移送的起诉案件以及与监察委协调
衔接的工作情况，本文对检察权和监察权的属性及关系等开
展理论研究，认为两者同属于国家权力的监督体系，但两者
的监督对象、方式均有所不同，监察权具有复合性，兼顾行
政监察、职务违法犯罪的调查，并且监察机关与党的纪律检
察机关合署办公，因此不宜将监察权纳入法律监督的范围。
在此基础上本课题组对监察和刑事诉讼程序的衔接、监察和
检察机关沟通协商中存在的问题和难题提出对策和建议。

关键词： 法律监督　法法衔接　监检衔接

检察机关与监察机关的顺畅沟通衔接，是国家监察体制改革的重要
任务。随着《监察法》的颁布实施、《刑事诉讼法》的修订完善，以及
相关衔接办法的出台，监察和检察机关工作衔接的基本原则、监察调查

---

* 课题组负责人：曾国东，上海市虹口区人民检察院党组书记、检察长；课题组成员：崔晓丽、
刘强、周健、盛琳、刘刚、王琦丽。

和刑事诉讼的程序衔接等内容基本确立。2018 年上海检察机关积极推进监察体制改革，共受理监察机关移送审查起诉的职务犯罪案件 59 件，依法提起公诉 36 件 36 人，依法做出相对不起诉 2 件 2 人。目前，监察和检察机关的衔接沟通机制已基本建立，但监检衔接方面仍存在较多模糊、有待明确的地方。

一 监察和检察关系理论概述

监察体制改革试点对我国既有的国家权力结构和权力运行机制产生了重大的影响，检察机关查处职务犯罪的职能被整合至监察机关，也引发了体制内外对于检察机关性质和地位的诸多担忧。只有先从理论上阐明国家监察权的属性及其与检察权的关系，才能有效解决监察机关和检察机关的衔接难题。

（一）监察权与检察权的关系

1. 监察机关的宪法定位和权力属性

"不受约束的权力必然产生腐败，权力只有用权力来约束。"孟德斯鸠的经典论断，也是权力制约理论的最初来源。从世界各国的权力结构看，权力制约大致可以分为两种模式，一种是制衡模式，比如：美国的三权分立模式，当然，制衡模式并非专指三权分立，其他国家的政治体制也包含了权力制衡的理念和制度。另一种是监督模式，也即设立专门的监督机构对其他国家权力行使的过程和结果予以监察和督促，比如我国的检察制度和监察制度等。从监督模式的运行来看，大致分为对人的监督和对事的监督，前者是对公职人员以及被赋予公权力的其他人员的监督，后者是对行使公权力的过程和结果的监督。

国家监察体制改革之前，我国国家权力监督体系大致可以分为党纪监督、行政监察、法律监督。监察体制改革将前述监督权力整合至监察机关统一行使，因而监察权涵盖了行政权、检察权、司法权的特征，具有综合性和混合性。① 从监察机关实际承担的职责来看，集监督、调查和处置于一体，作为独立于行政机关、检察机关和审判机关之外的专门行使监督职权的国家机关，监察机关与检察机关的法律监督职权的行使有着不同的方式。

2. 职能调整后检察机关的宪法定位

根据《宪法》规定，检察机关系法律监督机关，修订后的《人民检察院组织法》《刑事诉讼法》也进一步明确了检察机关法律监督的职责范围和履职手段。因此，职务犯罪的侦查权并不是支撑检察机关法律监督定位的依据，检察机关作为法律监督机关的定位是宪法与法律赋予的，是人民代表大会作为权力机关赋予的，监察体制改革、反贪反渎部门整体转隶并未改变检察机关作为法律监督机关的宪法定位。正因此，检察机关只能在宪法和法律规定的范围内行使法律监督职责，而不能超越宪法和法律，开展法律监督活动。

但必须明确的是，法律监督机关的定位也并不意味着检察机关垄断监督权的行使。正如前述，我国国家权力制约体系既有制衡模式，也有监督模式的制度安排，而且主要以监督模式作为顶层设计的原则，比如人民代表大会及其常委会对"一府一委两院"监督、检察机关的法律监督、监察机关对公职人员的监督等。

3. 监察监督与法律监督的关系

正如前述，检察机关与监察机关均享有监督权，因此在完善权力制约机制过程中，必须将检察机关和监察机关的监督权职责和内容界分清晰，避免权力的重叠和冲突。监察监督与法律监督的区别表现在，首先，监督对象不同。法律监督侧重于对事的监督，是对行政机关、审判机关的行政行为和审判活动的监督，监督的后果由行政机关或审判机关承担，同时保留对司法工作人员部分犯罪行为的侦查权。监察监督则集中于对人的监督，是对行使公权力的公职人员实施监督，对于公职人员的贪腐、渎职等行为开展监督、调查和处置，监督结果由公职人员承担，而非所在机关。其次，监督依据不

① 韩大元：《论国家监察体制改革中的若干宪法问题》，《法学评论》2017 年第 3 期。

同。法律监督主要依据诉讼法律法规，侧重于对监督对象行为合法性开展监督，主要集中于民事、行政、刑事诉讼活动的监督和公益诉讼。监察监督的范围涵盖违反道德、违反纪律、一般违法行为和职务犯罪，其监督依据除了刑事法律外，还有党规、行政法规、职业道德规范等。最后，监督效力不同。法律监督的效力更多体现为程序制约，不具有终局和实体的意义。监察监督的效力更多地体现为对违法主体的处置，除了涉嫌职务犯罪需要移送审查起诉外，对其他一般违纪违法行为，监察机关均可以做出处理决定。

（二）监察机关与检察机关的关系

《宪法》《监察法》明确规定监察机关办理职务违法和职务犯罪案件，应当与审判机关、检察机关、执法部门形成互相配合、互相制约的关系。在原先的刑事诉讼模式中，检察机关既承担着公诉职能，同时又承担着法律监督职能。因此，有观点提出应当确立监察机关和检察机关互相监督机制，确保监督机关依法监督、公正监督。[①] 从法律监督机关的定位来看，似乎检察机关对职务犯罪调查活动可以开展法律监督，实则不然。

1. 宪法和相关法律的立场

《宪法》明确规定监察机关办理职务违法和职务犯罪案件，应当与审判机关、检察机关、执法部门互相配合、互相制约，但并没有规定"互相监督"。《监察法》第七章"对监察机关和监察人员的监督"，仅规定了各级监察委员会应当接受人大及其常委会的监督，接受民众、社会和舆论等监督，通过设立内部专门监督机构方式予以监督，并未纳入检察机关法律监督。《人民检察院组织法》采用列举的方式明确了检察机关法律监督的具体职责，但并未将监察机关纳入其中。2018 年《刑事诉讼法》修订过程中，有委员提出将监察工作人员纳入检察机关管辖的职务犯罪主体，但该建议也未得到立法的采纳。从国家层面对监察机关的定位看，认为其本质上是反腐败

[①] 叶青、王小光：《检察机关监督与监察委员会监督比较分析》，《中共中央党校学报》2017年第 3 期；谢登科：《论国家监察体制改革下的侦诉关系》，《学习与探索》2018 年第 1 期。

工作机构，和纪委合署办公，代表党和国家行使监督权，是"政治机关"，而非司法机关或行政机关。① 立法者也秉持了监察机关作为政治机关的定位，没有将其纳入检察机关法律监督的范围。

2. "互相制约"不等于"互相监督"

宪法和法律规定的监察机关和检察机关"互相制约"的关系，也不能理解为"互相监督"的关系。一方面，检察机关开展法律监督必须依照宪法和法律，宪法和相关法律，特别是新修订的《人民检察院组织法》，均未将监察活动纳入法律监督的范畴，检察机关对监察活动开展监督的法律基础并不存在。另一方面，检察机关尚不具备对监察机关开展法律监督的现实可行性。一是因为监察机关和纪委合署办公，纪委作为党政机关，在目前的政治体制下，要对纪委开展法律监督不具备现实可行性。二是因为监察活动带有复合性，监察机关同时对职务违法和职务犯罪具有调查权，这一权利属性与原检察机关对侦查活动开展的法律监督存在较大差异，从目前检察机关的能力和精力来看，同样显然不具现实可行性。

3. "互相制约"的正确理解

监察机关和检察机关"互相制约"，是指监察机关和检察机关分别通过各自行使职权的过程，对另一方行使权力的结果进行判断，审查（可能）引发相应效果的关系。② 在现有法律框架内，主要体现在两个方面：第一，监察机关调查职务犯罪案件需要移送检察机关审查起诉，检察机关既可以依法做出不起诉决定，也可以退回补充调查或者自行补充侦查，促使监察机关在职务犯罪调查活动中以审判的证据标准要求自身。《监察法》第48条删除了草案中检察机关做不起诉决定"应当征求监察机关意见"的表述，根据监察法释义，检察机关做出不起诉决定前，征求监察机关的意见属于内部

---

① 《积极探索实践　形成宝贵经验　国家监察体制改革试点取得实效——国家监察体制改革试点工作综述》，新华社，http：//www.xinhuanet.com//2017－11/05/c_1121908387.htm，2018年12月20日。

② 左卫民、唐清宇：《制约模式：监察机关与检察机关的关系模式思考》，《现代法学》2018年第4期。

工作沟通机制，征求意见属于检察机关审慎决定的体现，并不是盲从监察机关意见。检察机关做不起诉决定不受其他机关的干涉。当然，监察机关如认为不起诉决定有错误的，也可以向上一级检察机关提请复议。第二，监察机关在收集、固定、审查和运用证据时，应当与法院审判时对证据的要求和标准一致。检察机关可以通过对证据标准的把握和衡量，对监察机关收集证据进行审查和评价，实现对监察机关职务犯罪调查和证据收集行为产生制约的效果。《监察法》明确以非法方法收集的证据应当依法予以排除，不得作为办案的依据，据此，检察机关和监察机关共同承载非法证据排除的职责，检察机关应当对监察机关搜集的证据进行审查，并适用刑事诉讼程序的非法证据排除规则。

二 监察程序与刑事诉讼程序的衔接

由于监察机关的设立完全是一种"体制创新"，鉴于其主体和职能的特殊性，不依从刑事诉讼法设定的侦查程序规范解决互涉关系问题，监察机关与检察机关工作衔接是一个崭新的实践问题，不能照搬原有刑事诉讼模式来设计监察程序和刑事诉讼程序的衔接机制。

（一）监察立案与刑事立案的衔接

监察程序与刑事诉讼程序的衔接，是从政务处理向刑事处置的延伸。在刑事诉讼中，立案是刑事追诉发动的条件；在监察调查活动中，立案也是程序的起点，但由于监察权与检察权属于不同性质权力，两者的运行机制均有所差异，如何构建顺畅的对接程序是监察程序与刑事诉讼程序衔接的首要难题。

1. 监察立案的复合性

《监察法》规定："经过初步核实，对监察对象涉嫌职务违法犯罪，需要追究法律责任的，监察机关应当按照规定的权限和程序办理立案手续。"在《监察法》征求意见期间，也有不少观点认为应当区分职务违法和职务犯罪立案条件和程序，建议将职务犯罪的立案和调查纳入刑事诉讼制度规范范畴，也有观点认为可以依调查对象划分，根据违法犯罪程度分为一般调查和特别调查。① 最终这些建议并未得到立法的采纳，监察体制改革文件也明确否定了监察调查活动的刑事侦查属性。当然，这样的制度设计势必对监察机关和检察机关的衔接产生重大的影响，而且也使传统的刑事诉讼理论受到一定冲击。

2. 刑事立案与监察立案

立案制度是我国刑事诉讼的基本制度，立案制度的价值除了规范刑事诉讼的启动条件、程序外，更为突出的意义在于为刑事强制措施提供合法依据，核心价值在于对侦查行为的控制，即限制公安机关任意启动侦查措施，保障公民的人身和财产权益不受侵犯。② 监察立案从意义和价值而言，亦是为限制监察权、防止调查措施被滥用、保障被调查人合法权益的制度安排。比如：从立案的程序来看，必须经纪检监察机关主要负责人审批后，报同级党委（党组）主要负责人批准，这样的审批程序要求相对于刑事立案高得多、谨慎得多。可见，监察机关也意图通过严格的审批程序加强对监察立案的监督和管理，从内部程序规范上控制监察权的行使。

3. 监察案件刑事立案的必要性

依据一般刑事诉讼法理，刑事立案是刑事诉讼启动的必经程序，但监察机关移送审查起诉的职务犯罪案件无须刑事立案。首先，监察体制改革背景下，职务犯罪案件办理模式发生变化，变为监察程序和刑事诉讼程序混合模式，不能单纯以原有的刑事诉讼理论构建监察机关移送起诉案件的办案程序。其次，从刑事立案的程序价值而言，职务犯罪案件调查完毕后，监察机关必须移送检察机关审查起诉，因此监察案件移送起诉后，一旦检察机关受理，即直接进入刑事诉讼程序中的审查起诉阶段，没有通过立案启动刑事诉

① 陈光中：《关于我国监察体制改革的几点看法》，《环球法律评论》2017年第2期。
② 龙宗智：《监察与司法协调衔接的法规范分析》，《政治与法律》2018年第1期。

讼程序的必要。同时，检察机关受理案件后，对犯罪嫌疑人决定采取强制措施的目的与侦查阶段具有差异，无须通过立案制度防止强制措施的滥用。最后，立案制度的最重要价值在于控制侦查权，防止侦查权滥用，考虑到监察机关在制度设计中，已经设立监察立案程序和严格的审批程序，在后续审查起诉阶段的立案控制也无价值。

（二）检察机关提前介入的衔接

为确保衔接的顺畅，早期监察体制试点时将刑事诉讼中的提前介入机制引入监察案件的办理规定，后续《国家监察委员会与最高人民检察院办理职务犯罪案件工作衔接办法》（以下简称《衔接办法》）及《上海市监察委员会与上海市人民检察院、上海市高级人民法院办理职务犯罪案件工作衔接办法》（以下简称《上海衔接办法》）等文件也均对监察机关可以经商请检察机关派员介入监察案件予以明确。

1. 提前介入的必要性

根据《衔接办法》规定，监察案件的提前介入需要检察机关对"证据标准、事实认定、案件定性及法律适用"等提出书面意见，对是否采取刑事强制措施进行审查。因此，监察案件提前介入工作既涉及案件质量的实体问题，又涉及强制措施等程序衔接问题，特别是在推行监察体制改革过程中，检察机关的提前介入在强制措施衔接方面起着不可或缺的作用。2018年《刑事诉讼法》修订后，检察机关受理后尽管有 10 ~ 14 天的强制措施审查期间，但笔者认为，提前介入还有存在的必要性。

首先，强制措施的衔接工作仍需要提前介入。2018 年《刑事诉讼法》似乎解决了强制措施衔接的困境①，但检察机关在对未采取留置措施的案件适用强制措施时不能依据上述法条享有先行拘留的权力，因此对于这类案件还需要依靠提前介入工作，做好强制措施的衔接工作。其次，考虑到监察案

---

① 修订后的《刑事诉讼法》明确了检察案件的强制措施衔接方案，采取留置措施的案件，应当先行拘留，同时开展审查逮捕工作，并且不计入审查起诉期限。

件的政治性和特殊性，监察案件的办案质量和效果必须有充分的制度保障。检察人员可以通过提前介入完善监察机关的证据锁链，及时传导审判环节的证据标准和要求，确保监察案件的办案质量和效果。随着"以审判为中心"刑事诉讼制度改革的推进，检察机关可以通过提前介入加强对监察案件的引导，共同提高监察案件的办理质量和效果。

2. 提前介入的时机

根据《衔接办法》规定，监察案件进入审理阶段后①，监察机关可以书面商请检察机关派员介入，《上海衔接办法》规定，监察案件在案件调查和审理阶段均可以商请检察机关介入。实践中，调查阶段提前介入侧重于取证方向、证明要求的引导，审理阶段提前介入侧重于与检察机关的工作衔接。考虑到监察机关的调查并不区分职务违法和职务犯罪，也涉及办案保密等要求，《上海衔接办法》更加贴合实际需求。一般来说案件进入审理阶段，证据已经基本收集到位，提前介入的条件相对成熟，重大、疑难、复杂案件，确有必要检察机关介入的，可以在调查阶段商请检察机关派员介入，当然，由于审理部门负责对外衔接和沟通，由审理部门先行介入后，再商请检察机关介入更为妥当。

3. 提前介入的衔接

对于普通刑事案件，检察机关既可以主动派员介入，也可以被动提前介入，但根据《衔接办法》，只能由监察机关商请检察机关提前介入，检察机关并不能主动派员介入。对于商请提前介入的材料移交，《衔接办法》没有明确规定，在上海的改革试点中，主要是通过监察机关发函的方式商请检察机关派员介入，考虑到保密等因素，监察机关更倾向于检察机关派员至监察办案场所审核案卷。对于提前介入工作的方式，《衔接办法》和《上海衔接办法》未能明确，实践中主要包括审查证据材料、参加案件研商等。对于提前介入的意见，《衔接办法》明确要求应当提出书面意见，《上海衔接办法》作了稍许变

① 监察机关对职务犯罪案件的办理也有内部分工和监督，主要可以分为案件调查和审理两个不同阶段，分别由调查部门和审理部门负责，前者负责立案、调查等活动，后者负责对调查结果进行审查，提出处理意见，移送审查起诉、与检察机关对接协商等。

通，规定"一般"应当提出书面意见，这也是考虑实践操作的难处，有部分提前介入工作，监察案件尚处于调查阶段，案卷材料尚不齐全，在这样的条件下，要求出具明确的书面意见，特别是书面意见还得明确定性意见，确有难度，也不利于工作的开展。因此，如果条件许可，应当出具书面意见，如果尚不具备条件的，可以通过口头或者案件研商会议等形式提出介入意见。

（三）监察与刑事诉讼管辖的衔接

此处的管辖是指不同性质、地域、层级的办案机关办理案件的分工。刑事诉讼的管辖原则经过多年的司法实践已经相对成熟和完善，但监察调查与刑事诉讼在地域和级别管辖方面有诸多不一致，2018 年《刑事诉讼法》修订后，监察机关和检察机关在职能管辖方面也存在交叉情形，做好管辖的衔接尤为重要。

1. 职能管辖的衔接

根据《监察法》《刑事诉讼法》规定，检察机关和监察机关对职务犯罪的职能管辖存在交叉的可能。最高人民检察院《关于人民检察院立案侦查司法工作人员相关职务犯罪案件若干问题的规定》（以下简称《立案侦查司法工作人员职务犯罪规定》）规定的可以由检察机关侦查的 14 种职务犯罪案由往往会与贪污贿赂类职务违法和犯罪相关联。《监察法》对于职能管辖交叉的处理，明确了"监察为主"的管辖原则。因此，如果检察机关在办理上述 14 种案由的职务犯罪时，发现犯罪嫌疑人还涉及职务违法或犯罪的，应当积极与监察机关沟通协商，明确管辖主体。同时《立案侦查司法工作人员职务犯罪规定》对于互涉案件的管辖问题，明确如果由监察机关管辖更为适宜的，全案移交监察机关，如果分别管辖更为适宜的，就分别开展侦查（调查）。需要注意的是，检察机关立案侦查司法工作人员相关职务犯罪案件，是由设区的市级人民检察院立案侦查，即基层检察机关只能移送线索。这可能导致级别管辖不一致的情形，在此情况下，应由中级人民法院依法合并审理全案，因此，移送起诉前，监察机关和检察机关必须做好相应的协调工作，保障诉讼程序的顺利衔接。

2. 地域管辖的衔接

刑事诉讼的地域管辖，实行以犯罪地管辖为主，以居住地管辖为辅的基本原则，《监察法》并未对职务犯罪案件的管辖作明确规定。实践中，职务犯罪案件地域管辖实行身份管辖，监察体制改革前，国家工作人员的职务犯罪案件，往往由犯罪嫌疑人工作单位所在地的人民检察院管辖，由其他人民检察院管辖更为适宜的，可以由其他人民检察院管辖。这一原则本质上没有突破犯罪地管辖的基本原则，是对"犯罪地"的延伸解释，监察体制改革后，也是承袭检察机关管辖职务犯罪案件的原则，但需要国家监察委制定相关细则，作进一步的明确，特别是中央国家机关和中央管理的国有企业中的职务犯罪的管辖如何衔接。

3. 级别管辖的衔接

级别管辖是不同层级办案机关的办案分工。刑事诉讼的级别管辖主要是以刑罚的轻重为标准，检察机关管辖依据审判管辖确定。《监察法》只规定了上级提管、下级送管和指定管辖，未明确级别管辖原则和标准，而是主要以管理权限（以行政区域管辖为主）为原则。所以客观上可能致使职务犯罪案件的监察管辖与刑事诉讼管辖产生矛盾或不对应的情况，进而造成案件提前介入、强制措施、退回补充调查等程序衔接问题。首先是提前介入的衔接，如果应当由下级检察机关管辖的案件，上级检察机关提前介入后，可能会指定下级检察机关办理，可能产生后续案件处理的认识分歧，因此如果是下级检察机关认为应当由上级检察机关办理的案件，在接到商请提前介入后，下级检察机关应当及时向上级汇报，积极听取上级检察机关的意见。其次是强制措施的衔接，管辖上的不对应可能会带来上捕下诉、下捕上诉两种情形，上捕下诉相对容易协调，下捕上诉的，下级检察机关在做出逮捕决定前应当听取上级检察机关的意见，决定采取合适的强制措施后再行报送管辖。最后是退回补充调查的衔接，对于检察机关指定或者报送管辖的案件，退回补充调查应当如何操作目前并没有明确规定，可以参照刑事诉讼中指定和报送管辖案件退回补充侦查的做法，但是由于分属不同性质的办案程序，退回补充调查的期限如何计算，是否参照刑事诉讼中的在途时间不计入办案期限的规定，有待相关部门出台操作规范。

此外，直辖市的省级监察委员会管辖存在级别不完全对应的情况，《上海衔接办法》规定，上海市人民检察院对上海市监察委员会办理的案件需要移送下属检察分院办理的，在提前介入阶段即根据管辖规定确定承办分院，书面通知上海市监察委员会，并成立办案工作小组，指定检察官介入，后续上海市监察委员会直接向确定的承办检察分院移送被调查人、案卷材料和涉案款物等。

（四）监察调查措施与刑事侦查措施的衔接

《监察法》赋予监察机关 14 种监察调查措施，其中最引人关注的莫过于用"留置"取代了"双规"措施，留置与刑事强制措施的衔接也是办理职务犯罪案件的关键。

1. 留置与人身强制措施的衔接

监察体制改革试点过程中，不同地区探索了多种留置措施和刑事强制措施的衔接方式[①]，2018 年《刑事诉讼法》修订，明确了检察机关对监察机关移送起诉的已采取留置措施的案件的强制措施衔接办法。从制度设计看，客观上扩大了先行拘留的内涵与目的，将刑事拘留从有利于侦查的"方便主义"向兼具保障犯罪嫌疑人权利的复合性质转变。[②] 此外，《刑事诉讼法》和《衔接办法》对监察机关未采取留置措施的犯罪嫌疑人如何采取刑事强制措施未作规定。从实践来看，监察机关未采取留置措施的，检察机关一般采取取保候审强制措施，如果存在逃跑可能或者需要予以羁押情形的，检察机关可以直接决定逮捕。

[①] 一是借用监察机关的留置期限，在留置措施期满前审查决定逮捕；二是探索在职务犯罪案件受理同时做出逮捕决定；三是探索在职务犯罪案件受理后，由检察机关先行刑事拘留，再按照《刑事诉讼法》规定审查决定逮捕。

[②] 先行拘留原指侦查机关在案件侦查过程中，遇有紧急情况，依法临时剥夺现行犯或者重大犯罪嫌疑人人身自由的一种强制措施，一般针对现行犯和重大犯罪嫌疑人，其本质上是强制犯罪嫌疑人到案的手段，是以侦查为目的的对个人人身自由采取的强制性措施。

2. 其他调查措施与侦查措施的衔接

《监察法》明确规定："监察机关在收集、固定、审查、运用证据时，应当与刑事审判关于证据的要求和标准相一致。"但从法条的内容看，监察措施的规定与《刑事诉讼法》中侦查措施的规定相对，仍较为原则①。《监察法》相对原则的规定，势必带来证据采信、采纳上的争议。国家监察委与最高人民检察院也制定了《国家监察委移送最高人民检察院职务犯罪案件证据收集审查基本要求与案件材料移送清单》，将《刑事诉讼法》中相关证据收集的要求，作为国家监察委收集证据的基本要求。上海检察机关与市监察委员会也共同细化了常见罪名的证据指引，旨在细化证据收集的标准，统一证据审查的标准。建议待时机成熟，总结职务犯罪案件证据收集、审查方面的特点，由国家监察委联合最高人民检察院和最高人民法院，出台相关法律法规，制定明确的证据收集和审查规则。

（五）退回补充调查的衔接

《监察法》《刑事诉讼法》均明确了检察机关具有退回监察机关补充调查及自行补充侦查的权力，但由于监察活动和刑事诉讼属于不同性质，实践中如何做好退回补充调查的程序衔接仍有诸多难题需要明确。

1. 退回补充调查的属性

从刑事诉讼阶段看，可以分为侦查、审查起诉和审判三个阶段，各诉讼阶段相对独立而又互相联系，是线性的发展过程，退回补充侦查不是诉讼阶段的回退，其仅是程序的回流，也即从侦查机关将刑事案件移送审查起诉之日起，公安机关就丧失了终结刑事诉讼活动的权力，诉讼活动的终结只能由检察机关决定。同理，从监察案件的办案模式来看，主要分为调查、审查起诉、审判三个阶段，监察机关将案件退回补充调查同样也不意味着案件从审查起诉阶段退回到监察阶段，仅是程序上将

---

① 比如：鉴定意见的告知制度、补充鉴定、重新鉴定制度、精神病鉴定不计入办案期限等内容均没有明确。

案件退回监察机关补充调查，在监察机关进行补充调查的同时，检察机关仍可以自行侦查。① 如此制度安排既是程序法定原则的应有之义，即每个阶段的国家机关应依据法律规定的程序终结相应的办案进程，同时也是保障人权的体现，即办案进程向前推进避免被调查人、犯罪嫌疑人、被告人的权利处于持续不确定状态。

2. 退回补充调查与强制措施

普通刑事案件退回补充侦查，仅涉及羁押期限的计算问题，不涉及强制措施的变更，仅需要履行换押手续，强制措施无缝衔接。由于监察案件与普通刑事案件属于不同性质，针对二者采取的强制措施有差别，对于退回补充调查后，强制措施是否也需要变更存在疑问。如前文所述，检察机关退回补充调查，但案件仍处于审查起诉阶段，无须对强制性措施进行变更。一方面，就适用强制措施的方式而言，由于监察调查阶段限制人身自由的监察措施有且仅有留置措施，至审查起诉阶段，则有逮捕、取保候审、监视居住等强制措施，这种措施从性质及内容上看均不具有回退的可行性；另一方面，从监察案件办理的便利性来说，如果退回补充调查需要重新决定留置，将涉及改变羁押场所，另行办理留置、逮捕审批手续等，程序烦琐、效率低下且存在安全隐患。《衔接办法》也对此予以明确："最高人民检察院决定退回补充调查的案件，补充调查期间，犯罪嫌疑人沿用人民检察院做出的强制措施。"

3. 退回补充调查与羁押衔接

换押制度是被羁押的犯罪嫌疑人因诉讼进程及办案单位更替后，书面通知看守所的制度安排，有利于解决刑事诉讼各阶段的办案机关与羁押场所的信息沟通及羁押期限计算问题，避免超期羁押等问题。监察案件的办理中，检察机关先行刑事拘留、决定逮捕和退回补充调查均有期限限制，亦存在羁押期限的告知、计算等问题。由于监察案件流转分属监察程序和刑事诉讼程序，监察机关没有刑事羁押的职权和责任，故《衔接办法》规定，办案检

---

① 杨宇冠、高童非：《论监察机关与审判机关、检察机关、执法部门的互相配合和制约》，《新疆社会科学》2018 年第 3 期。

察机关应当将退回补充调查情况书面通知看守所，监察机关需要讯问被调查人的，办案检察机关应当予以配合，也即不办理换押手续。《衔接办法》规定的衔接方式对于解决目前的办案需要没有问题，但考虑到监察机关补充调查有期限规定，为防止超期羁押，有必要借鉴刑事诉讼的换押制度，明确检察机关和监察机关在退回补充调查和再次移送审查起诉等节点，书面将办案单位、办案期限、办案进展等信息及时告知羁押场所，方便羁押场所及时提醒，监察机关也可以根据相关文书，直接办理提讯手续，便于补充调查工作的开展。

4. 退回补充调查与诉讼权益保障

根据《监察法》，被调查人在监察调查阶段无法获得法律帮助或辩护，仅在移送审查起诉后，才可以委托辩护人，获得法律帮助或辩护。[①] 因此，有观点认为，退回补充调查后，被调查人不享有辩护权，辩护律师不得会见被调查人，不得阅看、复制证据材料。但正如前述，退回补充调查后案件仍处于审查起诉阶段，并不回退至监察调查阶段，辩护人理应可以依据《刑事诉讼法》的规定，会见犯罪嫌疑人，阅看、复制证据材料，如案卷退回监察机关，则应当由监察机关为辩护人提供阅看和复制证据材料的便利，不应阻碍辩护人行使辩护权利。同时，案件退回补充调查后，辩护律师可以依据《刑事诉讼法》的规定依法调查取证，这既是对犯罪嫌疑人在刑事诉讼阶段的权益的充分保护，也符合诉讼阶段的逻辑关系。

（六）追赃追逃程序的衔接

2012 年《刑事诉讼法》修订时确立违法所得没收程序，2018 年修订时确立刑事缺席审判程序，这些都是开展职务犯罪追赃追逃工作的重要利器。《监察法》对职务犯罪案件违法所得没收程序也做了规定，与《刑事诉讼法》的规定还略有区别，势必导致程序衔接存在争议，需要加以研究予以明确。

---

① 《刑事诉讼法》修订后，明确监察机关留置的案件，检察机关必须先行拘留，关于在刑事拘留期限内，能否享有辩护权学界也有一定的争议，笔者认为，案件移送检察机关，即进入审查起诉阶段，依照《刑事诉讼法》的规定，理应获得辩护权。

1. 违法所得没收程序的衔接

《监察法》第48条规定"贪污贿赂、失职渎职等职务犯罪案件",可以依法没收违法所得。《刑事诉讼法》规定"对于贪污贿赂犯罪、恐怖活动犯罪等重大犯罪案件",可以依法没收违法所得,《关于适用犯罪嫌疑人、被告人逃匿、死亡案件违法所得没收程序若干问题的规定》(以下简称《追赃规定》),也没有将失职渎职犯罪纳入违法所得没收程序的适用范围。遗憾的是2018年《刑事诉讼法》修订时也未能对此予以调整。

同时,《监察法》规定违法所得没收程序适用的条件与《刑事诉讼法》也有所不同。《监察法》规定的条件是"有必要继续调查的,经省级以上监察机关批准,应当继续调查并做出结论",而《刑事诉讼法》规定的条件是"重大犯罪案件"且"依照刑法规定应当追缴其违法所得及其他涉案财产"。结合法条的解释可以发现,两部法律殊途同归。"有必要继续调查",既可以理解为因案件重大、疑难、复杂,有必要继续进行调查,也可以理解为因案件查封、扣押、冻结了依法应当追缴的财产,有必要继续开展调查。"应当继续调查并做出结论"明确了对于继续调查案件必须形成最终结论,其潜台词就是必须"有证据证明有犯罪事实"。《监察法》还规定,"对于被调查人逃匿的,依照规定必须在通缉一年后不能到案的前提下,才能适用违法所得没收程序",而"通缉"的前提是"依法应当留置的被调查人如果在逃","依法应当留置"的首要条件是"监察机关已经掌握其部分违法犯罪事实及证据",与"有证据证明有犯罪事实"的要求也是一致的。

2. 刑事缺席审判程序的衔接

2018年《刑事诉讼法》修订时增加了"缺席审判程序",其初衷主要是依法打击外逃职务犯罪分子,但法律对于缺席审判程序的具体适用条件,监察机关和检察机关办理缺席审判案件的程序衔接均没有明确。《刑事诉讼法》仅规定由监察机关移送起诉,人民检察院审查后向人民法院提起公诉,人民法院进行审查后开庭审判,同时也明确应当由中级人民法院进行审理。区、县监察机关办理的监察案件需要缺席审判程序的,应当向同级检察机关提起公诉，同级检察机关经审查认为符合缺席审判条件的，报送上级检察机关提起公诉。由于缺席审判制度刚刚确立，办案程序、证据标准、庭审程序、救济程序等均在摸索中，监察机关在提起公诉前应加强向上级监察机关请示，加强与同级检察机关的沟通，同级检察机关也应当加强向上级机关的请示，确保案件事实、证据经得起推敲，被告人权益不受损，实现法律效果、社会效果和政治效果的统一。

3. 外逃犯罪分子追逃工作的衔接

近年来，国家部署"天网"行动，国际刑警组织中国国家中心局集中公布了针对百名涉嫌犯罪的外逃国家工作人员、重要腐败案件涉案人等人员的红色通缉令①，加大全球追缉力度。在监察体制改革前，检察机关立案侦查后可以依法向上级检察机关提请批准逮捕，上级机关做出批准逮捕决定后，制发红色通缉令。监察体制改革后，由于制度原因，在监察调查阶段，只能采取留置措施，被调查人外逃的，依法可以通缉，但由于国际组织只认可司法机关的逮捕令，监察机关通过留置决定无法申请红色通缉令，一定程度上阻碍了对外逃犯罪分子的打击。

有观点提出，针对被调查人外逃尚且可以提起缺席审判起诉，也完全可以对外逃人员决定逮捕。对于追逃对象予以逮捕在刑事诉讼程序中也属常见，但根据《监察法》，只有监察机关移送审查起诉后检察机关才能对犯罪嫌疑人决定采取强制措施。对于被调查人不在案的情形，通过移送起诉，解决红色通缉令要求的逮捕要件未尝不可探索，但须兼顾受理案件后的程序流转问题，否则导致案件难以处理，也会有损检察机关依法独立行使职权的形象。在对追逃对象决定逮捕后，如果通过红色通缉令的途径抓捕归案，依法提起公诉和开庭审理，没有程序上的障碍，但若被通缉者长期未能到案，可以依据特别程序予以流转：一是通过没收违法所得程序，对涉案赃款予以追缴没收（前提是有赃款或账务可以依法没收）；二是通过缺席审判程序依法

---

① 红色通缉令是由国际刑警组织发布的国际通报，其通缉对象一般需要国家司法部门已发出逮捕令。

判决，移送中级人民法院开庭审理。如果在办案期限内无法抓捕归案，也不符合违法所得没收程序和缺席审判程序要求的，可以经与监察机关协商后退回监察机关处理。

三　工作沟通协商机制

监察体制改革是一项系统工程，必须衔接呼应，实现整体推进，实现职务犯罪案件优质、高效、协同办理，彰显中国特色监督制度的优势并将其转化为治理效能。[1] 因此，检察机关和监察机关的协调沟通衔接，除了法律程序上的无缝对接外，还需探索日常工作的沟通协商机制。

（一）日常工作联络机制

监察体制改革初期，不论是部门与部门的衔接，还是监察与刑事诉讼程序的衔接，都在不断摸索中，唯有加强监察机关与检察机关的沟通联络，才能及时发现问题、解决问题，确保监察体制改革落地见效。

1. 联席会议制度

目前，已有不少检察机关与监察机关签订沟通协作规范文件，明确将定期或不定期的联席会议作为沟通衔接的常态化机制。通过定期召开联席会议，通报办案数据、衔接难题、法律适用争点等问题，逐步统一证据收集和审查标准；通过召开不定期的联席会议，可以对重要案件、重大事项、重大疑难问题及时予以研究解决。目前，根据上海各级检察机关设立的职务犯罪检察官办案组对接监察机关的审理部门的实践，存在如下问题。

一方面，《人民检察院组织法》将"办案组"定位为办案组织，而且更倾向于定位为临时性的办案组织，也即在有重大疑难复杂案件时，由两名以

---

[1] 《建立权威高效、衔接顺畅的监察调查与审查起诉工作衔接机制》，《中国纪检监察报》，http://www.ccdi.gov.cn/special/ffxj/201811/t20181119_183625.html，2018年12月21日。

上检察官组建办案组。但从实践需求看，临时性办案组织显然无法胜任与监察机关的沟通衔接工作，与监察机关的沟通衔接不仅是办理职务犯罪案件，还会有提前介入、案件研商、犯罪预防、追赃追逃等工作。另一方面，监察机关内部的程序衔接不够畅通。根据监察机关办案程序，审理部门负责审查调查部门的结论，并作为对外沟通协调的主要职能机构。在实践中，不少重大敏感案件的研商、研判由调查部门参与（此时审理部门尚未介入），但在后续移送审查起诉时，与检察机关对接的是审理部门，审理部门和调查部门之间不同的意见，往往会影响后续的沟通衔接。因此，联席会议应当由调查部门和审理部门共同参与，共同研商。另外，尽管监检衔接相对较为顺畅，但监察与刑事诉讼的衔接还与公安机关、司法行政机关、审判机关的工作紧密相连，比如拘留和逮捕的执行需要公安机关和羁押场所的配合。因此，还需要将与刑事诉讼衔接相关的部门纳入联席会议范围，不能仅局限于监察和检察机关的沟通衔接。

2. 重大决定事项通报

根据《衔接办法》和《上海衔接办法》，检察机关在依法做出不起诉决定、改变事实和定性、变更管辖、变更强制措施、决定排除非法证据等重大决定时，应当及时通报监察机关，沟通协商，体现反腐败工作的合力。在具体沟通协商中，检察机关应当坚持刑事诉讼基本原则，在有分歧意见时，充分阐释理由，争取监察机关的理解，争议重大无法协调的，应当及时提请反腐败协调小组进行讨论决定，一方面，检察机关必须坚持证据裁判原则，严格依照事实和法律；另一方面，应当服从反腐败工作大局，统筹好执法尺度，做到政治效果、社会效果和法律效果的统一。

（二）线索双向移送机制

监察机关和检察机关分别在职权范围开展监督工作，各有侧重。一般来说，对人的监督与对事的监督往往相互关联，这就需要监察机关和检察机关在日常工作中，将履行法律职责过程中发现的违法犯罪线索、法律监督线索予以移送，实现党内监督、监察监督和法律监督的合力。①

1. 违法犯罪线索移送

《监察法》明确其他国家机关在工作中发现的职务违法或者职务犯罪的问题线索应当移送监察机关。检察机关在办理刑事检察、法律监督、民事行政检察、公益诉讼等案件过程中，都有可能发现公职人员职务违法或犯罪的线索，除可以自行立案侦查的，均应依法移交监察机关调查处置。

同时，检察机关法律监督刚性不足的困境也有待解决，监察体制改革后，检察机关如果在法律监督工作中发现公职人员明显存在违法甚至犯罪情形的，可以直接将相关线索移送监察机关，由监察机关予以调查处置，放大检察机关法律监督的效果。当然，考虑到职务违法犯罪线索移送，可能会对涉案公职人员有较大的影响，甚至对其所在单位有较大的影响，故对于职务违法犯罪线索的移送需要严格审查和谨慎决定，同时要做好介入和跟踪工作，确保法律监督落地见效。

2. 法律监督线索移送

检察机关提起公益诉讼和监察体制改革都是国家重大政治体制改革，在监督目标和监督手段上二者有着密切联系。从监督目标看，检察机关提起公益诉讼和监察机关监督公职人员都是履行监督职权，都是对行政机关的行政执法活动进行监督，共同促进行政机关依法行政、严格执法，两者形成了相辅相成的监督和责任追究体系，共同制约和监督行政机关依法行政。

检察机关开展法律监督，特别是公益诉讼，线索难寻是普遍存在的问题。监察机关在大量的违纪、违法或犯罪案件中更容易发现一些法律监督线索，特别是行政公益诉讼线索。监察机关和检察机关可以建立案件线索移送机制，监察机关如发现行政机关不作为、乱作为造成国家利益、公共利益损失的案件线索，可以移送检察机关，通过提起行政公益诉讼方式督促相关行

---

① 马怀德：《让监督体系发挥最大合力》，http://www.ccdi.gov.cn/yaowen/201801/t20180109_161362.html，2018年12月21日。

政机关依法履职。①

　　检察机关提起公益诉讼的根本目的是保护公益，但对相关公职人员的违纪违法行为无权追究法律责任。监察机关依法履责的重点是调查和处置相关公职人员，但没有直接保护国家利益和社会公共利益的任务。监察机关和检察机关协调一致，互通有无，就具备了多种责任追究方式，有机结合就能避免国家利益和社会公共利益保护的死角，在提高检察监督和监察监督权威的同时，同频共振保护国家利益和社会公共利益。②

---

① 比如：上海市虹口区检察院就虹口区国有资产监督管理委员会未依法履职导致国有财产受到损害一案制发行政公益诉讼检察建议，该部门回复检察建议并开展全民调查和资产追回工作，目前，已为国家挽回数千万资产。在办理行政公益诉讼的同时，检察院将发现的职务犯罪线索移送监察委，并得到监察委立案。在此基础上，虹口区检察院与监察委员会签订了《关于案件线索移送反馈机制的意见（试行）》。山东省日照市岚山区、广西壮族自治区钦州市钦北区和山西省阳泉市的监察委和检察院也都建立了公益诉讼联络的相关机制，实行案件线索双向移送反馈、联合监督检查、信息资源共享等。

② 刘家璨、于琰峻：《加强检察机关提起公益诉讼与监察机关的协调合作》，《中国纪检监察》2018年第11期。

B.10
努力实现立法与改革发展相协调

——上海市人大四十年实践

邓少岭　姚　魏[*]

摘　要：　如何处理立法与改革发展之间的关系是一个关乎法治的重要问题。地方人大对立法与改革发展关系的处理亦具有重大意义。上海市人大处理立法与改革发展关系的四十年，大体可以分为四个阶段：立法初创期、高速发展期、规范发展期、转型发展期（包含过渡与转型期、进一步探索与提高期）。上海市人大对此进行过一系列探索和尝试，取得了不少成果，积累了较为丰富的经验，较好地实现了立法与改革发展之间动态平衡和螺旋式上升。

关键词：　上海市人大　协调　立法　改革发展　法治

习近平在中央全面依法治国委员会第二次会议中强调："改革开放40年的经验告诉我们，做好改革发展稳定各项工作离不开法治，改革开放越深入越要强调法治。要完善法治建设规划，提高立法工作质量和效率，保障和服务改革发展，营造和谐稳定社会环境。"这一论述不仅反映了中央立法与改革发展的密切关系，也体现了地方立法引领保障改革发展的功能。自

---

* 邓少岭，上海社会科学院法学研究所副研究员，法学博士；姚魏，上海社会科学院法学研究所助理研究员，法学博士。感谢上海市人大常委会法制工作委员会办公室副主任张明君提供相关资料！

1979 年《地方组织法》赋予地方人大及其常委会地方立法权后，1980 年上海市人大常委会制定了上海第一部地方性法规，时至今日，上海地方立法已走过近四十年的发展历程。四十年来，上海的地方立法工作不断进步，始终与本地的改革发展同频共振。截至 2017 年 12 月底，上海市共制定地方性法规 253 件，现行有效 180 件；修改地方性法规 298 件次，其中废止和因调整社会关系等原因而失效者共 73 件；有关法律问题的决定和法律解释共做出 35 件，仍处于有效期的有 20 件。经过四十年的努力，上海地方立法覆盖了社会生活的各个方面，对上海经济与社会发展和改革开放起到了保障和引领作用。

一　地方立法与改革发展的关系

新时期最大的特征是改革。改革是社会主义制度的自我完善和发展，但改革同时又是一场革命。四十年间，中国社会各方面都发生了深刻而巨大的变化，同时，法制也随着中国社会的发展而逐步成长壮大。四十年间，改革和法治的关系呈现既紧张甚至冲突又相互促进的特点。

为应对立法与改革可能发生的冲突，立法部门提出过两种策略，策略一是主张立法应适应和服从改革，策略二则主张立法应引领和推动改革。两种策略都是基于立法与改革在深层次上的一致，并且都认为立法从长远看应该服务服从于改革大局。但在具体的层面和实践维度上，立法和改革的关系却总显得异常复杂，因此对其处理也很棘手。二者发生冲突的可能性是显而易见的，实践中的负面事例也时常发生。有一种影响深远的主张认为，二者是"定"和"变"的矛盾关系。法律有"定"的本质属性和基本特点，而改革则内在地有"变"的深层需求和表达形式。法律力求把成熟的社会关系固定和凝结为法律关系，而改革的基本含义则是改变既定和现存的社会现象并建立新的社会关系。沿着这一思路，立法与改革的关系就是如何处理"定"与"变"的矛盾。为此，有三种方式可以采取："第一种是先立法后改革；第二种是一边立法一边改革，两者同步进行；第三种是先改革后立法。"①

然而，实际上，我国几十年的立法实践并没有独尊上述三种中任何一种策略。党的权威文件中从未始终如一地奉行其一，立法者也未单纯将三者中的一种奉为圭臬。实际操作中，执政者与立法主持者采取了辩证而包容的处理方式和灵活而兼顾的操作技法。有时候，采取此种方式，有时候，彼种方法得以运用，而有时候则两三种方式并用不悖。最有说服力的例子是，全国人大五届二次会议所通过的七部法律中，有六部都与政治体制改革直接相关，其他不少类似法律对于改革其实都是既相适应，又保障、引领、推动之，而不存在只是适应或者只是引领推动的情况。

深而言之，立法与改革的关系本就有着深层次的相互一致和协调的基本方面，二者虽有矛盾乃至冲突的极大可能性，但在理论和实践上却都有得到协调的高度可能性。改革与法律在我国是形式与内容的关系，二者有决定与被决定的基本方面，也有反映与被反映的重要维度。从现实层面来看，立法和改革的关系处理，一方面，不能因为追求法律形式的稳定统一而阻碍改革，但另一方面，也不应借口改革的需要而破坏法律的权威。需要努力在改革的方向上做出立法方面的决策和行动，在法治的框架中给改革划出轨道和边界。立法的质量是否良好，要看它是否适应改革的需要。在法律框架之外推行的改革，不是符合国家长远利益的真改革，而极力拘守旧法而不力行变法和制定新法以适应改革，也不是真正的尊重法制和法律的权威。

为准确理解"立法适应和服从改革"和"立法引领和推动改革"两种方式，必须深入而具体地分析立法和改革在不同背景和条件下的特定意义，这样才可避免望文生义所生冲突矛盾而达致事物的本质层面。"立法适应和服从改革"与"立法引领和推动改革"二者都有可能，而且都为社会所需，只不过适用的情形和侧重点不同而已。前者的具体意思是，改革决策在先，立法紧随其后加以实施，立法应该准确客观全面而及时地反映改革决策的要

---

① 胡健：《法治框架内的改革才是真正的改革》，《法治的底色》，北京大学出版社，2016，第92页。

求和内容，将改革主张和政策用法律的形式加以转化和表达，从而固定下来。后者意谓，所立之法本已体现改革精神和改革内容，法律作为推行改革的有力工具，改革通过法律来破旧立新或从旧生新，以法律之威力和技术，推进和加速改革事业。可见，这两种方式并不是互相排斥的关系，它们实际上是同一事物的两个方面或两个阶段。这样两个命题，可以看作是法治必不可少的两个要件或阶段，一为法的创制，一为法的实施，而实施之法又是符合社会发展规律和改革要求之良法。虽然都用"改革"命名，但所指不太相同。立法适应改革时，改革已经推行，至少已形成主张和决策。立法引领和推动改革时，此处之改革，主要是还未完成和实现的东西，是需要继续努力以付诸实践的改革主张或决策。这样理解，二者的矛盾就消退或至少弱化了，非此即彼的一面就几乎不存在了。而且，适应服从和引领推动，二者都需要尽力达成，都必须加以贯彻，这些都是立法必须完成的任务。

除了这两个命题揭示的立法与改革之间的关系模式，实际上，改革与立法的关系还有其他具体表现方式，但它们都可以归结到这两种基本方式。

改革开放四十年来，除了国家层面的立法，我国地方立法也在持续地引领保障改革发展。我国实行的是统一的分层级的立法体制，国家立法有时只确定改革的总体目标，条文设计比较原则，需要地方立法加以明确和细化，一方面某些法律条文会明确要求地方做出立法配套，另一方面地方会基于《立法法》的规定主动做出实施性立法。这既可以看作国家立法引领推动了地方上的改革，也可以看作地方立法深化了全国性改革。更为重要的是，地方立法具有试验性质，当地方立法成效显著时可以将经验上升为国家立法，成为全国改革的标准和依据。与之不同，西方国家一般采用一级立法体制，中央（联邦）与地方（州）有事权的划分，因而其法律对改革的设计必须"一步到位"，因此，这些国家的法律条文都比较复杂详细，加之法治观念根深蒂固，一旦立法成功则改革同步完成。我国的立法尤其是国家立法完成后，很难说改革就实现了，这不仅因为我国守法的环境不佳，更是因为无实施性地方立法就会让法律"空转"。在此意义上，立法引领推动的法律实施更应包括下位法的立法实施，这是对地方立法机关的要求。除了实施性立法，地方立法还有创制性立法的功能，为国家局部地区的改革发展提供制度保障。具体表现为地方立法不仅要贯彻党中央确定的方针政策，也应坚决服从地方党委的决策所确立的中心工作，比如上海人大的立法工作要紧紧围绕上海市委确定的"五个中心"和"四大品牌"的建设，同时加强长三角地区各省市的立法合作。

值得注意的是，我国各个地方通过制定保障"引领推动改革"的立法来引领推动改革。这种方式在地方立法中比较普遍，有时表现为正式的地方性法规，有时表现为关于法律问题的决定。早在2006年，深圳市就制定了《改革创新促进条例》。该《条例》规定，改革创新工作发生失误，未达到预期效果，或者造成一定损失，只要创新方案制定过程符合程序，个人和单位没有谋取私利，也不存在与其他单位和个人恶意串通，就可以免于追究责任。2013年上海市人大通过的《关于促进改革创新的决定》也做了类似表述。这些地方立法使得当地政府与民众不断解放思想，创造了有利于改革与发展的法治环境，既促进了改革创新，也划定了改革必须遵循的法治底线。又如，2007年上海市人大常委会通过《关于促进和保障浦东新区综合配套改革试点工作的决定》，规定在坚持法制统一原则和本市地方性法规基本原则的前提下，新区政府可以就综合配套改革制定相关文件在新区先行先试，区人大及其常委会可以就综合配套改革做出相关决议决定。这项决定可以被理解为创设了一种授权，浦东新区由此获得了"准立法权"，这对浦东的综合配套改革试验大有裨益，也可间接推动全国的改革进程。①

二　上海地方立法引领保障改革四十年历程

追寻近四十年的发展轨迹，上海地方立法在实践中探索，在探索中创新，在创新中发展。纵观其发展历程，大致上可以以每十年为一个发展周期，各个时期的立法呈现鲜明的时代特征。最后一个十年，又以党的十八大

---

① 郑辉：《试论发挥立法引领推动作用》，《人大研究》2018年第3期。

召开为分界点，从而区分为两个阶段。我们在总结上海地方立法引领保障改革发展四十年经验时，应特别关注最近十年的情况，因此本文将给予点面结合的重点介绍。①

（一）20世纪80年代：地方立法初创期

1978 年底，党中央做出了将国家工作重心转移到经济建设上来和改革开放的重大决策。由此"改革开放"成为上海经济社会发展的主旋律，上海因《地方组织法》的制定而重新获得的地方立法权对"改革开放"起到了保驾护航的作用。1980～1990 年十年间，上海市人大及其常委会共制定法规和法律性问题决定 65 件。1980 年 3 月 5 日，上海市第七届人大常委会第三次会议通过了《上海市区、县人民代表大会选举暂行实施细则》，该法规是上海市人大制定的第一部地方性法规。这一时期，上海地方立法需求旺盛，形成了上海市第一次立法高峰，立法数量从第七届人大常委会年均制定 2 件法规迅速攀升至第九届人大常委会年均制定 8 件，1990 年更是达到了制定 10 件、修改 2 件的速度。在立法项目选择上，当时正值"文革"结束后我国民主制度化、法制化建设的关键时期，亟须按照《选举法》《地方组织法》等宪法性法律的规定，将政治体制改革的重要成果予以固化和深化，因而政治建设类法规在那个时期获得密集制定，尤其是关于人大自身建设的法规，盖因人大制度是我国的根本政治制度，只有人大制度尤其是议事和立法制度健全，法治建设才有坚固的根基。虽然政治领域立法主要为国家法律保留的范畴，但上海通过地方立法的形式对国家法律予以执行性细化，以实施性立法的方式推动了政治体制改革的深入。与此同时，为助推上海经济发展，确保上海城市发展的战略目标如期实现，上海的地方立法也将重点放在经济建设领域。由于上海历来就是国家的经济重镇，理所当然地成为改革开放的排头兵，其地方立法在经济领域数量较多，也颇具特色，且以引领改革

---

① 《与改革开放同频　与创新发展共振——地方立法引领保障上海改革开放的实践与思考》，中国人大网，http://www.npc.gov.cn/npc/lfzt/rlyw/2018 - 09/18/content_ 2061407. htm，2019 年 2 月 25 日。

为主要目标。通过地方立法，上海积极鼓励引进与消化吸收先进技术，大力发展新兴技术与新兴工业，依法推进经济技术开发区建设，努力助推漕河泾新兴技术开发区发展。这些立法为上海乃至全国的改革开放做出法治保障，不少立法经验为其他省市所借鉴，也被日后国家立法所吸收。

（二）20世纪90年代：地方立法高速发展期

20 世纪 90 年代初，邓小平南方谈话拉开了新一轮改革开放的大幕，党的十四大确立了建立具有中国特色社会主义市场经济体制的新目标，诞生了"市场经济即为法治经济"的理念，中国经济由此驶上了高速发展的快车道，上海也以浦东开发开放为契机加速经济发展，并为国家整体改革开放提供制度经验。经济活动是社会发展中最活跃的因素，出现新的立法需求的可能性最大，而且上海是全国经济最发达的城市，承担着很多先行先试的任务，经济立法的速度不容减缓。仅 1993 ~ 1998 年五年间，十届上海市人大及其常委会制定了 59 件法规，占上海市人大常委会行使立法权以来立法总数的近一半，其中，属于经济领域的法规有 31 件，占 52%。[①] 这些法规的出台，有力保障了上海经济的迅速腾飞。在国内经济立法方面，立法内容主要聚焦在经济管理方面，旨在营造上海法治化的公平竞争环境，促进市场公平交易和政府部门积极有效的监管，为上海率先建立社会主义市场经济运行机制，解放和发展生产力提供有力的法制保障。在涉外经济立法方面，进一步聚焦在外商投资领域，对外高桥保税区建设、外商投资企业审批和清算、中外合资经营企业劳动人事关系、技术引进和吸收等做出规定。与此同时，上海市人大比较兼顾地方立法的均衡发展，在社会管理、权益保障、教科文卫、城市建设管理、环境资源保护、政治建设等诸多领域都有大量新法规出台，其中既有实施性立法，也有自主性和先行性立法，由此实现了立法对社会各项事业的引领、保障和规范的作用。这个时期，上海市人大对立法采取了"立、改、废"并举的态度，在填补立法真

---

① 丁伟：《上海地方立法发展历程：回顾与经验》，《地方立法研究》2019 年第 2 期。

空的同时，充分利用立法资源对现有法规进行评估和更新，对阻碍改革发展和不具前瞻性、适应性的法规进行修改完善，使得地方立法永葆促进经济社会发展的活力。

（三）21世纪前十年：地方立法规范发展期

进入新的世纪，中国更加深入地融入全球化的发展浪潮，更加密切地参与国际经济合作，对外开放提升到了新的水平。作为改革开放的先行者，上海改革开放的进程也进入新的历史起点。随着2000年九届全国人大三次会议通过《立法法》，全国人大及其常委会对规范地方立法工作提出了一系列要求，对上海地方立法的规范发展也产生了重大的影响。上海市人大于2001年制定了《上海市制定地方性法规条例》，取代了原先的《上海市人民代表大会常务委员会制定地方性法规程序的规定》，由此上海地方立法的目标、权限、程序获得明确的规范。在国际国内形势变化及上海自身发展需求等各种因素的"倒逼"与推进下，上海地方立法的发展也逐步从成长期转入规范发展的成熟期。其间，上海市先后开展了三次大规模的法规清理工作，使地方立法在"立、改、废"不断循环往复的动态过程中保持稳定性与变动性、阶段性与前瞻性相统一的状态。这一时期，伴随着改革开放进入"深水区"，地方立法也进入"深水区"。上海市人大在这一时期制定或修订了劳动合同条例、物业管理规定、港口条例、控烟条例等法规，以智慧、魄力和韧劲积极化解矛盾，继续为改革开放保驾护航。这个时期的上海地方立法更加注重创新性和前瞻性。例如《上海市道路机动车交通事故赔偿责任若干规定》虽然是针对《道路交通安全法》第76条的实施性法规，但内容却颇具创制性，尤其是明确了机动车与非机动车驾驶人、行人之间交通事故赔偿责任，形成了"一事一例"的立法方式，不仅破除了"大而全"和照抄上位法的立法模式，而且立法内容最终被上位法所吸收，基本形成了"不抵触、有特色、可操作"的地方立法新标准，并使得"自下而上"的改革获得广泛认可。同时，上海市人大还通过"授权立法"、构建特定法规群等方式，为浦东新区综合配套改革试点和筹备举办世博会（提出"世博立法"概念）等重

264

要事项提供了制度保障，实现了法律效果和社会效果的统一，解决了特定时期的主要矛盾，完成了国家交办的重大任务。

（四）2011～2012年：过渡与转型期

标志地方立法进入这一阶段的重要法律事件主要有二：其一，2011年初，最高国家权力机关宣布，中国特色社会主义法律体系正式形成。其二，2012年1月1日，《行政强制法》正式实施。法律体系的形成，意味着留给地方的立法空间已经不多，而行政强制法的颁布和实施，也进一步限缩了地方立法的空间和内容。这样，就出现了所谓从重数量到重质量的立法转变趋势。不过这一阶段历时较短，2012年11月举行的中共十八大，意味着法治和立法都进入新时期。十八大报告号召"全面推进依法治国"，鲜明提出"法治是治国理政的基本方式"，提出依法治国的新十六字方针："科学立法、严格执法、公正司法、全民守法"①。法治发展显然要在更高层次上加以谋划，要集全党全国之力加以提升。上海市的法治更应该取得与自身地位相适应的成绩。

该阶段，上海市人大常委会共制定地方性法规17件，修改12件，做出修改地方性法规决定1件，做出法律性问题决定1件，废止地方性法规1件，以打包方式一并修改了13件地方性法规②。其中，法规"动态跟踪"机制的创建，以及《上海市人民代表大会常务委员会关于促进创新驱动、转型发展的决定》《上海市人民代表大会常务委员会关于规范性文件备案审查的规定》的制定和通过，对于协调立法与改革关系明显有着重要意义，堪称亮点。

1. 颁布《关于地方性法规清理工作的若干规定》

为了使地方法规与上位法相一致、不冲突，上海市人大动态跟踪上位法

---

① 胡锦涛：《在中国共产党第十八次全国代表大会上的报告》，http://www.12371.cn/2012/11/17/ARTI1353154601465336_5.shtml，2019年2月25日。
② 丁伟：《与改革发展同频共振上海地方立法走过三十八年》，上海人民出版社，2018，第166页。

的立改废释，并制定《关于地方性法规清理工作的若干规定（试行）》。第一，法规清理不仅审查合法性和协调性，而且包括适应性。第二，实现上海市地方性法规清理与立法规划和立法计划编制工作紧密联系，有机结合。第三，实行即时清理和定期清理相结合，针对不同情形，提出不同处理方案①。通过动态跟踪和清理，及时把上位法变动的情况和立法精神贯彻到地方立法实践中，不仅有利于地方法规的合法性品质，也使国家的改革精神和立法智慧及时融入地方经济社会中，并付诸社会实践。

2. 制定《上海市人民代表大会常务委员会关于促进创新驱动、转型发展的决定》

该《决定》于 2012 年 6 月 6 日由人大常委会通过，6 月 8 日生效实施。该项法律性问题的决定以创新驱动、转型发展为主题，不仅规定了创新驱动、转型发展的总要求和总目标，而且规定了人大、政府、司法机关、社会、公民共同参与的相应责任和体制机制，尤其是规定了明确的法治和改革相适应的内容。该《决定》第七条规定："市人民政府应当围绕创新驱动、转型发展积极探索，着力破解制约创新驱动、转型发展的制度瓶颈和政策障碍；在不与宪法、法律、行政法规相抵触的前提下，可以在扩大开放、完善市场体系、吸引人才、创造最佳创业环境和改变城乡二元结构等方面先行先试，制定政府规章或者发布决定，并报市人大常委会备案。"②该条规定授权政府先行先试，实施改革举措，同时又需要遵行上位法，体现了争取改革与法律相协调、创新与法治相协同的原则。

3. 制定《上海市人民代表大会常务委员会关于规范性文件备案审查的规定》

该《规定》于 2012 年 4 月 19 日经市十三届人大常委会第三十三次会议审议通过。规范性文件备案审查制度，既是立法监督的重要组成部分，也是立法工作的重要延伸，它对于保障依法行政、依法立法、依法行权，对于保

---

① 丁伟：《与改革发展同频共振上海地方立法走过三十八年》，上海人民出版社，2018，第179页。
② 《上海市人民代表大会常务委员会关于促进创新驱动、转型发展的决定》。http://shzw.eastday.com/shzw/G/20120607/userobject1ai82148.html，2019年2月25日。

障法律统一，对于促进法律实施有重要作用。该《规定》的出台和实施，对于保障改革沿着法治轨道运行无疑具备独特作用。

（五）十八大召开至今：进一步探索与提高期

十八大提出全面推进依法治国，十八届三中全会给出了改革的时间表和路线图，十八届四中全会在中国共产党和中华人民共和国历史上第一次专门地做出关于依法治国的报告。全面深化改革和全面推进依法治国成为全党和全国的共识。协调改革和法治的关系成为全国和各地都面临的更加明确而坚决的课题。上海市人大常委会在处理改革创新与立法关系方面，在此前形成的基础上又做出新的探索，形成更加明晰的问题意识和比较系统的经验。

1. 制定《上海市人大常委会关于促进改革创新的决定》

进入这一阶段，上海的进一步发展，由其承担的改革开放排头兵、科学发展先行者的国家重任，国际和国内的竞争压力，都使进一步深化改革开放和力行创新驱动战略成为必然选择。2013 年 6 月 19 日由市人大常委会通过并于 6 月 20 日施行的《上海市人大常委会关于促进改革创新的决定》，就是一部促进鼓励改革创新的法律性文件。该文件总结以往经验，借鉴外地做法，对改革创新与法治思维、法治方式之间的矛盾化解方式，做出了比较系统的说明。

这部法规列举出地方上改革与法治兼容的四种情形和方式。第一，"本市应当充分运用现行法律制度及国家政策资源，推进改革创新"；"本市各级人民政府及其部门应当主动作为，积极履行法律、法规赋予的职责，努力提高行政效能，推进改革创新；对于改革创新中法律、法规和国家政策未规定的事项，可以在职权范围内做出规定。""法律、法规、规章及国家政策未规定的事项，鼓励公民、法人和其他组织积极开展改革创新。"[①] 第二，

---

① 《上海市人大常委会关于促进改革创新的决定》第三条。

"本市各级人民政府及其部门应当争取参与国家改革创新试点。"① 第三，"本市各级人民政府及其部门应当积极贯彻落实国家授权的各项改革创新举措。"② 第四，"改革创新工作需要制定、修改、废止、解释地方性法规或者规章予以支撑与保障的，应当及时启动制定、修改、废止、解释地方性法规或者规章的程序。""改革创新工作确需在相关地方性法规、规章修改、废止之前先行先试的，可以在提请市人大常委会或者市人民政府批准后实施。"③

2. 中国（上海）自由贸易试验区建设的法治跟进

2013年9月29日，上海自由贸易试验区正式挂牌，这是中国深化改革开放的一项重大举措，也是上海从国家所承接的先行先试并探索积累可复制可推广经验的一项重要任务。自贸区先行先试的使命与依法改革的关系特别需要上海市人大及其常委会去处理。在这方面，上海市人大的主要做法有以下几方面。

第一，在地方层面做出授权决定，促进改革创新。2013年8月30日，全国人大常委会通过了《关于授权国务院在中国（上海）自由贸易区暂时调整有关法律规定的行政审批的决定》，在中央层面实现了改革决策和法律决策的统一。2013年9月26日，上海市第十四届人大常委会审时度势，谋定后动，在第八次会议审议通过了《上海市人民代表大会常务委员会关于在中国（上海）自由贸易试验区暂时调整实施本市有关地方性法规的决定》，以此避免地方法规与相关上位法的冲突，该《决定》的立法思路和立法技术已成为上海经验的一部分。

第二，制定《中国（上海）自由贸易试验区条例》。深化改革时不我待，总结上海自贸区建设经验使其可复制可推广并加以制度化，进一步引领相应领域的改革开放。2014年7月25日，上海市第十四届人大常委会第十四次会议通过了《中国（上海）自由贸易区条例》。该《条例》被称为自

---

① 《上海市人大常委会关于促进改革创新的决定》第四条。
② 《上海市人大常委会关于促进改革创新的决定》第五条。
③ 《上海市人大常委会关于促进改革创新的决定》第六条。

贸区领域的"基本法",是自贸区法治建设领域具有里程碑意义的成果。该《条例》明确了"法无禁止即自由"的原则,规定"充分激发市场主体活力,法律、法规、规章未禁止的事项,鼓励公民、法人和其他组织在自贸试验区积极开展改革创新活动"[①]。该《条例》还规定了"自贸试验区实行外商投资准入前国民待遇加负面清单管理模式"[②]。该《条例》专列"法治环境"一章,即第八章。

第三,自贸区条例的修改和提高提上日程。上海自贸区经过四年的探索和实践,积累了丰富的经验,做出了不少可复制可推广的制度创新,然而,国际竞争日趋激烈,世界格局深刻变动,国际投资贸易的实践也日新月异,这些都需要自贸区版本升级和功能扩充。自贸区于 2013 年挂牌、2015 年扩区后,2017 年 3 月,《全面深化中国(上海)自由贸易试验区改革开放方案》出台,也对自贸区建设提出了更高要求。为此,上海市人大常委会 2014 年制定的《中国(上海)自由贸易区条例》也面临着修改和完善的任务。2017 年常委会的立法计划就已经把该《条例》的修改列为预备项目。2018 年 5 月 18日,上海市召开自贸区条例修订工作启动会议,同时成立了由上海市政府常务副市长周波、市人大常委会副主任肖贵玉任双组长的自贸区条例修订工作领导小组,领导小组办公室设在浦东新区政府(自贸区管委会),正式启动自贸区条例修订工作[③]。2018 年,常委会与市政府、浦东新区政府开展修法调研,梳理总结改革试点和实施《中国(上海)自由贸易试验区条例》经验,以国家战略要求为着眼点,统筹考虑建设自贸区新片区的新背景,对标国际上最具竞争力的自贸区,加强制度创新和升级,统筹改革和开放,提升自贸区"基本法"的能级,使改革开放和法治建设双轮互动,"以企业需求为导向,努力为建设更具国际市场影响力和竞争力的特殊经济功能区提供法治支撑"[④]。市人

---

① 《中国(上海)自由贸易试验区条例》第五条。
② 《中国(上海)自由贸易试验区条例》第十三条。
③ http://www.xinhuanet.com//2018-05/24/c_1122884285.htm,2019 年 2 月 21 日。
④ 《上海市人民代表大会常务委员会工作报告——2019 年 1 月 29 日在上海市第十五届人民代表大会第二次会议上》,http://shzw.eastday.com/shzw/G/20190204/u1ai12226958.html,2019 年 2 月 21 日。

大常委会已为中国（上海）自贸区条例的修改做了大量工作，2019 年将提请审议。

3. 筹划准备制定《推进科技创新中心建设条例》

不管是国家间还是区域间、城市间竞争，科技创新能力都是最重要的核心要素之一。当今世界各国的竞争，科技创新能力之争最为关键。谁在科创领域领先，谁就赢得了竞争和发展的先机。因此，各个国家和各个城市都极为重视科创能力的提高和培育。上海的目标是建设社会主义现代化大都市，在国家战略中居于举足轻重的地位，因此上海的科创能力建设显得更加重要。2018 年，在上海促进科创中心建设已经具备一定经验的基础上，上海市科学技术委员会已经形成草案初稿，上海市人大已将其列入 2019 年立法正式项目①。上海市人大常委会"开展本市科创中心建设立法调研，深入高新技术园、新型研究机构和科技企业听取意见，就支持科技金融发展、建立研发和转化平台、加强知识产权保护、完善科技人才政策、优化创新创业环境等开展研究，设计核心条款，为立法做好准备"②。

4. 编制公布五年立法规划

凡事预则立，不预则废。科学的立法规划和计划，聚焦经济社会发展大局，聚焦城市竞争力提升和民生改善，聚焦协调法治与改革创新的关系，有利于在城市、国家和国际的形势不断变化中，站稳脚跟，提前筹谋，有所准备，避免立法上的无序和混乱。2018 年，《上海市第十五届人大常委会立法规划（2018～2022）》出台，该规划包含六个方面共 123 个立法项目。这六个方面分别是经济高质量发展、民主政治建设、创新社会治理和改善民生、国际文化大都市建设、生态文明建设、超大城市建设管理和安全等。每个方面的立法项目都包括三个类别，分别是正式项目、预备项目和调研项目。其

---

① 《科创中心建设目标法定化　上海启动〈条例（草案）〉立法工作》，http://www.spcsc.sh.cn/n1939/n1948/n1949/n2431/u1ai181936.html，2019 年 2 月 21 日。
② 《上海市人民代表大会常务委员会工作报告——2019 年 1 月 29 日在上海市第十五届人民代表大会第二次会议上》，http://shzw.eastday.com/shzw/G/20190204/u1ai12226958.html，2019 年 2 月 21 日。

中，正式项目是争取在本届人大五年任期内提请审议的项目，预备项目和调研项目则是在该任期内滚动推进的项目。这些项目，可能是制定法规，也可能是法规的修改或废止。改革时代立法规划的编制，着眼于提升城市竞争力、提升城市各方面品质，有利于尽早谋划，使法律更好适应世情、国情和市情的变化，适应于改革方案的连续升级。从内容上说，各个项目都与各该领域改革密切相关，改革创新精神渗透在规划编制中。在正式项目中，最引人注目的是《中国（上海）自由贸易试验区条例》的修改和《推进科技创新中心建设条例》的制定。①

5. 长三角地区立法协同

随着改革开放的深入和国家的日益进步，不少相邻的省份之间在经济与社会各方面来往越来越频繁、联系越来越紧密，特别是像长三角地区、珠三角地区、京津冀地区等，更是在引领全国发展中起着突出作用。在这样的情况下，立法协同问题逐步被提上议事日程。长三角范围内的上海、江苏、浙江和安徽也经历了类似的过程，在立法协同方面走在了全国前列。早在2014 年，江苏、浙江和上海早已经就"大气污染防治条例"立法进行过成功的协同。2018 年，长三角三省一市的立法协同走上了一个新台阶。6 月14 日起，"进一步完善长三角地区立法工作协同座谈会"在上海召开。7 月5 日，沪苏浙皖人大常委会主任座谈会在浙江杭州召开，并签署《关于深化长三角地区人大常委会协作机制的协议》和《关于深化长三角地区人大常委会地方立法工作协同的协议》。11 月 22 日，上海市第十五届人大常委会第七次会议通过了《关于支持和保障长三角地区更高质量一体化发展的决定》，23 日下午江苏和安徽两省人大常委会、30 日下午浙江省人大常委会也先后通过了同样的决定②。立法协同为长三角一体化发展和改革创新提供了必要的法治保障。

以上所述难免粗略，实践中还有不少值得提出来加以说明的事例和经

---

① http：//shzw. eastday. com/shzw/G/20180921/u1a14252784. html，2019 年 2 月 21 日。
② 姚丽萍：《高质量"制度供给"有新突破》，《新民晚报》2019 年 1 月 24 日，第 3 版。

验。总体上说，上海市人大不仅注重立什么法，而且不断总结提炼立法经验，改进立法机制和技术，在立什么法和如何立法上，注重协调立法和改革发展的关系，不仅关注地方性法规固化和改革经验、巩固改革成果的作用，而且注重法律法规对改革发展的引领作用，注重法律法规为改革发展预留空间，同时包容改革失误，设定改革的容错机制。

三 思考与展望

时光如梭，四十年很短，只是漫长历史的短暂一瞬；四十年也很长，改革开放的历程艰辛而辉煌。四十年，不管是经济基础还是上层建筑，中国都发生了深刻的变化。作为中国特色社会主义国际大都市，作为改革开放前沿城市，上海的经济社会发展经历了脱胎换骨的变化。与经济社会发展相伴随，上海市人大地方立法在四十年的历程中，走出了一条与改革发展相适应相协调双轮驱动的道路。总体而言，这条道路的特征可以概括为：第一，实事求是，坚持从实际出发，不做历史的"浪漫主义"者，也不做历史的消极保守的尾随者，着眼于上海这座超大城市的现存状况和发展要求，在规则和事实之间寻求动态平衡。第二，既着眼人大在立法中的主导地位，又遵循中央和市委在改革开放方面的重大决策，还充分汲取和发挥政府在改革开放实践中接近前沿信息反应灵敏的优势，同时还注重借智借力于专家学者。另外，力行立法民主，深入调查研究，尊重社会主体和经济主体在立法和改革创新中的基础性作用。这样，坚持党的领导、依法治国和人民民主的有机统一就能够在现实中得以不断落实，并且在历史进程中不断获得新鲜经验和新的动力。这样，就形成了一个充分发挥各方面积极性的立法格局，就在立法和政治、立法和经济社会、立法和社会创新主体之间形成了一个循环往复的开放系统；这样，立法和改革之间就形成了意志、需要和信息传递比较通畅的渠道，为立法和改革之间的动态平衡提供了必要的前提。第三，立足地方，尊重中央法的权威的同时，在中央法和地方法的互动中，以中央法统率引导地方法，又以地方法来具体化中央法、补充中央法，特别是，为中央法先行先试，投石问路，提供经验。第四，改进立法体制机制，提高立法技术，立良法，定善制，或者回应、固化改革实践和改革经验，或者促进、引领改革开放，或者预留空间，给社会主体创新和改革提供更多自由。第五，在立法时，注重借鉴和汲取民间规范和外国法、比较法资源。作为改革开放最前沿的区域，上海的不少经济社会立法，往往需要瞄准并分析汲取国际上先进国家和地区的立法经验，从而减少制度设计的时间成本，提高立法效率。同时，适当地借鉴民间规范，也有助于弥合法规和社会生活的距离，提高法规的实效。

四十年来，中国的经济社会发生剧烈变化，中华民族焕发出蓬勃生机，其中的原因和动力之一，是制度变迁、制度创新和法治环境的改善，而地方立法在其中发挥了重要而独特的作用。因为，社会创新的契机和先机，很多时候容易为地方立法机关所领先感知和把握。同时，出于稳妥和安全的考虑，中国的改革总是采用地方先行先试而后全面铺开的步骤，地方先行先试常常随之以地方立法，因此，地方立法不仅对于地方经济社会发展有激发促进作用，而且对于中央层面立法也往往有先导性的参考和启发作用，从而为全国的制度改进和法制发展做出了不可忽视的贡献。

现今，中国的国际国内环境发生了巨大变化，作为改革开放排头兵、科学发展先行者的上海在国家战略中的地位更加重要，不管是从上海自身发展还是从贡献于国家而言，上海地方立法面临的任务都会比先前四十年更加重大。同时，立法与改革的张力虽较改革之初已经缓和，但是，这种张力仍然是巨大的，这是因为，发展的旺盛需求和竞争的强烈动力都会不断形成新的社会关系形式从而打破法律与社会的平衡，进而迫使法律法规做出改变或升级以重新恢复这种平衡，如此循环往复，在历史之轴上做连续不断的运动。显然，这就要求立法技术有新的提升，立法精神有新的嬗变，以实现立法与改革更高水平的良性互动。

热 点 篇

Reports on Hot Issues

B.11
长三角地区高质量一体化
发展中的人大作用

肖 军 储君佩*

摘 要： 习近平总书记重视长三角一体化发展。长三角主要领导座谈
会后，G60科创走廊建设再提速，环境保护再升级，基础设
施建设再加速，文化合作再拓展。首届中国国际进口博览会
后，三省一市在产业、市场、文化教育、交通等方面的一体
化步伐进一步加速。长三角各省市的人大常委会也纷纷出台
政策以支持和保障长三角高质量一体化发展。

关键词： 长三角一体化 人大 立法协同

---

* 肖军，上海社会科学院法学研究所副研究员；储君佩，上海社会科学院法学研究所硕士研
究生。

习近平总书记重视长三角一体化发展，并多次做出重要指示。上海市、江苏省、浙江省和安徽省遵照习总书记指示精神，积极行动起来，制定规划计划，出台一系列重要举措。长三角一体化步入高质量发展的新时代。三省一市的人民代表大会及其常委会作为本地区的权力机关，坚持理念引领、问题导向，积极为长三角高质量一体化发展提供法治保障。

一 长三角主要领导座谈会后的各地行动

长三角地区主要领导座谈会于 2018 年 6 月 1 日在上海市召开。会议以习近平总书记关于长三角地区一体化发展的重要指示为指导思想，以"聚焦高质量，聚力一体化"为主题，以实现三省一市更高质量的一体化发展为目标，针对新时期长三角地区一体化发展面临的新挑战新要求，全面探讨了规划对接、深化专题合作、加强战略协同、创新合作机制、统一市场建设等问题，审议并原则通过《长三角地区一体化发展三年行动计划（2018 ~ 2020 年)》和《长三角地区合作近期工作要点》。长三角主要领导座谈会开启了长三角一体化发展的崭新里程。

（一）G60 科创走廊建设再提速

G60 科创走廊始建于 2016 年，逐渐拓展至松江、金华、杭州、嘉兴、合肥、宣城、苏州、湖州、芜湖等九个城市，形成"一廊一核多城"的总体布局。G60 科创走廊联席会议于 2018 年 6 月召开，九城市的主要负责人参加了会议。1 个月后，G60 科创走廊联席会议办公室作为长三角区域合作办公室的分支机构，在上海市松江区挂牌运行。长三角工业互联网峰会暨 G60 科创走廊工业互联网协同创新工程启动大会于 9 月 1 日顺利举行，会上提出今后科创走廊九城市将开展更广泛深入的合作，携手促进工业互联网协同创新，推动区域数字经济和实体经济融合发展。长三角百万企业"上云上平台"也在当天正式启动。阿里云、宝信软件、安徽合力、徐工信息、苏宁科技等 16 家平台企业，围绕"共同制定上云上平台技术、服务和收费标准""统一长三角三省一市上云上平台服务资源池"等课题共同提出倡议，推动构建长三角地区企业"上云上平台"生态体系。9月，九个城市实现了企业营业执照异地办理，使跨省办理外地的营业执照和工业产品生产许可证成为可能。新一轮长三角区域合作中，G60科创走廊大力促进地区城市之间产业深度融合发展迈向新的台阶。三省一市将继续创新探索，在园区合作、产业布局、要素供给等方面协同合作，共同推进长三角地区的产业一体化进程。

（二）环境保护再升级

2018年6月，长三角区域污染防治协作机制会议于上海召开。会上制定并通过了《长三角区域大气和水污染防治协作近期重点任务清单》，针对14项重点任务，探索出了跨区域跨领域污染治理协作的新机制。这份清单涵盖大气污染联防联控、水污染联防联控、政策保障等众多领域，形成了全方位而有重点的区域合作架构。

（三）基础设施建设再加速

2018年6月审议通过的《长三角地区一体化发展三年行动计划（2018~2020年)》，规划在当年重点推进打通17个省际断头路项目。10月1日，上海青浦区和江苏昆山市之间的盈淀路率先打通，这也是长三角一体化新阶段中上海市打通的第一条省际断头路。与此同时，C3路和C5路两条连接青浦和昆山的公交线路投入运行。打通省际断头路有效提升了跨省区域路网功能，打破行政区划带来的交通隔离，促进各地区城市间的交流与合作，推动建设交通畅达便利的长三角地区。

（四）文化合作再拓展

10月10日，沪苏浙皖四地戏剧家协会战略合作联席会议在沪举行，四地剧协签署《新时代长三角地区戏剧发展战略合作备忘录》，未来三年将从一部新戏、几个名角的交流逐步扩展和深入，积极构建区域联动合作模式、打造戏剧创作平台、共同出品戏剧项目、联合培养戏剧人才、建立四地曲协跨地区"深入采风、扎根人民"的采风机制等。以戏剧合作为代表,长三角地区的文化资源共享和合作水平将迈上新的台阶。

长三角处于东亚地理中心和西太平洋的东亚航线要冲,是"一带一路"和长江经济带的交会点。长三角城市群作为六大世界级城市群之一,是我国经济最具活力、开放程度最高、创新能力最强的区域之一,具有举足轻重的战略地位。以2018年初长三角区域合作办公室的成立为标志,长三角区域合作机制正迈向新的发展阶段。三省一市联合编制的《长三角一体化发展三年行动计划》,成为指导长三角高质量一体化发展的任务书,为各省市提供了时间表和路线图。在此之后,长三角各省市积极打破以行政区划为主的惯性思维,围绕环保、能源、交通等重点领域,结合本地区的实际情形,找准阶段性突破口和主攻方向,为创新做实区域合作机制贡献自己的智慧和力量。三省一市纷纷从实际出发,既着眼于长三角服务国家战略、构建世界级城市群的大格局,又以各省市自身的特色和长处为指导,力求达到最优效果。在规划的指导下,长三角地区正整体谋划、务实推进,取得一系列重要成果,使长三角地区的合作机制获得实实在在的进展和成效,大大提升人民的幸福感和获得感。

二 首届中国国际进口博览会后的各地行动

2018年11月5日,首届中国国际进口博览会在上海开幕。习近平在开幕式上的主旨演讲中提出将长三角一体化发展上升为国家战略。这更加激发了三省一市推动长三角高质量一体化发展的昂扬斗志。另外,11月18日《中共中央国务院关于建立更加有效的区域协调发展新机制的意见》印发,为全面落实区域协调发展战略各项任务,促进区域协调发展向更高水平和更高质量迈进提供了遵循。

(一)产业方面

2018年7月,温州的瑞安和乐清市分别在嘉定设立了瑞安市(安亭)

飞地创新港和乐清市·南翔镇科创合作基地两处"产业飞地"。2018 年 11 月又产生两块新的"产业飞地",分别是上海市嘉定区和浙江省温州市联合发布共同设立的"科技创新（研发）园"与"先进制造业深度融合发展示范区（嘉定工业区温州园）"。"产业飞地"从理论走向实践的新一轮"试验"从长三角开始慢慢落地生根。11 月 8 日,首届中国国际进口博览会 G60 科创走廊九城市扩大开放政策发布会举行。会上,九城市共同发布促进开放型经济一体化发展、协同扩大开放的 30 条措施,提出实施外商投资企业市场准入九城市"一网通办"、在 G60 科创走廊全面执行新版外商投资准入负面清单、推进上海自贸试验区和浙江自贸试验区改革成果向 G60 科创走廊辐射等措施,以高效承接进口博览会溢出效应。

11 月 28 日,由嘉定区政府主办,苏州市政府、温州市政府联合举办的首届长三角科技交易博览会举行,170 多家科创企业齐聚上海嘉定参会。昆山福立旺精密机电公司和上海 114 产学研服务平台收到了由昆山市政府所发放的技术转移类科技创新券,后者将到国家技术转移东部中心兑现 30 万元。这是全国首张跨区域使用、兑现的技术转移类科技创新券。昆山－上海创新券是对长三角创新券通兑模式的积极探索,有利于技术要素打破行政区划的流动,也为全国跨区域发放创新券提供了思路和借鉴。2018 年上海市科委和市财政局计划发放总价值 8000 万元的科技创新券,这种创新券模式渐渐在长三角地区推广运行。

（二）市场方面

沪苏浙皖三省一市于 2019 年 1 月在上海签署长三角地区市场体系一体化建设合作备忘录。备忘录指出,三省一市将共同推进"营商环境联建、重点领域联管、监管执法联动,市场信息互通、标准体系互认、市场发展互融,逐步实现统一市场规则、统一信用治理、统一市场监管"的"三联三互三统一"工程,在商务部、国家市场监管总局的领导下实现长三角地区市场体系一体化的新跨越。

（三）文化教育方面

长三角各省市在文化交流方面积极响应建设社会主义文化强国的号召，进一步加强合作，坚持以人民为中心的导向，促进文化创新，激发创造活力，增强文化自信。2018 年 11 月 29 日，首届长三角国际文化产业博览会（以下简称文博会）在上海展览中心正式拉开帷幕，该届文博会打破按照行政区划进行展示的惯性思维，根据重点领域，整体性展示三省一市文化产业的优秀成果和中坚力量。各省市的优秀文化企业踊跃参加，向世界展现长三角文化融合和创新发展成果。以世界级大城市群的文化产业为参展主题和主要内容的文博会，在我国尚属首创。文博会呈现了三省一市文化产业面临的现实课题，也为我们描绘了长三角地区文化融合发展的宏伟蓝图。12 月 13 日，苏浙沪皖共同签署了《长三角地区教育更高质量一体化发展战略协作框架协议》和《长三角地区教育一体化发展三年行动计划》，提出目标：到 2020 年，长三角地区基本形成富有效率、更加开放、联动发展的教育更高质量一体化发展机制；到 2025 年，长三角地区整体率先实现教育现代化，形成具有区域特点、中国特色、世界发达国家教育发展水平的区域教育体系，形成亚太地区教育高地。

（四）交通方面

12 月 25 日上午 8 时 34 分，伴随着首发列车 D9551 次列车启动，杭黄铁路正式开通运营，浙西富阳、桐庐、建德、淳安迈入高铁时代，而黄山与长三角城市群的关系也变得更加紧密。杭黄铁路连接黄山、西递宏村、西湖三个世界遗产地，杭州、歙县、绩溪三个国家历史文化名城，穿越西湖、千岛湖、黄山、西递宏村等 7 个 5A 级风景区以及十几座国家级森林公园和地质公园，盘活了区域内的旅游资源，还能极大地促进相关产业和整体经济的发展。预计到 2020 年末，长三角地区铁路营运里程达 1.3 万公里，其中高铁 5300 公里以上，在长三角区域内率先建成发达完善的快速铁路网，覆盖"三省一市"除舟山市外所有的地级以上城市。12 月，宁启铁路二期（南通—海门—启东）启东段已开始试车，年底前将具备开通运营条件。宁启铁路二期拼上了长三角经济版图重要一块。宁启铁路未来将在南通并入沪通铁路、沿海铁路，再接入国家高速铁路网。城市轨道交通携手支付宝，运用互联网技术和互联互通"五原则"（设备不改造原则、支付渠道本地化原则、优惠本地化原则、账户和票款保障原则和共享共建原则）实现票务共享的先行先试，方便三地市民出行。上海地铁坚持服务定位，2018年6月1日长三角"三省一市"一体化发展轨道交通扫码便捷通行签约，上海牵头组织推进，服务好长三角各座城市地铁。12月1日起，使用上海地铁"大都会"APP去杭州、宁波也能乘坐地铁了；同样，杭州和宁波的市民也可以使用当地地铁官方APP，刷二维码无障碍乘坐上海地铁。调研组从长三角"沪杭甬"地铁二维码互联互通启动仪式上获悉，2019年该项活动有望进一步覆盖长三角其他主要城市轨道交通，惠及长三角更多百姓。

习总书记在进博会上和考察上海时的讲话精神，进一步为长三角地区一体化发展指明了方向、提供了实践遵循。长三角各省市有各自特殊性，比如江苏省将加快建设自主可控的现代产业体系、利用科技创新资源密集优势作为工作的重点，为科创高地和产业高地的建设添砖加瓦；浙江省加快推进大湾区大花园大通道大市区建设，在长三角地区的各领域改革中推广浙江经验；安徽省着重推动产业升级、制度接轨，以青山绿水为依托打造美丽长江（安徽）经济带；上海则全面贯彻新发展理念，推进制度改革。上海、江苏、浙江均明确支持和保障示范区建设。三省一市统筹谋划新时代长三角发展蓝图，推出扎实举措，真抓实干，为长三角一体化发展做出贡献。上海市正在发挥龙头带动作用，苏浙皖根据各自特色抓好落实。三省一市正以更加奋发有为的精神面貌迎接长三角地区一体化发展的新阶段，推动长三角地区成为全国贯彻新发展理念的引领示范区、全球资源配置的亚太门户、具有全球竞争力的世界级城市群。

三　三省一市人大做出支持保障决定

2018年初，"长三角地区立法工作协同机制专题调研"被上海市人大常委会列为市人大常委会领导班子大调研项目。在市人大常委会主任殷一璀的带领下，调研组走访苏浙皖三省人大，了解和总结长三角一体化进程中的法制问题，达成配合意向、完善合作模式。三省一市人大常委会认真学习、贯彻落实习近平总书记关于长三角更高质量一体化发展的重要批示，为长三角地区人大工作协同谋篇布局。长三角地区主要领导座谈会通过的《长三角地区一体化发展三年行动计划（2018～2020年）》提出了全方位的具体构想。

2018年6月11日，沪苏浙皖人大常委会秘书长协调会在杭州举行，这次会议研究讨论了将于下半年召开的沪苏浙皖人大常委会主任座谈会的相关事宜，通过了沪苏浙皖人大常委会主任座谈会建议方案。"进一步完善长三角地区立法工作协同座谈会"于6月14～15日在上海召开。座谈会以习近平总书记的重要指示精神为指导，提出发挥地方立法对长三角一体化发展的支撑作用，完善长三角地区立法协同，并通过《关于深化长三角地区人大常委会地方立法工作协同的协议（草案）》。

沪苏浙皖人大常委会主任座谈会于7月5日在杭州举办。会议以加强人大工作协作、共同服务保障长三角更高质量一体化发展为主题，沟通了目前人大工作的思路与举措，就共同关注的重点问题进行了协商和探讨，会议通过了《长三角地区人大工作协作近期工作要点》。三省一市人大常委会联合签署了《关于深化长三角地区人大常委会地方立法工作协同的协议》和《关于深化长三角地区人大工作协作机制的协议》。各省市常委会将会加强各领域的合作交流，建立健全主任座谈会机制和秘书长沟通协商机制，聚焦交通互联互通、能源互济互保、产业协同创新、公共服务普惠便利、环境整治联防联控等七个重点领域；并组成联合课题组开展课题研究，开展跨地域联合立法活动，完善地方间立法理论和司法实践的协调与融合，履行人大的法定职责。该《协议》指出要着眼于关系长三角一体化发展的重大事项和重大议题，发挥人大讨论决定重大事项在推进一体化发展中的长处和作用，满足一体化发展中的法制需求；同时明确了上海应积极发挥其龙头作用。

11月22日，上海市第十五届人大常委会第七次会议通过了《关于支持和保障长三角地区更高质量一体化发展的决定》；11月23日江苏和安徽两省人大常委会、11月30日浙江省人大常委会也先后通过了同样的决定。一个区域内各省级人大同步做出支持和保障国家战略发展的重大事项决定，这在人大工作上尚属首次。这表明三省一市的人大常委会纷纷紧扣长三角一体化发展的目标任务，凝心聚力为长三角区域一体化发展贡献力量。三省一市人大的决定从完善联席会议机制、组建长三角区域合作办公室、强化功能布局互动和建设一体化发展示范区、规范制定时的标准协同与监管协同、授权先行先试、建立统一市场标准体系、环保工作协同、信息科研公交医疗等重点领域合作、争取国家改革创新试点、一体化发展立法优先、国家机关形成工作合力和提供司法保障、宣传政策举措和推广成功经验等方面做出了明确的要求，为各级机关、组织和市民全方位合力推进长三角高质量一体化发展提供了法治保障。

总之，人大作为权力机关，在推动长三角高质量一体化发展工作中，要牢牢把握正确的政治方向，确保立法协同更好地服务大局，必须坚持党的领导、坚持人大主导、坚持服务中心、坚持合作共赢、坚持稳步推进。要推进机制载体创新，进一步创新完善立法协同的体制机制，进一步创新优选立法协同的具体项目，进一步创新拓展立法协同的思路举措，不断提升长三角一体化立法协同水平。

四 人大促进重点领域规则标准统一

立法是人大的核心工作之一。法律中的规则和标准体现着时代精神和要求，规范着组织和个人的行动步伐。从问题导向和稳步推进的要求出发，三省一市人大应该尽快在重点领域的规则和标准方面出实招、见实效。

跨界污染是一个解决难度大但又必须克服的难题。各地治理标准不统一，如三省一市的主要污染物排放税收征收标准不一致，所以，污染企业，特别是大型排放企业将会被转移至标准相对来说比较低的地区。但长三角各地区相连，即使污染源外迁，共同的地形、气候等因素也使得周边地区受到影响，这是不可避免的。另外，长三角地区有江浙沪皖四条区划边界，以及众多县界、区界，虽然提出了一体化发展，但制约一体化发展的行政壁垒依然存在，地区间利益冲突交织，各地方政府无法完全抛弃本地利益最大化的行为取向，形成地方保护主义。针对跨界污染，长三角人大已经陆续采取一些措施。从 12 月 12 日到 14 日，长三角区域三省一市部分全国人大代表就"太湖流域水环境治理"主题展开联合视察调研活动。这也是长三角区域全国人大代表首次进行联合调查。三省一市的人大在此次视察调研活动中实地考察无锡、苏州、湖州等太湖水环境的治理状况，针对长三角水环境治理达成共识，建立健全协同共治的新格局，太湖流域的综合治理正一步步上升到长三角一体化战略的层面上进行布局。另外，安徽、江苏两省分别于 2018 年 9 月、11 月修改了大气污染防治条例。12 月 20 日，上海市第十五届人民代表大会常务委员会第八次会议通过《关于修改〈上海市大气污染防治条例〉的决定》，第二次修正《上海大气污染防治条例》。浙江省已于 2016 年对该项地方性法规作了全面修订，近期暂不作修改。跨界污染治理不可能一蹴而就，仍需长三角各地人大通力合作，促进相关规则标准的统一与协调。

"希望上海继续当好全国改革开放排头兵、创新发展先行者，勇于挑最重的担子、啃最难啃的骨头，发挥开路先锋、示范引领、突破攻坚的作用，为全国改革发展做出更大贡献。"这是习总书记对上海的殷切期望。在推动长三角高质量一体化发展进程中，上海需要发挥好服务功能，增强经济中心城市综合服务功能的同时，全力辐射带动区域经济发展，服务长三角兄弟省市发展。上海市人大也将发挥示范引领作用，当好长三角立法协同的引领者，扎扎实实促进和保障长三角高质量一体化发展。

B.12
推进"一网通办"建设智慧政府的难点及对策

郑辉 彭辉 闫圣洁*

摘　要： 全面推进政务服务"一网通办",是贯彻落实党中央、国务院工作要求的重要抓手,是加快打造国际一流营商环境的关键环节。"一网通办"的本质特征为在线化、云端化、移动化、O2O化、智能化、数据化、集约化、生态化和自服务化。"一网通办"有助于推进科学决策、有助于促进阳光行政、有助于加强协同治理、有助于实现精准服务、有助于推动共享发展。"一网通办"的公共数据权属问题有待进一步厘清,电子材料的合法性及电子证照、电子公文、电子印章等法律效力待定,行政审批流程再造中"各自为政"现象比较突出,跨部门、跨区域的数据资源协同共治亟须强化,平衡个人隐私保护与网络信息安全的关系较为棘手,政府职能部门之间法律责任边界不清及权利救济方式和途径不明确。对此,上海应抓紧制定有关推动本市"一网通办"建设智慧政府的地方性法规,完善地方政府规章及相关配套性文件,梳理并形成数据共享清单。

关键词： 一网通办　智慧政府　公共数据　协同治理　立法完善

---

* 郑辉,上海市立法研究所副所长;彭辉,上海社会科学院法学研究所副研究员;闫圣洁,上海社会科学院法学研究所硕士生。

上海市于 2017 年 9 月 30 日发布《市政府办公厅关于本市推进"一照通办、一码通用"加快"多证合一"改革的实施意见》（沪府办发〔2017〕60 号），正式启动"一网通办"改革，这项工作成为 2018 年上海市委的重点工作。市委、市政府已明确 2018 年建成上海政务"一网通办"总门户，打造上海政务服务品牌。市委书记李强在调研全市"一网通办"推进工作时强调，必须瞄准方向、保持定力、久久为功，进一步打响"一网通办"品牌，做实"一网通办"内容，真正方便企业、方便群众，为提升城市能级和核心竞争力提供坚实基础和有力支撑。

根据市人大常委会关于开展大调研的部署要求和法制委、常委会法工委确定的大调研重点，就上海推进"一网通办"建设智慧政府的法制需求与对策建议开展专题调研，分析、研判，并提出对策建议。为此，由市人大常委会分管领导牵头，法工委有关领导负责，市立法研究所、立法一处、立法二处共同成立课题组，联合上海社科院法学所、上海行政法制研究所以及相关领域的专家学者共同开展本次专题调研。专题调研启动后，工作专班认真研究市政府相关工作方案，分析、梳理调研的重点和难点，拟订了务实、可行的调研工作方案和计划，先后听取了市政府办公厅、市政府法制办、市发改委、市经信委、市工商局、市公安局、市人保局、市民政局、市住建委、徐汇区政府、大数据中心等部门和单位的意见、建议。还召开基层座谈会，听取了八个区行政服务中心、社区事务受理服务中心等基层单位的意见、建议。目前"一网通办"发展机遇与挑战并存，如果积极回应，加快完善法律法规，将"一网通办"的建设和运行纳入法治的轨道，则能提高行政管理效能和公共服务水平；如果消极应对，则无助于"一网通办"的发展，阻碍政府职能转变，影响法治政府建设。

一 "一网通办"的概述

1. "一网通办"的内涵揭示

我国于 2000 年提出"政府上网工程"到"服务上线"再到"一网通

办",实则是政府运用互联网思维对自身的革新与创造,是以人民为核心,迭代、循序渐进的服务型政府到数字型政府的转型嬗变。"在线",是互联网思维一大核心要义。"在线化服务"要求政府向企业群众提供的服务要随时在线。政务服务事项在线办理,不仅意味着办事过程透明和权力受制约,也意味着政府工作习惯、工作理念和服务方式的变革。

李克强总理在2016年的《政府工作报告》中提出了"互联网+政务服务",其内涵就是要通过"互联网+"实现传统政务服务的流程再造、提速增效,赋予政务服务更多"附加值",使其更加透明化、规范化、标准化,并实现跨层级、跨地域、跨系统、跨部门、跨业务的数据共享和业务协同,让企业和群众在办事中少跑腿、好办事、不添堵。

全国各地在推进"互联网+政务服务"中进行了各具特色的探索和实践。

(1)浙江省提出"最多跑一次",构建政务服务"一张网"——浙江政务服务网,开全国之先河,公布了政府权力清单、企业投资负面清单、政府部门专项资金管理清单,后来又公布了政府责任清单,形成了著名的"四张清单一张网"。为让企业群众少跑路,浙江还推进"一窗受理、集成服务"的改革,实现受理与审批分离、审批与监督评价分离,改变当前部门自我受理、自我审批、自我评价的工作格局,全面提升了政府行政效能。

(2)江苏省在全省推出不见面审批(服务)办事模式的制度,其主要内容包含"网上办、集中批、联合审、区域评、代办制、不见面"六个方面。"网上办"是"不见面"审批(服务)实现的主要形式,不能"网上办"的,通过"代办制""快递送"实现"不见面";"集中批""联合审""区域评"等措施能够最大限度地优化审批流程、推进信息共享、减少审批环节,最大限度地减少需要见面的环节,是实现"不见面"审批(服务)的重要举措。这六个方面相互影响、相互促进,是系统化推进"不见面"审批(服务)改革的有机整体。

(3)广东省在全省探索了"一门式、一网式"政府服务模式改革。"一门式"即将各职能部门的专业办事大厅整合到行政服务中心大厅一个

"口",将过去以部门业务划分的"专项业务办理窗口"合并为"综合服务窗口",任一窗口都可办理相同的事项,群众办事不需在多个大厅、多个窗口之间来回奔忙,办事"只认窗口""不认面孔(部门)";"一网式"即省、市两级以"一网式"服务为主,在网上办事大厅现有公共申办审批系统的基础上,拓展建设网上办事大厅,统一申办受理平台,变多网受理为一网受理。

(4)上海市将"互联网 + 政务服务"化繁为简,提炼概括为"一网通办",即"一"是只跑一次,一次办成;"网"是线上线下互通;"通"是全市通办、全网通办,全覆盖;"办"是无论市、区,都统一入口和出口。其定义是指依托线上平台和线下窗口,通过数据整合共享、流程优化再造、线上线下集成融合,实现到政府部门办事线上一个总门户、一次登录、全网通办,线下只进一扇门、最多跑一次。

2. "一网通办"的本质特征

(1)在线化。"一网通办"首先是实现政务服务产品的在线化,让用户可以随时随地进入线上服务通道,有效规避托人、找人的政务办事"潜规则";其次是实现监管的在线化,通过政府大数据分析,对公众的在线办事进度、评价、结果等实现过程监控,通过结果反馈有效地提升办事服务水平,为在线服务创新提供依据;最后是互动的在线化,相比于传统的电话、信件甚至电子邮件,用户可以图文、语音、视频等多种形式进行立体化互动,这样一来,将使政务服务的发展环境更为复杂多变。

(2)云端化。"云端化"首先是来自政府采购模式的改变,从"政府购买产品"到"政府购买服务";其次是对政务服务供给模式的改变,从"软件即服务"转向"基础设施即服务"和"按需服务"。

(3)移动化。"移动化"正在分解和改变政务服务的固有形式。通过对优势服务、高频服务进行移动端的搭载和输出,依托微信、微博等海量的用户平台,更贴近用户的需求和体验。越来越多的用户通过手机使用政务服务,而传统网页的体验不符合手机用户的需求,设计符合移动端体验的网页成为发展趋势。政务 APP 对于没有高频服务需求的政府机构而言,其建设、推广和维护成本过高，这也是多数政府机构在"移动化"推进过程中选择微信服务公众号、微信城市服务的主因。

（4）O2O化。以政务服务平台及社会化平台为载体，打通政务服务的信息流、资金流和物流通道，为用户提供在线申请、预约、支付、查询及一站办理的相关服务，实现线上和线下全流程的服务闭环。线上线下体验的相互影响，既改变了用户的应用习惯，也提升了办事机构的服务意识，政务服务也变得更加便捷高效，以往政府机构"门难进、脸难看、事难办"的固有形象或将改观。

（5）智能化。政务服务智能化主要基于对云计算、大数据、物联网、移动互联网等新兴技术的运用，通过感知用户、挖掘用户需求和预判未来趋势，为用户提供超预期的服务体验，主要体现在三个方面，首先可以提升政务信息资源的利用效率，减少重复投资；其次可以提高政府部门的工作效率；最后有利于提高政府决策的科学性和准确性，有利于减少工作中的失误。

（6）数据化。"数据化"是"一网通办"创新发展的根基与动力，其主要产生三大价值，一是使政府治理与决策更加精细化与高效化，可以为政府优化公共服务流程、简化服务环节和提升公共服务质量提供决策参考；二是可以推进对全社会的大数据深度挖掘和分析，为政务服务和公共事件预防与应对提供支持，从而真正实现智慧政务；三是"一网通办"在"数据化"应用的推动下将加大政府数据开放的力度，推动民生大数据应用开发进入新阶段，由此激活整个社会的创造力。

（7）集约化。"一网通办"的"集约化"特征包括集群式平台建设、集约化应用服务、集合数据信息、集成在线平台、集聚网络运维、集中统一管理。通过打造技术统一、功能统一、结构统一的网络政府平台，提供资源向上归集的一站式、多对象、多渠道、多层级、多部门的综合性政务服务。

（8）生态化。政务服务平台从政府网站向社交平台、新媒体平台等不断延伸，而政务服务平台与社交平台、新媒体平台的关系逐步生态化的特征，不再只是简单的"能力延伸"的关系，而是"价值创新"的开始。"一网通办"不仅使政务服务平台与第三方平台形成一个互相促进的发展生态，同时也将使政府机构、第三方平台和系统集成研发企业形成一个服务生态。

（9）自服务化。"一网通办"在政务服务模式上，从政府与公众的"供求关系"转换为政府与公众的"合作关系"，从"政府向公众"（G to C）转向"政府与公众"（G and C）。更为重要的是"一网通办"将服务流程完全置于互联网的"玻璃空间"，实现"阳光政务"，推动政务服务的办事过程可监督、办事速度可跟踪、办事绩效可评价，不仅提升了公众的参与感、获得感，同时还将有效激发公众的创造力，更广泛地调动参与完善服务内容的积极性。

二 "一网通办"对政务服务的意义

1. 有助于推进科学决策

将大数据分析方法引入公共政策领域，使得公共政策的制定与实施得以突破原有边界，将要应对更为复杂的经济社会问题和环境因素。因而，将数据挖掘、社会计算与传统公共政策过程中经济学、社会学方法融合，将极大地丰富相关领域的研究方法论，从而使公共政策能够更好地适应不断发展和变化的各类社会需求。

（1）推进"一网通办"是以大数据、云计算、物联网、移动互联网和新兴网络技术等信息技术为支撑，通过对规模性、快速性、高价性以及多样性的大数据资源进行实时感知，及时发现社会问题，并通过数据挖掘以预测未来发展趋势，提高决策的科学性与准确性。与传统的公共决策模式相比，一网通办模式和决策过程越来越趋向民主化、自主化、智能化、透明化和精准化，决策分析模式、组织模式和行动模式也呈现出数字化和网络化的趋势。

（2）智慧政务运用信息和通信技术手段，整合互联网上社会群体与政府治理相关的各项数据信息，对包括经济发展、社会治理、生态保护、文化建设、政治文明、城市服务等公共活动在内的各种需求进行分析判断、科学决策，做出智能的回应，有效评价政策运行绩效与改进决策，并以大数据分析为核心，重构智慧感知、智慧评价、智慧决策、智慧管理服务和智慧传播的政府管理新流程，形成政民融合、良性互动的治理新格局。

2. 有助于促进阳光行政

政府信息公开能彰显权力监督本质，降低权力监督成本，强化权力监督基础，增强权力监督实效。

（1）政府应当以信息公开开启权力监督之门，从根源上有效遏制腐败的滋生。"一网通办"模式依托大数据建设政务云平台，结合共享交换平台、物联网平台、移动管理平台等信息资源基础设施及一系列基础信息资源库，把能够纳入网络的行政权力全部纳入网络，打破信息传递时空局限。

（2）依托网上办公、网上审批和网上执法政务信息系统和平台，做到政府权力运行全程电子化，使权力运行处处"留痕"。同时，将一系列政府治理过程实时记录下来并予以透明化，为监督政府治理过程及追溯政府责任提供依据，推进政府权力在"阳光"下公开、透明、合理地运行。

（3）有助于推进政府信息公开。信息公开是开放性政府的基础和底线标准，没有信息公开、透明与分享，就不可能有真正意义上的开放。这是因为，公民如果无法获得政府政策及其执行的信息，就丧失了监督政府、参与决策的权利。

（4）有助于回应公众的合理诉求。开放不仅是政府分享信息的过程，更是政府直面社会环境变化，及时与环境形成能量交换和互动、回应社会关注、解决社会问题、承担公共责任的过程。

3. 有助于加强协同治理

协同治理追求国家与社会良性互动，能够改善政府一元治理主体的传统行政体制架构。"一网通办"模式以大数据资源为依托，整合动员社会各个阶层、各类组织和各种团队的力量，共同参与政府治理，形成政府主导、部门联动、企业支持、社会参与的动态网络协同治理新格局。

（1）建立协同治理的网络平台，有利于提高政府部门之间的信息共享程度，打破政府部门之间的信息壁垒，走出"九龙治水"的困境，助推政府部门之间的协同联动。

（2）利用互联网、移动通信等现代信息技术搭建便捷的沟通回应渠道，有利于助推政府与社会、企业、公民等的互动协商。通过"一号一窗一网"的建立将有效整合孤立、分散的政务服务资源，逐步实现政务服务事项和社会信息服务的全人群覆盖、全天候受理和"一站式"办理，构建方便快捷、公平普惠、优质高效的政务服务信息体系，全面提升政务服务水平。

（3）利用现代信息技术为社会、企业、公民等主体参与政府治理提供便捷多样的参与渠道，有利于推动政府治理的多元参与及善治目标的实现。

4. 有助于实现精准服务

将大数据技术和互联网思维引入公共服务领域，有助于提供更为方便快捷的公共服务。

（1）政府通过建立大数据分析系统，掌握完备的用户数据库，运用人工智能等现代化计算工具分析不同类型用户对于公共服务需求的差异，可以有效地实现对用户的分类管理和服务，进行有针对性的服务推荐并进行效果追踪。

（2）在大数据的辅助下及时感知识别公众所需，快速发现需求热点，并及时高效地做出回应，进行前瞻性的主动化供给、精准化供给和个性化供给，将公共服务主动呈现在公民个体面前，从而满足不同个体的个性化需求。

（3）借助大数据技术，构建一个立体化、多层次、全方位的公共服务体系，丰富公共资源供给途径，加强政府各职能部门之间的网络互连、信息互通和资源共享，将公共服务资源移动化、云端化、数字化，促进各项公共服务事项的线上实时办理，增进政府与公民直接的双向互动、同步交流，使公民更加方便快捷地享受"一站式"公共服务，从而提高公共服务的效能和公共服务用户的满意度。

5. 有助于推动共享发展

共享发展的核心是以人民为中心的共建共享，也就是发展依靠人民、发展成果由人民共享。

（1）把"人人参与、人人尽力、人人享有"宗旨落实到经济与社会发展的各方面，就需要政府借助大数据、互联网和云计算等现代信息技术，建设智慧治理云平台，推进基础信息网络化管理，整合动员社会各个阶层、各类组织和各种团队的力量，共同参与经济和社会的建设，构建互联互通的社会组织方式，形成政府主导、部门联动、企业支持、社会参与的协同共建新格局。

（2）"一网通办"模式利用大数据、互联网、云计算以及人工智能显著降低"人人互联，物物互联"的交易成本，为共享发展提供技术支撑；同时，利用新一代信息技术搭建一个能够共享资源、信息、机会的平台，使每个人处于平等地位，实现去中心化，为共享发展提供平台支撑。

（3）"一网通办"模式在互联网的基础上，通过信息流驱动技术、资本、人才、物资等生产要素的流动，推动生产要素的最优配置以及实现社会共享发展，最大限度优化"微理术数据"，形成"数据库""资源包"，推动治理方式变革，大幅提升政府数据治理能力。

三 "一网通办"推进工作中存在的难点、堵点和痛点

"一网通办"推进工作中既有思想认识不足、"顶层设计"不够完善等总体性问题，也有具体法律制度不清晰、不完善的问题。

1. 公共数据的权属问题有待进一步厘清

2016年出台的《政务信息资源共享管理暂行办法》（国发〔2016〕51号）提出"以共享为原则，不共享为例外。各政务部门形成的政务信息资源原则上应予共享"。但立法层面对数据权属和如何依法保护，依然没有十分明确的界定和依据。目前，相关的学术研究较为零散，国外学者已经开始从产权理论视角来研究数据所有权问题，国内学者仍停留在个人信息人格权保护单边框架体系中，对于数据流通层面的权利构建无论从理论还是实务方面的研究显然不足，严重制约着数据产业健康发展和数据资源优化配置。

2. 电子材料的合法性及电子证照、电子公文、电子印章等法律效力待定

调研中，不少行政管理部门均反映：无论是在行政管理领域，还是在司法领域，网上办理中提交的电子证照、电子公文、电子签章等在多数情况下均处于效力待定状态，还不具备与纸质的或实物材料同等的法律效力。具体表现情形：①需要重复提交。各行政管理部门之间对电子材料还没有实现互认，导致申请人在很多情况下不得已而重复提交。②需要同时或补交纸质材料。从调研情况来看，目前，电子证照只是纸质证照在互联网业态中的延续，就电子证照与纸质证照的关系而言，在政务领域，纸质证照和电子证照共同存在，两者都是企业或个人某种资质证明的表现形式。但是，两者的地位有差别，纸质证照目前仍处于主导地位，即行政部门一般根据申请同时或先后颁发纸质证照和电子证照，纸质证照是必不可少、必须颁发的，而电子证照相对而言处于辅助地位，只是为了便于相对人网上办事而签发的，电子证照的效力只能等同于纸质证照，不可取代。换言之，电子证照的出现并不意味着纸质证照可以取消，单凭电子证照无法在线下窗口办理业务，电子证照仍需依托纸质证照而存在。③证据效力待定。在行政复议、行政诉讼中，电子证照、电子公文等电子材料是否可以作为举证证据，尚无明确的法律规定。《电子签名法》虽然解决了电子商务领域中的身份确认问题，但是，这种确认并不能当然地适用于电子政务管理活动中。

3. 行政审批流程再造中"各自为政"现象比较突出

（1）市区两级政府相同行政管理部门在网上办理事项的流程设计上存在差异，即从纵向来看，同一部门同一事项，在市区两级政府组成部门之间还没有实现共享、共容。

（2）同级政府不同行政管理部门之间在网上办理事项的流程设计上存在差异。当办理事项涉及两个及两个以上部门时，从行政管理部门角度来看，会出现如何共享、协同的问题；从"前台综合受理"部门来看，也会面临如何具体适用、选择政府不同部门的标准与要求的问题。譬如，对于企业的信用评价、评分，目前本市有经信委、市场监管局两套信用评价体系。

（3）行政管理部门与"前台综合受理"部门在流程及系统设计上也存

在差异。一方面，"前台综合受理"部门没有对不同行政管理部门之间的办事流程予以整合、优化、统一的权限；另一方面，行政管理部门对目前本部门哪些行政审批事项、行政服务事项在网上办理及审批条件、审批服务流程与"前台综合受理"的"一网通办"存在差异及需要业务协同的事项底数不清，尤其是在行政审批制度改革不断推进、行政审批事项不断调整的情况下，更是如此。

4. 跨部门、跨区域的数据资源协同共治亟须强化

传统的电子政务建设模式导致"信息孤岛"和"数据烟囱"广泛存在，信息不愿共享、不敢共享和不会共享的"老大难"问题仍然是阻碍政府信息资源开放共享的主要瓶颈。

（1）从数据资源共享主体和数据共享范围两个角度来看，政府主导、多方参与、协同合作的组织管理体系尚未形成，跨部门、跨区域的协同共治亟须强化。

（2）从数据资源共享主体的角度来看，或是不愿共享，或是不敢共享。不愿共享的原因：一是数据资源的拥有主体不愿无偿共享，因为在数据采集过程中付出了较大的人力成本和管理成本。这种情况不但存在于不同政府部门之间，比如公共交通数据，也存在于同一政府部门内部。二是有偿获得后不愿无偿共享。通过购买方式从数据资源拥有主体处获得数据资源后，因在数据获得过程中投入经济成本，而不愿意共享，比如目前商贸部门通过购买方式获取的海关相关数据资源，当其他部门提出共享这部分数据时，商贸部门一般会予以明确拒绝。不敢共享的原因：一是在本市的属于垂直领导的行政管理部门，在上级主管部门明确要求不能共享的情况下，对其所拥有的数据资源，不敢共享。比如，商贸部门业务上有内资、外商、外资的区分，且受国家商贸部门垂直管理，涉及外商外资部分领域，按照上级主管部门的要求，明确是不予共享的。二是数据资源拥有主体担心数据共享后在数据传播或使用中出现问题追溯责任至本部门而不敢共享。三是因担心出现数据资源产权纠纷而不敢共享，主要是指通过购买方式从数据资源拥有主体处获得的数据资源。

5. 如何平衡个人隐私保护与网络信息安全的关系

调研中，涉及"一网通办"的相关主体，对"一网通办"中的数据安全问题，都表现出极大的不放心，主要原因还是数据安全责任承担方面的问题。

（1）现有的与数据安全相关的法律与政策性规范缺少对法律责任的明确规定。基本以鼓励性、推动性的规定为主，对数据安全，尤其是涉及数据共享中出现的数据安全问题缺乏实质性的规定。

（2）各行政职能部门对数据安全风险防范意识与能力缺乏互信。调研中，"一网通办"相关行政职能部门都认为，数据安全问题可能会出现在数据资源归集、共享及使用的各个阶段，包括非法泄露、非法交易、非法存储、非法访问等。因此，数据安全风险防范压力很大，因为一旦发生数据信息泄露，不但信息主体的个人隐私、商业秘密会受到侵害，而且社会公共安全也有可能遭受侵害。然而，一些行政职能部门认为，数据由本部门掌控是最安全的，倘若共享，在其他部门共享中极有可能出现问题。比如以公安机关为代表的行政管理部门对于将本部门掌握的涉及公共安全方面的数据予以共享顾虑较大，担心涉及公共安全的数据共享后，出现公共安全信息数据泄露问题，责任无法承担，后果将无法挽回。

6. 政府职能部门之间法律责任边界不清及权利救济方式和途径不明确

在调研中发现：行政职能部门对"一网通办"之所以存在顾虑，在数据共享上存在"不愿共享、不敢共享"的现象，除部门之间固有的利益藩篱外，法律层面的原因主要在于：现行法律规定对"网上办理"中所涉及的主体职责边界和法律责任没有做出明确的规定，导致相关行政职能部门和服务（受理）中心对各自应尽的职责与可能承担的法律责任缺乏认知。

（1）"前台综合受理"的受理主体与"后台分类审批"中的审批主体之间的法律责任如何划分。在实务操作中，行政管理部门和服务（受理）中心都认为法律规定不明确，主要是在行政复议、行政诉讼中的法律主体责任承担方面。实践中，对"前台综合受理"中的"受理"在理解上存在歧义：行政管理部门认为，前台综合受理的"受理"，只是收件，申请事项并没有进入审批程序；而相当一部分申请人认为，"收件"就是受理，因为行政服务中心或事务受理中心代表的就是行政管理部门；基于对"受理"理解上的不同，在申请人认为"前台受理"了即进入审批程序的情况下，如果对"不予受理"或"不予许可"产生异议，或作为不属于任何行政部门编制的社区工作人员，在初审或答复中出现差错时，责任主体是谁，即哪个部门将成为行政复议的主体或行政诉讼的被告，目前在"网上办理"实践中尚没有明确的说法。

（2）在数据资源共享过程中的法律责任如何分担。"一网通办"以各行政管理部门的数据资源共享为前提。但是，在调研中行政管理部门普遍反映不愿共享、不敢共享的一个重要原因是责任分担问题，即数据资源在共享过程中责任如何划分问题。数据资源共享，包括数据的前期收集、提供共享、对共享数据的管理和使用。现有法律规范对数据资源共享中涉及的各方主体，包括市大数据中心、各行政管理部门、服务（受理）中心权责规定不明确，包括数据的所有权归谁所有，收集权、管理权、使用权由谁行使。调研中，各方主体普遍认为，不清楚职权、事权与责任如何做到统一对应。

四 推进"一网通办"建设智慧政府的对策建议

结合目前本市网上办理及推进"一网通办"过程中存在的实际问题，综合考虑本市地方立法的现状，从建立健全本市"一网通办"法制保障的角度出发，提出下列建议。

1. 抓紧制定有关推动本市"一网通办"建设智慧政府的地方性法规

重点解决以下五个方面的问题。

（1）明确本市推进"一网通办"建设智慧政府的法律定位和适用范围，对"一网通办"工作予以宏观上的引领、支持、推动和保障。

（2）从总体上明确本市在推动"一网通办"建设智慧政府中应当坚持的基本原则和要求。

（3）构建推动"一网通办"建设智慧政府的工作体系，明晰职责权限与协同机制,创设若干行之有效的工作制度。

(4)在省级地方人大立法权限内授权市人民政府制定规章,解决推进工作中遇到的法律问题。

(5)在决定中明确市、区人大及其常委会依法行使监督权,督促政府和有关部门加快推进落实工作。

2. 完善地方政府规章及相关配套性文件

"一网通办"作为一项基于电子政务拓展的综合性改革举措,其主要工作职责需要由各级政府及其组成部门承担、推进并落实。为保障"一网通办"顺利进行,建议市政府建立起"1+X"的"一网通办"制度群,从而形成本市全方位、全覆盖的法制保障体系。

(1)制定有关公共数据和"一网通办"管理方面的政府规章,对"一网通办"进行全生命周期立法。

(2)制定若干个配套规范性文件,有效解决"一网通办"中遇到的程序性和操作层面的问题。比如,关于电子证照、电子印章、电子公文、电子档案在政务活动及"一网通办"中的应用规范,建立健全相关制度规范,明确其法律效力;明确行政服务中心、街镇受理中心与相关行政管理部门之间因"收受分离"所产生的收件单位和受理单位对申请审批材料的分阶段管理问题、"异地取件"问题;"一网通办"中共享数据的统一标准、开放权限、开放程序问题等;应当建立相应的容错和免责机制,对按照规定标准和程序开放数据的,如果发生一些不可预见的问题,应当对当事部门及其相关工作人员免于责任追究,以减轻其数据开放共享的心理负担和后顾之忧,提升政务数据共享的积极性。同时,建立政务数据开放共享的评估、考核和奖惩机制,将数据共享情况,纳入政府部门及相关公共机构的年度考核。对公共数据开放工作成绩突出的,给予表彰奖励;对工作推进不力的,给予相应惩戒。

3. 梳理并形成数据共享清单

鉴于"一网通办"中目前遇到的主要问题大多与相关行政管理部门对本部门应当提供的数据及需要其他部门提供的数据底数不清有一定的关系。

因此，调研组建议在全市范围内开展与"一网通办"相关的法规、规章及规范性文件的动态清理，由市、区政府及其行政管理部门，包括经授权承担公共管理、公共服务职责的企事业单位，梳理形成"一网通办"数据共享的三个清单：一是所在部门能够提供共享的数据清单；二是需要其他部门提供给本部门共享的数据清单；三是本部门不宜提供共享的数据清单，即负面清单。为做好三个数据清单的梳理工作，课题组建议如下。

（1）暂时搁置数据所有权概念，从促进数据流通、共享、互认的角度来开展梳理工作。

（2）明确列入政务数据共享负面清单的条件与程序。政务数据，在政务系统内部总体应是开放、流通、共享的，但是，也有一些特定部门的特定数据，从国家安全和社会稳定的角度考虑，不宜共享。为顺利推进"一网通办"，不能由各行政管理部门自行确定不宜提供共享的数据清单的标准与条件，而是应当由市级层面明确统一的标准、条件及程序，让能够共享的数据实现共享，让不能共享的数据各有依归。

案 例 篇

Reports on Case Studies

B.13

共享住宿的发展及其规制模式探究

——以上海为对象的考察

孙大伟　崔书杰*

摘　要： 目前，共享住宿的法律地位模糊，在大力鼓励经济创新的背景下，规制太严将不利于新兴事物的健康发展，但如不及时有效管理，放任其在空白地带野蛮生长，又易引发一系列问题。基于共享住宿自身特点，相关方应当从各方间权利义务出发，尝试构建政府、平台、房东、房客共同参与的共享住宿协同治理机制，并为后续地方性立法提供基础和条件。

关键词： 共享住宿　网络平台　协同治理机制　地方性立法

---

* 孙大伟，上海社会科学院法学研究所副研究员；崔书杰，上海社会科学院法学研究所 2017 级硕士研究生。

一　共享住宿的发展概况

为促进共享经济繁荣，鼓励闲置资源整合，培育新经济增长点，满足人民日益增长的美好生活需要，以国务院办公厅《关于加快发展生活性服务业促进消费结构升级的指导意见》为标志，国家发改委等 8 部门先后出台了《关于促进分享经济发展的指导性意见》等文件，鼓励以消费和旅游等为发展方向的共享经济创新和共享住宿领域发展。此外，部分地区的地方立法对此也有涉及。但从整体来看，尚无全国层面统一、法律效力较高的法律、行政法规或部门规章。

从国家信息中心分享经济研究中心和中国互联网协会分享经济工作委员会联合发布的《中国共享经济发展年度报告（2018）》看，相较 2017 年，作为非金融领域的房屋住宿和它所属的非金融领域在共享经济发展中的增长率和增长量都有所上升，且房屋住宿的增长率超越了所在领域整体增长率。[①] 从《中国共享住宿发展报告 2018》看，共享住宿除了在市场交易的整体规模、房源数量、参与人数、融资额等方面增长明显，参与其中的平台如小猪、爱彼迎、途家等企业也已形成龙头梯队。

材料一：

根据国家信息中心分享经济研究中心 2018 年 5 月发布的《中国共享住宿发展报告 2018》，"2017 年共享住宿交易规模约 145 亿元，比上年增长 70.6%。2017 年共享住宿参与者人数约为 7800 万人，其中房客7600 万人。2017 年共享住宿领域融资额约为 5.4 亿美元，比上年增长约 180%。2017 年主要共享住宿平台的国内房源数量约 300 万套。

……

[①] 《〈中国共享经济发展年度报告（2018）〉在京发布》及其附件《中国共享经济发展年度报告（2018）》，国家信息中心网，http://www.sic.gov.cn/News/79/8860.htm，2019 年 2月 25 日。

未来共享住宿行业发展呈现六大趋势：到 2020 年市场规模有望突破 500 亿元，行业并购重组步伐将加快，平台将加快布局"上山下乡"，"民宿＋"将引领行业生态化潮流，行业服务标准化水平将不断提升，政策环境将不断完善。①

材料二：

上海市旅游文化资源丰富，作为重要的全球性旅游城市，据统计，截至 2018 年 12 月底，上海市接待入境旅游者人数 8937075（人次），同比增长 2.37%。其中过夜人数 7420398（人次），同比增长 3.16%。②

各类短租平台中上海的房源非常丰富。其中，在未设置搜索条件下，"小猪"平台显示的上海房源超过 20000 套。③ 在设置了"上海"城市的搜索条件后，"途家"平台显示的上海房源超过 36200 套；④ "蚂蚁短租"平台显示的上海房源超过 55200 套。⑤

材料三：

徐汇区区长方世忠做客"2018 夏令热线区长访谈"节目时表示，在城市精细化管理中，要把城市管理的力度和城市治理的深度，以及城市服务的温度结合起来。不少问题既不能完全任其野蛮生长发展，也不能"一关了之"，要做深入的调查研究，把问题纳入有效的监管范围……新兴业态如何规范发展？方世忠表示，要做到适度有序监管，既要有基本态度，也要有监管力度。下一步，徐汇（区）将结合区情

---

① 《中国共享住宿发展报告 2018》，国家信息中心官网，http：//www. sic. gov. cn/News/557/9325. htm，2019 年 2 月 25 日。

② 上海市文化和旅游局：《2018 年 12 月上海旅游统计资料》，http：//lyw. sh. gov. cn/lyj_website/HTML/DefaultSite/lyj_ xxgk_ lytj_ 2018/2019－01－30/Detail_ 141271. htm，2019 年 2 月 25 日。

③ 小猪短租平台官网，http：//www. xiaozhu. com/? utm_ source＝baidu&utm_ medium＝cpc&utm_ term＝PC% E6% A0% 87% E9% A2% 98&utm_ content＝pinzhuan&utm_ campaign＝BDPZ，2019 年 2 月 25 日。

④ 途家平台官网，https：//www. tujia. com/unitlist? startDate＝2019－02－25&endDate＝2019－02－26&cityId＝23&ssr＝off，2019 年 2 月 25 日。

⑤ 蚂蚁短租平台官网，http：//www. mayi. com/shanghai/，2019 年 2 月 25 日。

特点，出台有关区域都市互联网日租短租管理办法，形成常态长效的管理机制。①

共享住宿作为经济创新的一种，区别于传统房屋租赁和旅馆住宿行业市场，兼具中高端消费和共享经济领域的发展特点，有望成为下一阶段经济发展的新增长点。伴随共享住宿行业的迅速发展，多方主体间的法律纠纷相继产生，其中又多涉及权利义务关系和责任分担。虽然部分地区和行业协会也出台了相应的地方性法规或公约等，但对这一关注度高、发展迅速的新生事物而言，相应的空白还亟须法律或部门规章来统一规制保护，以便更清晰地界定和承担法律责任，助力共享住宿行业的有序发展。

二 应当如何定位共享住宿

国家信息中心分享经济研究中心等单位起草的《共享住宿服务规范》对"共享住宿"作了如下定义："利用自有或租赁住宅，通过共享住宿平台为房客提供短期住宿服务，房源房间数不超过相关法律规定要求。"② 在《共享住宿服务规范》中对"共享住宿平台"的定义是"以互联网技术为依托，根据服务协议，整合房源供需信息，为房东及房客提供在线住宿交易的服务商"③。此外，对房东和房客也有对应的定义，"房东"即"利用个人拥有所有权或使用权（自有或租赁）的住宅，通过共享住宿平台（以下简称平台）发布房源、管理预订申请信息，提供短期住宿接待服务的个人或

---

① 《徐汇区区长方世忠：不能让民宿野蛮生长 也不能一关了之》，新浪上海，http://sh.sina.com.cn/news/m/2018-07-25/detail-ihftenia0449084.shtml，2019年2月25日。
② 《共享住宿服务规范》，国家信息中心官网，http://www.sic.gov.cn/News/557/9673.htm，2019年2月25日。
③ 《共享住宿服务规范》，国家信息中心官网，http://www.sic.gov.cn/News/557/9673.htm，2019年2月25日。

组织";①"房客"即"通过共享住宿平台实现短期租住的用户"。②

与共享住宿相对应的传统住宿业，业务范围包括居住房屋租赁和旅馆住宿等。根据《上海市居住房屋租赁管理办法》，居住房屋租赁，是指"出租人将居住房屋交付承租人居住使用，并由承租人按照双方协商确定的租金标准支付租金的行为";③ 根据行业一般分类，旅馆住宿等经营旅馆的行业，可分为暂住旅馆、长住旅馆、旅游旅馆和汽车旅馆四种。共享住宿作为依托互联网的共享经济创新产品，区别于传统住宿业，主要有以下特点：价格更为优惠、房源类型丰富、地域分布广泛、依托平台媒介形成的个人对个人模式等。相对于居住房屋租赁，共享住宿短租性质显著，形式上更为灵活；相对于旅馆业住宿，共享住宿能够提供更多可供选择的个性化体验。

共享住宿业根据其特点应归入特种行业或类特种行业。所谓特种行业，是指在工商服务业中，因经营业务的内容和性质而易于被犯罪分子所利用，由国家或地方法规规定交由公安机关实行治安行政管理的行业。主要包括①旅店业；②刻字印铸业；③旧货收购信托业；④修理业。上述行业很容易被犯罪分子用来作为隐身落脚的场所，或者借以变造伪造证件、印信以及销匿赃物，因而是治安行政管理和治安预防的重要对象。④ 根据有关法规规定，凡经营特种行业，除向工商行政管理部门申请获得营业执照外，在经营、歇业等流程须向公安部门申请备案报批。

共享住宿作为经济发展的新增长点、新动能，在拓宽就业创业渠道、增加房东群体收入、盘活社会闲置资源等方面作用明显。⑤ 但作为新生事物，

---

① 《共享住宿服务规范》，国家信息中心官网，http：//www.sic.gov.cn/News/557/9673.htm，2019 年 2 月 25 日。
② 《共享住宿服务规范》，国家信息中心官网，http：//www.sic.gov.cn/News/557/9673.htm，2019 年 2 月 25 日。
③ 《上海市居住房屋租赁管理办法》，上海市人民政府令〔2011〕68 号。
④ 台运启：《论特种行业的界定》，《中国人民公安大学学报》（社会科学版）2010 年第 5 期，第 111～112 页。
⑤ 参见《中国共享住宿发展报告 2018》，国家信息中心官网，"共享住宿带来了大量的灵活就业与创业机会。2017 年主要住宿共享平台上房东、管家、摄影师等提供服务者人数约为200 万人。共享平台上每增加 1 个房东，可带动 2 个兼职就业岗位。"

共享住宿在迅速发展，由融资资本推动一味复制地"野蛮生长"的同时，也存在自身运作模式单一等缺陷；加之自身所处法律空白地带，平台全程保障力度有限、服务能力不匹配以及房东、房客间可能因为房屋而产生的矛盾等都构成发展中存在的问题。作为与传统住宿行业存在竞争关系的共享住宿，如果放任其在监管缺失的空白环境中任意发展，极易造成对传统住宿行业的市场秩序的扰乱，不利于经济环境的整体稳定发展，存在劣币驱逐良币的可能。

三　共享住宿问题的形成原因

共享住宿因行业鱼龙混杂、真伪难辨和多方间权利义务关系不明，标准规定不统一，陷入发展困局中。一方面，"互联网＋"的共享经济概念打造了全新的房屋短租概念，将共享住宿送上了风口浪尖，各类短租平台借着共享经济的光环混入共享住宿行业，造成共享住宿行业的服务质量参差不齐，大量普通的短租房仅仅依靠互联网平台便挂牌共享住宿，在法律监管的空白中生存发展。在资本推动下，共享住宿一味通过流量经济模式野蛮生长。从行业发展看，虽然共享住宿平台数量很多，层出不穷，但主要市场和份额都已集中在部分龙头平台。

另一方面，以共享平台规则为主，辅以共享平台、房东、房客间"三方协议"，也容易造成平台、房东与房客间的纠纷难以解决，作为消费者一方的房客难以向提供电子媒介服务的平台和房东提出诉求，同时对于房东而言，也存在既找不到房客，又无法及时从平台处获得帮助补偿的困境。如果三方协议中的一方存在转租等行为，又将牵涉第四方，如二房东等，使法律关系更加复杂。

（一）管理责任尚未明确

目前因为缺乏法律依据，共享住宿的法律地位模糊，特别在大力鼓励经济创新的背景下，贸然干涉将不利于新兴事物的正常发展，但如不及时有效管理，放任其在空白地带野蛮生长，又易引发一系列问题。

根据《治安管理处罚法》《电子商务法》等相关法律，并参考《上海市特种行业和公共场所治安管理条例》《上海市旅馆业治安管理实施细则》《上海市居住房屋租赁管理办法》等地方法规，为维护社会治安秩序，保障平台、房东和房客的合法权益，加强特种行业和公共场所的治安管理，政府相关部门对于共享住宿行业的管理应从治安管理等方面分业管理：其中公安局作为特种行业和公共场所治安管理工作的主管部门，负责管辖范围内共享住宿环境的治安管理工作；工商行政、旅游、卫生和房管等行政管理部门按照各自分工，履行相关职责。在实践中，上述机关的管理职能并未真正落到实处，这与共享住宿所具有的虚拟性和非传统性等特征有关，对于这种新业态，管理机关及其监管模式正处于探索与形成的过程中。

（二）税收及监管的规避

在税收方面，作为因房屋出租而增值获利的房东和平台，这部分税收收入应如何征收扣缴？这对于政府有关部门也是一个新课题。根据《中国共享住宿发展报告2018》，职业房东年平均收入大约22万元，个人房东年平均收入约9万元。与之相对，部分平台对于税收缴纳的态度是超脱其中、置身事外，税收是否缴纳问题单方面转移到房东处，完全取决于房东。[①] 在现实中，特别在目前法律管理监督空白的共享住宿发展阶段，因部分平台总部在境外，或在国内并无经济实体，加之各方出于自身利益考量，房客不愿多付费，房东愿意降低竞争成本、平台不愿管理等因素，极易造成各方有意无意逃避此部分税收，扰乱正常的税务管理秩序。

此外，作为特种行业的旅馆业审批设立也相对不易，门槛较高。申办旅

[①] 房东如何交税？一地方税，"关于如果您确定需要向房客收取税款，您可以将税费计入特别优惠价格，或要求房客当面支付。无论是哪一种情况，都请务必在房客预订前告知对方确切的税额。如果您选择在房费之外另行收取税款，那么请注意，您只能在房客抵达房源时收取，并且我们无法帮助您收取税款。在部分地区，爱彼迎房东可通过代收代缴功能来处理占用税。这些辖区的房东不应另行收取占用税。"全球平台爱彼迎的中文官网，https://www.airbnb.cn/help/article/481/how-do-taxes-work-for-hosts?，2019年2月25日。

馆业需要向所在地的公安部门提出申请并获得审批。必须取得公安部门颁发的《上海市特种行业许可证》（以下简称《特种行业许可证》）或者《上海市公共场所治安许可证》（以下简称《公共场所许可证》）以及其他有关行政管理部门颁发的许可证和营业执照。此外，建筑物及各项设施还需符合消防安全要求，以及营业场地的布局、设施等符合治安管理要求。[①] 共享住宿相对于正规传统住宿业市场，易获得不平等的竞争优势。

（三）权利义务纠纷

房客在使用房屋过程中发现房东提供的房屋存在质量或安全问题，可能或已经造成人身财产损害时，有权基于租赁合同或平台电子协议提起侵权或违约之诉。在共享住宿合同中，房东作为出租人，有责任和义务保证承租人在房屋使用期间的安全。如果因房屋自身质量缺陷导致房客权益受损，则房客可基于《合同法》第107条规定要求房东承担相应的违约责任。作为"三方协议"中约束各方的规则，通常由平台在预订官网等客户端事先确定，但平台出于本身利益的考虑，多规定免责条款[②]，此类格式合同易造成平台对事故责任的逃避以及矛盾纠纷的怠于解决。

---

① 参见《上海市特种行业和公共场所治安管理条例》。
② 爱彼迎平台的服务条款中有如下表述"1.3 尽管我们可能会为解决争议提供便利，但爱彼迎不控制下述内容，也不就其提供保证：①任何服务项目或服务提供者的服务的存在、质量、安全性、适当性或合法性，②任何服务项目描述、评级、评价或其他会员内容（定义见下）的真实性和准确性，及③任何会员或第三方的履行或行为。爱彼迎不为任何会员、服务项目或服务提供者的服务背书。凡提及会员'已核实'（或类似语言）之处，仅表示该会员已完成相关核实或认定程序，不表示其他。任何该等描述均不是爱彼迎对任何会员的背书、认证或担保，包括会员的身份或背景或会员是否可信、安全或合适。在决定是否在居住设施停留、是否参加体验或活动或使用其他服务提供者的服务、是否接受来自服务接受者的预订申请或在线或当面与其他会员交流和互动时，您务必勤勉尽责和注意。已核实图片（定义见下）仅用于以图片形式再现服务项目在拍摄时的状态，因此并非爱彼迎对任何服务提供者或服务项目的背书。"1.6 爱彼迎平台可能包含指向第三方网站或资源的链接（'第三方服务'）。该等第三方服务可能须遵守不同的条款和条件及隐私惯例。爱彼迎不对该等第三方服务的可获得性和准确性负责，亦不对该等第三方服务处可用的内容、产品或服务负责。指向该等第三方服务的链接并非爱彼迎对该等第三方的背书。"https：//www. airbnb. cn/terms，2019 年 2 月 25 日。

共享住宿平台通过格式合同的免责条款将种种责任排除在外，而如爱彼迎公司等，因其总部注册地在境外，通常将诉讼或仲裁地约定在境外，如"本《服务条款》第 19 条包括一个适用于所有爱彼迎会员的仲裁条款和集体诉讼弃权声明。如果您的居住国家/地区是美国，该规定适用于您与爱彼迎之间的所有争议。如果您的居住国家/地区在美国境外，该规定适用于您在美国对爱彼迎提起的任何诉讼，并影响您与爱彼迎之间争议的解决方式。您接受本《服务条款》，即表示同意受该仲裁和集体诉讼条款的约束。请仔细阅读该条款。"[1] 此一条款在方便平台本身的同时，也给相对弱势的房东和房客在纠纷解决方面带来了沟通障碍。

四　共享住宿的法律规制

国家从鼓励创新和繁荣经济的角度，对共享经济、共享住宿的发展给予了支持，出台了一系列扶持政策。但也应当预见到，共享住宿在其未来发展中，可能仍会面临种种困难。由国家信息中心分享经济研究中心提出并牵头途家等多家平台起草的《共享住宿服务规范》，是目前国内首部行业服务规范，在共享住宿平台服务与管理要求、信息安全技术个人信息安全规范、电子商务平台运营与技术规范、室内空气质量标准、旅游民宿基本要求与评价等方面对国内提供在线交易的互联网共享住宿平台和房东都给出了标准和指导性意见。此外，根据共享住宿的特性，相关方也提出推动实名认证、信用评价、预定入住、支付结算、安全卫生、房屋保养、服务培训等整个服务流程的标准化、规范化。

在此基础上，基于前文的分析，笔者认为应当考虑根据共享住宿的特点，逐步出台相应地方法规以规制共享住宿市场，并尝试构建符合共享住宿特点的协同管理体系，推动形成有关部门、共享住宿平台、房东、房客等共同参与的体系，探索由政府有关部门宏观监管，平台日常负责，平台、房东和房客分担责任的模式。

---

[1]　爱彼迎官网，https：//www. airbnb. cn/terms，2019 年 2 月 25 日。

（一）平台

共享住宿平台应遵守我国的法律法规，并做到以下事项。

1. 确保交易安全

以小猪短租为例，其采用了多种手段进行保障，一方面引入支付宝的信用积分，增加信用的维度；另一方面引入保险公司和保险产品，来解决房东对财产和房客对安全方面的担忧。同时也逐渐实现设施的智能化，比如接入智能门锁、智能猫眼等，用更多的技术手段来解决实际的用户需求或担忧。另如爱彼迎在安全支付上已向中国用户开通支付宝付款，并用芝麻信用实名认证房东房客信息，做到数据互通；要求房客在提供某些信息后才可预订，如验证手机号和邮箱地址，以确保信息的真实可靠。此外，为确保平台交易支付的安全性，爱彼迎还规定："如果因在本平台预订而发生信用卡被盗用，而信用卡公司或银行向您收取此类手续费时，我们将负责替您偿还此手续费，总额不超过50欧元（或其他货币的等值数额）。"对于此种责任限制，笔者认为，如果发现交易风险系平台自身原因造成，作为电子服务平台的提供者，还应根据具体情况，承担因此给客户造成的其他损失。

2. 尽到谨慎义务

共享住宿作为特种行业或类特种行业，根据《治安管理处罚法》[①] 和《电子商务法》[②]，平台和房东应有以下日常审慎监管的责任义务：身份登记核实、及时报告预警；房客对此应支持配合，尽到主动提交个人身份证明的义务。对于房屋的真实性和房客的身份真实性平台具有备案核查的责任，要

[①] 《治安管理处罚法》第五十六条：旅馆业的工作人员对住宿的旅客不按规定登记姓名、身份证件种类和号码的，或者明知住宿的旅客将危险物质带入旅馆，不予制止的，处200元以上500元以下罚款。旅馆业的工作人员明知住宿的旅客是犯罪嫌疑人员或者被公安机关通缉的人员，不向公安机关报告的，处200元以上500元以下罚款；情节严重的，处5日以下拘留，可以并处500元以下罚款。

[②] 《电子商务法》第二十七条：电子商务平台经营者应当要求申请进入平台销售商品或者提供服务的经营者提交其身份、地址、联系方式、行政许可等真实信息，进行核验、登记，建立登记档案，并定期核验更新。

求房东、房客提交房屋和个人的信息，以便核实校对，组织定期与不定期的检查，保障多方主体的权利。

3. 完善沟通渠道

平台应为房东与房客间沟通协调提供必要条件。目前很多共享住宿平台选择邮件方式回复，建议今后开通网站 24 小时在线客服或电话客服服务。通过建立争议在线解决机制，设计解决规则，根据相互自愿原则，公平、公正地解决当事人的争议；根据平台规模，在省级行政区划内或住宿业发达城市，按流量或住宿量的相应比例、基数设立办事点。通过建立便捷、有效的投诉、举报机制，公开投诉、举报方式等信息，及时受理并处理投诉、举报。

4. 尝试纠纷解决机制创新

一方面，在纠纷发生后，网络交易平台应当承担何种法律责任，是当前法律中存在的现实问题。从性质上看，网络交易平台提供商属于独立于交易双方之外的中介，其通过平台提供技术支持，以促使交易的自动完成。对于网络交易平台提供商，在现有法律无法提供有效规制的情况下，应当根据网络平台交易自身的特点设定其应当承担的法律义务及责任。

另一方面，应尝试建立解决纠纷先行协商机制，房东与房客可按统一模板填写纠纷诉求，描述受侵害事实，并提交相关材料证明等（如损坏物品的照片、所损坏物品的收据小票，能证明其合理市值或所报告价格的文件材料、房屋或物品所有权证明文件，以及其他证明材料）。平台在接到房客与房东诉求后，进行信息汇总，前置审核；同时可通过建立在线协调机制，提供材料供纠纷双方确认。如一方仍不满可选择向行业主管部门投诉或提请诉讼等，平台可将前期材料进行打包提交，便于政府主管部门及时审核，以此建立机制，提高效率，尽早解决。

此外，通过保险等方式应对纠纷的发生也是值得尝试的办法。通过浏览爱彼迎和途家官网可知，两家平台均分别为房东、房客购买了保险或备用金，以补贴赔付房东、房客的损失。以爱彼迎为例，为保护房东、房东的房源和物品的安全，该平台为每笔预订提供价值 100 万美元的财产损坏保障金，以及价值 100 万美元的意外事件保障险，且房东保障金计划无须任何费用，房东不必支付保费或免赔额。此外，还有房东保障险计划，旨在就第三方人身伤害或财产损失提出的索赔，为房东提供保障。共享住宿平台可在为房东和房客购买保险的基础上，履行先期赔偿义务，后期由平台对责任方进行追责，以减少个体房东或房客的诉累。

（二）房东

1. 主体资格及交易限制

虽然《共享住宿服务规范》将房东定义为个人或组织，但考虑到共享经济的特点是闲置资源的利用，从共享经济的本质出发，应将房东主体范围限制为自然人。作为特种行业，为维护住宿市场安全，作为自然人的房东还应受到以下身份限制，如因犯有强奸罪，强制猥亵、侮辱妇女罪，组织、强迫、引诱、容留、介绍卖淫罪，赌博罪，制作、贩卖、传播淫秽物品罪，或者走私、贩卖、运输、制造毒品罪，曾被判处有期徒刑以上刑罚的。此外，现实中常出现房东与房客为逃避平台管理费或手续费而以平台为媒介，私下交易。如此，将脱离共享住宿依托共享经济这一互联网平台的本质，引起的法律纠纷也不易解决。因此，房东应主动避免私下交易。

2. 保障居住安全

可"参照住房城乡建设部、公安部、原国家旅游局《关于印发农家乐（民宿）建筑防火导则（试行）的通知》（建村〔2017〕50 号）的规定，配置必要消防设施器材，落实日常消防安全管理，履行消防安全职责。使用旅馆业治安管理信息系统或手机端 APP，落实旅客住宿登记、访客管理等制度。建立食品安全、卫生安全、环境安全等管理制度和应急预案。"其中应包括：房屋是符合居住条件的，提供安全通道，在室外加装摄像头等必要的安防设施和存放灭火器，明示逃生路线等基础消防条件。

在此方面，爱彼迎等平台会建议房东提供紧急情况下的联系方式，包括"注明 110、119、120 等紧急救助电话号码，以及最近医院的联系电话及地址。提供一个您自己的紧急联系号码和一个备用号码，以方便房客在紧急情况下联系到您"，并建议房东在房客入住时，向房客说明安全设施的位置，灭火器、烟雾报警器、一氧化碳报警器、医疗急救包、燃气、燃气热水器和煤炭的位置和使用方式等，明确标示消防疏散通道，在房源内张贴紧急疏散示意图。

3. 遵守法律法规

房东在出租中如发现进入房屋的人员有卖淫嫖娼、赌博、吸毒，从事恐怖、淫秽、色情或者违背社会公德的活动和封建迷信活动等违法行为时，应予以制止并立即向公安部门报告。此外，如居住的是公租房、廉租房等公共租赁住房，应受到转租、转借等方面的法律禁止或限制。房东需了解并遵守适用的法律法规，且在出租前应取得邻居理解，并向所在物业和居委会、公安部门登记备案等，留下个人联系方式，以便问题发生时，可以及时沟通解决。

（三）房客

房客在住宿中应主动提前提交个人身份证明，以便平台和公安部门确认，为良好的社会治安环境尽到应有之义务，且房客不得允许超过合理合法居住范围的人居住，为身份不符人员提供留宿的条件。同时，房客在房屋租住期间应做到维护公序良俗，遵纪守法不扰民。根据《治安管理处罚法》第五十八条的规定："违反关于社会生活噪声污染防治的法律规定，制造噪声干扰他人正常生活的，处警告；警告后不改正的，处 200 元以上 500 元以下罚款。"此外，房客也不得从事色情、卖淫嫖娼、赌博、吸毒、贩毒以及其他违法犯罪活动。另外，房客应当尽到谨慎的注意义务，对房屋内贵重物品加以有效保护，并合理用火、用电、用水以保障安全。

五　共享住宿规制的上海经验

上海市在共享住宿起步和逐步发展过程中，通过采取一系列措施加以保障，既促进了新业态的不断改进和完善，也确保了其在法律法规所确立的框架内运行，并积累了相对有效的管理经验。

（一）主动服务、有效监管

为鼓励文化旅游产业的发展，政府以旅游行业主管部门牵头，公安、房管等行业部门分类负责的模式全覆盖监管服务，旅游主管部门等对于投诉举报较多的平台，做到先期预警，及时介入。对共享住宿的设立条件、保障措施等各个方面界定厘清。主动跨前一步，规划引领；① 形成政府引导、市场参与的良好局面。

目前上海市辖区内，浦东、奉贤、金山等区对符合条件的授予营业执照或资格备案等给予合法身份。比如"推动民宿规范化发展，截至目前，有15家民宿获得了合法化经营备案许可。"② 同时，严格控制共享住宿规模，做好与传统住宿业监管上的区分，限制必要的准入门槛，如对平台要求具备一定资质、提交一定的保证金等，避免鱼龙混杂，遏制过度竞争导致的资源浪费。

为避免不正当竞争，造成对传统住宿业正常市场的干扰，在监管方面应做到不留死角，不留空白。例如在首届中国国际进口博览会期间，上海市出台了《关于首届中国国际进口博览会期间实行临时价格干预措施有关事项的通知》，要求各类酒店旅馆应按照通知要求，在线填报完成《酒店旅馆临时价格干预措施实施期间各类客房最高限价表》，价格均不得高于该酒店旅馆同等房型、同等服务条件客房的最高限价，并由旅游和物价主管部门负责监督审查。相应的规则也应同样适用于共享住宿业，避免价格畸高畸低的市场间不平衡。

（二）灵活出台政策

为进一步推进共享住宿行业规范有序发展，松江、奉贤等区模式，立足

---

① 《松江区乡村民宿发展政策讨论会召开》，上海市文化和旅游局官网，http://lyw. sh. gov. cn/lyj_ website/HTML/DefaultSite/lyj_ ywzx_ qxdt/2018 – 09 – 29/Detail_ 140764. htm，2019 年 2 月 27 日。

② 《金山区经委（旅游局）召开旅游行业上半年度工作会议》，上海市文化和旅游局官网，http://lyw. sh. gov. cn/lyj_ website/HTML/DefaultSite/lyj_ ywzx_ qxdt/2018 – 08 – 02/Detail_ 140467. htm，2019 年 2 月 27 日。

区域特色，统一编制，加强规划引领①，鼓励发展集中式、精品化的共享住宿市场，并积极探索建立正面和负面清单机制，对不合法、扰乱市场行为坚决打击，予以取缔。②

此外，针对消防审批等方面，《浦东新区关于促进特色民宿业发展的意见（试行）》做了如下规定："浦东新区特色民宿意见中有两个附件，分别是浦东新区特色民宿标准和特色民宿经营承诺书、特色民宿经营用房登记表。其中就包含浦东特色民宿的消防安全标准、治安标准、食品安全标准、卫生标准和环境保护标准。"五项标准中，浦东特色民宿消防安全标准无疑是重中之重。之前因无消防条款参照而开业受阻的民宿，现在有了突破口：该《意见》规定，若开展试点的民宿客栈不适用现有消防法律法规条款，民宿客栈的建筑定性还未规范、明确，则需要满足《意见》所列的建筑耐火等级、防火间距、平面布局、消防设施、救援设施等七项消防安全标准。③

---

① 《奉贤区开启民宿"有证时代"全力打造民宿精品》，上海市文化和旅游局官网，http：//lyw. sh. gov. cn/lyj_ website/HTML/DefaultSite/lyj_ ywzx_ qxdt/2018 − 09 − 13/Detail_ 140672. htm，2019 年 2 月 27 日。

② 《徐汇区召开都市民宿研讨会》，上海市文化和旅游局官网，http：//lyw. sh. gov. cn/lyj_ website/HTML/DefaultSite/lyj_ ywzx_ qxdt/2018 − 10 − 22/Detail_ 140860. htm，2019 年 2 月 27 日。

③ 《沪特色民宿"准生证"将出台》，《城市导报》2016 年 6 月 21 日，第 1 版。

B.14
闵行区住宅小区城市管理执法
闭环管理模式精细化研究

彭辉 余嬿 陈颖*

摘　要： 闭环管理作为一种管理方法，应用领域比较广泛，针对当前住宅小区城管执法中亟待解决的问题，闭环管理的理念和方法对进一步加强住宅小区城市管理违法行为的管控，深化创建"美丽家园"，提升人民群众居住品质和满意度等具有较强的借鉴意义和价值。闵行住宅小区城管执法闭环管理的特征如下：提升法治化水平、呈现综合化趋势、凸显专业化思维、彰显公开化诉求、推动智能化建设、明确科学化方向、体现人民性底色、探索社会化运作、恪守规范化规程、推进精细化管理，同时也存在管理与执法之间矛盾、业主与物业之间矛盾。对此应强化属地管理，推进智慧执法整体性治理；理清执法网格，压紧压实相关部门职责；夯实责任基石，构建物业公司的处罚问责机制。

关键词： 闵行住宅小区　城管执法　闭环管理　精细化研究

---

* 彭辉，上海社会科学院法学研究所副研究员；余嬿，上海市闵行区城市管理行政执法局副局长；陈颖，上海社会科学院法学研究所硕士研究生。

一 研究背景

住宅小区是市民群众生活的基本场所，是城市管理的基本单元，也是社会治理的重要领域。当前，闵行区住宅小区数量较大，类型较多，随着经济社会快速发展，各类矛盾和问题也相对较为突出。市委市政府历来重视住宅小区各类市民群众所关切的现实问题，出台了一系列规范性文件，着力推进住宅小区综合治理工作。2018年2月市委办公厅发布了《本市住宅小区建设"美丽家园"三年行动计划（2018~2020）》，围绕"更安全、更有序、更干净"的目标要求，进一步明确了在新的历史时期，各相关主体应以标准化推动精细化、以精细化实现长效化的工作要求，这给城管治理能力和治理水平提出了新的要求和具体任务。具体而言，包括：如何建立健全住宅小区综合执法的标准和规范，从而提高街镇城管队伍进小区频率？如何不断优化综合执法和办案流程以提高执法效能？如何依法查处群众最关心的违法搭建、损坏房屋承重结构、擅自改变物业使用性质、群租、占用公共空间、毁绿占绿等违法行为？如何推行"定人定时定点服务""一居委会一城管工作室"的社区工作机制，畅通公众有序参与社区治理渠道？等等。这些现实难题突出地摆在城管执法者面前。

近年来，在推进闵行住宅小区城管执法管理实践中，区城管执法局注重先行先试，充分整合相关执法部门、管理部门的资源和力量，探索建立执法"闭环管理"新模式，明显提升了执法管理效能。闭环（close loop）是一个很有意思的科学术语，被广泛地应用在各个学科之中。在机电自动化领域，闭环是一个封闭的电流回路，一个闭环设计通常运行稳定、故障率低；在心理学中，亚当斯将运动反应与知觉印迹形成的反馈机制定义为一个闭环，这项结论后来被信息论广为引证；管理学的闭环定义源于系统论、信息论和控制论，即将一项业务分为几个"工作流"，再通过信息机制将工作流联系成一个环路。相对于"开环"，闭环管理强调系统的可靠性、稳定性、封闭性和连续性。近年来，闵行区城管局针对市容环境管理工作中的热点难点问题，采取"721"工作方式，即让70%的问题用服务手段解决，20%的问题用管理手段解决，10%的问题用执法手段解决，变被动管理为主动服务，变末端执法为源头治理，因而引入执法闭环的理念，设计并保持一个稳定有效的城管综合执法机制，对于稳步推进各项工作的有序开展具有重要的意义。

二 研究方法：实践调研和问卷调查

本文通过实践调研和设计问卷两种方式，对闵行住宅小区城管执法闭环管理的成绩经验、问题短板与研究对策进行细致梳理。

1. 实践调研：组织座谈会

课题组多次到莘庄、古美、江川、吴泾、梅陇街镇实际调研走访，考察闵行住宅小区城管执法闭环实施情况，并通过组织物业服务企业经理、居委会书记、房管职能部门负责人、城管执法部门负责人、网格化中心负责人等多方参与的座谈会，对执法闭环管理的基本情况、主要做法、成绩经验、问题短板、对策建议等有关情况进行全方位的摸底调查。

2. 资料收集：各类工作总结、信息简讯等

课题组在组织多次调研基础之上，前往各个相关部门收集历年来各类工作总结、信息简讯等，包括《为什么要建立管理和执法闭环系统》《创新机制转观念，以执法撬动源头管理》《各街镇住宅小区执法与管理闭环系统数据统计表》等，进一步充实了课题研究基础。

3. 问卷分析：发放调查问卷

由于执法闭环管理涉及的管理条线较长，管理部门较细，管理人员较多，调查问卷设计主要从两个层面考虑。

从调查对象而言，课题组根据研究的需要设计了两套调查问卷，一是针对执法闭环管理部门的调查问卷，对象包括物业服务企业、居委会、房管职能部门、城管执法部门、网格化中心等。在执法闭环管理过程中，上述群体是当仁不让的组织者、领导者和推动者，从这个角度可以更为清晰了解闭环管理的具体运作、协调配合等实际情况。二是向普通社区居民发放的问卷，

对于执法闭环管理而言，"时代是出卷人，政府是答卷人，人民是阅卷人"，小区是居民之家，政府所做一切工作的成效，最终都要看小区居民是否真正得到了实惠，居民生活是否真正得到了改善，这是我们工作的出发点和落脚点，也是立党为公、执政为民的本质要求，从这个角度而言，执法闭环管理评价必须体现"以人民为中心"。

从问卷内容而言，课题组主要从三个角度展开问卷设计：一是对执法闭环管理的具体内容评价，比如询问受访者这项制度产生的效益表现在哪些方面？相关管理部门各司其职、协调配合的运作模式评价？该制度在实践中遭遇到哪些障碍或短板亟待破解？二是考察受访者对于执法闭环管理的满意度情况，此类调查主要采用五分位的主观调查法，也就是对每个问题的评价均给出非常满意、比较满意、一般、不太满意、很不满意五个选项供受访者选择。考虑到问卷调查内容本身的复杂性，受访者又并非该领域的专业研究者，因此课题组在五分位的基础上增加了"说不清"的选项，以保证受访者不会在不清楚具体情况时随意答题。三是开放性问题，鼓励受访者提出对深化执法闭环管理的意见和建议。

课题组用最终确定的正式问卷分别向管理部门和小区居民进行了大样本调查，共回收问卷718份，其中管理部门问卷269份，小区居民问卷449份。本研究运用SPSS统计软件对模型中各类受访群体进行描述性分析，样本数据来源与分布特征参见表1、表2。

表1 管理部门受访者基本信息一览

单位：人，%

类别	基本指标	频数	百分比	类别	基本指标	频数	百分比
性别	男	171	63.57	在闵行居住的时间	1~3年	25	9.29
	女	98	36.43		3~5年	14	5.2
年龄	90后	51	18.96		5~7年	6	2.23
	80后	138	51.3		7~10年	13	4.83
	70后	55	20.45		10~15年	25	9.29
	60后	13	4.83		15年以上	154	57.25

续表

类别	基本指标	频数	百分比	类别	基本指标	频数	百分比
年龄	50后	10	3.72		物业服务企业	13	4.83
	40后	2	0.74		居委会	79	29.37
户籍	闵行本地户籍	196	72.86	职业或身份	房管职能部门	3	1.12
	非闵行本地户籍	73	27.14		城管执法部门	107	39.78
在闵行居住的时间	1年以下	32	11.9		网格化中心	67	24.91

表2 小区居民受访者基本信息一览

单位：人，%

类别	基本指标	频数	百分比	类别	基本指标	频数	百分比
性别	男	205	45.66	职业或身份	农民	17	3.79
	女	244	54.34		办事人员（党政机关、事业单位、企业基层管理人员和非专业性办事人员）	148	32.96
年龄	90后	44	9.8		学生	5	1.11
	80后	185	41.2		离退休人员	67	14.92
	70后	120	26.73		其他	28	6.24
	60后	40	8.91	家庭常住人口	1人	15	3.34
	50后	51	11.36		2人	48	10.69
	40后	9	2		3人	161	35.86
户籍	闵行本地户籍	366	81.51		4人	68	15.14
	非闵行本地户籍	83	18.49		5人	118	26.28
在闵行居住的时间	1年以下	23	5.12		6人及以上	39	8.69
	1~3年	22	4.9	个人年收入水平	6万元以下	202	44.99
	3~5年	19	4.23		6万~12万元	177	39.42
	5~7年	29	6.46		12万~24万元	48	10.69
	7~10年	46	10.24		24万~40万元	17	3.79
	10~15年	72	16.04		40万元以上	5	1.11
	15年以上	238	53.01	小区物业费标准（元/平方米·月）	0.5以下（不含0.5）	48	10.69
职业或身份	党政、事业和社会团体负责人	26	5.79		0.5~1（不含1）	133	29.62
	企业中高层管理人员	16	3.56		1~2（不含2）	193	42.98
	私营企业主	12	2.67		2~3（不含3）	57	12.69
	专业技术人员（科研工作者、教师、医生、会计、工程技术人员等具有技术职称者）	18	4.01		3以上	18	4.01

类别	基本指标	频数	百分比	类别	基本指标	频数	百分比
职业或身份	个体工商户	15	3.34	小区成立时间	5 年以下	64	14.25
	下岗失业人员或无业者	14	3.12		5~10 年	88	19.6
	军人	1	0.22		10~15 年	141	31.4
	商业或服务业员工	27	6.01		15~20 年	97	21.6
	工人	55	12.25		20 年以上	59	13.14

三 什么是住宅小区城管执法闭环管理

闵行区城管执法在住宅小区探索执法闭环管理，该管理模式强调小区前端自治管理和后端行政执法的共建模式，通过重点落实属地管理责任，强化综合管理，整合管理执法资源，变被动管理为主动服务，变末端执法为源头治理，通过整合管理执法资源，促进管理和执法的有效联动，努力预防和减少城市管理违法违规行为，努力构建运行高效有序的社区治理格局（见图1）。闭环管理强调反馈功能，注重构建具有激励约束性质的正反馈环节，对于改善住宅小区城管执法管理效能、增强物业服务公司的约束力和驱动力、促进住宅小区良性发展具有重要作用。具体而言，该模式的基本设置模块可以细分为以下几个方面。

1. 前端自治管理环节：突出物业服务企业的管理和报告职责

物业服务公司主要承担五大项职责：一是宣传告知。业主、物业使用人装饰装修房屋的，物业服务企业应当与业主、装饰装修企业签订住宅装饰装修管理协议，明确装饰装修工程的实施内容、实施期限、允许施工时间、现场巡查、废弃物清运与处置事项，明确各方的权利和义务。二是出入登记。物业服务企业对装饰装修材料、施工工具、外来人员出入小区实行登记管理制度。三是动态巡查。物业服务企业要加强日常巡查。业主、物业使用人装饰装修房屋期间，物业服务企业应当对装饰装修房屋情况进行动态巡查。四

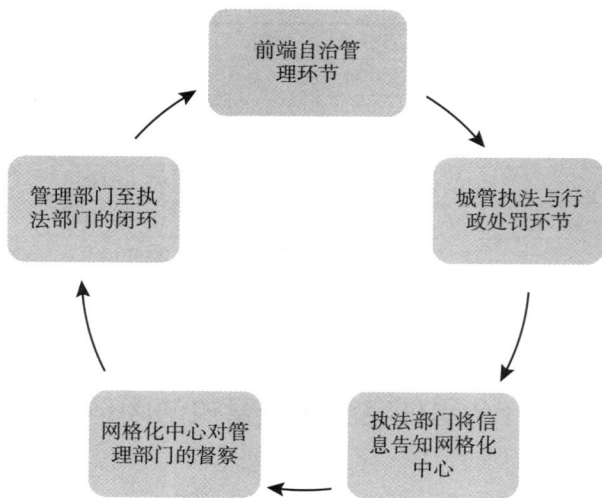

图1　住宅小区城管执法闭环管理模式

是劝阻制止。对业主、使用人在物业使用、装饰装修过程中违反法律、法规及有关规定、《管理规约》（或《临时管理规约》）的行为，应当予以劝阻、制止，对正在实施的违法违规行为进行拍照或摄像等取证，如业主、使用人不配合入户调查的，物业服务公司可向公安部门举报，由公安部门开具检查证，并在居委会及网格巡查员的见证下向业主或使用人送达《整改通知书》。对于无法直接送达的，应当以电话形式进行通知，并将《整改通知书》张贴在房屋大门等显著位置，保留拍照或摄像资料。五是物业服务企业、居委会报告义务。物业服务企业劝阻、制止违法行为无效的，应当在二十四小时内书面报告社区居委会和城管执法部门。物业服务企业应当对业主、使用人的违法行为持续情况、整改情况或违法行为反潮情况进行动态跟踪。

2. 城管执法与行政处罚环节：突出城管执法的刚性职责

一是城管执法对业主违法行为查处。区城管执法局机动中队、镇街道城管执法中队对上报的业主违法行为进行查处。二是城管执法对怠于履职的物业公司查处。对违反职责的物业服务企业进行处罚，并在三个工作日内，将对物业服务企业处罚的结案信息上报区城管执法局。

3. 执法部门至管理部门的闭环：突出网格中心的指令传输作用

一是执法部门将信息告知网格化中心。区城管中队在三个工作日内，将对物业处罚的结案信息告知区网格化中心，同时将处罚信息抄送区城管执法局。二是网格化中心对管理部门的督察。区网格化中心在一个工作日内，按管理部门的工作职责将相关案件纳入网格化案件管理体系，并派单至管理部门；管理部门在三个工作日内，反馈对管理对象的处置结果，申请结案；管理部门未在三个工作日内，反馈对管理对象的处置结果的，区网格化中心在一个工作日内予以催办；经区网格化中心催办，管理部门在三个工作日内，反馈对管理对象的处置结果，予以结案；管理部门在三个工作日内，仍未反馈对管理对象的处置结果，上报区监察部门。

4. 管理部门至执法部门的闭环

管理部门在管理过程中，发现需要进行处罚的事项，及时以双向告知的方式告知执法主体和移送区网格化中心平台纳入案件管理体系。

上述各个环节领域的闭环管理有利于推动权责一致、责任落实到环节参与者。闭环管理是一个连续不断的过程，环环相扣，有助于在此基础之上搭建分工协作相统一的责任机制。每个环节对应的责任主体比较清晰，有助于及时发现问题、反馈问题，责任更容易传递。

四　住宅小区城管执法闭环管理的综合评价

执法闭环管理体现了我国城市管理综合执法改革与发展的基本方向，是城市管理综合执法改革的着力点和突破口，反映了当前我国城市管理综合执法行业的主要发展趋势。下面从 10 个维度来对执法闭环管理予以综合评价。

1. 提升法治化水平

法治政府、法治城管，大势所趋，无法阻挡。相关职能部门围绕执法闭环管理制定了一系列规范性制度，具体包括区城管局、区房管局联合制定了《深化美丽家园创建、强化住宅小区物业管理工作的指导意见》《关于进一步规范物业行业服务行为的有关通知》等，这些制度规范了执法闭环管理工作的任务、目标、标准和要求，推动了闵行城市管理规范化、法治化，是城市管理法治化的重大进步。城管住宅小区闭环管理就是要厘定城管进社区的界限，保护业主的自治权利，合法合理介入小区内相邻权纠纷。城管执法权是以相对集中行政处罚权为核心，结合相关的行政检查权和行政强制权的权力形态，是行政执法整体的重要组成部分，隶属于行政权的范畴。社区是相对独立于行政权之外的相对封闭的自治区域，《物权法》关于建筑物的区分所有权的规定是社区自治的法理基础，有独立的自治权力。居民自治是社区发展的根本方向和基本原则。所以，城管进社区要有度，要尊重社区自治权，要先自治管理再行政执法。

2. 呈现综合化趋势

执法闭环管理不是局限于传统意义上，城管执法处于管理链条的末端环节，直接面对违法行为结果，执法短期效果较为明显，但实践证明以加强执法来代替前端管理的思路并不可取，不能从根本上解决问题。而执法闭环管理着眼于工作理念、方法和流程的整体变革，系统设计"信息采集→案卷建立→任务派遣→任务处理→处理反馈→核查回复→结案等"一整套各环节紧密衔接的路线图，逐步深入、有序衔接，避免了住宅小区城管执法陷入"单打独斗唱独角戏"，甚至无人过问、敷衍推诿的局面，综合性执法"群策群力大合唱"格局初步显现。在调研中，居民受访者对物业服务企业、居委会、房管职能部门、城管执法部门、网格化中心等相关各方的协调配合衔接工作评价较高，满意度总得分为83.03分，具体满意度分布情况见图2。

闭环的管理分为物业服务企业的前端管理（义务/权力）和房屋管理部门的管理（义务/权力）。物业作为市容环境卫生责任区的责任人，"对责任区内违反市容环境卫生管理规定的行为，有权予以制止"，也就是劝阻、制止的手段；房屋管理部门作为对物业服务行业监督管理部门，对物业服务企业不履行职责的，予以诚信记分，与地区物业评优等挂钩。可见，这些管理的手段可以用一个"柔"字来形容。在管理中，这种模式存在管理力度不够，缺乏强制手段跟进，管理效果不佳的问题。城管执法部门对住宅小区内违法行为进行行政处罚，如对物业进行一千到一万元的罚款处罚，对处罚拒

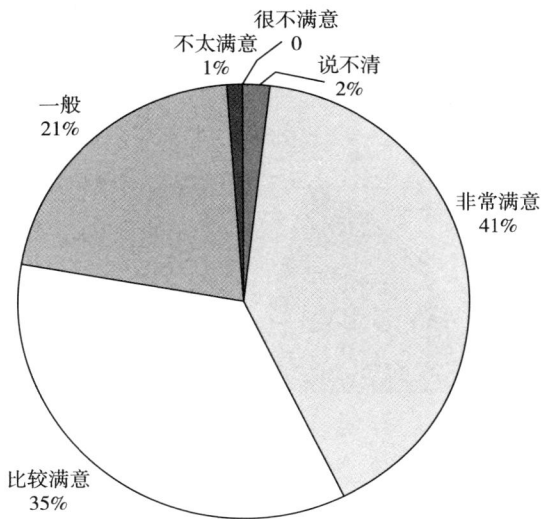

图2　居民受访者对执法闭环管理的满意度分布情况

不执行的，城管执法部门可以申请法院强制执行，自己有执行权的可以自己执行，执法的手段可以用一个"刚"字来形容。在执法中，存在管理缺位、以执法代替管理的现象，增加执法成本、降低执法效率。如果将管理与执法结合，也就是"刚柔并济"。通过建立管理和执法闭环系统，弥补相互的不足，从而达到共赢。

3. 凸显专业化思维

2018 年 3 月，中共中央制定的《深化党和国家机构改革方案》更多强调专业执法，执法闭环管理体现了专业化执法思想。笔者认为，城管不是万能的，要抛弃城管包打天下的思想，有限权力是现代法治政府的基本特征。理想的城市管理执法模式，应是城市管理适度适合执法＋各部门专业执法。按照这个思路，住宅小区内有些明显不适合城管介入、城管肯定做不好的执法职能，应当从城管执法局划出去（比如违停处罚、噪声污染）。过度综合执法，不利于提高办案质量。不过，在市区一级，还是应当更多强调综合执法，这个改革方向不能变。调查发现，受访者对于"城管就是无事不管，停车场管理、环卫保洁都是城管职责"说法的认同度有了很大的改进，观点由"传统城管一家包打天下"逐步向"有所为，有所不为"的方向调整（见图3）。

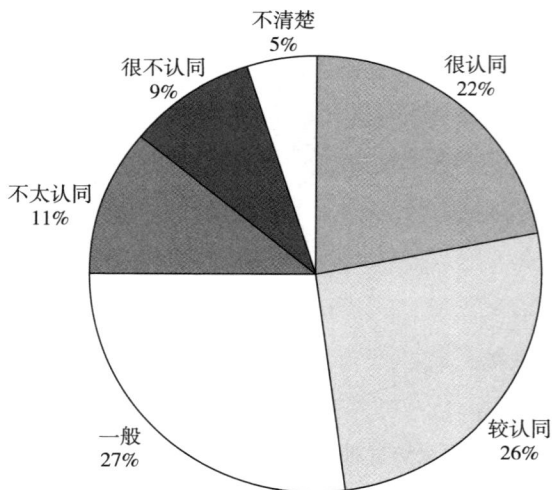

图3 居民受访者对"城管就是无事不管，停车场管理、环卫保洁都是城管职责"的认同度

4. 彰显公开化诉求

政务信息公开，执法信息公开，是中央的要求。国务院行政执法三项制度改革，其中一项就是信息公开。城市管理执法一线，面向公众，想不公开也不行。信息公开化，有利于树立城市管理执法的公信力，也有利于让公众看到行政执法的公平正义，促进社会和谐。信息公开，还有利于遏制执法腐败和促进城管执法队伍自我完善、自身建设。执法闭环管理展现了城管局打造透明政府部门的决心和信心，城管执法根据不同小区不同的问题和难点，合理分配"六进人员"，突出专业性、实现全覆盖。将相关工作人员的姓名、照片、联系方式、工作内容、服务职责等信息，在居民小区公示栏上予以统一公示，以便受理群众诉求、接受群众监督。目前，各城管中队进社区工作室已全覆盖，建立了一居二人制度，进一步快速回应群众诉求，有效处理问题和调解纠纷，实现了地区综合治理前端化，地区矛盾处置源头化。根据调研，居民受访者对于城管在住宅小区执法闭环管理的履职信息获取渠道，排名首位的是"亲眼所见"，体现了城管执法公开透明状况不断改善（见图4）。

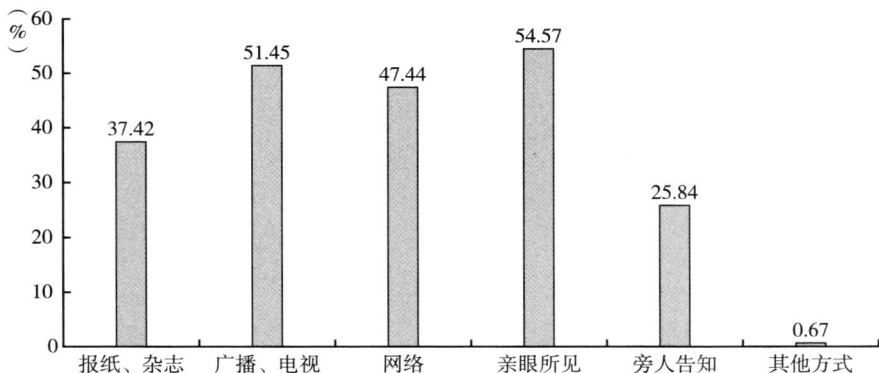

图4　居民受访者对城管执法的信息获取渠道

5. 推动智能化建设

　　一个面积370多平方千米、实有人口250多万、人员物资高度流动的现代化城区，如何实现有效、高效的社会管理？对此亟待通过智能化建设的方式加以破解。伴随着信息通信技术的演进、知识社会的发展以及创新的民主化进程，新一代信息技术及其催生的创新为城市发展与社会管理带来了新的机遇。执法闭环管理平台按照组织构架、业务流转流程要求进行顶层设计，做到每一个住宅小区城管执法在平台上都留有工作痕迹和时效记录，对"六进人员"参与服务和支撑居村治理的考勤，采取手机微信扫码定位的方式进行实时电子考勤。办理的过程是一个"闭环"回路，每一个诉求办理都有一个环节时限和处置时限，分别用蓝色、黄色、橙色和红色提示，责任到人，无从推卸。相关效率和质量监察部门会分别在平台上采取提醒、催办、督办和问责等操作履职，将诉求办理效率和质量纳入对办理部门的量化考核，从而大大提高城市管理效率，不仅将职能部门"联"在一起，而且也"联"上了居民的心。调研结果显示，受访者认为应优化住宅小区秩序"智能管控"执法系统的占比37%、提高执法队伍装备水平的占比32%、加强执法信息共享互通的占比23%（见图5）。

其他
8%

加强执法信息共享互通
23%

优化住宅小区
秩序"智能管控"执
法系统
37%

提升执法队伍装备水平
32%

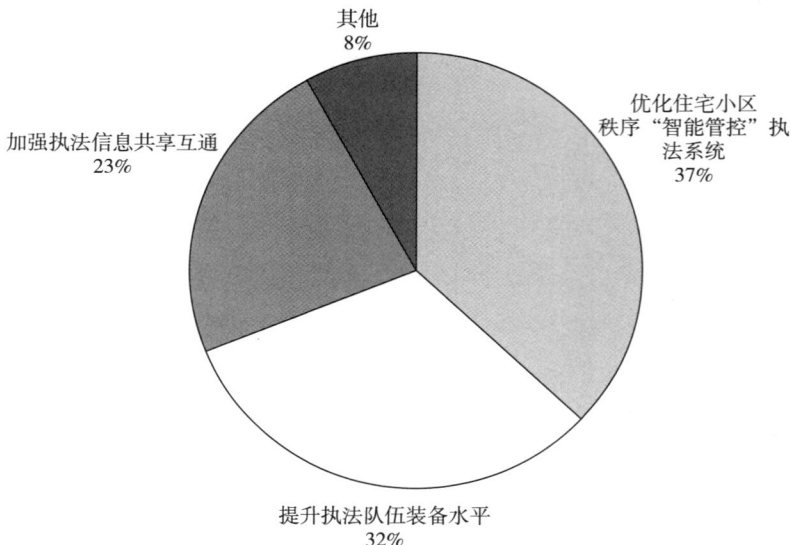

图5　居民受访者对执法闭环管理的智能化建设满意度分布

6. 明确科学化方向

城市工作，要尊重科学规律。执法闭环管理无疑体现了尊重城市管理科学规律的要求，也是科学划分相关单位的职责。通过定岗、定人、定时、定责，将执法力量下沉到社区基层，作为顽症处置的重要支撑力量。在"定岗"方面明确"六进人员"工作职责及工作要求，突出其在物业、房屋、市容、绿化管理上的执法支撑。在"定人"方面根据不同小区不同的问题和难点，合理分配"六进人员"，突出专业性、实现全覆盖。在"定时"方面即明确"六进人员"每周、每月在基层工作时限，通过坐堂服务或社区巡逻等多种方式服务。在"定责"方面，即对违反纪律或因工作不认真造成不良影响的，要追究当事人的责任。通过执法闭环管理的科学实施，落实了属地管理责任，强化了综合管理，整合了管理执法资源，深化了改革网格化管理体制机制，提升了精细化、规范化、长效化城市管理水平，变被动管理为主动服务，变末端执法为源头治理，努力预防和减少城市管理违法违规行为，实现空间管理全覆盖，补齐城市管理短板，促进了住宅小区治理体系和治理能力现代化。根据调研，受访者对住宅小区执法闭环管理所采用的"前端自治管理和后端行政执法的共建模式"科学性评价较高，正面评价满意率为88.84%（见图6）。

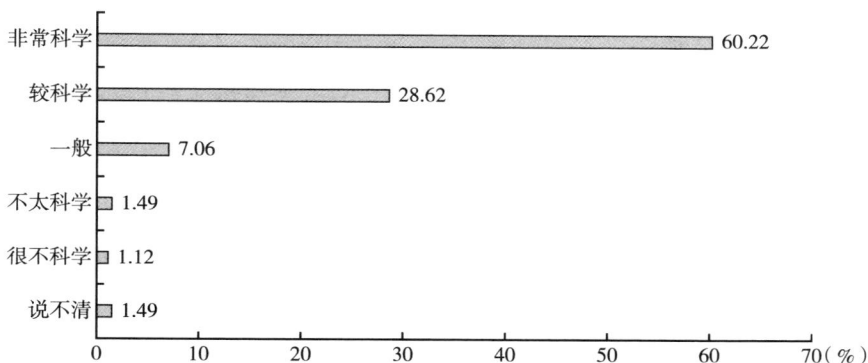

图6　受访者对执法闭环管理模式科学性评价分布

7. 体现人民性底色

党的十九大报告指出，我国社会主要矛盾已经发生转变。深刻领会和准确把握好这一论断，对于牢固树立以人民为中心的城市执法理念，进一步做好住宅小区内城管执法和管理闭环工作有重要的现实指导意义。闵行住宅小区城管执法闭环管理牢牢把握不断增强人民群众获得感、幸福感、安全感总目标，始终把以人民为中心的发展思想贯穿执法闭环管理工作始终，秉持以打造服务型政府为目标，坚守"谦抑、审慎、善意、文明、规范"的基本原则，向着以人为本、服务为先、寓管理于服务的执法理念与方式的方向转变。变被动执法为主动服务，引入"721工作法"，争取让70%的问题用服务手段解决，20%的问题用管理手段解决，10%的问题用执法手段解决。从而实现了源头治理，预防违法违规，抓早、抓小、抓苗头，避免、减少群众违法违规损失。对一些违反城市秩序尚不严重、还可改正的行为，尽可能通过教育、指导、引导、协商等温和疏导方式，为居民提供服务，化解城管住宅小区执法中遇到的问题。遇到违法又坚决不改正，或情节严重的，必须动用处罚、强制等刚性手段的，则必须严格规范、公正文明执法（见图7）。

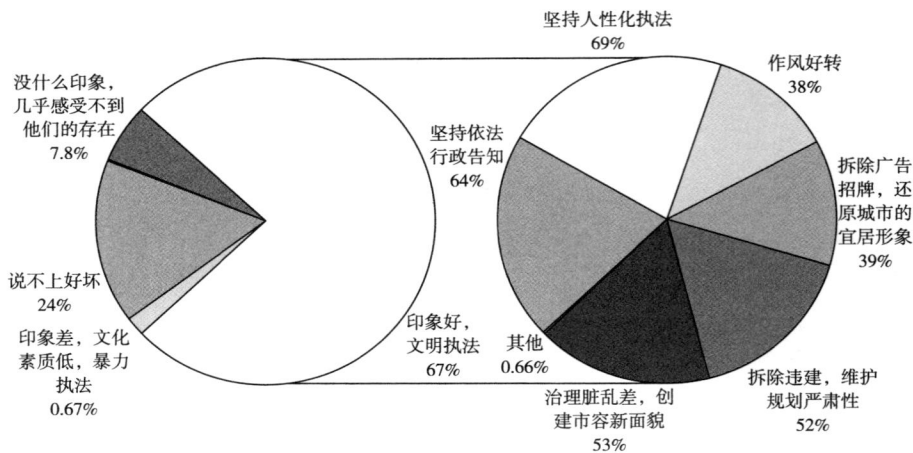

坚持人性化执法
69%

作风好转
38%

没什么印象，
几乎感受不到
他们的存在
7.8%

坚持依法
行政告知
64%

拆除广告
招牌，还
原城市的
宜居形象
39%

说不上好坏
24%

印象差，文化
素质低，暴力
执法
0.67%

印象好，
文明执法
67%

其他
0.66%

拆除违建，维护
规划严肃性
52%

治理脏乱差，创
建市容新面貌
53%

图7 受访者对住宅小区城管执法的形象评价分布

8. 探索社会化运作

借"同创全国文明城区，共建闵行美丽家园"的"东风"，广大市民作为创建全国文明城区的主体，支持和参与创建文明城区活动。上海创全国文明城区应该做到："违法建筑不搭建；房屋外借不群租；居住用房不经营；房屋结构不损坏；公共楼道不占用；身居高处不抛物；饲养宠物不扰邻；生活垃圾不乱丢；公用缴费不拖欠；公众娱乐不扰民。"以上80%的内容都与住宅小区有关，所以，在住宅小区里建立管理和执法的闭环系统，是具有时代性、价值性、紧迫性的一件事情。社会公众对城管执法工作的理解、参与、支持，对实现"执法闭环管理"至关重要。构建运行高效有序的社区治理格局，提升居民满意度，是城管人的毕生追求。执法闭环管理鼓励全民参与，倡导人民城市人民管的基本理念，构建"发现及时、传递迅速、上下互通、落实有力"的管理体系，通过开通官网微博、微信公众号、微信工作群等现代化方式，拓宽问题来源渠道，发动市民参与城市管理，加强与群众的交流、沟通和互动，群防群治，实现各类城市管理问题"一键式"传达，营造广大居民积极参与城市管理的浓厚氛围。根据调查，受访者普遍希望参与到执法闭环管理中来，并且对于优化管理提出自己的意见和建议

（见图 8），充分体现"时代是出卷人，我们（城管）是答卷人，人民是阅卷人"的新时代城市管理基本逻辑。

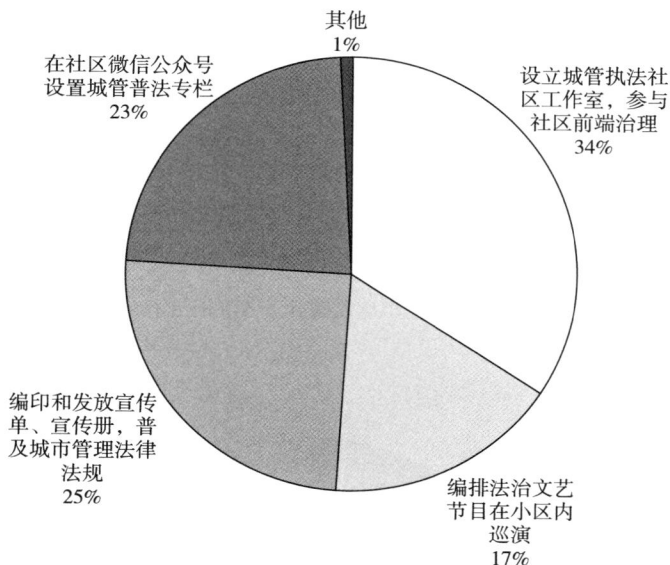

图 8　受访者对优化执法闭环管理的建议和意见

9. 恪守规范化规程

执法闭环管理的处罚、强制都要遵守法定程序规范。一是时间明确，确保服务到位。譬如七宝执法闭环管理明确了"八进"人员在城管社区工作站常驻式办公，通过法制宣传、坐堂服务和社区巡逻等形式开展为民服务工作。二是职责明确，确保管理到位。明确了物业服务企业、居委会、房屋管理部门、城管执法部门、网格化中心的各自职责。三是考核明确，确保落实到位。考核主要针对各部门对于住宅小区违法行为主动发现数量、被动发现数量、主被动发现数占比、事件自治处置率等方面进行评价，该考核情况与本部门年度考核相挂钩，并且形成条块之间责任连带。

10. 推进精细化管理

2017 年 3 月，习近平总书记明确要求，上海的城市管理要像绣花一样

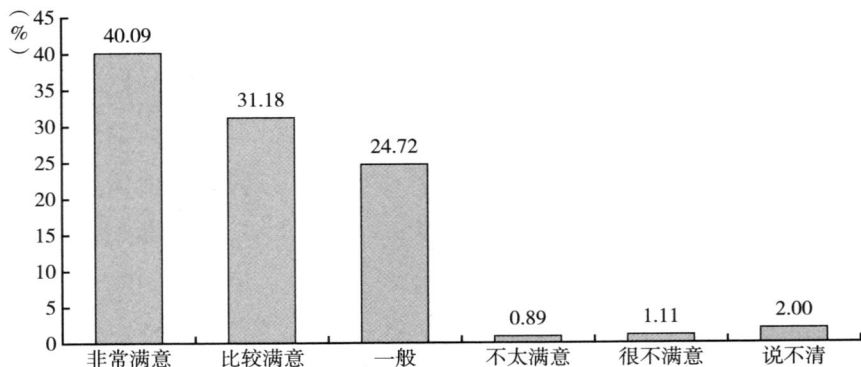

图9 受访者对闵行住宅小区城管执法规范化工作满意度评价

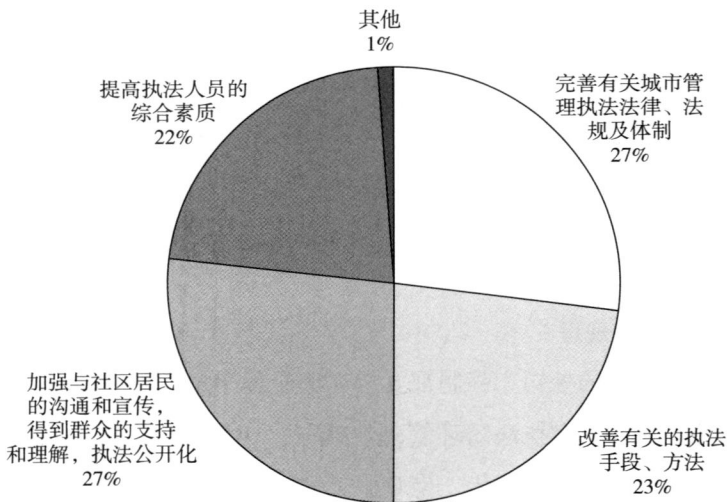

图10 受访者对提高城管执法规范化水平和执法效果的建议

精细，要解决超大城市精细化管理的世界级难题。根据总书记的指示，在市委和市政府领导下，2018年2月，市城市管理行政执法局印发《关于加强本市城管执法精细化三年行动计划（2018～2020年）》，围绕"更安全、更有序、更干净"的目标要求，对未来三年加强本市城管执法精细化工作提出了具体部署。闵行城管致力于将执法闭环管理做精、做细、做实。从对网格实行"定人、定时、定点、定责"的"四定"管理，做到了基本数据清、执法目标清、执法路径清、执法标准清，而且综合运用条块联动、管执联动、联合执法、联合惩戒的方式方法，生动演绎了精细化执法管理的理念。闭环管理各职责主体通过提升管理标准、细化管理职能、规范管理行为、创新管理方式，打通了住宅小区执法管理"最后一公里"，实现了整治一处、巩固一处、辐射一片的实际效果。

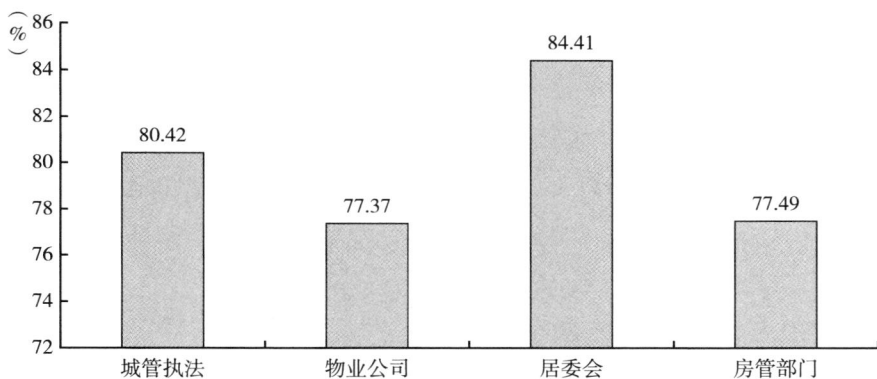

图 11　受访者对执法闭环管理各部门精细化管理满意度评价

五　存在的问题和短板

1. 管理与执法之间的矛盾

（1）城管执法闭环模式推进过程中，目前并没有制度性规范对物业公司人员核定编制，造成各个小区物业人员配置以及管理水平差别较大，有的小区物业公司人员充足，而有的则人员数量不足，对于执法闭环管理的重视程度明显不足，有的物业公司认为"闭环管理的要求比较理想化，老旧小区实际的管理困难，需要多部门共同解决，城管一家要求这么多也没用"。有的物业公司不愿签收承诺书，不愿提供台账，城管执法缺乏有力抓手。

（2）改变房屋使用性质的案件查处困难，法律法规没有详细解释，对相关违法现象认定概念模糊。对于客厅或阳台等处搭建厕所等的行为，城管工作人员只有在发现居民安装马桶等设备后才能认定事实，造成执法滞后。

（3）对物业不履行职责认定没有统一标准，多数物业公司未上报相关小区内违法违规情况，表示未发现、发现难等，上级部门认定其未履职较难。

（4）对于小区内一些违法行为的认定，需要其他部门协助调查情况，2016 年 1 月 15 日闵行小区执法事项大部分转移到城管，作为行业管理部门如房管办，没有加强对物业合同的指导培训，因此亟待加强跨部门之间行业联合指导。

（5）房管职能部门、城管执法部门、网格化中心的相互联动不够，联席会议机制有待完善。管理部门履职亟待加强，发现问题简单地移交执法部门，城管执法压力大；联席会议没有形成合力，往往依靠牵头部门或单一主体部门解决处置大部分问题。

2. 业主与物业等相关方之间的矛盾

（1）老旧小区老房型达不到现在居民的居住要求，相关部门应为居民提供相应解决方案，通过执法闭环管理，解决居民居住需求。

（2）物业不敢得罪业主，把业主当"上帝"，怕收缴不到物业费，提价更难，物业行业不景气，导致管理力量薄弱，特别是一些动迁小区的物业费缴纳严重不足，此类小区物业基本运转也存在困难，实际管理水平较差，需要政府经费托底，因而对于执法闭环管理采取回避的办法。

（3）装修中的违法违规行为比较突出，投诉内容主要是违建、破坏承重墙、改变物业使用性质三项，只涉及城管执法事项的 1%，而城管部门却用了 90% 的执法力量去做这 1% 的事。

（4）商品房小区与一些新小区对于闭环管理工作相对比较重视，执行情况较好。但部分街镇老旧小区较多，物业管理多为政府托管模式，物业实际起不到管理作用。破坏承重结构及绿化类等案件查处，取证调查困难，大部分小区物业基础资料缺失，调查时需要竣工图纸比对，物业无法提供图纸等相关资料。

（5）利用小区闭环管理，做实城管"721工作法则"仍需进一步加强，推进小区精细化管理，形成可复制、可推广的工作模式。

六　对策建议

1. 强化属地管理，推进智慧执法整体性治理

执法闭环管理的一个优势还体现在廉政风险点的控制上。执法队下沉街道后，形成了"区属，街管，街用"或"镇属，镇管，镇用"的"以块为主"的管理模式。街道执法队日常工作由街道领导、指挥，市、区城管综合执法部门对其只有监督指导权，缺乏直接管理手段和制约机制，造成执法队伍条线管理过于弱化，队伍的规范化、专业化受到较大损害，执法人员缺乏归属感和荣誉感。由于区域固化，缺乏交流，城管执法部门容易受相关利益方的牵引和干扰，导致执法不作为或人情执法，选择性执法、通风报信的情况难以根除，对部分违法行为不想查、不能查、不敢查，难以对违法行为形成严管严治的格局。但是在闭环系统中，系统实行菜单式管理，每个工作流的数据都即时地录入系统，整个系统封闭而快速地运行，首先在时间上就不给"懒政"、"不作为"、"搭便车"和"寻租"留机会。同时系统为各级责任人设置权限，信息输入和输出两个端口受到严格监管，是一个典型的"信息闭环"，"体外循环"的可能性被很好地杜绝。

2. 厘清执法网格，压紧压实相关部门职责

在一个闭环管理系统里，工作流是按时间维度划分的，对应空间维度的是网格，一个或多个网格产生的数据，就是"块数据"。住宅小区城市管理和行政执法是责任人制度，每个工作流，每个网格，都要有相应的人员和单位承担责任，因此必须将"块责任"压实到住宅小区城市管理和行政执法闭环的各个节点和回环中去。夯实各个环节的职责是执法闭环管理的关键所在，闵行区城管局明确了住宅小区城管执法闭环管理五大类责任主体的职责，具体包括：一是物业服务企业。其负责对物业共用部位、共用设施设备的使用管理和维护；共用绿化的维护；共有区域的保洁；共有区域的秩序维

护；物业使用中对禁止行为的管理职责。二是居委会。其负责发挥基层党组织战斗堡垒和居委会自治组织的作用，广泛整合社区力量，积极加强宣传工作；制定文明公约，开展网格化巡查、先期教育和督促纠正等措施，致力前端精细化管理工作。三是房管职能部门。其负责强化物业服务行业监管力度，对物业服务企业不履行职责的，严格按照相关规定予以诚信记分，并与地区物业评优等挂钩；协助城管执法部门对违反《上海市住宅物业管理规定》的违法行为进行认定。四是城管执法部门。其负责按照住宅小区行政执法权限对违法行为进行查处，情况复杂的，可委托有资质的专业机构进行认定；严格依法处罚，将对物业服务企业处罚结果通报房管部门，并纳入物业服务企业诚信档案，作为资质升降级、项目评优和项目招投标的依据。五是网格化中心。其负责对发现的问题及时派单，落实责任部门进行处置。对责任主体未落实或落实不到位的部门，进行催办，并根据要求将相关问题移送区监察部门。

3. 夯实责任基石，构建物业公司的处罚问责机制

课题组认为，城管执法部门要根据市民投诉、上级转办、媒体曝光、巡查考评情况对物业服务企业实行倒查责任追究，并依据物业服务企业发现上报问题时间及时分析，确定物业服务企业履职成效，多渠道收集违法行为起始时间，对证实未履行职责的物业服务企业依据法律法规实施行政处罚。

城管执法部门鼓励业主大会通过"上海市物业管理项目招投标管理服务平台"公开选聘物业服务企业，推动物业服务市场化、提升物业服务的水平及质量，并在制定招标文书时，对参与投标企业在住宅小区城管执法闭环管理情况提出明确要求；同时，严格物业招投标代理制度，要求提供物业项目招投标服务的机构做出诚信代理承诺、规范操作程序，严禁弄虚作假、协助企业骗取中标。

尝试建立"黑名单"制度，加大对物业企业和项目经理的诚信信息的公开力度，并将其纳入本市公共信用信息服务平台，依法面向社会提供查询；推动物业企业行业自律，落实对物业企业奖惩罚劣信息的公开。

编制《闵行区居住物业管理标准》，坚持市场化方向，按照"按质论

价、质价相符"的原则，城管执法部门引导业主大会和物业企业签订或协商变更服务标准明晰、违约责任明确、合同终止条款易认定的物业服务合同，对行业信誉劣、业主反映差、不诚信经营企业予以清退或提前解聘；城管执法部门引导业委会和物业企业协商确定物业服务内容和收费标准。对协商困难的，鼓励双方委托社会中介机构进行评估，并根据评估结果最终确定物业服务内容和收费标准；对于住宅小区城管执法闭环管理中运作规范高效的物业服务企业要加以奖励，推动形成公开、公平、公正的物业服务价格形成机制。

B.15
后　记

　　自我们编撰第一本蓝皮书《上海法治发展报告（2012）》以来已过去 8 个春秋。8 年以来，我们始终努力通过法治蓝皮书来真实、客观地记录上海作为国际化大都市法治建设各方面所取得的成绩，尤其注重对上海的人大工作、法治政府建设、司法改革和依法治市四个领域的持续跟踪报道、深入分析和全面把握，并由此对上海每一年的法治建设经验进行阶段性总结，对下一年的法治建设做出展望。

　　《上海法治发展报告（2019）》开篇伊始便是总报告，对 2018 年上海法治建设状况进行了全面的回顾。其后的评估篇包括两篇报告，即上海市民营企业营商司法环境调研报告和 2018 年上海市行政诉讼监督工作情况报告。专题篇主要包括上海法院司法体制综合配套改革研究、民事行政检察一体化办案工作机制研究、公共法律服务指标体系构建研究、司法辅助人员配置问题研究、检察机关与监察委的协调衔接工作机制研究、上海市人大 40 年来在努力实现立法与改革发展相协调方面的实践等内容。热点篇对长三角地区高质量一体化发展中的人大作用、推进"一网通办"建设智慧政府的难点及对策进行探讨。案例篇则对共享住宿的发展及其规制模式、闵行区住宅小区城市管理执法闭环管理模式的精细化等进行了研究。此外，2019 年适逢上海社会科学院法学研究所成立 60 周年，因此《上海法治发展报告（2019）》专门发表一篇特稿"薪火相传，砥砺奋进——上海社会科学院法学研究所六十年发展之路"，以资纪念。

　　本书的编撰得到上海市依法治市领导小组办公室、上海市人大法制委员会、上海市人大监察和司法委员会、上海市法学会、上海市司法局、上海市高级人民法院、上海市第一中级人民法院、上海市第二中级人民法院、上海市人民检察院、上海市人民检察院第一分院、上海市人民检察院第二分院、上海市人民检察院第三分院、上海市公安局、上海市律师协会、上海市立法研究所、上海市行政法制研究所等单位的大力支持、指导和帮助，在此我们深表感谢。

《上海法治发展报告（2019）》专家委员会的领导、专家、学者参加了本书编委会组织的座谈会、论证会，对本书的架构、内容等提出了很多建设性意见，并对上海蓝皮书·法治重点关注的内容和未来发展的方向进行了科学论证。对他们的宝贵建议表示衷心的感谢。

本书在立项、选题、调研和撰写的过程中，得到上海社会科学院院长张道根教授、党委书记于信汇教授、华东政法大学校长叶青教授的关心、支持和指导，在此向他们表示诚挚谢意。

本书能顺利如期出版，也得益于上海社会科学院科研处及社会科学文献出版社皮书出版分社的大力支持和通力合作。对他们付出的辛勤劳动表示由衷的敬意和感谢！

最后，编委会真诚地希望上海蓝皮书·法治的所有支持、合作单位，领导、专家和学者，作者和读者能一如既往地支持上海蓝皮书·法治的成长，共同见证她的发展历程，共同关注上海的法治发展！

由于时间仓促，编者能力有限，本书难免疏漏不当之处，敬请读者批评指正。

上海社会科学院法学研究所

上海法治发展报告编委会

2019 年 3 月 13 日

Abstract

Annual Report on Development of Rule of Law in Shanghai (2019) is a comprehensive survey of the local rule of law construction in Shanghai in 2018. It reviews and sorts out the aspects of city governance according to law, local legislation, law-based administration judicial system reform and so on. In addition, it reflects the real situation of ruling by law continued construction in Shanghai and outlooks the rule of law construction in Shanghai in 2019.

The book is divided into six parts.

The "General Report" reviews the new progress of the rule of law construction in Shanghai in 2018 comprehensively from the four aspects. The work of the Local people's congress, the government governed by law, the comprehensive reform of the judicial system and the Party governed by rules. This Report prospects the grand blueprint of the construction of the rule of law in 2019, which is on the basis of reviewing and summarizing the highlights of the rule of law construction in Shanghai in 2018.

The "Special Manuscripts" are the review of the sixtieth anniversary of the Law Institute of Shanghai Academy of Social Sciences. The Law Institute of Shanghai Academy of Social Sciences was established in August 1959 as the earliest professional research institution of Local Law in China. They have written a magnificent chapter for the construction of the rule of law in our country.

The "Evaluation Reports" include Shanghai private enterprises' judicial environment survey report. Shanghai Administrative Litigation Supervision Report, taking Shanghai Tripartite Court as an example to conduct in-depth analysis and research on Shanghai Administrative Litigation Supervision cases.

The "Special Reports" have many reports. On the basis of consolidating the achievements of the reform in the previous three years, in accordance with the decision-making arrangements of the Central Committee, the Municipal

Committee, the Municipal Committee of Political and Legal Committee and the Supreme Court, Shanghai local courts have made great efforts to promote the comprehensive and support reform of the judicial system and achieved phased results. The study is on the working mechanism of civil administrative procuratorial integration and reflects the situation of the civil administrative procuratorial work of Shanghai procuratorial organs, focusing on the main responsibility of legal supervision, sticking to the case-handling as the center, and constructing a pluralistic and integrates supervisory working pattern which consists of judicial supervision, judicial personnel's supervision of illegal acts, execution supervision and public interest litigation. Meanwhile, the research of the construction of the index system of public legal service is a subject which is provided by the government-led, social participation and judicial administrative organs as a whole, aiming at guaranteeing the basic rights of citizens, safeguarding the legitimate rights and interests of the people, realizing social fairness and justice and guaranteeing the necessary legal services for the people to live and work in peace and contentment. It focuses on the basic attributes of public services and the specialty of legal services. The researches on the allocation of judicial assistant personnel and the mechanism of coordination and convergence between procuratorial organs and the supervisory committee involve the difficulties and blind spots in the staffing and work convergence within the institutions, and put forward countermeasures and suggestions. Efforts to achieve coordination between legislation and reform and development are a review of the forty years of practice of the Shanghai Municipal People's Congress. The Shanghai Municipal People's Congress makes a series of explorations and attempts, achieves a lot of results, accumulates rich experience, and achieves a better dynamic balance and spiral rise between legislation and reform and development.

The "Report on Hot Issues" mainly introduces the development of high-quality integration in the Yangtze River Delta and the influence of the People's Congress, which emphasizes the importance attached by General Secretary Xi Jinping to the development of integration in the Yangtze River Delta. After the Symposium of the main leaders of the Yangtze River Delta, the Standing Committee of the People's Congress of three provinces and one city also made a decision to support and guarantee the high-quality integration. Another report-Difficulties and Countermeasures of Pushing the Intelligent Government Construction of "One Network, One Service" Forward, which points out that local laws and regulations should be formulated to promote the construction of a "One Network, One Service" intelligent government in this city, improve local government regulations and related supporting documents, and sort out and form a data sharing list.

The "Report of Case Studies" includes two reports. The report of Exploration on the Development of Shared Accommodation and Regulation Mode—Takes Shanghai as the Object of Research investigates the development of shared accommodation industry in the region and puts forward an attempt to construct a multi-party cooperative governance mechanism of shared accommodation involving the government, platform, landlords and tenants. In daily management, the relevant government departments should strengthen the principle of inclusive and prudent supervision, do a good job of industry guidance and after-the-event supervision, in order to provide conditions and basis for follow-up local legislation. It takes the fine research of closed-loop mode of urban management and law enforcement in Minhang District as an example, this report studies the concept and method of closed-loop management, which has a strong reference significance and value for improving people's living quality and satisfaction.

Keywords: Shanghai; Legal Construction; Administrative Enforcement of Law

Contents

Ⅰ General Report

B. 1　The Construction of Rule of Law in Shanghai in 2018 and
　　　Prospects for 2019
　　　　　　　Du Wenjun, Zhang Liang, Sun Bo, Xie Jiawen,
　　　　　　　　　　　Zhang Yongying and Chen Chao / 001

Abstract: The construction of the rule of law in Shanghai had made new progress in four aspects in 2018, which was in the National People's Congress work, the government ruled by law, the judicial system comprehensive supplementary reform and administered the Party by laws and regulations. The National People's Congress work is advancing steadily with the times, guided by the value of legislation, built up a development system structure, emphasized the effectiveness of legislative supervision, realized the "Full Chain" supervision, innovated the representative performance approach, strengthened the guarantee of representative performance and the self construction of the Standing Committee, firmly established system self-confidence, innovated in waste classification legislation, social governance mode, service development reform and promoted the overall situation of the Yangtze River Delta. Breakthroughs had been made in regional legislative cooperation, protection of architectural historic features, and promotion of cultural self-confidence. Strictly administered the Party in accordance with the rules and regulations, built an efficient supervision system, expanded the scope and depth of supervision, consolidated the inspection work, maintained the high pressure situation of punishing corruption, and promoted anti-corruption supervision education as a whole had been made remarkable achievements in promoting the pilot work of the reform of the national supervision system and increased the construction of inner-party laws and regulations with high quality. The government under the rule of law had stepped into a new journey and actively played an important and meaningful role in promoting economic development, guiding the livelihood construction of people and ensuring major strategic decisions. It also had successfully completed major projects such as electronic government and intelligent public security. The judicial system comprehensive supplementary reform has pushed forward in an all-round way, with the courts focusing on strict and impartial administration of justice, guaranteeing judicial functions, strengthening judicial enforcement and deepening strict administration of the courts. The procuratorates served the overall development situation, supported the reform of the procuratorial system, strengthened legal supervision and built up a strong procuratorial team. In 2019, the construction of the rule of law in Shanghai has a long way to go ahead. It will continue to set the highest standard of the rule of law in the international standard. Meanwhile, it also will regard the rule of law as the core competitiveness of the city, further enhance the business environment, ensure the promotion of the construction of Shanghai's " Five centers " and promote the "Four brands". This thesis prospected the grand blueprint of the rule of law construction in 2019, which was on the basis of reviewing and summarizing the highlights of the rule of law construction in Shanghai in 2018.

Keywords: The National People's Congress Work; The Construction of the Government Ruled by Law; Administer the Party by Laws and Regulations; Judicial System Comprehensive Supplementary Reform

II　Special Report

B. 2　From Generation to Generation, Striving Ahead: Sixty Years of Law Research in Law Institute of Shanghai Academy of Social Sciences

Cheng Weirong / 062

Abstract: The Law Institute of Shanghai Academy of Social Sciences was established in August 1959, which is the earliest professional research institute of geomethodology in China. Retrospect the sixty years history, the Law Institute has been gone through from the initial blueprint, the initial years of suffering, to the later years of re-emergence. Several generations of researchers has pursued their dreams and fought against life. They have been made meaningful efforts in academic research, subject declaration, think-tank construction, communication and cooperation, journal editing, postgraduate education and personnel training. In addition, they also had watered the law garden with sweat and explored it, which was unique and unparalleled development path of our institute, formed our own characteristics, eventually ushered in the vigorous development of scientific research and the overall prosperity of today and for the city and the country's rule of law construction has written a beautiful chapter.

Keywords: Law Institute; Law Study; Think-Tank Construction; Personnel Training

III　Evaluation Reports

B. 3　Investigation Report on Judicial Environment of Private Enterprises in Shanghai

Meng Xiangpei, Liu Gaoning / 108

Abstract: Judicial environment, which refers to the environment created by judicial organs through judicial activities, which reflected the supply of justice and the impact of judicial activities on social factors, such as politics, economy and culture. The overall evaluation of the judicial environment of private enterprises was excellent in Shanghai, but there still existed some shortcomings. It was suggested that attention be paid to the equal protection of the legitimate interests of private enterprises according to law in the future, while the propaganda of the rule of law should be strengthened, especially for private entrepreneurs. The judicial work should be improved, the quality of handling cases should be improved and the convenience and transparency of the judiciary should be enhanced, and active participation in social governance should be Strengthened.

Keywords: Private Enterprises; Business Environment; Judicial Environment

B. 4 Report on the Supervision of Administrative Litigation in Shanghai (2018)

Tan Xinyou, Zhang Yongsheng and Jiang Ye / 129

Abstract: In 2018, the number of administrative litigation supervision cases in Shanghai, which were represented by the Shanghai Tripartite Court continued to rise, with a wide range of types, prominent contradictions and difficulty in resolving interest litigation. Most of the administrative supervision cases had low litigation capacity and high requirements for procedural justice, and the enforcement standards of administrative organs were not uniform, procedural awareness was not strong, and response was appropriate. The problems of improper parties were relatively prominent, and the procedural rights of the parties were not guaranteed in the administrative trial. The Tripartite Court has taken a lot of measures to strengthen supervision and promote substantive settlement of cases.

Keywords: Administrative Litigation Supervision; Administrative Trial; Shanghai

IV   Dissertation Reports

B. 5   Comprehensive Reform of the Judicial System of Shanghai Court

Shanghai Higher People's Court Research Group / 145

Abstract: Promoting the judicial system comprehensive supplementary reform was the key reform task of the Nineteenth National Congress of the Communist Party of China, which was also the major reform task entrusted to Shanghai by the Central Committee. The Municipal Committee, the Municipal Committee, the Political and Legal Committee and the Supreme Court, had made great and meaningful efforts to promote the comprehensive and supporting reform of the judicial system and achieved phased results, which the Shanghai Court was on the basis of consolidating the achievements of the reform in the previous three years, in accordance with the decision-making arrangements of the Central Committee.

Keywords: Shanghai   Court; Judicial   System; Comprehensive Supplementary Reform

B. 6   Research on the Working Mechanism of Civil Administrative Procuratorial Integrated Case Handling

First Branch of Shanghai People's Procuratorate and Other Joint

Research Group / 167

Abstract: The   civil   administrative   procuratorial   work   of   Shanghai procuratorial organs has been always focused on the main responsibility of legal supervision, insisting on focusing on handling cases, supervising in handling cases and handling cases under supervision, focusing on the construction of a pluralistic and integrated supervision and handling work pattern consisting of judicial supervision, judicial personnel's supervision of illegal acts, execution supervision and public interest litigation. While actively carrying out the practice of handling cases, the civil procuratorial departments of Shanghai procuratorial organs also attach great importance to the theoretical investigation of handling cases, adhere to the problem-oriented approach, face the difficulties and challenges of development, and devote themselves to thinking and exploring innovations in handling cases, methods and mechanisms. At the present stage, facing the new tasks and requirements of the people for the civil procuratorial work, as well as the ongoing reform of the internal organs of the procuratorial organs, it is of great practical significance to explore and study the integrated mechanism of civil procuratorial work in line with the development orientation of Shanghai's civil procuratorial work. On this basis, through theoretical research and empirical analysis, this topic focuses on the basic connotation and guiding concept of the integrated case handling mechanism of civil and administrative procuratorial work. Taking the practice of Shanghai civil and administrative procuratorial work as the basic research sample, this paper summarizes various problems in practice, and puts forward comprehensive and systematic strategies and suggestions for the construction of the integrated case handling mechanism of civil and administrative procuratorial work. The research results can reasonably define the proper meaning of the integrated case handling mechanism of civil prosecution, comprehensively summarize the existing experience, objectively grasp the practical problems, put forward feasible suggestions, and provide valuable reference programs for the exploration and development of the case handling mechanism of civil prosecution in the future.

Keywords: Integration of Civil Administrative Prosecution; Case Handling Mechanism Integration; Judicial Reform

B. 7 Research on the Construction of Public Legal Service Index System *Shanghai Academy of Social Sciences and the Department of Justice of Yang Pu District United Team* / 188

Abstract: The public legal service system refers to the legal service provided by the government leading, social participation and judicial administrative organs as a whole, which was aiming at guaranteeing the basic rights of citizens, safeguarding the legitimate rights and interests of the people, realizing social fairness and justice and guaranteeing the safe living and happy work of people. It was a significant part of public service. Public legal service had both the basic attributes of public service and the professional attributes of legal service. The public legal service system should include service subject, supply mode, resource allocation mode, management operation, performance evaluation and other elements. The existing problems were primarily manifested in the slow renewal of theoretical concepts in the public legal service system, the low participation of social subjects and the single source of funds. Yangpu District of Shanghai has accumulated a lot of useful experience in the construction of public legal service system.

Keywords: Public Legal Services; Legal Services System Government Ruled by Law

B. 8 Research on the Allocation Problems of Judicial Auxiliary Personnel

Shanghai Second Intermediate People's Court Research Group / 206

Abstract: Practical investigation shows that there are numerous problems in the process of judicial assistant staffing, such as insufficient overall personnel, obvious local differences, overlapping personnel performance, obvious bottlenecks in career development, and the need to improve overall effectiveness and satisfaction. The reason was that the positioning of judicial assistants in our country was different from that in foreign judicial system. It had the dual purposes of "Assisting judges to improve the efficiency of handling cases" and "Acting as reserve army for judges". Therefore, the reform goal can not be fully achieved by drawing lessons from the practice of increasing the number of judicial assistants in foreign judicial system. The research group believed that in order to give full play to the auxiliary role of judicial assistants and ensure the orderly development of judges and all kinds of personnel, we should consider the dual objective orientation, enrich the source types of assistants, differentiate the allocation according to the number of cases and the characteristics of the trial level, and promote the intensive and efficient judicial affairs with the intelligence of information technology, so as to realize the system vision ultimately. In addition, the research group explored the calculation method of the ratio of trial assistants. At the same time, they also took the civil cases of the first instance in the grass-roots courts with the largest number of cases as the analysis object, combined with the existing research conclusions and field visits. The thesis calculates the allocation mode of trial assistants in the civil trial team of grass-roots courts, with a view to providing reference for the allocation of the practice of optimizing the allocation of judicial assistants was extremely helpful.

Keywords: Judicial Assistant Personnel; Dual Objectives of Adjudication Assistant Affairs; Informationization and Intellectualization

B. 9 Research on the Coordination and Cohesion Mechanism between Procuratorial Organs and Supervisory Commissions

Shanghai Hongkou District People's Procuratorate Research Group / 236

Abstract: With the promulgation of the *Supervision Law* and the revision of the *Criminal Procedure Law*, the procedure of connection between supervision investigation and criminal procedure had been basically established, but there were still numerous difficulties and blind spots in connection with supervision investigation and criminal procedure, supervision and the procuratorial organs work. Combined with the Shanghai procuratorial organs work in handling the cases transferred by the Supervisory Committee to prosecute and coordinating with the Supervisory Committee, this thesis conducts theoretical research on the attributes and relations of the procuratorial power and the supervisory power. It holds that both belong to the supervisory system of the state power, but their supervisory objects and methods were distinct. The supervisory power possessed the characteristics of complexity, and collected the investigation of administrative supervision and relevant duty crimes. It was inappropriate to incorporate the power of supervision into the range of legal supervision when working in conjunction with the Party's disciplinary inspection organs. On this basis, it put forward countermeasures and suggestions on the connection between supervision and criminal procedure, the problems and difficulties were in communication and consultation between supervision and procuratorial organs.

Keywords: Legal Supervision; Connection with Law and Law; Connection with Supervision and Inspection

B. 10   Efforts to Achieve Legislation and Reforming Development in Coordination

—*Forty Years of Practice of the Shanghai National People's Congress*

Deng Shaoling, *Yao Wei* / 257

Abstract: The relationship between legislation and reform and development was an important and significant issue concerning the success or failure of the rule of law. The local People's Congresses had remarkable significance in dealing with the relationship between legislation and reform and development. The forty years since the Shanghai People's Congress dealt with the relationship between legislation and reform and development could be roughly divided into four stages, which were the initial stage of legislation, the high-speed stage of development, the normative stage of development, and the transitional stage of development (including the transitional and transitional period, further exploration and improvement period). The Shanghai Municipal People's Congress has made a series of explorations and attempts, and has achieved many results, accumulated rich experience, and achieved a better dynamic balance and spiral rise between legislation and reform and development.

Keywords: Shanghai People's Congress; Legislation; Reform and Development; Rule of Law

V Reports on Hot Issues

B. 11 Yangtze River Delta High-quality Integrated Development and the Influence of the National People's Congress

Xiao Jun, Chu Junpei / 274

Abstract: General Secretary Xi Jinping attaches great importance to the the Yangtze River Delta integration. After the primary Leaders' Symposium in the Yangtze River Delta, the construction of the G60 Kechuang Corridor has been accelerated again, environmental protection has been upgraded again, infrastructure construction has been accelerated again, and cultural cooperation has been expanded again. The integration of industry, market, culture, education and transportation in three provinces and one city have been further accelerated after the first China International Import Expo. The Standing Committee of the People's Congress of three provinces and one city has also made a decision to support and guarantee the high quality integrated development of the Yangtze River Delta.

Keywords: The Yangtze River Delta Integration; National People's Congress and Legislative Synergy

B. 12 Push Difficulties and Countermeasures of the Intelligent Government Construction of "One Network, One Service"

Zheng Hui, Peng Hui and Yan Shengjie / 284

Abstract: To comprehensively promote the "One Network, One Service" of government service is an important grasp to implement the work requirements of the Party Central Committee and the State Council, and a key link to speed up the building of an international first-class business environment. The essential characteristics of "One Network, One Service" are online, cloud-based, mobile, O2-based, intelligent, data-based, intensive, ecological and self-service. "One Network, One Service" helps to promote scientific decision-making, promote sunshine administration, strengthen collaborative governance, achieve precise services, and promote shared development. The issue of ownership of public data of "One Network, One Service" also needs to be further clarified. The legitimacy of electronic materials and the legal effects of electronic certificates, electronic documents and electronic seals need to be determined. The phenomenon of "Separate government" is more prominent in the process of reengineering of administrative examination and approval. The cooperative governance of data resources across departments and regions needs to be strengthened urgently to balance the relationship between personal privacy protection and network information security. It is more difficult, the boundary of legal responsibility between government functional departments is not extremely clear, and the ways and means of right relief are not clear. In this regard, we should urgently formulate local laws and regulations to promote the city's "One Network, One Service" to build a wise government, improve local government regulations and relevant supporting documents, and sort out and form a list of data sharing.

Keywords: "One Network, One Service"; Intelligent Government; Public Data; Cooperative Governance; Legislative Improvement

Ⅵ Reports on Case Studies

B. 13 Exploration on the Development of Shared Accommodation and Regulation Mode

—*Takes Shanghai as the Object of Research*

Sun Dawei, Cui Shujie / 299

Abstract: The legal status of shared accommodation is vague at present.

Under the background of strongly encouraging economic innovation, strict regulation will not be conducive to the healthy development of new things. However, if it is not managed effectively in time and allowed to grow brutally in the blank area, it will easily lead to a series of problems. We should try to construct a cooperative management mechanism of shared accommodation, which includes government, platform, landlord and tenant, and provide the basis and conditions for the follow-up local legislation, based on the characteristics of shared accommodation.

Keywords: Shared Accommodation; Network Platform; Cooperative Governance Mechanism; Local Legislation

B. 14   Detailed Research on the Closed Loop Model of Urban Management and Law Enforcement in Minhang Residential District   *Peng Hui, Yu Yan and Chen Ying* / 314

Abstract: The closed loop management as a management method, applies in many fields widely. In view of the problems that need to be solved urgently in the enforcement of urban management law in residential districts, the concept and method of closed-loop management can be used for reference to further strengthen the control of illegal activities in urban management of residential districts, which deepens the establishment of "Beautiful homes" and improves the quality and satisfaction of people's living value. The characteristics of closed loop management of urban management and law enforcement in Minhang residential district are as follows: improving the level of rule of law, presenting the trend of integration, highlighting professional thinking, highlighting the demand for openness, promoting intelligent construction, defining scientific direction, reflecting the background of the characters of people, exploring socialized operation, abiding by standardized rules and promoting fine management. At the same time, there are contradictions between management and law enforcement. In this regard, we should strengthen territorial management, promote the integrative governance of intelligent law enforcement, clarify the law enforcement grid, compact the responsibilities of relevant departments, consolidate the cornerstone of responsibility, and construct the punishment and accountability mechanism of property companies.

Keywords: Minhang Residential District; Urban Management and Law Enforcement; Closed Loop Management; Detailed Research

B. 15　Postscript　　　　　　　　　　　　　　　　　　　 / 336

社会科学文献出版社

✤ 皮书起源 ✤

"皮书"起源于十七、十八世纪的英国，主要指官方或社会组织正式发表的重要文件或报告，多以"白皮书"命名。在中国，"皮书"这一概念被社会广泛接受，并被成功运作、发展成为一种全新的出版形态，则源于中国社会科学院社会科学文献出版社。

✤ 皮书定义 ✤

皮书是对中国与世界发展状况和热点问题进行年度监测，以专业的角度、专家的视野和实证研究方法，针对某一领域或区域现状与发展态势展开分析和预测，具备原创性、实证性、专业性、连续性、前沿性、时效性等特点的公开出版物，由一系列权威研究报告组成。

✤ 皮书作者 ✤

皮书系列的作者以中国社会科学院、著名高校、地方社会科学院的研究人员为主，多为国内一流研究机构的权威专家学者，他们的看法和观点代表了学界对中国与世界的现实和未来最高水平的解读与分析。

✤ 皮书荣誉 ✤

皮书系列已成为社会科学文献出版社的著名图书品牌和中国社会科学院的知名学术品牌。2016年，皮书系列正式列入"十三五"国家重点出版规划项目；2013~2019年，重点皮书列入中国社会科学院承担的国家哲学社会科学创新工程项目；2019年，64种院外皮书使用"中国社会科学院创新工程学术出版项目"标识。

权威报告·一手数据·特色资源

皮书数据库
ANNUAL REPORT(YEARBOOK)
DATABASE

当代中国经济与社会发展高端智库平台

所获荣誉

- 2016年，入选"'十三五'国家重点电子出版物出版规划骨干工程"
- 2015年，荣获"搜索中国正能量 点赞2015""创新中国科技创新奖"
- 2013年，荣获"中国出版政府奖·网络出版物奖"提名奖
- 连续多年荣获中国数字出版博览会"数字出版·优秀品牌"奖

成为会员

通过网址www.pishu.com.cn访问皮书数据库网站或下载皮书数据库APP，进行手机号码验证或邮箱验证即可成为皮书数据库会员。

会员福利

- 已注册用户购书后可免费获赠100元皮书数据库充值卡。刮开充值卡涂层获取充值密码，登录并进入"会员中心"—"在线充值"—"充值卡充值"，充值成功即可购买和查看数据库内容。
- 会员福利最终解释权归社会科学文献出版社所有。

数据库服务热线：400-008-6695
数据库服务QQ：2475522410
数据库服务邮箱：database@ssap.cn
图书销售热线：010-59367070/7028
图书服务QQ：1265056568
图书服务邮箱：duzhe@ssap.cn

社会科学文献出版社 皮书系列
SOCIAL SCIENCES ACADEMIC PRESS (CHINA)

卡号：295497281728
密码：

S 基本子库
UB DATABASE

中国社会发展数据库（下设 12 个子库）

全面整合国内外中国社会发展研究成果，汇聚独家统计数据、深度分析报告，涉及社会、人口、政治、教育、法律等 12 个领域，为了解中国社会发展动态、跟踪社会核心热点、分析社会发展趋势提供一站式资源搜索和数据分析与挖掘服务。

中国经济发展数据库（下设 12 个子库）

基于"皮书系列"中涉及中国经济发展的研究资料构建，内容涵盖宏观经济、农业经济、工业经济、产业经济等 12 个重点经济领域，为实时掌控经济运行态势、把握经济发展规律、洞察经济形势、进行经济决策提供参考和依据。

中国行业发展数据库（下设 17 个子库）

以中国国民经济行业分类为依据，覆盖金融业、旅游、医疗卫生、交通运输、能源矿产等 100 多个行业，跟踪分析国民经济相关行业市场运行状况和政策导向，汇集行业发展前沿资讯，为投资、从业及各种经济决策提供理论基础和实践指导。

中国区域发展数据库（下设 6 个子库）

对中国特定区域内的经济、社会、文化等领域现状与发展情况进行深度分析和预测，研究层级至县及县以下行政区，涉及地区、区域经济体、城市、农村等不同维度。为地方经济社会宏观态势研究、发展经验研究、案例分析提供数据服务。

中国文化传媒数据库（下设 18 个子库）

汇聚文化传媒领域专家观点、热点资讯，梳理国内外中国文化发展相关学术研究成果、一手统计数据，涵盖文化产业、新闻传播、电影娱乐、文学艺术、群众文化等 18 个重点研究领域。为文化传媒研究提供相关数据、研究报告和综合分析服务。

世界经济与国际关系数据库（下设 6 个子库）

立足"皮书系列"世界经济、国际关系相关学术资源，整合世界经济、国际政治、世界文化与科技、全球性问题、国际组织与国际法、区域研究 6 大领域研究成果，为世界经济与国际关系研究提供全方位数据分析，为决策和形势研判提供参考。

法律声明

"皮书系列"（含蓝皮书、绿皮书、黄皮书）之品牌由社会科学文献出版社最早使用并持续至今，现已被中国图书市场所熟知。"皮书系列"的相关商标已在中华人民共和国国家工商行政管理总局商标局注册，如 LOGO（▨）、皮书、Pishu、经济蓝皮书、社会蓝皮书等。"皮书系列"图书的注册商标专用权及封面设计、版式设计的著作权均为社会科学文献出版社所有。未经社会科学文献出版社书面授权许可，任何使用与"皮书系列"图书注册商标、封面设计、版式设计相同或者近似的文字、图形或其组合的行为均系侵权行为。

经作者授权，本书的专有出版权及信息网络传播权等为社会科学文献出版社享有。未经社会科学文献出版社书面授权许可，任何就本书内容的复制、发行或以数字形式进行网络传播的行为均系侵权行为。

社会科学文献出版社将通过法律途径追究上述侵权行为的法律责任，维护自身合法权益。

欢迎社会各界人士对侵犯社会科学文献出版社上述权利的侵权行为进行举报。电话：010-59367121，电子邮箱：fawubu@ssap.cn。

社会科学文献出版社